中国社会科学院
经济研究所
INSTITUTE OF ECONOMICS

经济所人文库

李文治集

中国社会科学院经济研究所学术委员会 组编

中国社会科学出版社

图书在版编目（CIP）数据

李文治集/中国社会科学院经济研究所学术委员会组编．
—北京：中国社会科学出版社，2019.1
（经济所人文库）
ISBN 978 - 7 - 5203 - 3511 - 9

Ⅰ.①李…　Ⅱ.①中…　Ⅲ.①经济学—文集
Ⅳ.①F0 - 53

中国版本图书馆 CIP 数据核字（2018）第 251477 号

出 版 人	赵剑英	
责任编辑	王　曦	
责任校对	夏慧萍	
责任印制	戴　宽	

出　　版	中国社会科学出版社
社　　址	北京鼓楼西大街甲 158 号
邮　　编	100720
网　　址	http://www.csspw.cn
发 行 部	010 - 84083685
门 市 部	010 - 84029450
经　　销	新华书店及其他书店

印刷装订	北京君升印刷有限公司
版　　次	2019 年 1 月第 1 版
印　　次	2019 年 1 月第 1 次印刷

开　　本	710 × 1000　1/16
印　　张	22
字　　数	296 千字
定　　价	99.00 元

凡购买中国社会科学出版社图书，如有质量问题请与本社营销中心联系调换
电话：010 - 84083683

总　序

作为中国近代以来最早成立的国家级经济研究机构，中国社会科学院经济研究所的历史，至少可上溯至 1929 年于北平组建的社会调查所。1934 年，社会调查所与中央研究院社会科学研究所合并，称社会科学研究所，所址分居南京、北平两地。1937 年，随着抗战全面爆发，社会科学研究所辗转于广西桂林、四川李庄等地，抗战胜利后返回南京。1950 年，社会科学研究所由中国科学院接收，更名为中国科学院社会研究所。1952 年，所址迁往北京。1953 年，更名为中国科学院经济研究所，简称"经济所"。1977 年，作为中国社会科学院成立之初的 14 家研究单位之一，更名为中国社会科学院经济研究所，仍沿用"经济所"简称。

从 1929 年算起，迄今经济所已经走过了 90 年的风雨历程，先后跨越了中央研究院、中国科学院、中国社会科学院三个发展时期。经过 90 年的探索和实践，今天的经济所，已经发展成为以重大经济理论和现实问题为主攻方向、以"两学—两史"（理论经济学、应用经济学和经济史、经济思想史）为主要研究领域的综合性经济学研究机构。

90 年来，我们一直最为看重并引为自豪的一点是，几代经济所人孜孜以求、薪火相传，在为国家经济建设和经济理论发展作出了杰出贡献的同时，也涌现出一大批富有重要影响力的著名学者。他们始终坚持为人民做学问的坚定立场，始终坚持求真务实、脚踏实地的优良学风，始终坚持慎独自励、言必有据的学术品格。他们是经济所人的突出代表，他们的学术成就和治学经验是经济所最宝贵的财富。

抚今怀昔，述往思来，在经济所迎来建所 90 周年之际，我们编选出版《经济所人文库》（以下简称《文库》），既是对历代经济所人的纪念和致敬，也是对当代经济所人的鞭策和勉励。

《文库》的编选，由中国社会科学院经济研究所学术委员会负总责，在多方征求意见、反复讨论的基础上，最终确定入选作者和编选方案。

《文库》第一辑凡 40 种，所选作者包括历史上的中央研究院院士，中华人民共和国成立后的中国科学院学部委员、中国社会科学院学部委员、中国社会科学院荣誉学部委员、历任经济所所长以及其他学界公认的学术泰斗和资深学者。在坚持学术标准的前提下，同时考虑他们与经济所的关联。入选作者中的绝大部分，都在经济所度过了其学术生涯最重要的阶段。

《文库》所选文章，皆为入选作者最具代表性的论著。选文以论文为主，适当兼顾个人专著中的重要篇章。选文尽量侧重作者在经济所工作期间发表的学术成果，对于少数在中华人民共和国成立之前已成名的学者，以及调离经济所后又有大量论著发表的学者，选择范围适度放宽。为好中选优，每部文集控制在 30 万字以内。此外，考虑到编选体例的统一和阅读的便利，所选文章皆为中文著述，未收入以外文发表的作品。

《文库》每部文集的编选者，大部分为经济所各学科领域的中青年学者，其中很多都是作者的学生或再传弟子，也有部分系作者本人。这样的安排，有助于确保所选文章更准确地体现作者的理论贡献和学术观点。对编选者而言，这既是一次重温经济所所史、领略前辈学人风范的宝贵机会，也是激励自己踵武先贤、在学术研究道路上砥砺前行的强大动力。

《文库》选文涉及多个历史时期，时间跨度较大，因而立意、观点、视野等难免具有时代烙印和历史局限性。以现在的眼光来看，某些文章的理论观点或许已经过时，研究范式和研究方法或许已经陈旧，但为尊重作者、尊重历史起见，选入《文库》时仍保持原貌而未加改动。

《文库》的编选工作还将继续。随着时间的推移，我们还会将更多经济所人的优秀成果呈现给读者。

尽管我们为《文库》的编选付出了巨大努力，但由于时间紧迫，工作量浩繁，加之编选者个人的学术旨趣、偏好各不相同，《文库》在选文取舍上难免存在不妥之处，敬祈读者见谅。

入选《文库》的作者，有不少都曾出版过个人文集、选集甚至全集，这为我们此次编选提供了重要的选文来源和参考资料。《文库》能够顺利出版，离不开中国社会科学出版社领导和编辑人员的鼎力襄助。在此一并致谢！

一部经济所史，就是一部经济所人以自己的研究成果报效祖国和人民的历史，也是一部中国经济学人和中国经济学成长与发展历史的缩影。《文库》标示着经济所90年来曾经达到的学术高度。站在巨人的肩膀上，才能看得更远，走得更稳。借此机会，希望每一位经济所人在感受经济所90年荣光的同时，将《文库》作为继续前行的新起点和铺路石，为新时代的中国经济建设和中国经济学发展作出新的更大的贡献！

是为序。

于 2019 年元月

编者说明

　　《经济所人文库》所选文章时间跨度较大，其间，由于我国的语言文字发展变化较大，致使不同历史时期作者发表的文章，在语言文字规范方面存在较大差异。为了尽可能地保持作者个人的语言习惯、尊重历史，因此有必要声明以下几点编辑原则：

　　一、除对明显的错别字加以改正外，异形字、通假字等尽量保持原貌。

　　二、引文与原文不完全相符者，保持作者引文原貌。

　　三、原文引用的参考文献版本、年份等不详者，除能够明确考证的版本、年份予以补全外，其他文献保持原貌。

　　四、对外文译名与今译名不同者，保持原文用法。

　　五、对原文中数据可能有误的，除明显的错误且能够考证或重新计算者予以改正外，一律保持原貌。

　　六、对个别文字因原书刊印刷原因，无法辨认者，以方围号□表示。

作者小传

李文治，男，1909 年生于河北容城，1940 年进入中央研究院社会科学研究所（经济所前身）工作。

李文治先生是中国著名经济史学家，中国社会科学院经济研究所研究员，中国社会科学院研究生院博士研究生导师。1933 年，考入北平（北京）师范大学史学系学习。1937 年从学校毕业后。他先后从事抗日宣传和教学工作。1940 年 7 月，他接受了中华文化教育基金会及中英庚款董事会的资助，来到中国社会科学院经济研究所的前身——昆明中央研究院社会科学研究所，并在此辛苦耕耘直至退休。退休后的李文治先生，虽耄耋之年受目疾所扰，仍继续学术研究，笔耕不辍。李文治先生在长达 66 年的学术生涯中，始终勇于探索，著述丰赡，在中国史学和中国经济史学研究方面取得了举世瞩目的成就，深受国内外史学界赞誉。

李文治先生在长达半个多世纪的学术研究中，取得了丰硕的研究成果。早在先生大学就学期间，就开始在学术期刊上发表独立研究完成的成果。他于 1934 年在《食货》杂志上发表了《隋炀帝大业间农民暴动的社会背景》一文，自此以后，就不断地有新文章、新著作面世。仅新中国成立前发表的论文就有《黄巢暴动的社会背景》《北宋民变之经济动力》等。1945 年，李先生的第一本学术专著《晚明民变》一书问世。

新中国成立后，李文治先生通过在科研实践中的摸索，经过对中国封建社会与西欧封建社会差异的多角度、多层次论证，逐渐形成了自身成熟的学术观点，即在中国封建社会经济史研究中将地主制经济作为研究的中心线索。先生从上述中心线索入手，形成了自身原创的阶级分析方法论，并将其应用于其研究成果中。在严中平先生主编的《中国近代经济史（1840—1894）》这部中国经济史研究的扛鼎之作中，先生与章有义先生共同承担其中农业经济史部分的写作。李文治先生还出版了《明清时代的农业资本主义问题》（合著）、《明清时代封建土地关系的松解》（独著）、《清代漕运》（合著）、《中国地主制经济论：封建土地关系发展与变化》（合著）等一系列学术专著。除了学术专著外，李先生还发表了大量学术论文，如《论中国地主经济与农业资本主义萌芽》《论明清时代农民经济商品率》《关于研究中国封建土地所有制形式的方法论问题》等，对学界产生了巨大影响。另外，李先生所编写的《中国近代经济统计资料选辑》（地租部分）、《中国近代农业史资料》（第一辑）等学术资料集更是学界广为引用的必读参考书，惠及后世学人。

李文治先生的学术研究，具有问题意识突出、研究方法原创性强、史料运用扎实严密等特征。他比较彻底地运用马克思历史唯物主义理论指导自己的研究，一生都在探索中国封建社会不同于西欧等其他地区的内在特征，并认为其属于地主制经济体制的封建社会。他力主从事历史研究要首先掌握阶级分析法，提出要将阶级冲突对抗作为考察社会发展基本矛盾的切入点，任何重大历史事件都有必要运用阶级分析的方法进行解读。但是李文治先生同时反对将阶级分析法庸俗化，他主张阶级分析必须与当时社会物质生产状况联系起来进行考察，强调社会生产关系是随生产力而发展变化的，阶级关系的变化是生产关系变化的结果，生产斗争比阶级斗争对社会生产关系影响更大。

在具体研究中，李文治先生的贡献主要体现在下面几个方面：

一、关于中国资本主义萌芽问题。李先生认为，只有劳动力变成商品时，货币才能转化为资本。资本可以说是由剥削自由雇工所创造剩余价值而产生的价值，它体现着资本家同自由雇工之间的剥削和被剥削的生产关系。他强调劳动力商品化的作用，并较早提出将自由劳动作为资本主义萌芽标准的观点。

二、关于土地所有制问题。他首创地提出要把经济关系即生产关系作为判断土地私有或国有的标志，认为农民所创造的大部分乃至全部剩余劳动归谁所有，谁就对土地具有所有权。

三、关于地主阶级的阶层划分问题。封建社会既是阶级社会，又是等级社会，庶民和品官是两个不同等级，是等级性的阶级，用"大中小"对地主阶级进行阶层划分，会模糊等级关系的界限，用庶民和贵族官僚对地主阶级进行阶层划分，才更能突出封建社会的特点。

四、关于中国封建社会长期延续问题。李文治先生认为，中国封建社会长期存在的两个主要因素，即地主经济的长期延续和资本主义萌芽发展缓慢，其根子都在于地主经济的制约，中国地主经济对社会经济发展的束缚，是中国封建社会长期延续的根本原因。

五、关于社会历史发展动力问题。李文治先生强调，农民生产积极性是社会历史发展的动力。他创造性地指出，在封建社会历史时期，社会经济的繁荣，决定于农业生产的发展，农业生产能否发展又决定于农民生产的积极性。而农民能否充分发挥其生产积极，又为当时地主制经济发展状况所制约。

六、关于农民起义的动力问题。李文治先生认为，农民起义的纲领和口号可以反映出其原因和动力。农民运动有时以反抗地主的土地产权为主，有时以反抗封建依附关系为主，有时同时反抗两者。这种差别的产生，决定于当时封建土地关系的状况。

此外，李文治先生对封建社会历史分期、各个历史时期宗法宗族制发展变化、商品经济与地主制经济的密切联系、农民起义领袖李自成的归宿等问题，都有独到的见解。

2000 年，李文治先生因病逝世，享年 91 岁。

目　录

论中国地主经济制与农业资本主义萌芽 ……………………… 1

论明清时代农民经济商品率 ……………………… 26

论清代前期的土地占有关系 ……………………… 65

论清代后期恢复及强化封建土地关系的政策措施 ……… 116

明清时代的地租 ……………………… 136

论明代封建土地关系

　　——从产品分配和集团关系考察明代封建所有制中的

　　　两个问题 ……………………… 164

西周封建论

　　——从助法考察西周的社会性质 ……………………… 181

关于研究中国封建土地所有制形式的方法论问题 ……… 199

论李自成的"均田"纲领口号的时代意义 ……… 221

再论地主制经济与封建社会长期延续 ……………………… 235

明清时代的封建土地所有制 ……………………… 276

从地权形式的变化看明清时代地主制经济的发展 ……… 314

编选者手记 ……………………… 334

论中国地主经济制与农业资本主义萌芽

一　中国封建土地关系的松解

研究中国农业资本主义萌芽问题，首先要考虑它由以出生的母体——以地主经济为主体的封建土地所有制的特点，如地权形式缺乏严格的等级结构，土地可以买卖，相对领主经济而言，这种所有制在农业经营上具有一定灵活性，比较有利于商品经济的发展。由于这种关系，到封建社会后期的明清时代，在商品经济进一步发展的条件下，农村封建习俗逐渐发生变化，土地制度的封建宗法关系逐渐趋向松解。

所谓封建习俗发生变化，主要指封建宗法关系的变化。早在明代中叶，"贵贱""良贱"等封建等级关系，"尊卑""长幼"等血缘宗法关系，以及所有封建习俗等，都伴随着商品货币经济的发展逐渐发生变化。万历年间管志道说过："开国以来之纪纲，唯有日摇一日而已……于是民间之卑胁尊、少凌长、后生侮前辈、奴婢叛家长之变态百出，盖其所由来渐矣。"[1] 经过明末农民大起义后发生了更为显著的变化。如湖北武昌，清康熙、雍正年间，"贵贱无分，长幼无序"[2]。又如四川泸州，康熙年间，"少长失伦，讼风渐炽"[3]。中国土地制度的封建宗法关系就是在这种条件之下呈现松

---

[1]　管志道:《从先维俗议》卷二，见《太崑先哲遗书》。
[2]　《古今图书集成·职方典》卷一一二〇，"武昌"。
[3]　康熙《泸志》卷十一，《风俗》。

弛趋势的。

中国封建社会时期，农村阶级关系是和血缘宗法关系紧密结合在一起的，所以人们每把封建和宗法并称。明清时代，封建地主主要采取土地出租的剥削形式，其次是雇工经营（也有使用奴仆的）。土地制度的封建性和宗法性主要反映在租佃关系及雇佣关系两个方面。对佃农和雇工而言，地主是以封建主的身份出现的，对农民实行超经济强制和封建剥削；同时又渗透着宗法家长制统治，把尊卑、长幼伦理锁链加在劳动人民身上，以加重对农民阶级的压迫。在中国地主经济制度下，由于地权形式缺乏严格的等级结构，宗法的尊卑、长幼关系在这里遂成为必要的补充，它在巩固封建土地关系方面起着极其重要的作用。封建社会后期土地制度的封建宗法关系的松解，主要指租佃、雇佣间封建等级和封建依附关系的变化。明清时代，尤其是清代前期，地权分配的变化、地主身份地位的变化、土地买卖关系的发展等，无不在影响租佃关系及雇佣关系的变化。

在地权分配方面，明清两代经过几次大的变化，即由分散到集中，又由集中到分散。明代建国初期，一度采行扶植自耕农的政策措施。元末农民大起义时期，地主阶级受到严重冲击，不少地主没落下去。明人蔡虚斋所说"自古乱世大家先覆"[1]，盖即指此。在长期战争中，不少农民、地主离乡逃亡。战争结束以后，逃民又返回乡里。据洪武五年（1372）所颁诏书，令这类逃民还乡之人，"中间若有力少而旧田多，不许依前占护，止许尽力耕种到顷亩以为己业"；其人多地少者，"许于附近田内官为验力拨付耕种为业"。对地主多占土地，"敢有以为旧业多余占护者，论罪如律"（《明典章》洪武五年五月诏）。这个诏令的基本原则是否定旧地主的"原主产权"，按每户的劳动力状况分配土地。在这种政策措施下，自耕农有了广泛的发展。明代中叶后，尤其是明代后期，由于

---

① 蔡虚斋：《西园闻见录》卷四，《教训》。

贵族缙绅地主的发展，地权高度集中，土地关系呈现逆转。明朝末年，经过几乎遍及全国的农民大起义，地主阶级受到更为严重的冲击，到处土地荒芜。在这种条件下，清政府采行了扶植自耕农的政策措施①，有些地区还为垦民规定了拨田亩数。② 尤其值得注意的是，清政府为招徕垦荒，也一度放弃维护"原主产权"的政策③，因而地权再一次趋向分散，有更多农民变成为小土地所有者。④ 在明清时代，这种以自己劳动为基础的小土地所有制不是封建所有制，小土地所有制的发展本身就意味着封建所有制的削弱。

在地主阶级的身份构成方面，是由明代后期贵族缙绅地主的土地垄断到清代前期庶民地主的发展。⑤

中国地主经济制虽然缺乏严格土地占有的等级结构，却有各种不同类型的地主，在地主阶级中又可划分为不同的等级。各种高低不同等级的地主可以概括为两大类，即具有封建特权的贵族、缙绅地主和"凡人"地位的庶民地主。这两类不同等级的地主和农民所形成的相互关系不完全相同。由庶民地主和农民所形成的租佃关系、雇佣关系是比较自由的。由贵族缙绅地主和农民所形成的租佃、雇佣关系则具有浓厚的封建性。这时除封建宗法性较强的庄田

---

① 《皇朝文献通考》卷三，《田赋》；卷四，《田赋》；《康熙会典》卷二四；《顺治实录》卷一〇九。以上各书都有关于垦荒"永为己业"之类的指令。四川省大量地方志书，若大邑、铜梁、郫县、定远、新繁、苍溪、万源、乐至、云阳等县都有关于农民占田垦荒的记载。

② 据《皇朝文献通考》卷三至卷四，《田赋》，雍正六年定：宁夏垦民按户分地百亩；四川垦民按户分水田三十亩，或旱地五十亩。乾隆六年定：陕西垦民每户给好地五十亩或山冈沙石地一百亩。

③ 据《康熙会典》卷二四，《赋役》一，顺治十年令，其有主田地，如已抛荒不耕种纳税，即划为官田，招垦兴屯。据《顺治实录》卷一〇九，顺治十四年四月壬午令，贡监生员名下有主荒田，如本主不能开垦，由官府召垦，发给垦民印照，"永为世业"。顺治十三年到康熙二十年，清政府也采行过奖励殷实人户及文武乡绅出钱垦荒的政策措施，给予地主兼并土地的机会。但在当时历史条件下，农民是比较容易取得土地产权的。

④ 四川省大量地方志书，若大邑、铜梁、郫县、定远、新繁、苍溪、万源、乐至、云阳等县，都有关于农民占田垦荒的记载。

⑤ 清代庶民地主的发展，详见李文治《论清代前期的土地占有关系》，《历史研究》1963 年第 5 期。

旗地外，身份性地主相对削弱。由贵族、缙绅地主的土地垄断到庶民地主的发展，是土地关系的巨大变化，意味着土地关系中封建宗法关系的松解。

我们所说地主身份构成发生变化，系就总的发展趋势而言。在贵族缙绅地主占据统治地位的明代，庶民地主也是存在的。在庶民地主发展的清代，缙绅地主也占着一定的比重。而且两者可以互相转化，庶民地主当占有更多土地之时，每设法猎取功名官爵，变成为缙绅地主。尽管如此，清代前中期近两百年间，庶民地主当比明代占据更大的比重。

明清时代，伴随着商品经济的发展，土地进一步商品化，这是封建社会后期一个值得注意的变化。中国地主经济制的一个主要特点是，地权的取得主要不是通过分封赏赐，而是通过购买。虽然土地买卖与暴力掠夺每因时期不同而相互消长，而地权转移发展总趋势则是土地商品化的加强。明代中叶以前，土地买卖关系相当发达。明代后期，伴随着贵族、缙绅地主权势的扩张，地权的转移过程出现倒退，每同暴力联系在一起。明代后期出现的所谓"投献""投靠"就是变相的暴力掠夺。经过明末农民大起义，扭转了这种倒退趋势，进入一个新的发展阶段。清初虽然一度出现过庄田旗地的圈占，但这时地权的转移过程更多地通过买卖，而且地权转移日益频繁。如山东栖霞县"土地则屡易其主"①，广东顺德县"田时易主"②，福建安溪县则田产"来去无常"③。尤其是江南地区，土地买卖更加频繁，"十年之间已易数主"④。土地商品化的发展，这时已开始冲击土地回赎权和亲邻优先购买权之类顽固的封建宗法习俗。⑤

---

① 康熙《栖霞县志·序》。
② 乾隆《顺德县志》卷四。
③ 李光坡：《答丁邑侯问丁米均派书》，见《皇朝经世文编》卷三。
④ 钱泳：《履园丛话》卷四。
⑤ 土地买卖关系的发展冲击亲邻优先购买权的封建宗法习俗问题，详见李文治《论清代前期的土地占有关系》，《历史研究》1963 年第 5 期。

以上反映土地制度的封建宗法关系松解的因素，如地权分配及地主身份地位的变化，土地买卖关系的迅速发展。这种种发展变化，使中国以地主经济为主体的土地关系具有孕育农业资本主义萌芽的可能。

二　农业生产力及商业性农业的发展

农业生产力的发展是农业资本主义萌芽产生的前提，没有这个前提条件资本主义农业就难以产生。只有在农业生产发展、劳动生产率有所提高的条件下，才能生产出更多的商品粮食投向市场，才能把原来种植粮食作物的土地部分地解放出来改种经济作物。

伴随着商业性农业的发展，商品经济浸透农村，促使封建经济趋向解体和农民的阶级分化，分化出萌芽状态的自由劳动者和农业资本家。所以列宁说：农业中资本主义的增长首先表现在自然农业向商业性农业的过渡上。作为资本主义关系产生的标志的自由劳动，首先应用在种植商业性作物。

农业生产的发展又是和整个社会生产力的发展紧密地联系在一起的。明代到清代鸦片战争前的几百年间，工业生产的发展，尤其是对农业原料进行加工的手工业，如丝织、棉纺织、榨糖、制烟、酿酒、制茶、榨油等业的发展，直接影响农业的发展。反过来，商业性农业的发展又是手工业进一步发展的一个重要前提。

明清时代，经过广大农民的辛勤劳动，农具及生产技术都有所改进。尤其是水利灌溉事业有较大发展。如北方推广凿井溉田[①]，南方推广水车溉田[②]。各个地区的灌溉面积大为增加，四川省彭县、中江、崇庆、新繁、永顺、邛崃等县，山东省邹平、范县等县，地方志书都有关于这方面的记载。这时各种农作物也有所推

---

① 参见徐光启《农政全书》卷三六。

② 参见咸丰《盛京通志》卷三四，民国《中江县志》卷三。参见刘仙洲《中国古代农业机械发明史》，科学出版社 1963 年版。

广，如北方扩大稻田面积，南方发展杂粮种植。尤其值得注意的是高产作物玉米和番薯的引入和传播①。玉米是明嘉靖年间传入的，番薯是万历年间传入的，两种作物陆续在中国传播种植，清代前期迅速发展。玉米和番薯的传播，扩大了耕地面积，提高了单位面积产量，在我国农业生产和社会经济生活方面产生了深远影响，对商业性农业的发展有着极其重要的作用。

在这一时期，商业性农业的发展是十分显著的，出现了一些棉、桑、蔗、烟、果树、园艺等专业种植区，形成地区间的生产分工。经济作物产值较高。嘉靖年间，湖州府属种一亩桑苗的垦锄培壅之费约为银二两，"而其利倍之"②。明朝后期，或谓一亩烟田的产值"敌田十亩"③。明清之际，山西运城县，每亩棉田产值，五谷"不及其半"④。清代前期，江苏松江府和太仓州，种棉"费力少"而"获利多"⑤。福建永安县，种蔗栽烟，"利较谷倍"⑥。汀州府八县，种烟利厚，"所获之利息数倍于稼穑"⑦。四川仁寿县，人们种蓝制靛，"利倍于种谷"⑧。由于经营经济作物收益大，人们遂纷纷种植，甚至将稻田、粮地改种经济作物。如福建泉州府民将稻田改为蔗田⑨，江西大庾、新城等县，四川合江县，山西保德州，山东济宁州，人们纷将稻田改为烟田⑩，广东番禺县民将稻田改种龙眼、荔枝⑪，比比皆是。

商业性农业的发展又促进农业集约化，如山东济宁州，州民种

---

① 参见陈树平《玉米和番薯在中国传播情况研究》，《中国社会科学》1980 年第 3 期。
② 《吴兴掌故集》卷十三，《物产》。
③ 杨士聪：《玉堂荟记》卷下。
④ 《古今图书集成·职方典》卷二三〇，"交兖府部"。
⑤ 高晋：《奏请海疆棉禾兼种疏》，见《皇清奏议》卷六一。
⑥ 雍正《永安县志》卷九。
⑦ 王简庵：《临汀考言》卷六，《咨访利弊八条议》。
⑧ 道光《仁寿县志》卷二。
⑨ 参见陈懋仁《泉南杂志》卷上。
⑩ 参见民国《大庾县志》卷二；同治《新城县志》卷一；嘉庆《四川通志》卷七五，陆耀：《烟谱》；乾隆《济宁直隶州志》卷三。
⑪ 参见屈大均《广东新语》卷二五，《木语》。

烟，"其功力与区田等"①。江苏省一亩烟田所需人工，"可抵水田六亩，旱田四亩"②。江西新城县，烟田所需人工数倍于稻田。③ 四川内江县民种蔗榨糖，"其雍资工值十倍平民"④。商业性农业发展的巨大意义，的确如列宁所指出的，往往会导致经营规模的扩大，引起生产和资本主义的增长。

商业性农业的发展，必然导致与资本主义农业发生发展相联系着的某些变化。

首先是商品经济浸透农村，封建经济趋向解体。商业性农业的发展，加深了农业经营者和市场的联系。尤其是农民小生产者，过去在田场上单纯生产使用价值，现在开始改变成生产部分交换价值，从而促使自然经济趋向解体。自然经济是封建关系的基础，自然经济解体，势必影响封建宗法关系松解。中国明清时代商业性农业的发展就在起着这种作用。这时传统的社会习俗——长幼尊卑间宗法血缘关系的松解，租佃雇佣间封建依附关系的削弱，都和当时商品经济发展有着一定联系。农业资本主义萌芽的发展过程也就是自然经济趋向松解和封建宗法关系松弛化的发展过程。

其次是商业性农业的发展促成农民的阶级分化。如列宁所指出的：商业性农业正是农民分化的主要因素。这是由于，农村小商品生产一定程度的发展，很容易导致资本主义生产的出现。明代中叶到清代前期就在发生这种变化。中国农民的经济地位原来就不稳定，在地主经济制的制约下，随时都在发生分化。商品经济的发展更加速了这一分化过程。种植经济作物的农民，他们的命运要受市场的自发性所支配。农民种植经济作物原为谋取较多的收益，但在商业资本盘剥下很多农民经济地位下降，乃至沦为出卖劳动力的农业雇工，变成为萌芽状态的自由劳动者，其少数经济条件较好的农

① 乾隆《济宁直隶州志》卷三。
② 包世臣：《安吴四种》。
③ 参见同治《新城县志》卷一。
④ 道光《内江志要》卷一。

民，对所生产的农副产品可以待价而沽，从而增加了收益，扩大经营规模，变成萌芽状态的农业资本家。这就是说，这时出现的农村阶级分化已不是过去财产不均的简单重复，而是如列宁所指出的，在农业中出现了"商品生产者阶级和农业雇佣工人阶级"。

三 主佃间封建依附关系的松解

明清时代租佃关系的变化，在经济关系方面表现为封建依附关系的松解，在法权关系方面则表现为由封建等级关系向"凡人"关系的过渡。

宋元时代，主佃间在法律上的地位是不平等的，佃农被剥夺离开土地的自由。宋仁宗皇祐年间制定的《皇祐法》，在夔州路属，对逃移佃客"一并追归旧主"。哲宗元祐年间制定的主佃律例，地主打死佃客减罪一等，以后又减罪一等。这时淮南路也有关于佃客逃移的禁令，有逃迁者，地主得依契券"自陈收捕"①。元代建国，基本继承了宋代主佃等级法权关系，地主对佃农迫害致死，仅罚烧埋银数两了事。宋元时期佃农不得离开土地虽非推行于全国的普遍规定②，但有相当广大地区的佃农被剥夺了离开土地的自由。

朱明建国，革除了宋、元以来佃农对地主在法律上的身份义务关系，佃农不再固着于土地而变成为法律上平等的人。这时除少数地区的佃仆制而外，一般来说，地主已不占有固定的佃农，农民不终生依附于某一固定地主。虽然这时还在"乡饮酒礼"中写明佃农对地主行"以少事长"之礼，封建礼仪和法律上规定的人身依附的性质毕竟不同，这是主佃间法权关系的巨大变革。主佃间法权关系的变革，无疑是租佃实际生活中封建依附关系松弛的反映，法权关系的这种变革又会返转来促成主佃间封建关系的进一步松解。

---

① 参见蔡美彪等《中国通史》第五分册，人民出版社 1978 年版，第 390—395 页。
② 据《元典章》卷五七，谓随田佃客，"腹里并无如此体例"。

在这一时期，租佃制度及地租形态都在发生变化。首先是永佃制的发展。永佃制在中国历史上很早就出现了，明代有进一步发展，清代更加普遍。尤其是清代前期，黄河流域的直隶、河南、陕西，长江流域的江苏、浙江、安徽、江西、湖南，南部的广东、广西、福建，都出现了永佃制，在清代刑档中保存下来相当大量的有关永佃权的资料。① 永佃制的发展，使土地使用权与所有权进一步分离。这类租佃权近似"占有权"，地主不能任意剥夺，农民具有相对独立性，因而加强了对地主进行斗争的权力。这时封建文人所一再形容的农民把土地"踞为己业""佃仍虎踞"，地主对佃农"莫可谁何"，等等，反映的就是这种变化，同时也反映了地主阶级对永佃制的反对态度。农民享有永佃权的土地，地主想夺田另佃，"别人不敢承耕"②；而"佃人转买承耕"，田主反而"无能过问"③。显然，永佃制的发展，成为促进主佃间封建宗法关系松解的一个重要因素。

地租形态的变化，分成租向定额租的过渡，起着类似的作用。定额租本来早就出现了。明清时代，伴随着经济作物的发展，定额租又有进一步发展，有的地区并且出现了萌芽状态的货币租。这类货币租先以折租的形式出现。江苏南部植棉区，明代后期就有关于折租的记载。如娄县的棉农，按原租米一石折交银一两。太仓州的棉农，按原额谷租折成银两交纳。④ 到清代前期，从大量刑档资料反映出，定额租已占据统治形式。⑤ 在分成租的情况下，农民生产的好坏，亩产的高低，直接影响地租量的多寡，地主对农民的生产事宜每进行更多的干预，农民的人身自由不能不受到一定影响。光

---

①　参见刘永成《清代前期佃农抗租斗争的新发展》，见《清史论丛》第一辑，中华书局1979年版。

②　参见民国《云霄县志》卷四。

③　陈道：《江西新城田租税》，参见《皇朝经世文编》卷三二。

④　参见崇祯《太仓州志》卷四〇。

⑤　参见刘永成《清代前期的农业租佃关系》，见《清史论丛》第二辑，中华书局1980年版。

绪前期，山东海丰县某地主所制定的"追租章程"，规定平时耕作必须"听管事爷们随时查看"和顺从"管事爷们指使"①。清代后期尚且如此，此前的明清时代更不例外。在定额租的情况下，农民只要能按额交租，地主对农民的生产事宜不再加干预。农民在土地利用和劳动时间的支配上，有较大的独立性。在交纳折租的情况下，农民种植什么作物也有了更多的自由。总之，伴随着分成租制向定额租制的过渡，地主对农民的支配权力削弱。地租形态的变化，是促进租佃间封建宗法关系松解的又一重要因素。

由于主佃间封建宗法关系松解，地主阶级超经济强制权力趋向松弛，地租的实现遂越需要经济条件的保证。清代前期几乎遍及全国的押租制就是在这种情况之下发生和发展的。押租制的发展，一方面是商品货币经济发展的结果，更重要的是主佃间封建宗法关系趋向松解的反映②。

租佃关系发生变化，主佃间封建依附关系趋向松解，是富裕佃农产生的一个前提。农民享有永佃权的土地，租额一般较低；在定额租的情况下，农民交租之外，所有余额可以全归自己支配，因而生产积极性有所提高。在农业生产进一步发展的情况下，租佃农民在交纳地租及支付维持再生产和全家生活费用之外，再有一个余额以供扩大再生产遂变为可能，这是富裕佃农产生的一个重要条件。

四　封建雇佣向自由雇佣的过渡

明清时代雇佣关系发生显著变化，封建雇佣逐渐向自由雇佣过渡，这是资本主义生产关系产生的基本标志。

恩格斯在分析"资本"形成过程即构成资本主义生产关系的基本条件时，着重指出以下两点，一个是自由劳动的出现，一个是

① 参见李文治《中国近代农业史资料》第一辑，生活·读书·新知三联书店 1957 年版，第 295—296 页。

② 参见江太新《清代前期押租制的发展》，《历史研究》1980 年第 3 期。

为生产商品而剥削。概括起来说，即生产资料所有者，雇佣自由雇工，进行商品生产，并剥削雇工的剩余劳动扩大再生产。

关于"为生产商品而剥削"比较容易理解。什么性质的商品生产，是封建的商品生产还是资本主义的商品生产，决定于雇佣劳动的性质。必须具备什么样的条件才能构成为自由劳动呢？马克思指出两点，即二重意义的自由。一个是"他作为自由的人，把自己的劳动力，当作自己的商品来处分"；另一个是"他又没有别种商品出卖，没有实现劳动力所必需的一切东西，对于这些东西，自由到一无所有的地步"。这里，马克思所说的显然是指资本主义时期的自由劳动。资本主义萌芽时期的自由劳动不完全相同。第一，劳动者虽然可以把自己的劳动力当作商品来出卖，由于是"奴役状态的形式变换"的开始时期，在劳动力出卖期间还带有一定程度的封建性；第二，这时自由劳动者很多只是丧失部分生产资料，在这方面还没有"自由到一无所有"，尤其是农业雇工很多还有几亩贫瘠的土地。明清时代的中国如此，欧洲某些国家也不例外。

就二重意义的自由而言，雇工的人身自由特别值得重视，因为在这个问题上比较容易混淆。主雇之间，不只要求在双方成立雇约时是自由的，而且要求在整个雇佣期间身份上也是平等的。只有在这种情况下，农业雇工才能成为自由劳动者。也只有在这种条件下，为生产商品而剥削的生产资料的所有者，才能成为萌芽状态的农业资本家，资本主义生产关系才开始出现。

各个不同的国家，尽管社会条件不完全相同，自由劳动的形成过程有所差异，资本主义生产关系所要求的自由劳动的条件基本上是一致的。这就要结合各国具体情况进行具体分析。研究中国农业资本主义萌芽，要结合以地主经济为主体的封建土地关系进行分析。中国农业自由劳动的形成过程是在地主经济制的制约下发展变化的。

"雇佣"一词，在中国历史上出现很早。如果把春秋战国作为中国封建社会开始时期，那么，这时已经有关于"雇佣"的记载了。到唐宋时代，还可以找到一些经营地主种植经济作物为生产商品而剥削的事例，但不能据此做出唐宋时代已经出现农业资本主义萌芽的论断，因为这时还没有出现如经典作家所说的"自由劳动者"。到清代前期（甚至清代后期），我们还可以发现相当大量的雇主虐待迫害农业雇工的事例。我们也不能据此否定中国 17、18 世纪农业资本主义萌芽的存在，因为这时自由劳动早已出现，总之，离开农业劳动力社会形态的变化，离开封建雇佣向自由雇佣过渡的问题，而对资本主义萌芽做出肯定或否定的论断都是不妥当的。

明清时代农业雇佣劳动的一个显著变化是雇工队伍的扩大。农业雇工队伍扩大的原因，是由于农业经营形式的变化。这时农业生产力及商业性农业的发展，使孤立狭隘保守落后的个体经营方式逐渐不能适应农业生产发展的要求，促使部分土地占有者和资金掌握者从事大规模农业经营了。当然，这种发展变化之所以还不够迅速，并不是由于社会上缺乏准备出卖的闲置劳动力，而是由于其他的历史条件。就是在清代后期，失业农民想出卖劳动力而寻找不到雇主的情形还相当普遍。

农业雇工队伍的扩大，从很多方面反映出来。第一，明代江南地方志书关于长工、短工记载的大量出现。如弘治《吴江县志》，正德《松江府志》《华亭县志》，嘉靖《湖州府志》《江阴县志》，以及嘉靖、万历之际的扬州、嘉兴等府州县志书，多有这类记载。到清代前期，地方志书中有关长工、短工的记载就更多了。第二，明代中叶开始，在封建文人的著述中多佣、佃并提。如嘉靖《常熟县志》、嘉靖《吴江县志》和黄佐的《泰泉乡里》等书都有关于这方面的记载，说明出雇已成为当时无地少地农民仅次于租佃的一种重要的谋生手段。第三，到明代中后期，有不少关于外地佣工的记载。如福建古田县农民到外地佣工[①]，江西南丰县农民到宁都州

---

① 万历《福州府志》卷七。

佣工①，山西辽州农民"多佣力他乡"等。② 由于农业佣工成了普遍现象，而且很多客籍佣工，对这些人如何进行约束以维系地方治安，便成为地方官府十分注意的事项。嘉靖年间，黄佐所制定的《香山户口册》中特设"佣工"一栏③，万历年间山西巡抚吕坤令将雇工、佃户由各房主、地主"挨户管束"④，反映得就很清楚。

伴随着农业雇工队伍的扩大，在有些地区出现了进行劳动力买卖的雇工市。从有关农业雇工记载考察，这类雇工市可能在明代中叶已经开始，清代前期又有进一步发展。广东钦州、新会等州县，河南林县、柘城等县，山西阳高县，奉天开原县，都有关于雇工市的记载。⑤ 以上这种现象是唐宋时代所少见的。

这时，中国农业雇工队伍的扩大，是由农业生产的发展导致农业经营形式的变化所产生的，这时有较多的富裕农民和地主从事雇工经营。雇工队伍的扩大和劳动力社会形态的变化又连在一起，就在这时开始了封建雇佣向自由劳动的过渡。其按日出卖劳动力的短工，无论在经济关系方面还是在法权关系方面，和雇主很容易形成自由雇佣关系。从明万历前期，明确短工在法律上"凡人"地位情形考察，他们很早就以自由的身份出现了。⑥

至于农业长工向自由雇佃过渡，却经历了一个漫长的历史过程。据万历十六年（1588）新订律例，长工之"立有文券、议有年限者以雇工人论"⑦。据此，其不书立雇约文券的长工，法律上

---

① 参见魏禧《魏叔子文集》卷七，《与曾闻庭》。

② 参见《古今图书集成·职方典》卷三六一，"辽州"。

③ 黄佐：《泰州乡里》卷六，"保甲"。

④ 吕坤：《实政府》，《乡里约》。

⑤ 乾隆四年四月四日广东巡抚王暮题本；雍正二年九月十七日广东巡抚阿尔松阿题本；乾隆《林县志》卷五；乾隆元年九月七日河南巡抚富顺题本；乾隆十六年十二月二十日山西巡抚阿恩哈题本；乾隆三十八年八月二十五日管理刑部事务刘统勋题本。题本均见明清档案馆藏刑科题本。

⑥ 据万历十五年都御史吴时来奏："有受值微少工作止月日计者，仍以凡人论"（见《万历实录》卷一九一）。从"仍以"二字考察，短工在此以前早已以自由的身份出现了。

⑦ 《万历实录》卷一四九。

的身份地位是不明确的，可以做两种不同的解释。明代后期冯梦龙在所著《醒世恒言》第二十八回中，描写直隶溧县士绅地主卢柟打死雇工钮成一案，初判时汪县官认为卢柟所呈雇约文券是伪造的，将卢柟逮捕入狱。后来汪县官调离，继任县官重新审判，肯定了钮成的"雇工人"身份，将卢释放出狱。同一钮成，如无雇约文券，卢柟须按打死"平人"（凡人）判处；有雇约文券则按打死"雇工人"判处。这虽然是一个虚构故事，仍不失为实际生活的反映。说明不书立雇约文券的长工有的可以解除法律上的身份义务关系。又据乾隆年间记载："查雇工人例以文契为凭……乃有服役数年后，犯事到官，仍以未立契论比平人者。"① 可与钮成一案的判决互相印证。乾隆三十二年修订律例，虽然出现把未立雇约文契的长工按"雇工人"定拟的规定，似乎是暂时的倒退现象。但从明代后期到清代前期一个相当长的时期内，其不书立雇约文券的长工，作为"平人"判处已逐渐成为惯例，只是没有在法律上明确规定下来罢了。由此可见，长工不书立雇约文券是一种过渡形式，是农业长工向自由雇佣过渡开始时期的象征。

农业长工身份地位的变化主要发生在清代前期，这种发展变化反映于雇工律例的几次修订和刑科题本中关于农业长工的判例。乾隆五十一年把解除大部分长工法律上的身份义务关系决定下来，以后并写进律例。据我们接触到的前此由雍正到乾隆五十年发生的94 件有关长工刑事案件，写立雇约文契的 7 件，无主仆名的 6 件，未写雇约文契的 47 件，情况不明者 34 件。② 按照当时惯例，写立雇约文契的当然属于有主仆名分的封建雇佣，其未写立文契的可能已逐渐被排除在封建等级关系之外。这就是说，在乾隆五十一年以前，已有一部分农业长工以自由劳动者的身份出现了。由这类事例可以看出，首先是实际生活中的雇佣关系发生了变化，然后封建统

① 陆耀：《切问斋集》卷十三，《条议》。
② 在刑科题本中，有关农业长工的案件很多，这里仅就我们所接触的部分题本进行分析。

治者修订雇工律例来承认既成事实的。

乾隆五十一年修订雇工律例明确规定，其得以解除法律上身份义务的长工必须具备下述条件：其一，在雇主方面必须是"农民、佃户"。这里的"农民"指没有特权身份的"庶民"，即包括自耕农和庶民地主。"缙绅"属于封建社会的特权等级，是不包括在庶民地主之内的。其二，在雇工方面必须是与雇主"共坐共食""平等相称"，并不为雇主"使唤服役"之人。这里显然也把缙绅地主奴役下的长工排除在外，因为在缙绅地主奴役下的长工根本不能与雇主"平等相称"，更谈不上"共坐共食"；其有服役性雇工的雇主主要也是这类缙绅地主。这次修订雇工律例所贯彻的这种按照雇主身份地位规定雇工身份地位的原则，出发点在于维护缙绅地主的特权地位，是十分清楚的。这就是说，经过雇工律例的修订，不是所有由地主所形成的雇佣关系都发生了变化，只有庶民地主和富裕农民剥削下的农业长工解除了法律上的身份义务关系。在缙绅地主奴役下的农业长工还没有摆脱法律上身份义务的束缚。值得注意的是，在这一时期发展起来的经营地主主要是庶民地主。从我们所接触到的大量刑档资料，乾隆五十二年以后，具有主仆名分的农业长工所占比重已经极小。

总之，在商品经济发展的环境下，早在这次雇工律例修订以前，由庶民类型经营地主所形成的雇佣关系已经开始发生变化，从而为雇佣法权关系的变革创造了条件。雇工律例修订以后，又进一步促进自由雇佣关系的发展。雇佣法权关系的变革，为我们研究封建雇佣向自由雇佣的过渡提供了一个重要线索。我们必须结合经济关系与法权关系考察雇佣关系的变化。忽视法权关系的变革，就不容易弄清楚雇佣关系发展变化的过程。

五　中国农业资本主义萌芽的发展过程及发展道路

在封建社会中，自耕农是农民阶级最有活力的阶层。农民小土地所有制的广泛存在，是富裕自耕农发展的条件。租佃关系的变化，主佃间法权关系地位的平等，佃农经济独立性的加强，是富裕佃农发展的条件。清代前期，身份性地主的削弱，国家对官绅地主一定程度的限制，则是庶民地主发展的条件。而自由劳动的出现则是资本主义经济关系产生的基本标志。那么，就要结合富裕农民和庶民地主的发展，自由雇佣关系的形成过程，考察农业资本主义萌芽的发展过程。

在明清时代，就农业经营者身份地位而言，有各种不同类型。而各种不同类型雇主和雇工的关系，在不同历史时期可以形成为不同性质的雇佣关系。如前所述，雇佣法权关系的变革又是主雇间经济关系发展变化在上层建筑领域的反映。封建雇佣向自由雇佣过渡，首先是在经济关系方面发生变化，经过一个相当长的时期，然后才有法权关系的变革。因此，研究农业资本主义萌芽问题，就必须详审探索，在几种不同类型的农业经营中，哪一类型雇主所构成的雇佣关系在经济关系方面首先突破传统的封建束缚变成自由雇佣关系；哪一类型雇主构成的雇佣关系比较容易解除法律上的身份义务关系；哪一类型雇主所形成的雇佣关系在经济关系方面不容易形成自由平等关系，并在解除法律上身份义务方面会遇到严重障碍。这就要求结合以上各类型农业经营者雇主的身份地位进行具体分析。

关于农业雇佣关系的过渡，自由劳动的形成，我们认为首先是在富裕农民的经营中发生的。

经营者如果是富裕自耕农，他虽然占有土地，这类小土地所有制和地主所有制不同，它虽然也要受封建所有制的制约，但毕竟不是封建所有制。经营者如果是富裕佃农，情形就更加不同。在封建社会里，无论是富裕自耕农或富裕佃农，他们虽有较多的土地或较多的资金，但他们是农民阶级的成员，处于被统治地位，没有政治特权，从而反对任何形式的特权和压迫。还由于他们的阶级地位和政治地位，决定了他们在政治上的平等思想。不难设想，他们和农业长工所形成的雇佣关系，尽管在法权关系方面还没有摆脱封建等级关系的束缚，而在实际生活中，经济关系则是比较平等自由的，从这里打开了封建雇佣向自由雇佣过渡的缺口。这类经济的性质有如列宁所指出的，这种雇佣关系已经撕毁了过去掩盖阶级关系的传统的等级外衣，资本主义阶级关系开始表现出来。这就是说，早在明代中叶，大约15世纪，为生产商品而剥削雇工的富裕农民出现于历史舞台，就以萌芽状态的农业资本家的面貌出现了。

以后又经历了约两百年的漫长岁月，到清代前期，伴随着庶民地主的发展，又在经营地主中出现了农业资本主义萌芽。

这类庶民地主，有许多是由富裕农民逐渐发展起来的，有的是工商业者把部分资金投向土地进行直接经营。还有，在地主经济制约下，由于缙绅地主和庶民地主可以互相转化及遗产诸子均分制等，缙绅地主有的逐渐分化成众多的中小庶民地主。

清代前期的经营地主基本是庶民地主，这种情形无论在地方志书还是清代刑档中都有所反映。景甦、罗崙两同志所调查的清代前期五家地主也说明了这种关系。如一家官僚地主和一家商人地主都采用土地出租的剥削形式，而"种地起家"的三家庶民地主都采取雇工经营形式。又据他们对清代后期一百三十一家经营地主所作的统计，做官起家的八家，种地及经商起家的达一百二十三家[①]，后者主要是庶民地主。从这项资料可以做出这种论断：是庶民地主的发展进一步促进了经营形式的变化。

这类庶民地主，尤其是由富裕农民上升起来的庶民地主，就其在封建社会的身份地位而言，比较接近于富裕农民，和雇工容易形成自由雇佣关系。庶民地主的发展在经营管理方面也引起一系列变化。在商品经济发展的环境下，他们的生产不单纯为了自给自足，还为了进行商品生产。他们为了增加生产，要求改善经营管理，改进生产技术，以提高劳动生产率，就是说在不自觉地按照资本主义

---

① 参见景甦、罗崙《清代山东经营地主底社会性质》，山东人民出版社1959年版。

经济原则组织生产。从而他们对生产劳动者的榨取，不像出租地主那样，全靠经济外的强制手段来实现。由这类经营所形成的雇佣关系逐渐向自由的雇佣关系过渡，这类经营的社会性质在发生质变。这类地主所占有的剩余劳动包含着一个利润量。

由明代中叶出现的具有资本主义性质的富裕农民到清代前期庶民类型经营地主的发展，所显示的农业经营中资本主义因素的增长，表明了中国农业资本主义萌芽发生发展过程的特点。对两种不同类型的雇工经营不加区别，则看不出中国农业资本主义萌芽发展的阶段性。

由富裕农民和经营地主的发展，还表明了中国农业资本主义萌芽两条不同的发展道路。富裕自耕农也好，富裕佃农也好，是由农民小生产者分化出来的，是在农民阶级内部产生的萌芽状态的农业资本家。虽然具有某些封建性，相对经营地主而言，总要轻一些。至于经营地主，如果是由封建地主过渡而来的，他们是放弃原来的土地出租的剥削形式改行雇工经营的，会带来更为浓厚的封建性。如列宁在分析俄国经营地主时所指出的：一般情形是，在地主经济中，工役制度和资本主义制度是结合在一起的。这种过渡形式，是使封建土地关系慢慢地适应资本主义，是资本主义与封建主义以各种不同的形式交织在一起的经济，较之富裕农民经济带有更为浓厚的封建性。

由此可见，在中国封建社会后期，标志着中国农业资本主义萌芽的两种不同类型的农业经营，在历史上出现的时间有早有迟，所具有的资本主义因素有强有弱，带有的封建因素有多有少。不仅富裕农民和经营地主不同，即富裕自耕农和富裕佃农也不可能完全相同。同属庶民地主，也会因形成过程不同和占地多寡不同，使所具有的资本主义因素有程度上的差异。农业资本主义萌芽发生发展过程和发展道路所呈现的这类特点，是由中国地主经济制所制约所规定的。

研究中国农业资本主义萌芽问题，不仅要看到富裕农民和经营地主的差别，也要看到庶民地主和缙绅地主的区别。在地主经济制约下，不同类型地主和农业雇工可以形成不同的雇佣关系，从而产生不同性质的农业经营。因此，在明代中叶，不能把富裕农民和经营地主两类不同性质的农业经营混淆起来；在清代前期，也不能把庶民和缙绅两类不同性质的经营地主混淆起来。

六　商品经济、封建宗法势力与农业资本主义萌芽、发生、发展的关系

研究农业资本主义萌芽问题，对于商品生产、商品交换以及在此基础上所形成商业资本活动的积极作用必须给予足够的重视，它是资本主义萌芽产生的前提。在一定历史条件下，商品经济的发展，对资本主义生产关系的产生和发展起着一定的促进作用。商业资本在生产与交换之间架起了互相沟通的桥梁，推动商品生产的发展，促使以使用价值为目的的生产向着以交换价值为目的的生产方向转化。尤其是在中国地主经济制下，商品经济的发展较之中古欧洲的领主经济有更为广泛的场所。由明代中叶到清代前期，无论地主和农民，他们都要购买所需要的生产用品乃至部分生活必需品，土地所有者都要交纳货币赋税。为此都要出卖部分所生产的农副产品，从而加强了和市场的联系，促进了商品经济的发展，从而也促成了农民的阶级分化，产生了农业资本主义萌芽。在种植经济作物的地区尤其如此。

在商品经济发达的江南地区，经济作物发展较早。到了明代中叶，有不少农民在这个基础上，发家致富。嘉靖年间，江苏昆山县魏钟、魏壁父子"以力农致富"①；张某"以多耕致饶足"②；陈太家世业农，后以力农发家③；太仓州张某经商失利，改事农业经

①　归有光：《震川先生全集》卷二五，《魏诚甫行状》。
②　同上书，卷十三，《张翁八十寿序》。
③　同上书，卷一八，《明故例授苏州卫千户所正千户陈君墓志铭》。

营，逐渐富裕起来。① 以上数家只是力农致富的广大农户中的几个事例。由于他们后来发展成为地方上的豪绅地主，并由于偶然的机会而被记录下来。我们不能因为他们变成豪绅地主向着封建经济转化而否认他们过去的农业经营的资本主义萌芽的性质。他们的发家致富都是从农民小土地所有者并亲自参加生产劳动和经营管理逐渐发展起来的，都经历过富裕农民的发展阶段。在明代中叶经济作物发展的环境下，肯定会有不少农户由于家内劳动较强而一度得到发展，变成带有资本主义萌芽性质的农业经营者。

在商品经济发达的江南地区，农业资本主义萌芽虽然较早发生，但以后却没有顺利发展下去。明代中叶后，伴随着土地的剧烈兼并，地权高度集中，而且土地占有者主要是官僚缙绅地主，封建宗法势力的控制比较顽强。地主每把剥削来的地租投向商业和高利贷，剥削农民小生产者，对农民经济起着破坏作用。这里的商业和商业资本尽管比较发达，但它是在脱离农业生产而独立发展的，它所产生的结果正如马克思所指出的，"与资本主义生产的发展程度成反比例"。因此，这里带有资本主义萌芽性质的富裕农民经营虽然能够较早地发生，可是它受到封建宗法势力的压迫，不能够顺利地发展，其中除少数人变成封建地主外，大多数都夭折了。

在另一些地区，即商品经济发展程度不及苏、松、杭、嘉、湖等府的某些地区，如江、浙、皖、赣、闽诸省交界的山丘地带②，明末农民大起义对地主阶级打击严重的四川③，新开垦的东北三省地区。④ 在这类地区，封建宗法势力的控制比较薄弱，农业经营者

---

① 王士桢：《弇州山人稿》卷九五，《明封故文林郎浙江处州府推官东林张翁墓表》。

② 周用：《乞专官分守地方疏》，载康熙《西江志》卷一四六；魏礼：《与李邑侯书》，见《魏叔子文集》卷八；熊人霖：《南荣集》卷十、卷十一，转见付衣凌《明清农村社会经济》；《道宪杨懋恬查禁棚民案稿》，参见道光《徽州府志》卷四之二。

③ 光绪《井研县志》，民国年间修纂的《云阳县志》《简阳县志》《合江县志》《温江县志》《金堂县志》。

④ 参见光绪《吉林通志》卷三，清代刑档，乾隆五十三年三月八日奉天府尹奇臣题本，乾隆五十七年七月二十二日刑部尚书阿桂题本。

和农业雇工大多是客籍移民，彼此较少封建传统关系的束缚，自由雇佣关系比较容易形成，农业资本主义萌芽却有进一步发展。

江、浙、皖、赣、闽诸省交界山区发展起来的主要是富裕租佃农民。如江西东部的宁都州，明代中叶，有福建农民来这里垦山，垦民向地主纳较重的"批佃银"，取得永佃权。租佃经营收益很大，或谓"佃户一石之田收到四五石，又有他种"。因此农民"尝赤贫赁耕，往往驯至富饶"①。同时这里还存在着佣工。在这类租佃中，可能有的在剥削雇工的基础上扩大再生产，进行资本主义性质的农业经营。浙江中部以南的某些地区，明代中叶，有福建汀州人来这里租山，谓之��主，有的订立长期租约，雇工种蓝。从雇工"数百为群"之类记载考察，富佃可能不止几家。② 皖南徽州、宁国、池州、广德等府州山区，从明代中叶开始即有棚民聚集种山，到清代前期更有所发展。乾隆年间，出现掌握大量资金佃山经营的富户，有的交租银数百两，预租十五年，雇佣长工多人。③ 嘉庆、道光之际，更有一次预交租银数百两至千两以上的富佃，租期长达二十年。按记载估计，一家富佃雇佣农工大概三四人至二三十人不等。④ 以上这类租佃经营者，不是以土地所有权的身份和雇工发生关系，由以形成的雇佣关系是比较自由的。这种形式的雇佣关系，即使出现在还没有完全摆脱封建法权关系束缚的明代，也不能否定这类经营所具有的资本主义萌芽的性质，因为经济关系更能反映问题的实质。

四川资本主义农业萌芽的发展途径和上述山区有所不同。在这里，清代前期先发展起来广大自耕农，以后伴随商品经济发展和农民的阶级的分化，又发展起来一批富裕自耕农和经营地主。在清代

---

① 魏礼：《与李邑侯书》，参见《魏叔子文集》卷八。

② 熊人霖：《南荣集》卷十，《防菁寇》：卷十一，《防菁民议》。转见付衣凌《明清农村社会研究》）。

③ 参见乾隆四十七年九月二十三日安徽巡抚萨载题本。明清档案馆馆藏刑科题本。

④ 道光《徽州府志》卷四之二，《道宪杨懋恬查禁棚民案稿》。

前期百多年间，云阳、简阳、合江、温江、金堂、荣昌、大竹、彭、铜梁等县，都有关于富裕自耕农发展的事例。① 由于这里地旷人稀，地租较低，其家内劳动较强并掌握部分财富的农户，也有的专事租地雇工经营。② 至于东北新垦区资本主义农业萌芽的发展过程又带有本区的特点，这里地价和地租都较内地为低，雇工工价则远较内地为高。③ 内地移民初到之时多从事佣工，经过几年积蓄，逐渐发展为租地雇工经营。所谓"无业游民始而为佣……继而渐向旗人佃种田亩"④，就是反映的这种发展过程。如山东栖霞县王明，先在吉林宁古塔佣工，以后租地两百亩雇工种烟。⑤ 又如山东莱阳县王世广，先在奉天佣工，以后租地雇工经营。⑥ 这类经营，雇工和雇主都是客籍农民，彼此的结合是比较自由的。经营者在东北多无家室，不是自给自足的小农经济，而是在进行商品生产，这类农业经营显然是具有资本主义萌芽性质的经营。所以说，内地自由民的移入，对东北这个奴隶制残余十分严重而落后的地区是一次巨大冲击。

由以上事例可知，中国农业资本主义萌芽，先在商品经济发达的地区最早发生，以后在封建宗法势力控制薄弱的地区继续发展。说明只有商品经济的发展，而缺乏其他有利于发展资本主义农业的条件，萌芽状态就会停滞不前乃至夭折；只有在封建宗法势力薄弱的地区，商品经济的发展对农业资本主义萌芽的发生发展才更有可能起到催生婆的作用。

由此可见，商业和商业资本"对旧生产方式究竟在多大程度

① 参见各州县地方志书。

② 四川东部某县，嘉庆年间，有一家农户，家内劳动力较多，积有财富，不买土地，专事租地雇工经营。该经营主谓买地用钱较多，不如租地经营有利。

③ 当时东北地价和地租都较内地低若干倍，工资则甚高。乾嘉之际，直隶、山东、河南三省一个雇工的年工资折实钱二千至五千文不等，吉林一个雇工的年工资为八千多文，奉天雇工的年工资为九千多文。

④ 光绪《吉林通志》卷三。

⑤ 参见乾隆五十七年七月二十二日刑部尚书阿桂题本，明清档案馆馆藏刑科题本。

⑥ 参见乾隆五十三年八月三日奉天府尹奇臣题本，明清档案馆馆藏刑科题本。

上起着解体作用，这首先取决于这些生产方式的坚固性和内部结构。并且，这个解体过程会导向何处，换句话说，什么样的新生产方式会代替旧生产方式，这不取决于商业，而是取决于旧生产方式本身的性质"①。因此研究资本主义萌芽问题，必须把立论的出发点建立在所有制的基础上，而不是建立在商品流通的基础上。当然，这并不是否定商品经济发展对封建经济关系的冲击作用。

我们的结论是，研究农业资本主义萌芽问题，既要重视商品经济发展的作用，更要重视封建宗法势力的影响。中国明清时代的历史实际充分证明了这一点。

七　中国农业资本主义萌芽的长期停滞

萌芽状态的资本主义性质的农业经营，对封建生产方式来说，它是一种新生事物。中国社会经济的发展已为它的发生和发展提供了一定的前提条件，中国农业资本主义萌芽应该是有一定的生命力的，但是它的发展却异乎寻常的缓慢。从 15 世纪开始出现，中间几经挫折，一直到 18 世纪，上距农业资本主义萌芽开始发生经历了约三百年的漫长岁月，才又进入一个新的发展阶段。然即从此以后，也没有摆脱发展迟滞的特点。中国农业资本主义萌芽的发展过程之所以呈现如此迂回、缓慢乃至停滞状态，归根结底，源于地主经济制。②

在地主经济制的制约下，其已发展起来的富裕农民往往进一步发展成为经营地主或出租地主；其已发展起来的带有资本主义性质的经营地主，又往往向着土地出租的方向倒退；庶民地主当其占地面积扩大之时，则又设法通过各种渠道朝着缙绅地主转化。这种发

①　《资本论》第 3 卷，人民出版社 1975 年版，第 371—372 页。

②　关于中国农业资本主义萌芽发展迟滞原因，是一个关系到中国封建社会长期停滞的重大问题，非一个章节能说清楚，准备另文详加论述，这里只是把问题提出来供同志们参考。

展变化我们可以找到不少事例。中国农业资本主义萌芽总的发展趋势虽在继续扩大，但就萌芽的每个生产机体而言却在不断地转化、倒退，封建地主又不断地再生产出来。正是这种发展变化延缓了农业资本主义萌芽的发展进程。

在地主经济制这个基础上形成的中央集权制国家机器的酷暴统治，对农业资本主义萌芽的发展也起着严重的阻碍作用。封建政权的支持，是地主阶级实现地租的牢靠保证，而且使地租额和地租率可以增加到难以设想的高度。至于自耕农，不只是封建统治下赋税负担最重的阶层，而且是豪绅地主侵夺及转嫁赋税的对象。苛重的地租和赋税阻碍着富裕农民的发生和发展，这是一个方面。雇主和雇工的封建等级关系则被规定在封建法典上，雇主对雇工的人身迫害和超经济强制得到封建法律的保障，从而严重地阻碍着自由劳动的发展，这是又一个方面。

由此可见，延缓农业资本主义萌芽发展、维护旧生产关系持续的主要力量来自地主经济制的顽强性，及在此基础上形成的封建国家机器所采行的政策措施。离开地主经济制，就失去了认识中国封建社会形态发展变化的根据，也无法认识中国农业资本主义萌芽发展迟滞的原因。众所周知，货币的持有者可以无限制地购买土地扩大田产，而无须投资于农业经营，地租与商业资本高利贷密切结合，工农结合的小农经济体制的顽固性，等等，都在阻碍资本主义农业的顺利发展。而所有这类因素都是和中国地主经济制紧密联系在一起的，都受到地主经济制的制约。总之，中国农业资本主义萌芽发展迟滞的根源是地主经济制。

我们说中国农业资本主义萌芽"长期停滞"，并不是说它停止不前。旧的封建经济结构不管多么牢固，由于社会生产力在不断发展，商品经济发展对封建宗法关系在不断进行冲击，束缚新生产力发展的上层建筑在不断发生变化，萌芽状态的资本主义农业也在不断前进，无论在数量上或质量上都后来居上，后代超越前代。

中国地主经济制，一方面具有一定的顽固性，束缚了农业资本主义萌芽的发展；另一方面由于缺乏严格的等级结构，较之欧洲领主经济具有更大灵活性，更富有生命力。两千年之间，在科学文化方面不断有发明创造，社会经济在不断向前发展。如果说，英、法等国的领主制是西方封建社会的典型，那么，中国地主经济制则是东方封建社会的典型。中国封建社会长期性就是这个典型的主要特征。农业资本主义萌芽的异常缓慢发展则是这种长期性的具体反映。

最后，我们再重复一下：中国农业资本主义萌芽问题的研究是比较困难的，这种困难是由农业经济发展过程本身的特点所带来的。这是由于，农业经济部门是各种倾向错综复杂互相矛盾着的一个领域，对同一问题，研究者可以根据各种不同的文献资料和不同的观点，做出完全不同的论断。正如列宁所指出的，随时可以找到一些事例证实相反的观点。同时在历史文献中有关这方面的记载过于贫乏，尤其缺乏数字统计方面的材料，这就更增加了研究的困难。为此，我们采取的研究方法是：从中国封建社会的基础——地主经济制出发，沿着农业自由劳动发生发展过程这个基本线索，对各方面的条件进行综合分析，看是否具备了农业资本主义萌芽发生发展的条件。至于当时社会上出现的典型事例，只有把它放在一定历史条件之下进行分析，才能掌握问题的实质。本文的论断不一定准确，提出来供大家探讨。

（原载《中国社会科学》1981 年第 1 期）

论明清时代农民经济商品率

一 前言

本文所说农民经济商品率，系指农家农产品及棉蚕纺织副产品对总产值所占比重。明清时代，主要是明代中叶到清代鸦片战前约300年间，农民经济商品率伴随农副业生产的发展而不断增长。[①]

在这一历史时期，关于商品经济发展进程及农民经济同市场联系加强之类问题，曾有不少人论及。明嘉靖年间汪道昆说："厉商则厉民，商利而农亦利。"[②] 万历前期张居正说："商通有无，农力本穑；商不得通有无以利农则农病，农不得力本穑以资商则商病。"[③] 此后清康熙年间山东海丰县县志作者论曰："商贾失业则商贾贫，农以商贾失业而莫之与贸迁也，而农亦贫。"[④] 乾隆年间孙嘉淦所论更加具体："小民生计则岂特口食而已哉！必将以釜甑爨而以铁耕，百工之所为皆需以粟易之，而又税粮之征，农服盐蔬之用，婚姻疾病丧葬之费，非粜五谷不由得也。"[⑤] 在这种条件下，早在明代就出现了这类议论："天下之民皇皇以匮乏为虑者，非布

① 本文所说明清时代主要指明代嘉靖万历实行一条鞭法以后至清鸦片战前一段历史时期。为了便于进行论证，其间涉及明代中叶前和清代鸦片战后有关记载。
② 汪道昆：《太涵集》卷六十五，《虞部陈使君榷政碑》。
③ 张居正：《张文忠公全集》卷八，《赠水部周汉浦浚还朝序》。
④ 康熙《海丰县志》卷三。
⑤ 光绪《畿辅通志》卷一〇七。

帛五谷之不足也，银不足矣。"① 这时农民出售食粮比较普遍，本文即把各类地区农民出售食粮问题摆在首位。又农民经济商品率直接体现为农副产品出售部分对总产值所占比重，因此又把农民的商品生产作为重点进行论述。

考察农民经济商品率，首先是商品生产，其次是农民出售余粮，最后是从农家货币支出进行考察。三者之中以商品生产部分比较可靠，其他二者可作为辅助说明。参酌以上三者，把各类地区农民粮食商品生产率放在首位。

为了便于进行分析，本文拟把各地区农户分成四种不同类型进行论述。第一，以粮食作物为主买布而衣类型区农户；第二，以粮食作物为主兼事植棉纺织或兼事蚕桑类型区农户；第三，以植棉或蚕桑为主兼事棉纺织类型区农户；第四，其他各种经济作物同粮食作物混合生产类型区农户。此外还有其他类型区如畜牧区等，本文从略。

关于四种不同类型区的划分，其中以粮食作物为主兼事植棉纺织类型区同以植棉为主兼事棉纺织类型区很容易混淆。两种类型区的划分，本文着重从以下两个方面考察：其一，在一个地区，植棉面积占耕地一半以上，其中绝大多数农户靠植棉为生，即划入植棉区；其二，就一农户考察，在该农户所经营的田场或家庭经济收支中有一半以上植棉兼靠棉纺织收入，即划入这一类型农户。但很多地区缺乏有关这方面的记载，同时古文献有关记述常有夸张不实之词，因而也会做出一些错误论断，或将应划入第二类型的误列入第三类型，或把原属于第三类型误列入第二类型。

又从大量资料反映出来，有一些地区，农民对经济作物同粮食作物混同兼种，关于这方面的分析原拟分别按地区附在第一、第二两种类型处理。继思如此处理不易突出经济作物发展特点，同时由于材料的限制势将影响对农民经济商品率的估算。因此除将带有普

① 《明史》卷二一九，《靳学颜传》。

遍性植棉纺织及蚕桑生产之外的烟、蔗、茶、果树之类生产另立一节,增设经济作物同粮食作物混合生产类型区专题论述。这样处理问题在地区上必然会互相重复,如关于植烟、种蔗、培植果树等的论述都会涉及第二、第三两种类型区和民户。但也有其方便之处,一是能突出经济作物的发展,二是能突出这类地区农民经济商品率的特点。关于这类地区农民商品率的估算,在已掌握各地农民粮食生产商品率的基础上把各种不同经济作物产值加以综合即可。①

当时再一个影响农家经济商品率的是农民兼营各种农产加工业的发展,诸如制糖、酿酒、榨油、造纸等,这类农户所占比重很小,而且涉及手工业问题,此处不论。这时最普遍的是农家兼事棉纺织及蚕桑业,在某些地区这项收支在农家经济中居重要地位,因此一并加以论述。

以下,即按上述所论研究明清时代商品经济向农民经济生活的渗透及商品率问题。

二　关于各类地区农民粮食生产商品率的估计

中国地域广袤,各地经济状况不同,处理农民经济商品率是一个比较复杂而困难的问题。如有各种经济作物专业区,有粮食作物专业种植区,有以粮食作物为主而兼事各种经济作物种植区,有更多农户兼事植棉纺织等。但广大农民以种植粮食作物为主,即使经济作物种植专业区内也有一些以种植粮食作物为主的农户,所以关于农民粮食生产商品率的估计是一个最根本的问题。因此本文关于农民经济商品率的论述,把重点放在粮食生产商品率问题的处理

---

① 问题的处理参见杜修昌《农家经济分析》。杜先生关于 1936 年定县、南京、萧县等三处农村 177 户农民经济调查统计,把农家生产分成两类,一是粮食生产,一是经济作物生产。两者在总产值中所占比重,定县农民为 41.7∶58.3,南京上下伍旗农民为 70.8∶29.2,浙江省萧县湘湖农民为 77.5∶22.5。各村农民所产食粮也部分出售,因此农民经济商品率较高,定县农民为 64.4%,上下伍旗农民为 62.04%,湘湖农民为 66.96%。

上，把它作为论证整个农民商品率的一个中心线索。为了便于进行估算，这里暂把其他经济作物等因素除外，只就农民粮食生产商品率问题予以处理。这个问题获得初步解决，对农民所兼事其他各种经济作物以及植棉纺织等方面的收入予以适当加权即可。

关于农民粮食生产商品率的估算，从所接触到的资料，我认为可从以下三方面进行考察：第一，农民专为出售而种植的粮食作物在农田总产中所占比重；第二，就每类农户田场所产余粮进行估算，因为这项余粮最后要投向市场；第三，就每类农户为购置生产资料、生活必需品以及货币租税等项开支进行考察，因为这种种开支多从出售各种农副产品来支付。以上三者如前所述，只第一种较为可靠。其第二、第三两种只能供作研究农民经济商品率的参考。

第一种是农民为出售而种植的，如黄河流域各省关于小麦的种植基本属此。这里有相当广大的地区实行杂粮与小麦复种制，夏季收小麦，秋季收五谷杂粮，农家种小麦主要为了出售，较少自家食用，以山东省而论，如寿光县，农民"十亩之田必种小麦五亩，其收早而利赢也"①。如巨野县，农民"种植五谷以十亩为率，大小二麦居六，秋禾居四……而民多食高粱"②。由以上事例可知，农民种小麦的商品生产性质十分明确，它反映了黄河流域中下游地区农业生产一般，具有一定代表性。还有些农户将所收小麦出售，然后买杂粮而食。我所见到的虽是个别事例，但这类农户可能为数不少。如果说农家所售小麦系余粮部分，这类余粮也是商品生产性质的余粮。在黄河流域，小麦种植极为普遍，在粮食市场上占据极大比重。还有些地区，农民多种大豆出售，如山东临朐县，"农民有田十亩者，常五亩种豆，晚秋丰获，输租税、毕婚嫁，皆恃以为资"③。此种情形，清代东北广大地区尤为突出，有大量商品豆南运出售。对种植农户而言，商品生产性质也十分明确。

---

① 嘉庆《寿光县志》卷九。
② 道光《巨野县志》卷二十三。
③ 光绪《临朐县志》卷八。

　　黄河流域中下游数省农民关于粮食的种植，种高粱系一年一熟制，小麦与其他玉米粟谷等多行复种制，一年两熟。据 1931 年亩产推算，其行复种制的，夏收小麦亩产约 130 斤，秋收杂粮亩产约 140 斤；其行一熟制的，秋收高粱亩产约 160 斤。[①] 据此估算，农民如将耕地一半种高粱另一半种小麦行复种制，则平均亩产约 215 斤。唯三者产值不详，一般小麦单产产值高于玉米高粱之类，如将三者产值按相等计算，农民出售小麦的产值为田场总产值的 $\frac{1}{3}$。即扣除农家食用部分，一般中等农户售麦的商品率最低也到 20%。[②] 若占田较多农户，卖粮商品率将有所增加。一个占田 30 亩的农户，小麦出售部分在总产量的 30% 以上。

　　关于南方稻作区农民，在生产时出售部分和自食部分混同一起情形更加突出。但也有些地区农户兼种杂粮和稻禾，杂粮供自家吃用，稻谷专备出售，如湖南某些地区，农民"多以杂粮自食，以谷售人"[③]。由以上事例，说明有些地区农户，关于谷禾类的种植，在一开始即具有商品生产的性质。像这类地区，参酌黄河流域农民自吃粗粮出售小麦情况，农民经济商品率当也不会太低，只是百分比无法估算。

　　第二种是按农民出售余粮进行估算。明清时代，伴随农业生产发展与单位面积产量增加，主要粮产区余粮较多。浙江如江山县，"产米之乡一秋之熟可支数载"[④]。四川如新亭县，"一岁所入计口足供十年"[⑤]。陕西如汉水流域某些地区，"一岁之获入可支数载"[⑥]。湖北、江西等产米区更是如此。这种余粮一部分是地主所

---

　　① 严中平主编：《中国近代经济史统计资料选辑》表 84。1931 年，小麦亩产 146 斤，小米亩产 164 斤，玉米亩产 186 斤，高粱亩产 165 斤。
　　② 此专指种植粮食类农户。如兼种植棉花、烟草之类，麦田面积将相对减少，农民售麦率当将相应降低。
　　③ 《黄仁济集·上广西抚宪史禀》。
　　④ 同治《江山县志》卷一一，系康熙间记载。
　　⑤ 道光《新宁县志》卷三。
　　⑥ 嘉庆《汉阴县志》卷九。

征收的地租，但有些经济条件较好的农户也有不少余粮出售。

在同一地区自然条件相同的情况下，农民是否有余粮以及余粮多寡，每因田场大小而不同，田场大者余粮多。兹就嘉庆初皖南铜陵县章谦所设想的事例加以论列。章氏所说原指租佃农，谓"工本大者不过二十亩，为上户；能十二三亩者为中户，但能四五亩者为下户"。又谓亩产米 2 石，租田 20 亩的上户可收米 40 石。① 章氏所估产量并不全面，江南稻田区，农民于收稻后多种春花，归佃农所有。兹将佃农种春花按租地 $\frac{1}{2}$ 计，收获按亩产 1 石计，可据此计算各类农户的余粮率。

租地 20 亩的"上户"，农田总产量为：种稻地（20 亩 × 米 2 石）＋种春花地（10 亩 × 粮 1 石）＝50 石。以 20 石还租，余粮 30 石。家中食用以 5 人 18 石计，又养牛饲料以 3 石计，尚余米 9 石出售，出售额占总产量的 $\frac{9}{50} \times 100\% = 18\%$。但在江南地区，田场面积较大的上户佃农所占比重不大。租地 13 亩的中户，养牛饲料以半头 2 石计，不但无余米可售，尚亏米 0.5 石。这类中户租佃农在长江流域中下游具有代表性。租地 4—5 亩的下户尚须买粮而食。由这一事例说明，租田较多的上户才有较多余粮出售。一般租佃农户购置生产资料和生活必需品所需货币并非全靠出售余粮。

章氏所说三等户如按自耕农估算，余粮较多。占地 20 亩的上户，总产量 50 石，除全家食用及饲料外可余粮 29 石出售，售余粮商品率为 $\frac{29}{50} \times 100\% = 58\%$。但这类农户所占比重更小。占地 13 亩的农户，总产量 32.5 石，余粮为 12.5 石，售余粮商品率为 $\frac{12.5}{32.5} \times 100\% = 38.46\%$。占地 4—5 亩的农户不但无余粮可卖，还要借贷买粮而食。

---

① 《清朝续文献通考》卷六〇，章谦：《积贮论》。

　　完全按余粮估算农家售粮率是不确切的。黄河流域，如前所述，农民种植小麦主要为了出售，有的农民甚至出售小麦买粗粮而食，严重影响农民经济商品率的增长。前述山东寿光、巨鹿等县，"十亩之田必种小麦五亩。" 兹按此对农民经济商品率作一粗略估计。鸦片战争以前，山东各县单位面积产量不详，即有记载也不甚可据。兹按 1931 年关于各省亩产统计作一大略估计。这时小麦亩产 146 斤，玉米亩产 186 斤，高粱亩产 165 斤。[①] 鸦片战争前的明清时代，单产较低，亩产按八折估计，小麦为 117 斤，玉米为 149 斤，高粱为 132 斤。小麦和玉米一般行复种制，两季合计为 266 斤。占地 10 亩的农户，以 5 亩种小麦玉米，两季共收 1330 斤；以 5 亩种高粱，共收 660 斤。这类农户全年共收粮 1990 斤。其中小麦主要出售，而且价格较高，但无法估算。出售部分兹按产量计，扣除家庭食用约 50 斤外，出售小麦约为 535 斤，占总产量的 $\frac{535}{1990} \times 100\% = 26.9\%$。其占地 6—7 亩的农户，为了出售弥补家庭生计，也会种小麦 3—4 亩。就全年粮食总产而言，这类农户小麦出售率就更高，[②] 如按余粮额计算商品率，这类农户显然要被排除在外。又按余粮额估算，一般佃农很少有余粮出售，乃至买粮而食，但一般佃农也种植小麦出售，并不受余粮的限制。

　　谈到农民余粮问题，有一问题须附带谈一下，即农民这项余粮是否具有商品生产的性质。不容否认，进入流通领域的食粮有些不是作为商品而生产的，如一些贫穷户因丰收而食粮有余，如佃农所交实物租等，这类食粮是由于投向市场才变成商品的。但交纳货币租的佃农，会考虑种植什么容易出售而且产值较高的问题；经济较好的自耕农，在赋税货币化的条件下，为了交纳赋税也会逐渐萌生商品生产

---

　　① 严中平主编：《中国近代经济史统计资料选辑》，科学出版社 1955 年版，第 361 页。
　　② 1953—1954 年，我们从事中国近代农业资料收集整理工作。在涉及农民经济同市场联系时，我们发现：富裕农户农产商品率较高，中农较低，而贫农最高。所以出现这种现象，乃由于农产不足供给家庭食用，需要购置的生活必需品较多。

的朦胧意识，只是由于出售部分和自家食用部分在种植和收获之时很难分开，这是粮产区农户的正常现象，不能因此完全忽视农民所售余粮含有商品生产的内涵，只是这种内涵被掩盖住罢了。①

第三种根据农民每年的货币支出诸如购置生产资料、购买生活必需品及货币租税支出估计农民出售食粮的商品率。这是一个更为复杂的问题，据以所作出的估算其可靠性又不如前者，一是农家这种支出不一定全靠出卖食粮，二是各种货币支出多少具有极大伸缩性。

农民上述各项支出，对自耕农而言，一是货币税，一般约占亩产的10%；二是关于购置生产资料和生活必需品的支出，一般约占农产总值的20%，两者合计约为30%。这是根据农家经济生活的大致估计。为了论证这种关系下面列举几个事例。如河南嵩县，据乾隆县志，"农食其田所出，无他生业也"；其完纳赋税，供宾客，修六礼，以及日用购买菜盐之类，"岁需钱十之五六"②。所说"十之五六"，系指农家各项货币支出每年需要制钱15—16千文，约相当于10石粮食的代价。③县志所说显然指占田较多的富裕农民。如农民有田30亩，产粮39石，各项货币支出折粮10石，占总产值的25%—26%。此例可供参考。若是田场面积较少经济困难的农户，以上各项开支大可压低，不会占到总产值的25%。

关于农家的货币支出，前述章谦所论也可以作一大致估计，他说租地20亩的农户属于"上户"，章氏谓这种上户，"一亩之田耒耜有费，子种有费，罱斛有费〔积肥〕，雇劳有费，祈赛牛力有

①　在农民完全靠出卖余粮购买生产资料和生活必需品的条件下，萌生商品生产的意识是很自然的。如江西赣县情形，"赣无他产，颇饶稻谷"，农家恃为生计，"口粮之余尽以上粜"（同治《赣县志》卷九，《物产》）。如福建将乐县之圩市，据乾隆县志，农民赖以"贸迁有无"，"乃无余粜余布之患"。像这类农民以粮食生产为主的地区，一切用费都靠卖粮换取货币，在他们开始播种时就会考虑到，一年全家吃用食粮若干，吃用外尚有余粮若干；同时还会考虑货币税和货币租税需银钱若干，购买农具需钱若干，对以上各类收支会有一个粗略估算。

②　乾隆《嵩县志》卷一五。

③　"岁需钱十之五六"，也可理解为各项货币支出占到农家田场总产值的50%—60%。如这样理解，则农家各项支出过多，不妥。

费，约而计之率需千钱"，农户"则口食之外，耗于田者二十千"①。章氏还谈到每石米卖钱"千余文"。兹按每石价以 1500 文计，20 千文则是 13.33 石的米价，这就是该农从事农业生产购置生产资料和购买部分生活必需品方面的支出，平均每亩需支付各项支出 0.67 石。如前所述，这类地区亩产包括春花在内为 2.75 石。据此，农家各项货币支出占亩产值的 $\frac{0.67}{2.75} \times 100\% = 24.36\%$。

如把章氏所论改成自耕农则大不相同。种田 20 亩的农户，购置生产资料和购买部分生活必需品支出仍折米 13.33 石，再完纳货币税折米 5 石，共支出 18.33 石。家庭人口以 5 人计需米 18 石，余粮 18.67 石可以出售，商品率为 $\frac{18.67}{55} \times 100\% = 33.95\%$。种田 13 亩的自耕农，总产量为 32.5 石，扣除家庭食用米 18 石，饲料粮 2 石，余粮 12.5 石可以出售，商品率为 $\frac{12.5}{32.5} \times 100\% = 38.46\%$。占田 5 亩的下户，所产之粮不足供家庭食用，更无余粮出售。

以上是关于粮产区农民经济商品率的大致估计。但关于后两种以各类农户余粮百分比或农家各项货币支出进行估算，如前所述，都有欠确切之处，从第一种农民为出售进行的商品生产部分估算比较可靠。如以第一种为主，而参酌二三两种酌加均衡，所作估算可能更接近实际。

三 以粮食作物为主买布而衣类型区农民经济商品率

中国有相当广大地区，农民或多种谷禾，或多种豆类，而植棉很少，或不植棉纺织，而以北方边境地区尤为突出。直隶、山西北部某些州县厅属，东北广大地区，西北若陕西北部及甘肃等地大抵

---

① 关于农家货币支出，货币租的发展也需要考虑进去。清代中叶，在租佃案件中，货租案件占到 29%。交货租农民主要靠出售食粮交纳。

皆然。西南的云贵，东南的闽广，或植棉很少，或不事纺织。其间不产棉及产棉少不事纺织买布而衣地区州县厅数，据郑昌淦教授所接触到的 1600 多部方志，其中无棉纺织记载的在 540 部以上，约占 33.3%。① 又据刘秀生教授关于 1059 个州县纺织情形所作论断，谓其中生产棉布的有 685 个州县，即无产棉布记载的有 376 个州县，占 35.5%。② 当然，其无产布记载的，也可能有棉布生产而未写入志书，但从中国志书修纂体制考察，这种情形不会很多。也有地区在种棉刚开始时期，只种棉而不纺织，如明天启间徐光启说："近来北方多吉贝，而不便纺织。"③ 但后来这些地区也多从事纺织了，在清代方志中有大量记载。但是，无论如何，郑、刘两教授所论很可供研究参考，全国不事纺织买布而衣州县在 30% 左右或以上。

关于农家不事纺织州县，下面列举几个具体事例。直隶若顺义县，据康熙县志，物产有棉无布，即只种棉花而不事纺织。若承德、龙门、静海等府县都有关于"不事纺织""女不织纴"之类记载。④ 山西若云中、朔平诸郡，若保德、灵邱、石楼、天镇、五寨、崞县等州县都有关于妇女"不知织纴绩""不事纺织"之类记载。⑤ 陕西若乾州、绥德、淳化、米脂、府谷等州县，或"女无纺织"或"女不纺纴"或"女少纺织"⑥。西北的甘肃，东北的奉天，情形相同。⑦

即当时产棉较多的河南、山东两省也有州县不植棉纺织或植棉

---

① 郑昌淦：《明清农村商品经济》。

② 刘秀生：《清代棉布市场的变迁与江南棉布市场的衰落》。

③ 《农政全书》卷三五《木棉》。

④ 光绪《畿辅通志》卷七四，海忠：《劝民纺织说》、康熙《龙门县志》、康熙《静海县志》。

⑤ 乾隆《大同府志》卷二六，周凌云《兴纺织论》、乾隆《保德州志》、康熙《灵邱县志》、雍正《石楼县志》、乾隆《五寨县志》、乾隆《崞县志》。

⑥ 雍正《乾州志》、乾隆《绥德州志》、顺治《淳化县志》、康熙《米脂县志》、乾隆《府谷县志》、康熙《延安府志》。

⑦ 东北如奉天，据《清高宗实录》卷三四三，乾隆十年六月甲子记载，地方民户犹不植棉纺织，"岁有买布之费"。

而不事纺织。如河南省，据明万历间记载，农民虽多种木棉，但"民间衣服率从贸易"①。这种情形后来虽然发生变化，但直到清乾隆间，"民间有机杼者〔百〕不得一"②。若山东省邹县、观城、费县等，也有妇女"不勤纺绩""男耕而不织"之类记载。③ 当时长江流域产棉区若江浙等省，也有些州县民户，或不种植棉花，或不从事纺织。

不事纺织地区农户，所需布匹向其他州县购买。直隶如永清县，据乾隆县志，农民所用布匹出自固安、雄县。山西如朔州，民户所需布匹，"皆仰给于他邦"，应州民户所需棉布则买之于直隶行唐和山东恩县；五台县农民"虽尺布亦取于市肆"等。④ 陕西省如延长县民户所需布匹系自同州、平阳、绛州贩来，葭州"市中布匹悉贩之晋地"，三水县农民所需布匹"皆出市买"。直到清代后期，沔县、宁羌、略阳等地民户所用布匹犹靠购买，每年由湖北水运之布至40万—50万匹。⑤ 其他若米脂、神木等县情形大致皆然。甘肃各州县，直至同治年间，民间所用棉布仍"全恃商贩"⑥。

西南云贵地区，因产棉及纺织户过少，不足当地民户需求，靠布商从外省贩运供应。贵州如息烽县民户所用布匹"来自湖北"；云南如昭通府、姚安州等地民户所用布匹来自楚蜀。⑦ 广西、广东、福建等省民户用布靠外省供应者也为数不少，如广西民户用布来自湖南耒阳县，广东北部民户用布运自江西，福建光泽、永安等县民户用布也皆从江西贩运。⑧

---

① 《荒政丛书》卷五，《钟忠惠公赈豫纪略》。
② 光绪《畿辅通志》卷二三一，《河南巡抚尹会一奏》。
③ 康熙《邹县志》、通光《观城县志》、光绪《费县志》。
④ 雍正《朔州志》、乾隆《应州志》、乾隆《五台县志》。
⑤ 乾隆《延长县志》、嘉庆《葭州志》、卢坤《秦疆治略》、光绪《城固乡土志》。
⑥ 左宗棠：《左文襄公全集》，《札陕甘各州县试种稻谷桑棉》。
⑦ 民国《息烽县志·食货志》、民国《昭通县志·实业志》、光绪《姚安州志·物产志》。
⑧ 光绪《耒阳县志·风俗志》、民国《始兴县志》卷四、光绪《光泽县乡土志》、嘉庆《南平县志·艺文·请弥盗议》。

以上不事纺织买布而衣地区户口数，明代限于资料无法估计，清嘉庆十七年全国人口为 361693379 人，无植棉纺织地区人口从低估计为 7000 多万人，占全国总人口的 19% 以上。[①] 这部分人口均需买布而衣，从而促成布匹长距离运销。据吴承明同志估计，在明代主要是江南产布运销北方和东南闽、粤；到清代，除江南布外销外，直隶、山东、河南、湖北、湖南等省直皆有大量棉布外销。布匹长距离运销数额之大，明代每年为 2000 万匹，清代到鸦片战争前达 4500 万匹。[②] 明清时代棉布长距离运销额的扩增主要是由于上述地区不事植棉纺织买布而衣民户的增加，以清代而论，将这时所运 4500 万匹布和买布而衣的 7000 万人折算，每人约合 0.64 匹。从当时农家每人用布匹考察，这个数字偏低。[③] 买布而衣地区对布匹的消费量偏低，是可以理解的。

买布而衣地区民户，购买棉布主要靠出售食粮。直隶北部如宣化府，农民靠卖粮"易布棉御寒冻"[④]。山西若云中、朔平诸郡，农民所用棉布"亦以粟易"[⑤]。陕西不事纺织地区民户主要也是卖粮买布，据乾隆兴平县志，"秦人岁岁农被冠履皆取给于外省，而卖谷以易之"。甘肃如灵台县，据顺治县志，该地所需布匹丝绵

---

① 嘉庆年间，其无植棉纺织或纺织很少地区，若直隶宣化、承德等府，山西中北部广大地区，陕西延安、榆林等府，甘肃某些地区，东北奉天、吉林等地，闽、粤、云、贵以及四川某些地区。这些地区人口，参见梁方仲《中国历代户口田地田赋统计》第 273 页；《清嘉庆二十五年各府州人口密度》，合计在 5000 万—6000 万人或 7000 万—8000 万人，兹按 7000 万人计。

② 吴承明：《中国资本主义与国内市场》。当时布匹是国内广大民户必需品。其买布而衣的除占 35.5% 农户外，还有广大城市工商户和国家供养的大批军兵等，从而促成商品布的大量流转。

③ 1937 年以前，河北省容城县农家纺织，每匹布约用棉 4 斤，布长 50 尺，宽 1.2 尺，每匹布可制单衣 4 件或棉夹衣各两件。每人穿用，以单衣穿 1 年，夹衣穿 5 年，棉衣穿 5 年计，每人每年用布，单衣为 $\frac{1}{2}$ 匹，夹衣为 $\frac{1}{5}$ 匹，棉衣为 $\frac{1}{5}$ 匹，合计为 0.9 匹。再加上被褥之类，一人一年用布约为 1 匹。容城县农家织布主要为出售，春、秋、冬集市即有外地布贩前来收购。其他地区匹布尺寸大致相同。

④ 《古今图书集成·职方典》卷一六五，引康熙《宣化县志》。

⑤ 乾隆《大同府志》卷二六，周凌云《兴纺织论》。

"俱出别境，灵民以粟易之"。宁夏如中卫县，据道光县志，农民所需布匹"俱以粟易"，等等。

由于农民卖粮买布要经受粮商和布商双重剥削，影响粮价低廉与布价昂贵，如直隶成安县，据康熙县志，农民买布"价倍他方"。如山西云中、朔平二府，据康熙间记载，农民须"以二三亩之所获仅供一布之费"[①]。农民为买布所支付的货币，如山西忻州，据万历州志，全州合计每年需"万余金"，按明代中叶忻州凡6930户，买布按银15000两计，每户均银2.16两，[②] 约相当于4.32石的粮价。忻州亩产不详，如按0.6石计，则系7.2亩的产量。又万历六年，山西每户均田61.74亩，每口均田6.92亩。[③] 忻州如按此统计，7.2亩则相当于1.04口的土地。如此，则农家买布支出占总产值的11.66%，此估算偏低。

下面试就山西云中、朔平二府农民买布支出和田亩收获加以对比，以两府2—3亩收获"供一布之费"而论，这时山西每丁均27亩，[④] 如按每丁均5口计，实际每口均地5.4亩。[⑤] 又按每口制衣

---

① 乾隆《大同府志》卷二六，周凌云《兴纺织论》。

② 忻州户数参考梁方仲：《中国历代户口田地田赋统计》甲表73，《明天顺初年及嘉靖、隆庆年间各司府州县的里数及估计户数》。

③ 梁方仲：《中国历代户口田地田赋统计》乙表32，《明洪武、弘治、万历三朝每户每口平均田地数》。

④ 梁方仲：《中国历代户口田地田赋统计》，第393页，《清康熙二十四年各直省人丁田地田赋及其平均数》。这里的"丁"代表二户。

⑤ 据梁方仲《中国历代户口田地田赋统计》第258页，甲表78《清顺治、康熙、雍正、乾隆四朝各直省人口数》：雍正二年，山西人丁1768657丁，乾隆十四年，山西人丁9509266丁（口）。前后25年间变动如此之大，盖前者为负担赋役的壮丁，后者为包括男女老幼的户口。据《乾隆会典》卷九《户部户口》条，这时"丁""口"二字通用，可相印证。按雍正、乾隆丁口通算，以丁均口，每丁为5.94口。据此，一家有5.9口才有一丁。此数不甚可靠，雍正丁数可能有隐漏。以该表所记陕西省数字相较，雍正二年为2164656丁，乾隆十四年为6784158丁（口），以丁均口，每丁为3.18口；据此估算，如1户有1丁，则男女老幼为3.18口；有2丁则为6.36口，似乎比较接近实际。关于山西云中、朔平两府情形，参酌陕西省丁口比例，暂按1丁4口折算，27亩系1丁4口的土地，每口均地6.75亩。每口每年用布一匹，系2亩的产值，则制衣之费为总产值的 $\frac{2}{6.75} \times 100\%$ = 29.60%。

之费以 2 亩农产计，则农家制衣之费占农产总值的 $\frac{2}{5.4} \times 100\%$ = 37%。如按每丁均 4 口计，则每口均地 6.75 亩，制衣之费则占总产值的 29.62%，上述百分比都有些偏高。

陕西省延安府农家买布支出，据嘉庆府志"每制一衣必枭数石"[①]。所说"一衣"内涵不太明确。兹按全家 5 口每年制衣之费计，所说"数石"以粮 4 石计，试据此估算制衣费在农家总产值中所占比重。乾隆后期，陕西省人均地 12.2 亩，[②] 延安地旷人稀，人均地暂按 15 亩计。又延安生产落后，亩产粮以 0.5 石计，则每年农田总产为 15 亩 × 5 口 × 0.5 石 = 37.5 石。制衣之费所占比重为 4 石 ÷ 37.5 石 × 100% = 10.67%。如将所说"每制一衣必出数石"作另一种理解，按全家 5 口每人制衣之费计，所说数石仍按 4 石计，又每口每过三年制一次衣服，则每年买布之费对农田总产所占比重为 [（4 石 × 5 口） ÷ 37.5] ÷ 3 × 100% = 17.78%。这就是该地农户平均每年买布支出对总产值所占比重。农家这项支出主要靠出售所产食粮，可据以考察农民出售食粮的商品率。

又杨屾记述陕西省淳化一带情形："诸凡之费莫不取给于一耕"，即靠出售农产品购买其他生产资料和生活必需品。其间买布制衣之费所占比重最大，"因衣之费而食已减其半"[③]。杨氏所记未免过于夸张。当然，布匹由外省运入，布商为谋取利润提高布价，是可以理解的，但无论如何，农家衣着之费也占不到农产总值的一半。如将杨氏所说改按农民每 3 年一次更新计，买布之费占总产值的一半用 3 年平均，则每年买衣支出占总产值的 16.67%。这样估算可能比较接近于实际。参酌前述云中、延安等府情形，西北买布而衣广大地区，农家买布支出占到总产值的 15% 左右比较符合

---

① 嘉庆《延安府志》卷三五。

② 梁方仲：《中国历代户口田地田赋统计》，第 399 页，乙表 76，《乾隆四十九年各直省人口田地及额征田赋数》。

③ 杨屾：《豳风广义》。

实际。

明清时代，西北地区地权相对分散，自耕农小土地所有制占一定比重。这部分农民须交纳货币税，税率一般占总产值的 10%。[①] 如此，这类地区自耕农买布和完税两项支出约占总产值的 25%。西北地区生产相对落后，农民购置生产资料和购买生活必需品的支出较少，可按占农田总产值的 10% 估计。如此各种货币支出总计约占农产总产值的 35%。关于租佃农，除免交 10% 货币税外，商品率约为 25%。如交纳货币租，商品率还要高于自耕农，商品率要在 50% 以上。在西北地区，货币租占据一定比重。乾隆年间，山西省 47 件租佃案件中，货币租 24 件，占 51.10%；陕西省 17 件租佃案件中，货币租 6 件，占 35.29%。[②] 嘉庆年间，山西省 4 件租佃案件中，货币租 2 件，占 50%；陕西省 17 件租佃案件中，货币租 7 件，占 41%。[③] 其他买布而衣粮产区可以类推。

研究以粮食作物为主地区农民经济商品率还有一个问题需要考虑，即农民在种植方面兼事经济作物的经营，在西北地区如烟草种植的扩大，东北地区如大豆种植的发展等。经济作物的种植在改变部分农民经济商品率方面曾起着一定作用，这种关系俟详下节。

四　以粮食作物为主兼事植棉纺织或兼事蚕桑类型区农民经济商品率

关于蚕棉专业区下面拟进行专节讨论，这里专就以粮食作物为

---

① 据梁方仲《中国历代户口田地田赋统计》第 393 页，乙表 72，《清雍正二年各直省人丁田地田赋及其平均数》，这时山西省人均地 24.17 亩。这个数字可能由于人丁隐漏失报，按妇女老幼平均计不会到 24.17 亩。这里即按每口占地 24.17 亩计，全家 5 口占地 120.85 亩。平均亩产以 5 斗计，共产粮 60.425 石。以每石值银一两计，总产值为 60.425 两。田赋每亩银 0.53 钱，120.85 亩为银 6.4 两，占总产值的 $\frac{6.4}{60.425} \times 100\% = 10.59\%$，可供参考。

② 刘永成：《清代前期的农业租佃关系》，《清史论丛》第 2 辑。

③ 李文治：《中国近代农业史资料》（第一辑），第 70 页。

主而兼事植棉纺织或兼事蚕桑类型农民经济商品率问题进行论述。这类农户将田场的大部分种植粮食作物，小部分种植棉花，农民所收棉花部分投向市场，部分留供家庭妇女纺织出售。兼事蚕桑的更将所收蚕丝全部出售。

关于植棉，江浙地区除专业植棉区外，其他州县农户则多以种稻禾之类为主而兼事植棉纺织或兼事蚕桑。即植棉纺织专业区松、太两府州所属各县，也有少数地区农户以粮食作物为主而以植棉为副的，如松江府之金泽镇即属此种情形。

关于以粮食作物为主而兼事植棉纺织类型区，为了便于进行论证，下面试按省别列举数县作为示例。在长江流域，江苏如常熟县，只东乡高田种棉，其他乡多种稻。[①] 这里有植棉专业户，也有以种稻禾为主而兼事植棉的农户。浙江如平湖县，高阜地多种棉，低洼地多种禾稻。[②] 江西如彭泽县，乾嘉之际，"木棉可抵粱之半"[③]。如上饶县，木棉"邑人多种之"[④]。湖北如襄阳府枣阳、新化两县农家多种木棉[⑤]。湖南如巴陵县，部分地区农民种棉。如临湘县，"泽民以取鱼种棉为生"[⑥]。四川如威远县，以山多水少，农民多种棉花[⑦]。以上这类地区虽然不排除植棉专业户，但农民主要以稻禾之类为主而兼植棉花。

黄河流域兼植棉花的地区，山东如兖州府，"地多木棉……转鬻四方"[⑧]。如平原县，县民"谷属之外惟恃棉花"[⑨]。河南如光山县，"亢爽之地入夏尽艺木棉"[⑩]。如内黄县东西两乡，"沙土多种

---

① 乾隆《苏州府志》卷一二。
② 光绪《平湖县志》卷八。
③ 同治《九江府志》卷八，引旧志。
④ 同治《上饶县志》卷十，引旧志。
⑤ 乾隆《襄阳府志》卷六。
⑥ 嘉庆《巴陵县志·风俗志》。同治《临湘县志·风俗志》。
⑦ 嘉庆《威远县志》卷一。
⑧ 万历《兖州府志》卷四。
⑨ 乾隆《平原县志》卷三。
⑩ 乾隆《光山县志·风俗志》。

棉花"①。直隶如沧州，"东西多沃壤，木棉称盛"②。陕西如富平县，属民"兼木棉布丝之利"③。以上这类地区也不排除种棉专业户，但基本以种植谷禾之类为主而兼事植棉。

此外以种植谷类为主而兼事植棉地区尚多，不一一列举。④ 在明清时代尤其是清代，这种类型区当不下数百州县。

这类地区兼事植棉户，棉花产值在农家总产值所占比重，可因地区因农户而不同，为了便于估算，兹作一设想，棉田占农家耕地10%计，其占田10亩的农户，以9亩种禾谷之类，其余1亩种棉。⑤ 又参酌各种记载，以种棉单位面积产值按禾谷二倍计。⑥ 这类农户棉产值约占农田总产值的18%。扣除农家穿用部分，投向市场的部分约占总产值的10%乃至15%以上。这类以粮食作物为主的地区农民兼售食粮，其商品率因地区因农户而不同，就植麦区而论，按前述农民出售小麦占总产值20%计，则植棉兼种小麦地区，一般农户出售棉麦部分对田场总产值所占比重在30%至35%。当然，也有少数农户不种棉麦，但也有农户所种棉麦面积远超过估计，不能一概而论。

在这类地区，农家兼事纺织极为普遍。农家纺织，一是供自家穿用，二是为了出售换取货币，甚至主要是为了出售，商品生产目

① 王凤生：《河北采风录》卷二。

② 万历《沧州志》卷三。

③ 嘉靖《耀州志》卷四。

④ 东北如辽阳、盖平、海城等地，据乾隆《盛京通志》卷二十七，有植棉花的记载。西北如新疆布古尔、库尔勒两城，据《清仁宗实录》卷一八一，嘉庆十二年八月戊寅条，出现了植棉记录。东南的福建、广东，西南的云贵，都有少数地区种棉，但产量不大，一般不够本地人穿用，还靠外省棉花输入。西北的陕西富平县，据嘉靖《耀州志》卷四，居民亦"兼木棉布丝之利"。

⑤ 各地棉田百分比缺载。棉田占20%系根据当时记载所作大致推测。又据卜凯《中国土地利用》，1904—1909 年，全国 15 省 102 个地区调查统计，在 14 种农作物中棉田占11%，这个统计系全国而言。其中有些地区不植棉。参酌各种记载，把清前期黄河、长江中下游植棉区估计为10%，比较接近实际。明中叶棉田当在 10% 以下。

⑥ 棉田单位面积产值，如直隶安肃县，据乾隆县志，种棉之利"倍于五谷"。如山东利津县，据光绪县志，较之禾谷，"岁收利三倍"。如陕西韩城县，据乾隆县志，种棉较禾谷之利以一倍计。

的极为明确，这和农民出卖余粮性质不完全相同。

　　长期以来，史学界存在一种错误理解，认为农家耕织结合在织的方面只是使用价值形态自给自足。其实不然，农家织布供自己穿用的只是一小部分，大部分出售。其完全实现使用价值形态自给自足的纺织户所占比重不大，如郑昌淦教授根据大量资料所做的估计，这类农户"为数极小"。这种论断很可供我们研究参考。

　　粮产区各省州县农民兼事植棉纺织进行商品生产的，在黄河流域，直隶如宝坻县，"贫者多织粗布以易粟"；如乐亭县，民户"以布易粟，实穷民糊口之一助云"，如巨鹿县，"土瘠民贫，而抱布贸丝皆足自给"①。河南如兰阳县，早在明嘉靖年间已有"纺织才成更鬻市"之诗句。② 如光山县，农家种棉纺织，"差役之费率多赖之"；如孟县，"通邑男妇惟赖纺织营生糊口"；如温县，农民植棉纺织，"贫民赋役全赖于是"；如沈邱县，农家纺织，"至粮税所需尤多借以供办"③。山东如齐东县，农妇纺织，"一切公赋，终岁经费，多取办于棉布"，论者谓乃"民生衣食之源"。如荣城县农家，"妇女纺织营生"。如肥城县，妇女勤纺织，"贫者得以赡家"④。农家借纺织完纳赋税者，这项收入约占农家田场总产值的10%。其借以购置生产资料和购买生活必需品者，棉纺织收入约占农产总值的20%。如以上二者均由出售纺织品收入开支，合计约占30%。但一般农户或仅赖以支付田赋，或仅赖以购买生活必需品，农家棉纺织收入可估为占农家总产值的10%。其从事植棉纺织之户，售棉将相应减少，这类农户商品率，售麦、棉、布三者合计，一般中产之家约为35%。这是从高估计。其中不售麦或不售

---

　　① 乾隆《宝坻县志·风俗志》；乾隆《乐亭县志·风俗志》；光绪《巨鹿县志·风俗志》。

　　② 嘉靖《兰阳县志》卷二。

　　③ 嘉靖《老山县志·风俗志》；乾隆《孟县志》卷四十五；顺治《温县志·市集志》；乾隆《沈邱县志·物产志》。

　　④ 康熙《齐东县志·风俗志》；嘉庆《齐东县续志·布市记》；道光《荣城县志·风俗志》；光绪《肥城县志·风俗志》引嘉庆志。

棉、布之户，商品率在 20%—30%。以上是黄河流域中下游直鲁豫大部分地区情形。

陕、晋两省，也有些地区民户赖纺织收入营生糊口，或借以完纳赋税，惟是否植棉则不甚清楚。这类靠纺织完纳赋税的民户，商品率也当占一定比重。①

长江流域各省农户兼事纺织进行商品生产记载也多，兹按省列举数例。江苏如吴江县黎里镇，据嘉庆县志，妇女纺织出售，"衣食皆赖之"。如无锡县农民，或全家纺织，"抱布贸米以食"②。浙江如乌程县，据明后期记载，"田家收获，输官偿息外，未卒岁室庐已空，其衣食全赖此"③。如石门县，据光绪县志，农家纺织，"一岁衣食之资赖此最久"。如秀水县新城镇〔新胜镇〕，农家买棉纺纱，"田家收获，输官偿息外，其衣食全赖此"④。江西如德兴县，妇女纺织，"卒岁之谋常取具于是"；如万安县，"贫者勤于纺织，以供衣食"；永丰县则"家纺户织……有借此以供朝夕者"⑤。湖南如攸、耒阳等县，农家纺织收入可济"半年食用"⑥。如东安县，"妇女工纺绩，以赡衣食赋税"⑦。湖北如汉阳县南乡农民，除春作外"以此为生"。如孝感县，顺治年间，"数年谷残伤农又值

---

① 陕西、山西两省，有的农户也从事纺织出售。陕西如西安府，据乾隆《陕西通志》卷十八引嘉靖志，"土人纺织为业"；如盩厔县，据乾隆《盩厔县志·风俗志》，农民从事蚕桑布帛，"以供正赋，以资日用"；如华州，据光绪《华州志·风俗志》，妇女勤纺织，以布易钱，"一年所出不无小补"。山西如绛州，据乾隆《直隶绛州志·风俗志》，农民"抱布贸易无虚日"；如徐沟县，据康熙《徐沟县志·物产志》，"间阎勤纺织以供输将"；如虞乡县，据乾隆《虞乡县志·物产志》，妇女纺织，"折价贸易白银以供官赋"；如榆次县，据同治《榆次县志·物产志》，妇女纺织，"以供衣服赋税之用"。上述地区农民，很多系买棉纺织，从赖以完纳赋税一项而言，这项收入约占农家总产值的 10%。

② 黄卬：《锡金识小录》卷二四，《力作之利》，乾隆。

③ 同治《湖州府志·乌程县风俗志》，引朱国祯：《涌幢小品》。

④ 天启《海盐县图经·风土记》，道光《新胜琐志》。

⑤ 同治《德兴县志·风俗志》；同治《万安县志·风俗志》；同治《永丰县志·物产志》。

⑥ 同治《攸县志·风俗志》；嘉庆《耒阳县志·风俗志》。

⑦ 《古今图书集成·职方典》卷一二七七；《永川府风俗考》。

凶旱"，农民"皆恃此为生"①。四川也有一些地区关于农民兼事纺织弥补家庭生计的记载，如新宁县农户，"单寒之家，以纺织为生，则男女并力"；如大竹县，民皆纺织，贫穷赖以"自给"；如仪陇县，农家从事蚕丝及棉纺织，一家虽"田不过半亩"，"昼夜纺织，衣食悉待得焉"②。

在这类地区兼事纺织户所占比重，下面列举湖北两县事例，一是江陵县，农家"以织为业者十居八九"，所说即指赖纺织收入弥补家庭生计。一是汉川县，农民兼事纺织者"十室而九"③。在一些植棉区，几乎所有农家均从事纺织。

由以上事例，反映出在有些地区，棉纺织收入在农家经济中的重要地位。若赖以"为生"为"恒业"者，若赖以"供农食""供朝夕"者，指占田极少的农户，如所说有田"半亩"之户是。这种农户毕竟是少数。其赖以"赡衣食赋税"供"半年食用"的农户，出售纺织品所得货币在农家总产值中所占比重虽无法作确切估计，在30%以上可以肯定。在农户总体中，这类农户所占比重也不会太大。赖棉纺织收入完纳赋税或弥补部分生活费的农户较多，这项收入在农家总产值中可估为10%。以耕地12—13亩中等农户而论，在江南地区，如系佃农，无余粮可卖。其植棉地亩，除用以纺织者外，卖棉收入估计为产值的6%，卖布收入估计为10%，则卖棉布两者合计，商品率占总产值的16%。如系自耕农，除棉田外，种稻以10亩计，收粮25石，除食用及饲料外，余粮6石出售，商品率为24%，与卖棉卖布合计，商品率总计约为40%。

以上指粮产区兼事植棉纺织区中等农户丰收年情况。一遇灾害，粮食减收，植棉纺织也不能正常进行，农民经济商品率将大为

---

① 乾隆《江陵县志·物产志》；乾隆《汉阳县志·物产志》；光绪《孝感县志·物产志》。

② 同治《新宁县志·风俗志》；道光《大竹县志·风俗志》；同治《仪陇县志·风俗志》。

③ 乾隆《江陵县志·物产志》，同治《汉川县志·风俗志》又《物产志》。

降低。一般年成，中农经济品率，佃农当远在 20% 以上，自耕农可能在 30% 左右。

长江流域以南地区，农家兼营蚕丝业也相当普遍，这是研究农民经济商品率必须考虑的又一问题。江苏如震泽县，民户"凡折色地丁之课，及夏秋日用，暂惟蚕丝是赖"①。浙江如杭州府属西湖人家，"春时皆以养蚕缫丝为业"②。如於潜县，嘉庆年间，"邑中户户养蚕……乡人多资其利"。伴随养蚕的发展，栽桑日多，如海盐县，"比户以蚕桑为急务……盖农家将养蚕以为耕耘资""蚕荒则田荒"③。湖州府民更多务蚕桑，或谓"公家赋税，吉凶礼节，亲党酬酢，老幼衣着，惟蚕是赖"④。湖北如郧阳县，妇女从事蚕桑，"以有易无，故地方无冻馁之民"⑤。安徽如建平县，农家"一意蚕桑，以故衣食还给，不忧冻馁，即不得岁亦无道殣者"⑥。四川如盐亭县，农户"一岁之需，公私支吾，总以蚕之丰啬为用之盈缩"。如峨眉县，农家蚕丝收入除交纳租税外，"有余尚可以济家私"。如苍溪县，"惟丝惟蜡，民借以生"⑦。以上长江流域各省农民之兼事蚕桑农户，从这项收入所提供的各项开支考察，其赖以供赋税部分当在农家总产值的 10% 以上，如兼赖以买衣者及供"耕耘资"者当在 20% 以上。这个数字可供作研究这类地区农民经济商品率的参考。

黄河流域蚕桑业虽不及长江、珠江两流域，但也有些州县种桑柘养蚕。山东如长山县农民"善绩山茧""而业之者颇多，男妇皆能为之"⑧。山西如汾阳县之万楼山园，乡民"饲蚕操茧，鬻输

---

① 乾隆《震泽县志·物产志》。
② 光绪《杭州府志·物产志》，引西湖志。
③ 光绪《海盐县志·风土志》，引乾隆《海盐县续图经》。
④ 同治《湖州府志》，引费南辉《西吴蚕略》。
⑤ 同治《郧阳县志·风俗志》。
⑥ 嘉靖《建平县志·风俗志》。
⑦ 乾隆《盐亭县志·风俗志》；乾隆《峨眉县志·货殖志》；乾隆《苍溪县志·土产志》。
⑧ 道光《济南府志·风俗志》。

公赋"①。直隶如易州，农家从事蚕桑，"每年蚕忙不过四十天，亦可抵农田一岁所入之数"②。关于农家仰赖蚕桑收入弥补家庭生计之类记载甚多。从以上三例，尤其是易州事例，蚕丝收入在农家经济生活中占据一定比重。

关于以粮食作物为主兼事植棉纺织或兼事蚕桑类型区农民经济商品率的估算，不能单纯考虑农民出售粮食和植棉纺织以及蚕丝等出售问题，还要把不同地区粮农兼事各种经济作物的种植，诸如有地区兼种烟草、甘蔗，有地区兼种植各种果树等收入计算在内，才能作出接近实际的答案。

五　以植棉或蚕桑为主兼事棉纺织类型区农民经济商品率

关于以植棉或蚕桑为主兼事棉纺织类型区，以江苏松江府和太仓州所属最为典型。③ 两府州植棉之广，如松江府上海县，明天启间，"官民军灶田凡二百万亩，大半植棉，当不下百万亩"。此后据清嘉庆间记载，上海县"植木棉多于杭稻"。松属南汇县，乾隆年间，"傍浦种木棉者十之七"④。其余华亭、奉贤等县棉田都占很大比重。太仓州属，据明人记载，谓耕地之宜稻者十之六七种棉。⑤ 如嘉定县，在11684顷耕地中，"堪种花、豆田地一万零三百七十二顷五十亩"，占全部耕地的88.7%。⑥ 清代植棉续有发展，如崇明县，据乾隆间记载，农民种棉不种粮，食粮靠卖棉购买。⑦

---

① 咸丰《汾阳县志·杂记志》，引《楼山园记》。
② 吴大澂：《时务通考续编》卷十三。
③ 植棉专业区也有个别村庄以粮食生产为主，如松江府之金泽镇，西乡不宜植棉，东乡棉田仅十之三。见周风池《金泽小志》卷一。这并不影响松江府植棉专业区的性质。
④ 乾隆《南汇县志》卷三十五；同治《上海县志·风俗志》，引嘉庆志。
⑤ 崇祯《太仓州志》卷十五。
⑥ 万历《嘉定县志》卷七。
⑦ 高晋：《奏请海疆禾棉兼种疏》，见《皇清奏议》卷六十一。

如宝山县，据光绪县志，"种稻之田十不及二"，该县民户所完 10 余万石漕粮靠购买交纳。[①]

松、太两府州各民户植棉多寡不尽相同，多者以七三计，即农民占田 10 亩按 7 亩种棉 3 亩种稻估算，种棉每亩产籽棉 100 斤（据乾隆二十年记载，"种棉一畦，岁获百斤"，这里一畦指一亩），每 100 斤籽棉加工去籽之后可得纯棉 35 斤，7 亩共得棉 245 斤。家庭人口以 5 口计，平均每人每年穿用以需棉 5 斤计，共 25 斤。该家作为商品棉出售的为 220 斤。明末每斤纯棉售银 0.16 两，该农余棉共该售银 220×0.16＝35.2 两，这就是这类农户投向市场的总份额。又这类农户种稻 3 亩，按每亩产稻米 2 石计，共为 6 石，明季每石米约值银 1 两，共值银 6 两。[②] 据此这类农户农产出售部分占总产值的百分比如下：

$$\frac{\text{出售棉（产棉 245 斤 – 家用 25 斤）×银 0.16 两}}{\text{总产值（产棉 245 斤×银 0.16 两）＋（产米 6 石×银 1 两）}}$$

$$=\frac{35.2}{43.7}\times100\%=80.55\%$$

以上估算是指植棉较多农户。种棉较少农户仍以耕地 10 亩计，其中 5 亩植棉 5 亩种稻，种稻 5 亩产米 10 石值银 10 两，棉 5 亩产棉 175 斤值银 28 两；米棉两者总产值为银 38 两。投向市场的商品棉，扣除全家穿用外尚余 150 斤，值银 24 两。这类农户出售棉占总产值的百分比为 $\frac{24}{38}\times100\%=63.16\%$。

又，这时植棉区农户多从事棉纺织，松江、太仓两府州植棉户更不例外，这项收入在农家经济中也占据一定比重。据正德《松江府志·风俗志》："田家收获，输官偿息外，未卒岁室庐已空，其衣食全赖此。"天启间徐光启谓松江府民户"所由供百万之赋，三百年间尚存视息者，全赖此一机一杼而已"[③]。清初叶梦珠说，

---

① 光绪《宝山县志》卷三。

② 关于米价各地不同，衡量也不统一，其他地区有粮每石值银数钱之类记载。

③ 徐光启：《农政全书》卷三五，木棉。

民户"纺织成布，衣被天下，而民间赋税公私之费亦赖以济"①。叶氏所说包括江南但主要是松、太两府州。松江府如上海县，"贫家往往待纺织举火"②。太仓州如嘉定县，农家从事纺织，"然后贸易钱米，以资食用"③。两府州其他各县农家赖纺织收入维持全家生计情形大致相同。农家棉纺织收入按供全家5口半年食粮计，共该米9石，折银9两。

以下即按此估算，其种田10亩之户以7亩种棉3亩种稻计，如前所述，售棉商品率原为80.55%。现在改按部分棉花纺织成布出售，售棉量虽然减少，售布值则较前售棉增加。这类农户出售布棉两者的商品率虽然无法作详细估算，至少要高到84%—85%。

再以种田10亩之户5亩种棉5亩种稻者计，原来售棉商品率估算为63.16%。现在因部分棉花织布出售，商品率可能增至70%左右。

计算农民经济商品率还要考虑其他因素。如系自耕农，食粮每人每年以3.6石计，一家5口共18石，其中7亩种棉3亩种稻的农户，除自家生产米6石外，尚须购买12石。自耕农还须完纳赋税，明万历年间每亩平均0.243石，10亩应为2.43石，折银2.43两。④如此该户则须买米12 + 2.43 = 14.43石。如系租佃农，每亩地租以米1石计，租地10亩须交租米10石，除所产6石外尚缺4石，再加上全家吃粮18石，共缺米22石，这22石米都需向市场购买。以上两类农户，再加上购买生产工具及其他生活必需品油盐之类，通过市场买卖的商品数额将更加增大。但计算农民经济商品率主要看每户农民农副业产品出售部分对总产值所占比重，上述诸因素并不影响农民经济商品率。

长江流域其他地区，也出现以植棉为主类型专业区或专业户。

---

①　叶梦珠：《阅世编》卷七。
②　张春华：《沪城岁事衢歌》。
③　乾隆《嘉定县志》卷三。
④　参见梁方仲《中国历代户口田地田赋统计》，第435页，附表6。

江苏如江北之通州、如皋、宿迁等州县，江南之昆山、常熟等县，有一些农村发展为植棉区。浙江如杭州府属，康熙年间，"钱塘、滨江沙地遍莳棉花"。如余姚县，乾隆年间，"沿海百四十余里皆植木棉"[①]。像这类地区，有些农村发展为植棉区，或有些农民变为植棉专业户，是不难理解的。还有一些植棉户兼事纺织出售棉布。这类农户如以耕地的一半种植木棉，参酌松、太两府州情形估算，商品率也当在 60%—70%。

明代中叶后到清代前期黄河流域各省植棉发展尤速，有的发展成为植棉专业区。明万历年间，山东登州、莱州二府，"宜木棉，少五谷"[②]。如临清县，农民有以种棉"致富"的专业户。[③] 清代有关记载更多，如夏津县，五个乡中有三个乡以种棉为主，"年之丰歉率以此为验"[④]。如清平县，棉花"大约所种之地过于豆麦"。如胶州地区，植棉"与稼穑同"。如利津县，"木棉最多，与五谷等"[⑤]。河南植棉发展也较迅速。明万历间钟化民奏称：中州沃土"半植木棉"[⑥]。清代继续发展。据清后期记载，武安县东南及西北"二乡只种棉花"[⑦]。安阳县西乡、西南及西北各乡，"种棉者十之六七，种麦者十之三"[⑧]。直隶某些州县，早在明代已有关于种棉出售的记载，到清代有进一步发展。如宁津县，"种棉者几半县"。如栾城县，全县计地四千余顷，"稼十之四……棉十之六"[⑨]。据清后期记载，束鹿县西北各乡，植棉多者"种十之七八"，少者"亦

---

①　宣统《杭州府志》卷八一，光绪《余县志》卷六。
②　张翰：《松窗梦语》。
③　万历《东昌府志》卷二。
④　乾隆《夏津县志》卷二。
⑤　嘉庆《清平县志·户书》；道光《胶州志》卷十四；光绪《利津县志·风俗志》；咸丰《滨州志·风俗志》。
⑥　《荒政丛书》卷五《钱钟惠公赈豫纪略》。
⑦　王凤生：《河北采风录》，转据道光初武安知县报告。
⑧　王凤生：《河北采风录》卷二。
⑨　康熙《河间府志》卷四；道光《栾城县志·物产志》。

十之二三焉"①。

黄河流域以上三省直所列各县，有的棉田超过粮田，如种者"十之六七""十之七八"之类，有的约占耕之半，如"与五谷等""半植木棉"之类；或棉花收成好坏决定年岁之丰歉。像这类以植棉为主的地区，其间虽然有些以种植粮食作物为主的农户，但植棉专业户占据极大比重。这类专业户棉花收入在总产值中所占比重，参酌前述松、太两府州棉农经济状况估算，可能在50%以上。又这类地区民户多兼事棉纺织，其植棉专业户兼事织布出售者，商品率当在60%以上。

关于农民种桑养蚕收入也很值得重视。而以江浙太湖流域某些地区为最。或谓"环太湖诸山，乡人比户蚕桑为务"②。其间虽然有些以禾稻为主而兼事蚕桑的农业户，但也有以蚕桑为主的农业户。如海宁县，"栽桑者多，种稻者少"③。如秀水县之王江泾，"近镇村坊，都以种桑养蚕缫丝织绸为业"④。如桐乡县，据明清之际张履祥记述："吾里蚕桑之利厚于稼穑，公私赖焉，蚕不稔则公私俱困"⑤。如平湖县新塍镇，各乡民皆种桑售叶。⑥ 如吴兴县，农民"田中所收，与蚕桑各具半年之资"⑦。如长兴县，农家"一岁赋税、租债、衣食、日用皆取给焉"⑧。以上很多农户把蚕桑视为主业，有的地区蚕桑收入超过稻田，或赖以维持半年生计，或"衣食"取给于蚕桑，还有农户兼织绸出售。这类地区农民经济商品率虽然无法按占地面积及蚕丝价格进行确切估算，从农民经济生活考察，当在50%—60%。

① 光绪《束鹿县志》卷十二。
② 顾禄：《清嘉集》卷四，道光。
③ 嘉庆《於潜县志·食货志》，道光《海昌备志·都庄志》。
④ 万历《秀水县志》卷一。
⑤ 张履祥：《补农书》。
⑥ 民国《新塍镇志·物产志》。
⑦ 徐献忠：《吴兴掌故集》卷十二，嘉靖。
⑧ 同治《长兴县志·物产志》。

广东珠江流域也出现了一些蚕桑区或专业户，如南海、顺德两县相邻地区，"周回百余里，居民数十万户，田地一千数百余顷，种植桑树以饲春蚕"①。据清代后期记载，顺德县"岁出蚕丝，男女皆自食其力"，南海县之平洲堡，"遍地皆种桑麻"，傍海之民"多业蚕桑"②。其间有以禾稻为主而兼事蚕桑的农户，但也有一些以蚕桑为主的专业户，这类蚕桑专业户的商品率因限于资料，无法做出接近实际的准确估算，但在50%以上是可以肯定的。

六　其他经济作物同粮食作物混合生产类型区农民经济商品率

这种混合类型区就生产而言可以分成两类，一是以经济作物为主而兼事部分粮食生产，其间有的农户产粮不足，需要购买部分食粮；有的粮食可以自给。二是以粮食作物为主，而兼种植一些经济作物，借以弥补家计。关于这类地区，根据目前所掌握的资料，很难从农民出售余粮方面估算商品率，因此把经济作物收益产值作为中心线索进行论述。又有关这方面的记载过多，下面只选择少数有代表性并能据以考察农民经济商品率的资料加以论列。

关于种茶，长江流域相当普遍。浙江如於潜县，山区农民"仰食于茶者十之七"③。江西如义宁州，"最上腴土栽茶最多"，致粮田日减。如莲河厅山区，"民多种蓄之以为利"④。安徽如太湖县，种茶农产，收入"不减稼穑"⑤。湖南如平江县，"向种红薯之处悉以种茶。"⑥ 湖北如鹤峰州，有些农户"赖此以为生计"⑦。四

---

① 张鉴等:《雷塘庵主弟子记》。
② 咸丰《顺德县志·风俗志》、宣统《南海县志·风俗志》。
③ 光绪《杭州县志》，引嘉庆《於潜县志》。
④ 龚溥庆:《师竹斋笔记》卷三七；乾隆《莲花厅志·土产志》。
⑤ 顺治《太湖县志·风俗志》。
⑥ 同治《平江县志》卷二〇。
⑦ 光绪《鹤峰州志》卷七。

川如永川县某些地区，农民"赖此为衣食者甚众"①；如丹棱县西部山区，"蜿蜒数十里，种植成园"②。东南福建、广东种植尤盛。福建若崇德县五夷山下居民数百家，"皆以种茶为业"；南平县部分农村，居民"以茶为业"③。广东如南海县西樵山，"居民多以茶为业"。如鹤山县，由海口至附城广大地区，居民"多以茶为业"④。广西也有些地区产茶，如岑溪县山区农民多种茶，"为利颇饶"。西南地区如云南普洱府，农民"农食仰给茶"，如思茅厅，农民"不产米谷，惟茶叶养生"⑤。

由以上种茶事例，这类地区靠种茶为生的民户所占比重很大，从赖以"为业""不减稼穑"说明种茶收入在农民经济生活占据一定比重。种茶的产值远高于米谷，如福建宁德县，产茶区种茶之利"倍于桑麻"⑥。如广东珠江河南地区产茶，一亩产值"岁可给二人之食"⑦。据此，种茶每亩产值为禾稻的3—4倍。关于这类地区农户的种植面积，我们可以作一假设。其种茶"不减稼穑""赖以为衣食"者，茶田从低估计，农民有田 10 亩，以 1 亩种茶 9 亩种禾，售茶占农田总产值25%—30%；如以 2 亩种茶 8 亩种禾，售茶占农田总产值43%—50%乃至 50% 以上。其"不产米谷"靠买粮而食的产茶区，农民经济商品率当在80%以上。

关于种蔗，长江流域以南也比较普遍。江西省属，由赣州至南安"西岸尽为蔗田"。其间南康县属，由嘉庆至道光数十年间，农民纷将膏田改种甘蔗，种蔗之多"埒于禾稻"⑧。四川如内江县属，沿江自西至东，农家"尤以芒蔗为务"⑨。福建如泉州府，农民纷

① 光绪《永川县志》卷二。
② 光绪《丹棱县志》卷十四。
③ 《古今图书集成·山川典》卷一八四；嘉庆《南平县志·生业志》。
④ 宣统《南海县志》卷四；道光《鹤山县志》卷二下。
⑤ 乾隆《云南通志》卷八、卷二九。
⑥ 乾隆《宁德县志·物产志》。
⑦ 《广东新语》卷十四，《食语》。
⑧ 同治《南康县志》卷一。
⑨ 道光《内江县志》卷一。

将稻田改种甘蔗，致"稻米益乏"①。如晋江县，以农民多种蔗，致食粮不敷，"仰给于外地"②。如台湾府属，据康熙三十三年记载，种蔗面积扩大，"竟十倍于旧年"③。云南顺宁府，有农民种蔗"熬糖易米"④。

种蔗单位面积产值较高，如四川内江县，据道光县志，农家种蔗制糖，"利厚倍称"。如福建永福县，种蔗之利"倍于田"；如广西郁林州，农户种蔗制糖，"利颇厚"⑤。

由以上事例可以做出如下论断：一是甘蔗多由粮农兼种，乃至将部分粮田改为蔗田；二是有些地区蔗田面积占据一定比重；三是种蔗的单位面积产值远高于禾田。兹按蔗田单位面积产值高于禾田一倍计，其种蔗较少的农户，10 亩之中以 2 亩种蔗，出售蔗或糖所得货币约占总产值33%。其种蔗较多地区，参酌蔗田"埒于种稻"，种田 10 亩农户按 4 亩种蔗 6 亩种稻计，农民出售蔗或卖糖所得约占总产值57%。其靠买粮而食的蔗农，商品率将更高。

中国种烟出现较晚，系在明清之际。但发展较快，种植地区远较种茶种蔗广泛，南北皆植。全国各地种植情形，清代乾隆年间屡有人论及。如乾隆八年大学士等议覆禁烟时奏报：直隶、山东、江西、湖广、福建等省"种烟尤多，陇亩相望，谷土日耗"⑥。黄河流域种植情形，据乾隆年间方苞奏报，直隶、山西、陕西、河南、山东等五省直酿酒所耗之谷为一千数百万石，而种烟所占地亩相当于酿酒所耗"十之六七"⑦。即约相当于生产千万石左右粮食的土地。方氏所说虽未免过于夸张，但反映出烟田发展之迅速和种植之普遍。

①　陈懋仁：《泉南杂志》卷三。
②　乾隆《晋江县志》卷一。
③　康熙《台湾府志》卷十；高拱乾：《禁饬释蔗并力种田禾》。
④　《古今图书集成·职方典》顺宁府部。
⑤　道光《内江县志》卷一；乾隆《福州府志·物俗志》；光绪《郁林州志》卷四。
⑥　《清高宗实录》卷一二四，乾隆八年六月癸丑。
⑦　光绪《畿辅通志》卷一○七，方苞：《请定经制札子》。

中国种烟是从东南沿海地区开始的，而以福建最盛。据乾隆间郭起元论述，谓全省二千余里，"今则烟草之植耗地十之六七"①。郭氏所论更加夸张。但福建烟田所占比重确实较大，如永定县，据道光县志，民间膏田种烟者"十居其四"。如南平县，嘉庆年间栽烟日多，"且有植于稻田者"②。广东如新兴县天堂阳春各村镇，种烟之地"几敌种稻"。而且有的地区粮农兼种烟户数所占比重很大，如广西平安县，"种烟家十居其半"③。

长江流域各省都有关于种烟的记载。江苏如通州，据乾隆州志，附郭原田之近濠河处，农家种烟之风"相沿日甚"。浙江如嘉兴府，城乡种烟，"布种森立"④。江西如赣州府属，农民种烟，"甚者改良田为蔫畬"⑤。瑞金县是著名产烟区，或谓烟田占耕地之半。⑥安徽如凤台县，近城诸坊多种烟，由于农民贪利，"终不能止"⑦。湖北如石道县，乡民"多种烟草"⑧。如汉川县，"民有田地十亩之家，必栽烟数亩"。农民出售烟叶，以供家庭用度。⑨湖南如善化县，由于种烟利厚，农民"废田与园而为之"⑩。四川如合江县，嘉庆年间，河坦山谷以至低峰高原，"树已遍矣"⑪。由以上事例，可以作如下论断：一是烟的种植迅速发展，基本是由粮农兼种；二是农民种烟比较普遍，有较多数农户兼种；三是有些地区发展为种烟专业区，烟田和粮田几乎相等。

黄河流域各省，直隶如磁州，雍正年间，民多种烟，"稻田渐

①　郭起元：《论闽省务丰节用书》，《清朝经世文编》卷三六。
②　嘉庆《南平县志》卷八。
③　《清代文字狱档》第五辑，《吴英拦舆献策案》。
④　光绪《嘉兴府志》卷三三。
⑤　乾隆《赣州府志》卷二。
⑥　乾隆《瑞金县志》卷七。
⑦　嘉庆《凤台县志》卷二。
⑧　乾隆《石首县志》卷四。
⑨　严如煜：《三省边防备览》卷八。
⑩　光绪《善化县志》卷十九。
⑪　嘉庆《四川通志》卷七五，《食货》。

减"①。山西如保德州，"凡河边淤土，不以之种禾黍，而悉种烟草"②。河南如鹿邑县，乾隆年间，民多种烟，"遍地栽之"。如卢氏县，嘉庆年间，民户"多种烟叶，户乏盖藏"③。甘肃如兰州，"四周尽栽烟叶"。陕西种烟之盛，或谓农民将膏腴土地"广种烟草以图利，耗废农业"④。如城固县，渭水以北广大地区，"沃土腴田尽植烟苗"⑤。山东如济宁州，"大约膏腴尽为烟所占，而五谷反皆瘠土也"⑥。如寿光县，种烟利厚，"居人辗转效慕，不数年而多村遍植"⑦。由以上事例，说明在清代中叶以前，黄河流域烟田迅速扩大，有少数地区并且发展成为专业种植区。

关于烟农经济商品率，决定于烟田所占比重和烟田单位面积产值。关于烟田和粮田产值对比，据崇祯间记载，"一亩之收可以敌田十亩"⑧。河南如鹿邑县，农民种烟，"以收获之利数倍于谷也"⑨。甘肃兰州，"居民业此利三倍"⑩。浙江桐乡县，南乡有种烟者，"收值数倍于谷"⑪。湖南善化县，"一亩之烟可获利数倍"⑫。四川县，种烟之利"过稻麦三倍"⑬。福建漳州府，农民种烟，获利"较田数倍"⑭。关于烟田所占比重，如前所述，或谓烟田面积"几敌种稻""十居其四"，或占耕地之半，或谓有田十亩之家必"栽烟数亩"。以上所说不免夸张。其种烟较多地区，按占

---

① 吴邦庆：《畿辅河道水利丛书·水利营田图说》。
② 陆耀：《烟谱》卷四六。
③ 光绪《鹿邑县志》卷九。
④ 《清高宗实录》卷三九七。
⑤ 岳震川：《安康府食货论》，系嘉庆事，见《清朝经世文编补》。
⑥ 乾隆《济宁直隶州志》卷三。
⑦ 嘉庆《寿光县志》卷九。
⑧ 杨士聪：《玉堂荟记》。
⑨ 光绪《鹿邑县志》卷九。
⑩ 褚逢春、顾禄：《烟草录》第8页，嘉庆事。
⑪ 光绪《桐乡县志》卷七。
⑫ 光绪《善化县志》卷十六。
⑬ 嘉庆《四川通志》卷七五，食货。
⑭ 康熙《漳州府志》卷二六。

田 10 亩农户以 2 亩种烟 8 亩种禾谷计；又关于单位面积产值按烟田为禾谷 3 倍计，这类农民卖烟所得对农田总产值所占比重为

$$\frac{2 \times 3}{(2 \times 3) + (8 \times 1)} \times 100\% = 42.86\%$$。关于江西瑞金县和甘肃兰州种烟专业区，这类地区有很多专业户。这类专业户以占田 10 亩计，又按 5 亩种烟 5 亩种禾计，卖烟产值约占总产值的 75%。其烟田超过耕地一半之户，商品率当在 80% 以上。

这时在有些地区还出现了租田种烟户，如江西赣县、安远、新城等县都有关于农民租地种烟的记载。以新城县而论，嘉庆年间，有农民"当靠赁田栽烟"[1]。如福建永安县佃农，"租平洋腴田种蔗种烟"[2]。福建农民租地种烟相当普遍，嘉庆前期，张凤翔有"种烟还获十倍租"之句。[3] 四川郫县也出现了租田种烟的记载，清前期彭遵泗有"烟田一亩课十金"之说。[4] 这类种烟佃农基本是种烟专业户，所产烟叶在农家总产值中所占比重较大，商品率较高，参酌前列事例，当在 50%—60%，乃至 80% 以上。

明清时代，民间种蓝制靛的发展也比较突出，这是同植棉纺织业的发展联系在一起的。江苏如兴化县，民多种蓝出售。[5] 浙江如奉化县，先是农民垦山种蓝，后来"且多有种于田者"[6]。湖南如黔阳县，农民种蓝，"今日东北太平里多种之"[7]。安徽如休宁县，"近年圃中遍莳之"[8]。四川如郫县，土之肥者"邑人多种之"[9]。种蓝产值较高，如江苏上海县，农家种蓝靛，"获利数倍"[10]。浙江

① 同治《新城县志》卷一。
② 雍正《永成县志》卷七。
③ 陈琮《烟草谱》卷五。
④ 嘉庆《四川通志》卷七五，彭遵泗：《蜀中烟说》。
⑤ 咸丰《兴化县志》卷三。
⑥ 光绪《奉化县剡源乡志》卷二三。
⑦ 同治《黔阳县志》卷十八。
⑧ 康熙《休宁县志》卷三。
⑨ 嘉庆《郫县志》卷四十。
⑩ 叶梦珠：《阅世编》卷七。

海盐县，民户种蓝制靛，获利"数倍于谷麦"①。四川仁寿县，民户种蓝，"一亩可得靛十斤，其利倍于种谷。② 广西梧州府，"腴田种之，获利倍"③。贵州黄平州，种靛之利"较之种杂粮者不啻倍之"④。乾隆年间，河南嵩山县康某说：农民有地 10 亩，以 2 亩先种蓝后种菜，"可获缗钱二十四千文，与种八亩麦相等"⑤。

由以上事例反映出来，一是种蓝发展较速，二是主要由粮农兼种，三是产值高于谷类一至数倍。从而种蓝农户的商品率要高于一般单纯粮农的商品率。兹按康氏所论，一个农户有田 10 亩，以 2 亩种蓝种菜，8 亩种麦，种蓝种菜同种麦的产值相等，售蓝、菜的产值占农田总产值的 50%。但同种烟相比，种蓝地区和农户为数甚少。研究农民经济商品率还要考虑是否有余粮出售，条件都不具备，无法作进一步估算。

有不少地区居民多种植果树。广东如广州，"可耕之地甚少，民多种柑橘以图利"⑥。广州城西的荔枝湾，"居人以树荔为业者数十家"⑦。如番禺县之鹿步都，三四十里间居民多以花果为业。如顺德县之陈村，周环四十余里，龙眼、荔枝、柑橙等树"约有数十万株"，"居人多以种龙眼为业"。如南海县东部某些地区，盛产龙眼荔枝，居民"争以为业，称曰龙荔之民"⑧。福建如福州兴化、漳州等府民户多种龙眼荔枝，兴化府之枫亭驿则"荔枝甲天下，弥山遍野"⑨。由以上论述，可见广东、福建某些地区柑橘龙眼荔枝种植之盛。从以果树"为业"及"龙荔之民"之类描述考察，不但从事这类经营的民户为数不少，且有不少专业户。关于这类农

---

① 光绪《海盐县志》卷八，引乾隆《海盐续图经》。
② 道光《仁寿县志》卷二。
③ 乾隆《梧州府志》卷三。
④ 嘉庆《黄平州志》卷四。
⑤ 乾隆《嵩山县志·物产志》。附知县康基润：《嵩民种田说》。
⑥ 吴震方：《岭南杂记》卷下。
⑦ 道光《南海县志》卷八。
⑧ 屈大均：《广东新语》卷二、卷二五。
⑨ 王世懋：《闽部疏》卷二、卷六，又吴其浚：《植物名实图考长编》。

户的商品率因果树与粮田所占比重而不同。参酌前述各种经济作物区农民经济商品率事例，这类地区农民出售果品所得，高者可达总产值的80%以上，少者也要超过一般粮农。

长江流域，若江苏之洞庭山区，在明代成化间，"山人以种橘为业"①。据崇祯《吴县志》，太湖诸山民，富者"多至千树"，"贫者亦无不种"②。浙江如衢州府属，至康熙间，柑橘之类"遍地皆栽"③。江西若星子县，居民多种柑橘。星子县之黄埠，居民则以"种橘为业"④。南丰县尤以柑橘著称，有些民户，"不事农功，专以为业"⑤。从贫者"亦无不种"说明系粮农兼种；从种橘"为业"之类说明果树收入是农家主要生活来源；从种者"不事农功"说明这类农户不从事粮食生产或所种谷禾类很少，还要买粮而食。上述果树种植区，农民经济商品率无法作详细估算，参酌粮农兼事植棉纺织类农户考察，低者也当在30%以上。其"不事农功"的专业户，一般也都于果树空隙处所兼种少量粮食作物，但仍购买部分食粮，商品率当至60%—70%乃至80%以上。

黄河流域各省所种以各种干果为主，直隶如永平府属，"其民多种枣栗，所在成林"⑥。山西如蒲州府，民多种柿，"多者千树，少犹数百株"⑦。陕西如朝邑县，有些农户"植果倍于树谷"⑧。河南如林县，农家"多收果核，即属有年，不以黍稷丰歉为利病也"⑨。山东如堂邑县，有些农民种植梨枣之类，运销江南，这种果农靠出售果品购买衣食和完纳赋税。⑩ 明清时代尤其是清代，此

①　陆蓉：《菽园杂记》卷十三。
②　崇祯《吴县志》卷十。
③　康熙《衢州府志》卷二三。
④　黄宗义：《匡庐游录》，光绪《江西通志》卷四九。
⑤　鲁琪光：《南丰风俗物产志》，见《小方壶斋舆地丛钞》。
⑥　《畿辅河道水利丛书·怡贤亲王疏钞》。
⑦　乾隆《蒲州府志》卷三。
⑧　万历《朝邑县志》卷四。
⑨　乾隆《林县志》卷五。
⑩　康熙《堂邑县志》卷十六。

类记载甚多，以上只是就每省列举几个事例。有的果树系由粮农兼植；有的把种果树作为专业，粮食作物的种植处于次要地位。这类地区农民经济商品率和长江流域柑橘区大致相同，超过一般单纯粮农，最低者当也在30%以上，其"植果倍于树谷"及赖以购买衣食并完纳赋税的农户，售卖果类商品率当在50%乃至60%—70%。

还有一种进行多种经营的农户，这类农户北方较少，江南可能比较普遍，是经济作物和粮食作物混合生产的又一类型。下面列举浙江桐乡县张履祥设想的一个农家事例。该农有田11亩，其中以3亩种豆麦，3亩种桑养蚕，2亩种竹采笋，2亩种植果树，1亩池塘养鱼出售，各项产品及产值如下表所示：

经营类别	田场面积（亩）	产量	产值（银两）	原文
豆麦	3	粮9石	9.0①	麦收四石半，豆约相等，可供二人之食（每人每年吃4.5石）
蚕桑	3	丝棉30斤	20.0	一家衣食已不苦乏（指买布买粮）
种竹采笋	2	可供3人食=10.8石	10.8	每亩可养一二人，可供三四人之食（以笋易米）②
果树	2	可供5人食=18石	18.0	每亩可养二三人、可供五六人之食（以梅、李、枣、橘易米）
池塘养鱼	1	可供2.5人食=9.0石	9.0	每亩可供二三人（出卖鱼易米）
共计	11		66.8③	

注：①麦、豆和米价略等，此处每石按价银1两计。

②所说"可供三四人之食"指主食，即可供三四人一年所吃的粮食。本表按每人每年吃粮3.6石计，并按每石折价银1两入表。又此处全家以6人计，每人每年吃粮以3.6石计，每年共21.6石。按该户只产粮9石计，尚需购买12.6石，所谓"以笋易米"之类指此。

③该农又养羊5—6头"作树桑之农本"；桑树、果树下种蔬菜、豆芋等以自给，均未入表。

资料来源：《补农书》附录。

据上表，该农田总产值为银 66.8 两，其作为商品生产的若果品、蚕丝、竹笋和鱼类等共值银 57.8 两，其中竹笋和鱼类自家食用部分从宽估计以银 10 两计，其投向市场部分则为银 47.8 两。据此这类农家经济的商品率则为 $\dfrac{47.8}{66.8} \times 100\% = 71.5\%$，此例可供作研究经济作物同粮食作物混同生产类型区农家经济商品率的参考。[①]

以上所列关于经济作物与粮食作物混合生产类型农户商品率，或出于大致估计，或只限于设想的个别事例，说服力不强。下面参酌杜修昌先生在 1936 年所作 4 处调查统计作为辅助说明。其中 3 处属于以粮食作物为主而以经济作物为辅的混合生产类型区。各区农产品出售部分对总产值所占比重，定县 20 户平均为 64.4%，南京上下伍旗 61 户平均为 62.04%，萧山县湘湖区 66 户平均为 66.96%。又南京余粮庄 30 户系以经济作物为主的混合类型区，出售部分占总产值比重平均为 61.18%。4 区农民都有余粮出售，前 3 处售粮并占极大比重。调查者所作结论是："农业经营之成果，其大多数已投入货币交换关系之中。"[②] 当然，这时的农家经济和两三百年前相比已经发生了较大变化，但可供研究明清时代经济作物和粮食作物混合生产类型农民经济商品率参考。

以上是根据部分材料关于各种类型农民经济商品率所做的粗略概括。所引用文献资料，有的概括一个广大地区，但记载多欠具体；有的系个别地区个别事例，记载虽然具体，但很难代表一般。加以单位面积产量、各种产品的产值等，多缺乏明确记载，有的只

---

① 清代后期花生的种植迅速发展。如台湾澎湖厅，据光绪《澎湖厅志》卷九："凡有地百亩者，仅种地瓜二三十亩，取供一家终岁之食。其余悉种花生，因是物可作油与糖，易于出售。"种花生及地瓜单位面积产量不详，如按相同计算，则出售部分占总产值的 70%—80%。从行文语气推算，种花生系一般情况。其占地较少农户，种花生地要相对减少，农民经济商品率要相对降低。

② 杜修昌：《农家经济分析》，副标题《1936 年我国四个地区 177 个农家记账研究报告》，1985 年。

有大致估计，因此所作论断只能供研究参考。关于商品率的估算尽管存在不少问题，但能反映出农村经济发展的大趋势。

最后还要补充说明，研究农民经济商品率问题，还有一些因素需要考虑，如有些地区，经济条件较差的农民，春季出当棉衣，入冬回赎；秋收出当粮谷，翌春回赎，这是一种变相出售，商品率问题可暂不计。但也有这种情形，贫穷农户，秋收需款时卖粮还债，春季缺粮又买粮而食，从而增加了商品粮周转。对这类农户经济而言，也应该计入商品率之内，但这是一种变相商品率，因此而扩大的商品率本文未计算在内，因它和棉纺织区农户卖布买粮而食的性质有所不同。

结束语

由以上所论，关于各个地区各种类型农户的商品率，以中等户计，从农家出售农副产品数额考察：其一，买布而衣地区农户，出售产品占农副产品总值的 30%—35%。其二，以粮产为主兼事植棉纺织类型农户，黄河流域中下游自耕农，其种麦出售兼事棉纺织进行商品生产农户，售麦售棉售布三者合计，占总产值的 35%—40%，其只出售麦类或只出售棉布之类农户，出售部分占总产值的 20%—30%。租佃农，交纳实物租农户，出售农副产品所占比重酌减。其交纳货币租农户，出售部分当在 30% 以上。长江流域各省农户，出售农副产品合计，自耕农约为 30% 或 30% 以上；租佃农约为 20%，其交纳货币租的，出售部分要远超过 30%。其三，植棉纺织专业区和专业户，出售棉花和棉织品所占比重，视棉田多寡而定，棉田比重小者占总产值的 60%—70%，比重大者可到 80% 以上。其四，棉、蚕外其他经济作物同粮食作物混合种植类型区，各类农户因种植经济作物所占比重而不同，一般在 30% 以上，50%—60% 者占大多数，高者可达 80% 以上。

由以上事例可以看出，各类地区农民出售农副产品对总产值都占据一定比重毋庸置疑。这种现象很自然使人们联想到这样一个问题：学术界过去长期阐扬论述并认为是制约封建社会经济发展的自然经济问题到底应该如何理解？

过去学术界关于这个问题的看法，有的学者认为：一个个体农户，不论通过交换价值形态的自给自足或使用价值形态的自给自足，只要是在经济方面自给自足，就属于自然经济范畴。使用这种观点论证中国封建社会自然经济问题未见妥帖。在地主制经济制约下，农民经济状况在不断发生变化，富裕农民连年有余，贫穷农民更难以在经济上自给自足。有的学者遵照马克思关于自然经济的解说，着重于农家使用价值形态的自给自足的论述，但又过分强调"耕织结合"问题，据以论证中国封建社会经济的自然经济属性。但从前列大量事例可知，农家进行纺织只有小部分自给，大部分是为了出售，单纯使用价值形态的耕织结合农户所占比重很小，用以论证中国封建社会尤其是明清时代自然经济问题也是不妥当的。因此关于这个问题的论证，需要另辟蹊径，如有的学者，把构成初级市场的一个小地区之内的众农户，彼此通过互相交换的自给自足，作为论证的依据。所论颇具创见。可成一家之言。有的学者认为，中国地主制经济，须把每一个生产单位，即个体农民在使用价值形态方面的自给自足作为论证的依据。我同意这种观点，我认为这种看法更符合中国历史实际。

如把个体农民每一个独立经济实体作为论证依据，则又涉及对中国封建社会经济看法问题，主要是关于自然经济的概念，如马克思所论：在真正的自然经济内，"农业生产物全然不加入流通过程，或仅有极小的部分加入流通过程……"① 在中国封建社会时期，尤其是明清时代，农民农副产品已有相当大部分作为商品出售。这时以地主制经济为核心的封建社会本质虽未发生变化，但是否仍可沿用自然经济这一术语进行概括，值得进一步讨论。关于这

---

① 《资本论》第 3 卷，人民出版社 1953 年版，第 1026 页。

个问题如何进行论述，这里从略。

还有一个问题需要加以说明，即关于这个问题的研究，一要注意纵向研究商品经济向农民经济生活浸润渗透问题，总是在伴随农业生产的发展，一代超越一代，越是到封建社会后期，农民和商品经济的联系更加密切，一是要进行横向探索，中国地广人多，同时由于自然条件的影响，各个地区社会经济状况很不平衡，在边远地区有的还停留在奴隶制时代；即使黄河长江两大流域比较先进地区，发展也不平衡，有的地区生产发展比较迅速，尤其是经济作物区商品经济渗透较深；有些地区生产发展一般，商品经济的浸润处于中间状态。以任何一个地区特殊的发展状况对整个中国社会经济形态进行概括都是不妥当的。本文限于资料，关于各个地区的对比显然不够。

最后加以补充说明。关于这个问题的探索，诚如章有义同志生前所言，封建社会时期农民经济商品率的研究是一个极为重要的课题，但有关文献资料记载过少，各类农户经济状况又很复杂，做数字统计比较困难。经过两年的探索，确如所言，因此所做关于各地区农民经济商品率只能做粗略估计。在近两年写作过程中，与章公曾数次往返商讨，吸取了他不少宝贵意见。初稿即成，兹就农业专辑面世之际，公布于众，以供学术界研究参考。

（原载《中国经济史研究》1993 年第 1 期）

论清代前期的土地占有关系①

一 农民的反抗斗争和清政府的赋役政策在变革土地关系上的作用

所谓土地占有关系，包括范围很广，本文主要就地主身份地位的变化，和这种变化在社会经济方面所产生的影响等方面作一些分析，提出初步意见。

清代前期，土地占有者身份地位的变化，其主要特点，是具有功名官爵的"特权地主"的垄断地位有所削弱，无功名官爵身份的"庶民地主"有所发展。为了阐明这种变化，让我们回顾一下历史。

在明代，拥有世袭爵位由国家赏赐庄田的"贵族地主"，具有功名官职的"缙绅地主"，② 在政治、法律、经济等方面，都享有不同于"庶民地主"的特权。据《明史·礼志》：官吏致仕乡居，"庶民则以官礼谒见，凌侮者论如律③"。这里的"庶民"，不仅指所有农民，还包括"庶民地主"在内，他们和"缙绅地主"之间的关系，是为封建法典所规定的等级关系。在诉讼案件中，"缙绅地主"得置身于国家法令之外，享有实际免除刑罚的权利。就是

---

① 这篇论文是应北京市经济学会讨论而提出的。参加讨论的同志提供了不少宝贵意见，作者作了修改和补充。

② 在明代，生员、监生等不在缙绅之列，这里作为缙绅地主一并论述。

③ 《明史》卷五六，《礼志》。

不在缙绅之列的生员、监生、童生和缙绅的子弟犯了法，也不能轻易动刑。① 更严重的是特权地主对地方行政权的干涉操纵。王公贵族，固然依势横行，州县官吏莫敢诘问；而乡官之权，也"大于守令，莫敢谁何"②。在明代后期的文献资料里，我们经常看到这类记载，即州县官吏的行政措施，由于触犯了缙绅地主的经济利益，而被诬控不得升迁，乃至被革职逮问。③

在经济方面，特权地主则享有赋役优免权。各王公贵族占有的庄田，被免除了赋税；他们的家族成员和部分佃户，被免除了对国家的差徭负担。缙绅地主则按品级优免。嘉靖二十四年制定：京官一品免粮三十石，人丁三十丁；二品免粮二十四石，人丁二十四丁；依次递减，至九品免粮六石，人丁六丁。地方官则按品级各减京官一半。其不入流的教官、军人、监生、生员等，各免粮二石，人丁二丁。④ 而各州县所规定的优免额，实际远比国家定制为高。⑤

更严重的是，缙绅地主每倚恃特权和封建势力，扩大优免范围，逃避国家的田赋和徭役。崇祯年间，陈启新上奏疏说：人们一考中进士，便可"产无赋，身无徭，田无粮，廛无税"⑥。就是说，只要取得做官的资格，什么负担都没有了。天启年间，吏部尚书顾秉谦，历年拖欠田赋银至一千四百多两；大学士董其昌，"膏腴万顷，输税不过三分"。由这两个事例，可以想见当时缙绅地主侵蚀

---

① 吕叔简：《祥刑要语》。转见乌涧泉《居官日省录》卷四，第25页，《祥刑》。

② 《明鉴》卷二十，史都员外郎赵南星疏。

③ 万历年间，掖县知县朱秀孺，泾县知县何廷魁，长安知县沈听之，渭南知县张栋；天启年间，扬州知州刘铎，应城知县罗绅；崇祯年间，重庆府推官徐淳，龙岩知县邓藩锡；以上诸人，都是因触犯地方缙绅被降调或革职逮问的。地方大僚有时也不能免，如直隶巡抚牟俸，以禁止缙绅侵凌佃户，命富户出谷赈贫，并拒绝京朝官请托，招致缙绅地主攻讦。像这类事例还有很多。

④ 《万历会典》卷二十，赋役。

⑤ 如常熟县，京官，由甲科出身的，照会典所定加免十倍（如一品官，会典免一千亩，实免一万亩）；由乡科及恩贡生出身的，加免六倍（二品官，会典免八百亩，实免四千八百亩）。外官减京官一半。其有功名而未做官的，进士免田二千七百亩至三千三百五十亩，举人及恩贡免田一千二百亩，贡生免田四百亩，秀才、监生免田八十亩。

⑥ 眉史氏：《复社纪略》卷二。

田赋的严重情况。在徭役方面，情形大致相同，如官僚地主聚集的江南，由于"缙绅蔚起"，优免日多，"应役者什仅四五"。[①] 如陕西西安，贵族缙绅地主的土地占十之四，应役之田仅十之六。[②]

特权地主优免侵蚀的部分，最后仍然转移到农民身上，因而在一州一县之中，缙绅地主越多，农民的负担越重。如江西安福县，因绅户众多，而"田赋不均"。[③] 如江苏常州府，因"科第显官甲天下"，而赋役繁重。[④]

明代后期，就在地主绅权猖狂滋长及特权地主对赋役无限制的优免侵蚀的情况下，出现了土地关系的逆转。这种趋势，首先表现为地权转移过程中暴力因素的加强。

明中叶以后，随着商品货币经济的发展，土地买卖关系曾一度获得发展。但是，随着地主绅权的嚣张，这种发展变化又遭受到严重的压制，在通过买卖关系改变地权的同时，暴力掠夺成了取得土地财产的另一个重要手段。

在这一时期，特权地主依势逼买侵夺民田的事例，史不绝书。尤其是通过接受"投献"和"投靠"方式兼并土地，成了当时极其突出的现象。赵翼在论述明代豪右夺田时说："有田产者，为奸民籍而献诸势要，则悉为势家所有。"[⑤] 此风至明代后期而益盛。在当时，具有世袭爵位占有庄田的贵族地主，及现任官吏、退职乡官和新科进士等缙绅地主，都在接受投献。[⑥] 一经有人写契投献，他们随即派

---

① 《复社纪略》卷二。

② 《陕西通志》卷五二。

③ 计六奇：《明季南略》卷十一。

④ 《南海通志》卷三八，潘清传。

⑤ 据赵翼：《廿二史札记》卷三四，《明乡官虐民之害》。又按："投献"一词，原系指农民不堪封建赋役压迫而将田产投献于势家而言。嗣后或由势家授意，逼使农民投献；或奸民投献他人田产。本文所说"投献"专指后一种情况，以便和"投靠"相区别。又明末农民"投靠"的盛行，和加赋也有关系，此处从略。

⑥ 王世贞：《弇州史料后集》卷三六；赵翼：《廿二史札记》卷三四；萧良干：《拙斋十议》，第7页，《功臣土田议》；以上诸书记显官势要接受投献。抄本《崇祯长编》卷三七；记生员、监生以及州县史丞接受投献。

人下乡接管，封门召佃。这种兼并方式是一种单纯的暴力掠夺。

　　至于"投靠"现象，比"投献"还要严重。从形式上看，两者虽有所差别，就其实质而论并没有什么不同。因为农民的投靠不是自愿的，而是被迫的。例如，山东益都农民的"投靠藩势，借佃护身"①；禹城县农民，为逃避丁银，"挟田产投豪右，以资福庇"②；曲阜农民，为了逃避国家封建徭役，投靠衍圣公孔家。③ 还有的农民，以不堪绅户豪奴欺压，"里党不能安居，计惟投身门下"，以求一日之安的。④ 明代末年，投靠风习之盛，就投靠户数而论，或云每一缙绅所收"多者亦至千人"⑤，或谓由于缙绅多收投靠，"而世隶之邑，几无王民。"⑥ 就被带投的土地而论，或谓一乡一色之地，"挂名僮仆者，什有二三"。⑦ 明代后期，土地占有的高度集中，所谓"富者田连阡陌，贫者地鲜立锥"⑧；所谓"缙绅豪右之家，大者千百万，中者百十万，以万计者不胜枚举"⑨，就在这种暴力兼并之下出现了。

　　土地关系的逆转，还表现在集团关系的变化方面。因为土地掠夺者是具有功名官爵的特权地主，其通过暴力兼并土地而形成的租佃，每带有比较强烈的人身依赖及经济外强制关系。赵翼所谓"挟官爵之余威，劫夺乡民，鱼肉佃户"，⑩ 就表明了缙绅地主对佃农的压迫奴役。其投靠佃户，对地主具有更为严格的身份义务。山东文登农民，"投身著姓，甘为奴仆，以避徭役"。⑪ 河南光山农

---

①　《乾隆实录》卷十八，第22—23页。
②　嘉庆《禹城县志》卷五，第2页。
③　杨向奎：《明清两代曲阜孔家——贵族地主研究小结》，《光明日报》1962年9月5日。
④　顾公燮：《消夏闲记摘抄》卷上，《明季绅衿之横》。
⑤　顾炎武：《日知录》卷一三，奴仆。
⑥　孙之𫘧：《二申野录》卷八，第25页。并见《上海县志》。
⑦　《消夏闲记摘抄》卷上，《明季绅衿之横》。
⑧　《明清史料甲集》第10册，兵部题本。
⑨　《明史》卷二五一，《钱士升传》。
⑩　《廿二史札记》卷三四，《明乡官虐民之害》。
⑪　民国《文登县志》卷一，下，第13页。

民，有人"一荐乡书，则奴仆十百辈皆带田而来。"① 农民一经投靠，则由一个人格独立的农民，变成为人身不自由的农奴或奴仆，社会地位发生变化。就在朱明覆亡前夕，各地曾有大量农民沦为奴仆，缙绅之家动辄千人百人，② 这种现象的产生，并不完全由于因贫卖身，在很大的程度上是和农民投靠有密切关系的。这表明，明中叶后商品货币经济的发展，它在农村社会经济方面所产生的影响，并不像有些同志所做的估计，起着巨大的松解封建依附关系的作用。这时期的特点，是随着特权地主的发展，农民农奴化的加深。

晚明的特权地主，一方面暴力夺田，一方面转嫁赋役。在这种压迫下，农民固然没有发家致富的机会，就是没有功名官爵身份的庶民地主，也很难稳固地保有他们的土地财产；富商巨贾，自然也不愿轻易地把商业资金转移到土地上去。③

以上这种状态，在清代前期发生了变化。

为什么在这个时候发生变化呢？我们认为阶级斗争所造成的阶级力量对比上的变化，是起决定性作用的因素。在这一基础上，清政权为巩固集权、保证税收所采行的抑制绅权、改革赋役的各项政策，也有一定的影响。

明朝末年，所有的农民军都采行了打击封建地主的政策，特别是朱明贵族和缙绅地主。李自成提出过"贵贱均田"的口号，④ 这里的"贵"显然是指特权地主。农民军的地方政权，有的还采行把地主过去使用暴力侵占的土地夺还农民的政策。如李自成派往山东诸城县的地方官，"以割富济贫之说，明示通衢"，令"产不论远近，许业主认耕。"⑤ 张献忠克武陵，也曾下令将大官僚杨嗣昌

---

① 王士性：《广志绎》卷三。

② 如太仓王锡爵家有僮仆千人，麻城的刘、梅、田、李诸大姓有奴仆数千，成都两院三司官员有奴仆数千，河南缙绅之家蓄奴动辄数百。

③ 据谢肇淛：《五杂俎》卷四，"江南大贾，强半无田，盖利息薄而赋役重也"。

④ 《罪惟录》卷三一，《李自成传》。

⑤ 丁耀亢：《出劫纪略》。转据戎笙《试论明清间农民阶级斗争的某些特点》，《中国封建社会农民战争问题讨论集》，第 10 页。

"霸占田土，查还小民"①。他们还到处杀戮贪官，籍没豪富。李自成在洛阳向群众宣布："王侯贵人，剥穷人视其冻馁，吾故杀之，以为若曹"。② 所谓"州县开堂，但求富室"③；"借口为民除害，屠杀绅衿富民……焚烧官舍富家"④，都指的是李自成所部农民军。张献忠执行打击豪绅政策尤为坚决。正是这个缘故，他招致了地主阶级的刻骨仇恨和恶毒污蔑。经过剧烈的阶级斗争，"凡有身家，莫不破碎"；"缙绅大姓皆遁，莫知所之。"⑤

在农民大起义的鼓舞下，到处掀起了人民争取人身解放的斗争。在大起义的当时，湖北麻城大姓奴仆数千人，杀戮缙绅地主以投献忠。⑥ 同时四川也爆发了奴仆清算缙绅地主的斗争。直至农民大起义失败以后，这种斗争还没有停止下来。顺治年间，河南光山、商城、固始等县的广大奴仆，仍在进行大规模的暴动，迫令旧主书立"退约"，争取人身自由。⑦

长江以南的广大地区，也在农民大起义的影响下纷纷爆发各种形式的反抗斗争，如雇工和奴仆争取人身解放的斗争，佃农抗租及争取永佃权的斗争，等等。江苏昆山、嘉定等县，奴仆反抗主人，逼索卖身文契，"有不与契者，即焚其庐。"⑧ 据浙江桐乡张履祥记述："湖滨之人，千百为群，负耒荷梃，大呼报仇。"⑨ 江西安福、庐陵、永新等县，农民佃仆，纷起暴动，反抗地主。如永新县农民，每村千百人，"裂囊为旗，销锄为刃"，以铲平"主仆、贵贱、贫富"相号召。至"缚其主于柱，加鞭斥焉"；"每群饮，则命主

---

① 杨山松：《孤儿吁天录》。
② 吴伟业：《绥寇纪略》卷八。
③ 徐鼒：《小腆纪年附考》。
④ 《明末农民起义史料》，转据刘重日、陈守仁《论明末农民战争的历史作用》，《新建设》1968 年第 2 期。
⑤ 郑廉：《豫变纪略》。
⑥ 王葆心：《蕲黄四十八砦纪事》卷一。
⑦ 嘉庆《汝宁府志》卷二三，第 80 页，光绪《光州志》卷六，第 33 页。
⑧ 吴履震：《五茸志逸随笔》卷七。
⑨ 张履祥：《杨园先生全集》卷三八，第 16—17 页。

跪而酌酒”。乃至批地主之颊，“而数之曰，均人也，奈何以奴呼我?！今而后得反之也。”[①] 农民斗争的火焰，并且波及福建、广东和其他各省。

汹涌澎湃的阶级斗争，促成广大地区的阶级力量对比上的变化，绅权衰落了，农民的社会经济地位提高了。如山西长治县，“自明季闯贼煽乱，衣冠之祸深，而豪民之气横。乡保揖让于绅衿，伍伯侵凌于阀阅，奴仆玩弄于主翁，纲常法纪，扫地无余。”[②] 江苏宜兴储方庆说：“明季兼并之势极矣，贫民不得有寸土，缙绅之家连田以数万计。及国家（清朝）受天命，豪强皆失势。而乡曲奸诈之民，起而乘之，禁其乡之愚民不得耕缙绅之田，以窘辱其子孙。”[③] 太仓陈瑚说：“近者百姓凌辱荐绅，此乱世之事也。”[④] 康熙初年，湖南衡阳世家衰落，奴仆反抗旧主，至于“敝冠苴履，名分荡然”[⑤]。在江南地区，经过明末奴仆大暴动，直至康熙年间，富室仍具戒心，不敢蓄奴。[⑥] 农民和地主之间的相互关系发生了变化。

经过剧烈的阶级斗争，土地占有情况也发生了变化。在农民大起义时，有部分农民在斗争中收回了他们的土地，这是一个方面。在特权地主衰落家败人亡的情况下，出现了大片无主荒地。清政府为了继续把农民束缚在土地上，保证税收和巩固封建统治，采行了分配土地奖民垦荒政策。顺治六年，令“地方官招徕流民，不论原籍别籍，编入保甲，开垦无主荒田，给以印信执照，永为世业”[⑦]。顺治八年、九年，颁发了类似的诏令。[⑧] 康熙二十九年

---

① 同治《永新县志》卷十五，第7—8页。

② 乾隆《长治县志》卷八，第6页。

③ 储方庆：《荒田议》，《清朝经世文编》卷三四，第6页。

④ 陈瑚：《确庵日记》卷六，第33页。

⑤ 康熙《衡阳县志》卷八，第10页。

⑥ 皇甫氏：《胜国知闻》。

⑦ 《光绪会典事例》卷一六六，第1页。

⑧ 顺治八年，令各省督抚安插解散的农民军，“遣之归农”。也就是分配给他们土地使从事生产。顺治九年，令各地方官于所辖境内，不论土著流民，配给土地。“三年以后，准为永业”。

（1690）议准。"川省荒地甚多，流域之人，情愿在居住垦荒者，将地亩永给为业。"康熙四十四年复准："湖广湖北所属荒地，愿垦者准其开垦，无力者本省文武官捐给其种招垦。"① 仍在康熙年间，将湖南长沙、澧州等九府州属荒地 66880 余亩，拨给"投诚官兵"和"裁汰弁兵"作为世业。② 像这类记载还有很多。从而有不少无地农民获得了土地。

经过农民大起义，朱明贵族庄田转移到农民手中。清政府为了增加税收，实行了"更名田"政策，即将这部分庄田划归原耕农民所有。顺治三年，康熙八年、九年、二十三年、二十九年、四十一年，乾隆元年，都有过将前明庄田"给与原种之人"，"召民开垦"及"按亩承粮"一类政令。③ 清政府的这一措施，虽然给农民加上了赋税负担，但是承认了农民的土地所有权。

清朝统治者，在缙绅地主衰落、小土地所有制有所发展、阶级力量对比发生变化的基础上，还推行了一系列改革措施。它一方面承认缙绅地主的合法特权，另一方面，对他们倚恃特权违法犯纪的行为给予一定限制，乃至采行了严厉制裁政策。清朝的这种政策，对土地占有关系的变化也有影响。

清政府为了保证税收，还采取了稳定原有地主和农民土地所有权的措施。它虽然一方面建置了更为野蛮的庄田旗地制，以征服者的姿态在直隶圈占土地，培植一批新的特权地主；但是另一方面，它在全国范围内贯彻了禁止缙绅地主暴力夺田政策。首先是对过去明代盛行的投献田产之风，严加禁革。顺治二年六月，清军攻占南京，发布诏书说："各地方势豪人等，受人投献产业人口，及骗诈财物者，许自首免罪，各还原主。如被人告发，不在赦例，追还原

---

① 《光绪会典事例》卷一六六，第1页。
② 同上书，第5页。
③ 《顺治实录》卷二四，第2页；《康熙实录》卷二八，第15页；卷三二，第5页；卷一九七，第10页；《清朝文献通考》卷二，第6页；卷三，第11—12页。

主。"① 清代并且承袭了明代禁止投献田产的律例:"若将互争(不明),及他人田产妄做己业,朦胧投献官豪势要之人,与者受者,各杖一百,徒三年";"军民人等,将竞争不明并卖过及民间起科,僧道将寺观各田地……朦胧投献王府及内外官势要之家……投献之人,问发边卫永远充军,田地给还应得之人。……其受投献家长并管庄人,参究治罪。"② 同一律例,在明清两代所发生的作用不同。明代后期,贵族缙绅得处身于国家法令之外,禁止投献的律例只是一纸虚文。清朝初年,在地主绅权遭受严重打击的情况下,禁止投献的律例产生了实际效果。此后康熙二十三年,皇帝召见山东巡抚张鹏说,山东农民纷纷逃亡,"皆因地方势豪侵占良民田"。要张鹏到任之后"务减(剪)除势豪"。③ 在奖民垦荒的过程中,对豪右倚势霸占土地行为,严加禁止,康熙、雍正两朝都有规定。④ 在中央政府的重视下,各级地方政权多力行贯彻抑制豪右倚势夺田的政策。因此,对明代而言,缙绅地主通过接受"投献""投靠"和使用暴力兼并土地的现象,大为减少。⑤ 清代史学家赵翼在列举了明代一些贵族缙绅倚势夺田的事例之后,发表了这样的议论:"由斯以观,民之生于我朝者何其幸也。"⑥ 在赵翼看来,清代农民摆脱了明代贵族缙绅依靠暴力夺田的压迫,是极大的幸运。

　　清朝统治者在禁止缙绅地主暴力夺田的同时,还针对他们规避及侵蚀赋役的行为进行了改革。首先是限制优免的范围。顺治五年,制定绅衿优免条例之时,虽然一度承袭明代旧制,但是,同时又在个别地区实行"绅衿只免本人差徭"的办法。到顺治十四年,

---

① 《顺治实录》卷一七,第9页。

② 《光绪会典事例》卷七五五,第1页。清代承袭明律,文字相同。

③ 《康熙实录》卷一一六,第29页。

④ 据《光绪会典事例》卷一一六,第1页,康熙二十七年议准:开垦荒地,如有"豪强霸占,该督抚题参治罪。"又同书卷,第3页,雍正十二年复准,"劣衿土豪,借开垦名,将有业户之田,滥报开垦者,照侵占律治罪。"

⑤ 清入关之初,旗人贵族地主得接受汉人"投充",旋即下令禁革。

⑥ 《廿二史札记》卷三四,《明乡官虐民之害》。

把这种制度推行于全国。这年议定："自一品官至生员吏丞，止免本身丁徭，其余丁银仍征充饷"①。从此革除了缙绅地主优免田赋的权利，限制了他们优免差徭的范围。康熙初期，在个别地区实行"均田""均役"法，把差徭均摊在土地上，不论缙绅地主、庶民地主和自耕农，有多少亩地出多少亩地的差银。雍正年间，并把"均田""均役"制度化，在全国范围内推行，谓之"摊丁入地"②。这种改革措施基本上取消了缙绅地主优免丁银的权利。③据雍正六年及乾隆元年的规定，绅衿只能免除地丁以外的杂差。④经过这一改革，不仅减轻了农民的差银负担；还由于这种政策的推行，国家放松了对户口的控制，人们从封建统治下获得了较多的人身自由。⑤同时也意味着佃农从地主压迫奴役下获得不同程度的解放。⑥

清政府还采取了禁止绅衿诡寄地亩及包揽拖欠钱粮的措施。顺治十五年定："文武乡绅进士、举人、贡、监、生员及衙役，有拖

---

①　《清朝文献通考》卷二五，《职役考》。

②　"摊丁入地"是过去"均田均役"政策的制度化，在全国范围内推行。但有个别省份实行较迟。关于"摊丁入地"与土地占有集中的关系，当时有很多人论述过。云南道御史董之燧，山西布政使高成龄，湖北总督迈柱，都力陈富者田连阡陌，贫民地无立锥，请行摊丁入地之制。

③　另据《清朝文献通考》卷二五，《职役五》：雍正四年，四川巡抚罗殷泰泰奏："川省州县多属以粮载丁，绅衿贡监等尽皆优免差徭，请将优免之名永行禁革，与民一例当差。"奉旨议定："绅衿只许优免本身一丁，其子孙族户冒滥及私立儒官户包揽诡寄者，查出治罪。"有的地区，地税丁银既经合一，实际无法优免。又据雍正四年河南巡抚田文镜《题请豫省丁粮按地输纳以均赋役疏》："今就一邑之丁，均摊于本邑地粮之内，无论绅衿富户，不分等则，一例输将。"见《清朝经世文编》卷三十。

④　《清朝文献通考》卷二五，《职役五》；又《乾隆实录》卷十二，第2页，乾隆元年二月戊辰论，"任土作贡，国有常经，无论士民，均应输纳。至于一切杂色差役，绅衿例应优免。"

⑤　据光绪《常昭合志稿》卷七：康熙五十一年实行"增丁永不加赋"之后，"遂使田夫贩竖，咸得优游康衢，而毕生无追呼之累"。又据冯桂芬：《显志堂稿》卷十一，实行地丁合一政策之后，"于是烟户门牌则以意造之，遂无周知之数。其弊也，民轻去其乡，五方杂处，逋逃如薮"。这两条资料，反映了赋役政策改革后农民自由离乡的情况。

⑥　在明代，封建统治者为了维系户籍制，通过保甲制把农民束缚在土地上，每令地主约束佃农和雇工。据万历年间吕坤《实政录》，《民务》卷四，第65页："傲居则责之房家，佃户则责之地主"。又《乡甲约》卷五，第13页："约中除乐户、家奴及佣工、佃户各属房主地主检查管束，不许收入约甲……"又《风宪约》卷六，第86页："凡保甲中出外之人……其过一日出境者，俱于保甲给假（佃户赁予给假于房主地主），佣人朝去暮归，不许过三日"。到清代摊丁入地之后，再无令地主约束佃户的必要。

欠钱粮者，各按分数多寡，分别治罪。"① 康熙二十九年谕各省：凡绅缙户下有诡寄地亩不应差徭及包揽他户地丁银米代为缴纳从中侵蚀的，"著照欺隐田亩例，通限两月，绅衿本名下田亩各具并无诡寄甘结，将以前诡寄地亩尽行退还业户"②。此后雍正皇帝采取了更加严厉的措施。雍正五年议准，贡、监、生员，如包揽钱粮，"即行黜革"。如因此而致拖欠，"黜革治罪"。如拖欠赋银至八十两以上，"计赃以枉法论"③。

在个别时期，清政府还加重了缙绅地主的钱粮负担。康熙十五年，令缙绅户钱粮，照原额加征30%，以助军需，致有"官不如民"之叹。④ 这种制度，推行了好多年才行停止。

清政府上述种种措施，它的动机虽在于保障经济掠夺，巩固封建统治，但在社会经济方面却产生了积极的客观效果。在文献资料中，有关这方面的记载很多，这里拟专就在江苏、湖南两省个别地区的改革措施加以论述。

在徭役方面，改革的时期和内容因地区而不同。如江苏高邮州，史载田赋近五万，其缙绅地主优免者半，应差者半。顺治五年，令绅衿仅免本人之差，禁止倚势滥免和包揽，革除农民对赋役的赔累。⑤ 如娄县，明代屡次议行"均役"，辄因缙绅地主反对作罢。康熙八年，"并田立户……尽去官、儒、役户名色。"⑥ 如无锡县，"明绅户免役，富民之田多诡寄于绅户；农民独出其力以代大

---

① 《光绪会典事例》卷一七二，第4页。

② 《清朝文献通考》卷二，《田赋考》。另据戴兆佳《天台治略》卷五，康熙后期，戴在天台知县任内发布的文告："新例内开：凡进士、举人、生员、贡生、监生，隐一亩不及十亩者，革去进士、举人、生员、贡生、监生，杖一百，其所隐田地入官，所隐钱粮按年行追。"

③ 参见《光绪会典事例》卷一五二。雍正六年定：各省州县征粮之时，于印簿及串票内注明"绅衿某人字样，按限追比"。并令于奏销之时，将所欠分数，"逐户开出，别册详报，照绅衿抗粮例治罪。"

④ 叶梦珠《阅世编》卷六，第10页。

⑤ 焦循辑：《扬州足征录》卷四，第2—3页。

⑥ 李复兴：《松郡娄县均役要略》序，第3—4页。

户之劳。"康熙元年，实行"顺庄法"，"不拘绅衿民户，一概编入里甲，均应徭役，民始不偏累。"① 如苏州，农民畏避徭役，不得已而依附缙绅大户，"大户役使如奴隶"；"小户田中所收，半馈大户"②。康熙十三年行"均田"法，才改变了这种状况。③

赋役制的改革，使人们改变了对土地财产的看法。如松江府各县，当康熙初年未行均田、均役法以前，"收兑""里催""赋长"等役，绅衿优免，率由庶民地主和小土地所有者承担。徭役之重，"役及毫厘，中人之产，化为乌有"；甚至"性命殉之"。于是人们"相率以有田为戒"，或"空书契券，求送缙绅"；或"委而去之，逃避他乡"。由顺治至康熙，对以上诸役逐渐加以改革，行均田均役法，革除缙绅地主的规避侵蚀，使庶民地主对赔纳赋役的顾虑获得解除。当时叶梦珠说："赋役大非昔比，故惟多田者多藏。"这时无论什么类型地主，只要有土地就可以收到地租，庶民地主和自耕农不再以有田为累。于是出现"有心计之家"，乘机大买土地，有买田一二万亩乃至四五万亩的。④ 所谓"有心计之家"，显然指的就是没有功名官爵的富户。

在田赋方面，对缙绅地主拖欠钱粮行为执行了惩罚政策。顺治十八年有名的"辛丑奏销案"，就是这一政策的实践。凡是拖欠钱粮的，"不问大僚，不分多寡，在籍缙绅按名黜革，现在缙绅概行降调"。这时苏、松、常、镇四府和溧阳一县，缙绅张至治等2171名，生员史顺哲等11346名，俱在降革之列。其中太常张认庵，编修叶芳蔼，以拖欠赋银一厘降调；郡庠生程玠，以拖欠赋银七丝黜革。⑤

这场奏销案，给予缙绅地主以严重打击，尤其是绅权嚣张、钱

---

① 黄卬:《锡金识小录》。
② 赵锡孝:《徭役议》，见《道光苏州府志》卷十，第3页。
③ 按均田均役法，有的地区在明中叶以后，一度施行。据《天下郡国利病书》，第8册，引《上元县志》，该县自隆庆年间巡抚海瑞推行均田粮一条鞭法以后，"人始知有种田之利，而城中富室始肯买田，乡间贫民始不肯轻弃其田。"但行之不久，故态复萌。
④ 叶梦珠:《阅世编》卷一，第19—20页；又卷六，第1—18页。
⑤ 叶梦珠:《闻世编》卷六，第2—4页。

粮拖欠严重的地区，更显得突出。如吴之练川，拖欠最多，"凡百金以上者一百七十余人，绅衿具在其中。其百金以下者则千计。"①如江阴县，缙绅生员黜革的不下数百人，从此"士气因之顿沮"，"通籍者严怙势之戒"。②此后某些地方官继续执行这种政策，如康熙初年，长洲县官彭某，每因督征逋赋，责扑生员，时人有"日落生员敲凳上，夜归皂隶闹门前"之句，③就是描写彭县令的。如武进县，有不少功名人士遭受地方官的刑杖，其中某里诸生十余人，"以多田逋赋，伍伯累累系颈去，被棰笞荷校府门，至有毕命者。"④

清朝统治者的这种政策，对缙绅地主兼并土地行为起了一定的缓和作用，如武进邵长蘅，名列奏销案，革邑弟子员籍，他原有田八百亩，一月间弃卖过半，"然不名一钱，只白送人耳。"邵解释他放弃土地的原因说："书生以逋赋笞辱，都成常事，其实不忍以父母遗躯受县卒挤曳入讼庭，倪酷吏裸体受杖。"⑤如嘉定县，经过奏销案，地价暴跌，"竟有不取值而售人者"⑥。

江苏南部，是缙绅地主特别集中的地区，也是明末农民大起义没有直接波及的地区。在改朝换代之际，这里的缙绅地主的特权地位虽然也有所削弱，但变化情况不像其他各省那么剧烈。清朝统治者，为了把他们的权势打下去，遂采行了更为严厉的手段。清政府的这种政策，虽然不免夹杂有民族歧视，是针对缙绅参加"反清复明"运动的镇压，但是打击的对象毕竟是特权地主。⑦

---

① 佚名：《研堂见闻杂记》。

② 《古今图书集成》卷七一五，职方典。

③ 褚人获：《坚瓠四集》卷三；第 8 页，《长洲酷令》。

④ 徐玉瑊：《青门山人传》，转见孟森《明清史论著集刊》，第 446 页。

⑤ 邵长蘅：《青门簏稿》卷十一，第 6 页，《与扬静山表兄第二书》。

⑥ 《嘉定县志》卷二〇。

⑦ 据张英：《黄贞麟墓志》，顺治十八年，安徽蒙城、怀远、天长、盱眙四县，绅衿拖欠赋税者各百余人，皆逮系入狱追比。时山东曲阜圣裔孔氏亦名列奏销案。据章有汉：《景船斋杂记》："奏销一案，以诸生抗粮用起，庠序一空，诸绅以此罢斥者亦不少，江苏因朱抚军治国之酷，其祸尤甚云"，转见孟森《明清史论者集刊》，第 447—452 页。可见清政府的这种政策，曾推行于各省。

　　湖南省是一个经过农民大起义冲击不十分严重的地区，在改朝换代之后，缙绅地主势力一度回复，所以赋役政策的推行也比较激烈。如湘潭县，康熙初年，地广人稀，人们很容易获得土地，或谓"折竹木枝标识其处，认纳粮，遂为永业。"的确有不少人因此占有了土地。但是，没有功名官爵身份的庶民地主和农民，占有土地即须承担赋役。在缙绅地主对赋役侵蚀转嫁的影响下，"漕重役繁"，这对非身份性的土地所有者是一种严重威胁。他们为了摆脱赋役压迫，最后又不得不放弃所占有的土地。于是出现这种现象："弱者以田契送豪家，犹惧其不纳"①。"弱者"大概就是指庶民地主和农民，"豪家"指缙绅地主。康熙前期，衡阳王夫之也曾记述过这种现象，他说：豪强兼并，索取占农产品一半的地租，固为农民之苦，而苛重的赋役，对小土地所有者所造成的压力更大，致使"村野愚懵之民，以有田为祸，以得有强豪兼并者为苟免逃亡起死回生之计。"他又说，在这种情况下，"则使夺豪右之田以畀贫懵，且宁死而不肯受。"②

　　在康熙后期，上述现象开始发生变化。以浏阳县为例，据当时作者论述，在实行清丈之后，"有田有赋，宜百姓之乐输"。这句话表达了庶民地主和自耕农的心情，他们对这种政策表示拥护。缙绅地主的态度显然不同，他们这时不再像从前那样可以任意规避转嫁赋役了，从而他们不再那么热衷于土地兼并，甚至宁愿抛弃已有的土地。据龙升记述："迩日世家大族，或百石或数十石，愿弃价割与（广东移民）安插矣。甚且不顾墓田，并不顾前人占立版籍为子孙长久之计，皆愿倒甲以授安插（广东移民），更改姓氏（过割给广东移民）。"缙绅地主之所以要"弃价"抛弃土地，是要"苟全身命以避徭役"③。在此前，是庶民地主和农民为了摆脱徭役压迫而割弃土地，把田契送"豪家"。现在颠倒过来，是"世家大

---

　　①　光绪《湘潭县志》卷一一，第1页。
　　②　王夫之：《噩梦》。
　　③　同治《浏阳县志》卷六，第18—20页。

族"为了"避徭役"，要把土地白送给来移居的客民。这是一个巨大变化。

以上虽然只是江苏、湖南两省若干州县的一些变化，但它反映了当时农村社会一般情况。

总之，清政府所推行的赋役政策，抑制了缙绅地主的暴力夺田，革除了他们对赋役的规避和转嫁。所有这些措施，使庶民地主的土地得到了保障，使他们从重赋、重役压迫之下摆脱出来，得到发展机会。因此，清政府的改革措施，不管它的主观愿望如何，在客观上毕竟适应了庶民地主的要求。如果说，明代中后期的政权，是代表特权地主利益的政权；那么，清代前期顺治、康熙、雍正三朝的政权，尽管它仍然是大封建主的政权，它却吸取了朱明覆亡的教训，并适当地反映了庶民地主的利益。从这个意义上说，清政府的赋役政策，是使土地占有关系发生变化的一个条件，尽管是地主阶级内部的变化。

但是，清政府的抑制绅权政策，它的动机，主要是为了稳固封建统治的目的，针对明代滋长起来的横暴绅权的镇压，以及对他们侵蚀赋役行为的制裁。但是，它并不是剥夺了缙绅地主所有特权，它仍然允许他们享有法定以内的政治的和经济的权利，只不过加以限制而已。此外，它还培植了一批新的贵族地主，配给他们土地，给予他们更多的特权。所谓绅权衰落，也是就一般发展趋势而言，这并不否认在某些地区地主绅权的延续。而且绅权衰落也只是一个时期的现象。随着封建统治的稳固，土地占有的再度集中，到乾、嘉之际，地主绅权又逐渐恢复起来。如湖南溆浦县，农民附缙绅户完粮，缙绅谓之大户，农民被"大户苛派诈害，不啻几上之肉"。① 如江苏吴江县，"以贵贱强弱定钱粮所收之多寡"②。如太仓州，漕粮折价，缙绅户每石完 4000 文，生监完 7000 文，一般人完 10000

---

① 乾隆《溆浦县志》卷九，第 2 页。
② 光绪《吴江县续志》卷十，第 23—24 页。

文。① 如浙江桐乡县，"以小户之浮收，抵大户之不足"②。但这时地主绅权的恢复，毕竟不像明代后期那么嚣张了。关于乾隆以后，地主绅权的恢复，是一个极其重要的问题，这里不准备进行论述。

二　土地买卖关系的发展和土地兼并

清代初年，封建大地主有所削弱，小土地所有制有所发展。但是没有多久，又出现土地兼并高潮，农民又逐渐失去他们的土地。地权集中过程，则是通过买卖。这对明代后期地权转移中夹杂着更多的暴力因素而言，是一个发展。③ 这种变化的产生，首先是由于农民大起义。如前所述，在农民大起义的打击和影响下，农村阶级力量对比发生了剧烈变化，缙绅地主丧失了依靠暴力掠夺土地的权力。但是，我们也不可忽视农业生产和商品货币经济发展的影响，这是促使土地买卖关系获得进一步发展的历史前提。

经过明清之际波澜壮阔的阶级斗争，扭转了农村经济关系的逆转趋势，为农业生产的进一步发展铺平了道路。清代前期，耕地面积不断扩大，水利灌溉事业迅速发展，劳动生产率逐渐提高。农业生产的发展，促进了经济作物的发展，扩大了地区间的分工，如茶、棉、甘蔗、烟草等作物在某些地区的发展，粮食生产进一步商品化，农产品运销幅度的不断扩张，运输量的不断增加，这种种变化，对土地买卖关系的发展肯定是有一定的促进作用的。还由于农业单位面积产量和产值的增加，扩大了占有土地的收益，刺激了人们追求土地的欲望。土地买卖频率的增加与土地占有的集中，就是在这种情况之下出现的。

随着地权转移的经济因素的加强，地价跟随经济变化而变动的

---

① 民国《太仓州志》卷七。
② 《桐乡县志》卷七，第2页。
③ 清代对旗地的圈占，是一种更为落后的暴力掠夺方式。但对明代贵族庄田及缙绅地主的暴力掠夺而言，不仅为期较短，涉及地区也比较小。

趋势，遂愈加显著。

康熙中叶，上海叶梦珠记述了这一带赋役改革措施和土地转移的关系。他说：顺治初，米价腾涌，人争置产；康熙初，由于役重为累，地价下跌；康熙十九年（1680），行"均役法"，田价随米价上涨，上海收七斗租的田，每亩价银由数钱涨至 2—3 两；华、娄等县，收 14—15 斗租的田，每亩价银 7—8 两；康熙二十年，米价顿减，田价也随着稳定下来。① 乾隆十三年（1748），湖南巡抚杨锡绂记述了人口与土地比例和地价的关系。他说：国初"地余人"，地价贱；承平之后"地足养人"，地价平；承平日久，"人余于地"，地价贵。过去每亩价银 1—2 两的田，现在涨至 7—8 两；过去每亩价银 7—8 两的田，现在涨至 20 余两。② 后来，江苏金匮钱泳记述了明末至清前期百多年间的地价。每亩价银，崇祯末年 1—2 两，顺治初年 2—3 两，康熙年间 4—5 两，乾隆初年由 7—8 两涨至 10 两，乾隆五十年左右涨至 50—60 两。③ 从我们看到的皖南若干州县大量土地买卖文契，表明了同一上涨趋势。地价上涨是由很多因素造成的，如农业生产的恢复和发展，农产商品化与粮价上涨，地租的货币量的增加，等等，这都表明人们在通过经济关系追求土地。

就在这个时候，土地买卖关系中有些现象是值得我们重视的，一是大面积买卖，一次转让就是几十亩、几百亩，乃至千亩万亩，我们在文献资料中看到了不少这类事例。这种买卖主要是地主之间的相互买卖，意味着地租、商业资本和高利贷资本的相互转化。一是商人的土地投机，利用农民的经济困难，贱买贵卖，而且是大量买卖，目的是从中赚取土地差价，这是过去少有的现象。

还有些现象也是值得我们注意的。即地主商人，利用灾荒饥馑，通过高利贷，兼并农民的土地。到清代前期，在地权转移中暴

---

① 叶梦珠：《阅世编》卷一，第 18—19 页。

② 杨锡绂：《陈明米贵之由疏》，见《清朝经世文编》卷三九。

③ 钱泳：《履园丛话》卷三。

力因素削弱经济因素加强的条件下，在土地买卖关系进一步发展的情况下，地主商人利用这种经济强制手段压价收购土地的现象，对明代而言更加普遍化。而且，随着灾荒的频繁，农民的贫困化，更加速了地权的转移。在每次灾荒之后，广大农民破产流离，廉价出卖他们的土地，成了经常现象。地主商人，通过高利贷，"指田为当""以田为质"，折兑农民的土地，也成了经常现象。

也就在这个时期，土地在经常更换主人。如山东栖霞县，在康熙后期，"土地则屡易其主，耕种不时。"① 大约同时，福建安溪李光坡说："人之贫富不定，则田之去来无常。"② 雍正十二年（1734），河东总督王士俊奏："地亩之授受不常。"③ 如广东顺德县，在乾隆前期，"有田者多非自耕……抑且田时易主"④。如湖南省，据乾隆十三年杨锡绂奏："旧时有田之人，今俱为佃耕之户。"⑤ 嘉道之际，金匮钱泳说："俗语云，百年田地转三家。言百年之内，兴废无常，有转售其田至于三家也。今则不然，农民日惰而田地日荒，十年之间已易数主。"⑥ 所有这类记述，无非表明土地买卖频率的增加、农民失地化的加速和地权的集中。

土地占有集中的过程，各个地区的发展情况是不相同的。有些地区集中程度非常严重。譬如农民战争没有波及的地区，"世家大族"的封建势力虽然有所削弱，很多人的土地财产却继续保留下来，因而兼并趋势出现较早，集中程度较高。这种现象，在江苏南部尤其显著，如前述上海一带，早在康熙中叶，就出现大兼并现

① 康熙《栖霞县志》序，第4—7页。
② 李光坡：《答曾邑侯问丁米均派书》。参见《清朝经世文编》卷三〇。
③ 雍正《东华录》卷一二，第17页，雍正十二年，11月，庚寅。
④ 乾隆《顺德县志》卷四，第1页。据《乾隆实录》卷二〇，乾隆二十八年，广东田房税契银积至120余万两，可以想见该省土地买卖的频繁。
⑤ 杨锡绂：《陈明米贵之由疏》，参见《清朝经世文编》卷三九。
⑥ 钱泳：《履园丛话》卷四。另据《天下郡国利病书》，第七册，武进县早已有"千年田八百主"之谚。

象，一户买田或一二万亩，或四五万亩，乃至四五万亩以上。就在这个时期，江南出了不少有名的大地主。

江南地区地权集中情况，我们可从都图里甲的土地分配方面进行观察。图甲是按户数编制的，在一个地区之内，每一图甲的户数大致相等，而土地面积却很悬殊。康熙年间，无锡每甲田额有多至千余亩的，有仅只数十亩的。① 武阳县之丰西乡的一个图甲，其中芥字各号共田 1200 亩，原分十庄轮流应役，十年一轮。到乾隆年间，各庄土地发生剧烈变化，有的庄只有田数十亩，还有的庄只有田数亩。② 常熟、昭文两县，乾隆十一年，每图田额有的多至万亩，有的仅只千亩。③ 由以上数例，反映了土地向少数图甲集中的趋势。

而且一图一甲的土地，每又集中于少数地主手中，大多数人很少土地或者没有土地。兹以一个地址不明的图（大概属长江下游一个县份）为例，从该图"康熙四十年分本色统征仓米比簿"官方文件中，可以看出这个图的土地占有情况。占有土地的共有 23 户，占地合税亩 3230.5 亩。其中占地 0.5—5.5 亩者 10 户，13.7—18 亩者 2 户，43 亩者 1 户，以上 13 户占全图土地面积 3.5%；又占地 251—334.7 亩者 10 户，这 10 户占全图土地面积 96.5%。按清代图甲规制推算，无地佃民当为 87 户。④ 这是土地占有比较集中的一个典型。

其江北各县，康熙年间，如清河县，"民无恒产而轻去其乡"；"有田者率不耕，而代耕于海沭一带之流民。"⑤ 如安东县，"富者膏腴连于阡陌，贫者耕作穷于称贷。"⑥ 盛枫概述江北情形说："区

---

① 光绪《无锡金匮县志》卷一一，第 1 页。
② 桐泽：《武阳志余》卷六，第 21 页。
③ 《重修常昭合志》卷六。
④ 清华大学图书馆藏，参见孙毓棠《清初土地分配不均的一个实例》，《历史教学》1952 年第 2 卷第 1 期。
⑤ 康熙《清河县志》卷二。
⑥ 康熙《安东县志》卷一，第 16—19 页。

方百里以为县，户不下万余……共十之人，则坐拥一县之田。"①
到乾嘉之际，江北有不少成千上万亩的大地主。

　　长江流域其他各省，如浙江汤溪县，康熙后期，农民"多佃
种富室之田"；"共有田而耕者什一而已。"② 康雍之间，江西临川
陈之兰撰《授田论》，谓"富者一而贫者九"③。如湖北，雍正年
间，"穷民有寸土全无"，而"富户有田连阡陌"者④。道光年间，
浙江之余姚，"县属有田之户，悉皆富民。"⑤

　　这时的自耕农纷纷失弃土地，向佃农转化。康熙年间，湖南长
沙、澧州各府拨给兵士和将官作为世业的66880亩土地，到乾隆二
年，已经出卖了37000余亩。⑥ 其中绝大部分沦为佃农，乃是不难设
想的。据乾隆十三年湖南巡抚奏报："近日之田归于富户者，大约十
之五六，旧时有田之人，今俱为佃耕之户。"⑦ 乾隆年间，东南沿海
的某些地区，地权也是相当集中的。如广东顺德县，"力耕者多非其
田"⑧。如广西，"田大半归富户，而民大半皆耕丁"⑨。

　　在黄河流域各省中，土地问题最严重的首推山东。据康熙四十
六年上论："山东省与他省不同，田野小民俱与有身家之人耕
种。"⑩ 又康熙四十六年上论："今巡边外，见各省皆有山东人，或
行商，或力田，至数万之多。"⑪ 这些人大多是在剧烈的土地兼并
中被从农村中排挤出来的农民。这种关系，在地方志书中经常得到
反映。如单县，"膏腴之产尽归索封，胼胝小民仅守洼瘠，操耒耜

---

①　盛枫：《江北均丁说》，参见《清朝经世文编》卷三〇。

②　康熙《汤溪县志》卷一。

③　陈之兰：《授田论》，参见《切问斋文钞》卷一五，引《香国集》。

④　《雍正实录》卷七九，第10页。

⑤　《道光二十一年浙江巡抚刘韵珂奏疏》，参见中国科学院经济研究所藏《京报》，第
14册。

⑥　《光绪会典事例》卷一六六，第5页。

⑦　杨锡绂：《陈明米贵之由疏》，参见《清朝经世文编》卷三九。

⑧　乾隆《顺德县志》卷四，第1页。

⑨　吴英：《拦舆献策案》，参见《清代文字狱档》，第五辑。

⑩　《康熙东华录》卷七二，第1页。

⑪　《康熙东华录》卷十六，第28页。

者虽十之七八，要皆佣佃居多"①。如栖霞县，在土地屡易其主的情况下，"风俗，则终窭且贫，冠婚丧祭莫备"；"钱谷，则民穷财尽，昔可传檄而输者，今则敲朴仍逋"；"其道里犹是也，而今所见无非筚路蓝缕。"② 可见农民失地现象的严重。就是保有几亩薄田的农户，也无力完纳赋税。农民大量离村，就是在这种情况下出现的。这种现象一直延续下去，据乾隆十三年上论：山东"有身家者不能赡养佃户"，偶遇灾荒，农民即被迫离乡，或"南走江淮"，或"北出口外。"③ 在人口特别密集的地区，由土地占有集中对农民所形成的压迫是更加严重的。

不过各个地区的发展情况是不相同的，也有的省份的某些县，在某一个时期，地权比较分散。如安徽霍山县，乾隆年间，农民"薄田数十亩，往往子孙世守。"④ 大约同一时期，广东肇庆府，"无甚贫甚富之家"；琼州府则"家自耕种，无田佣。"⑤ 其他经过农民起义战争长期冲击的地区，如山西、陕西、河南及湖北、安徽中北部若干州县，小土地所有制也有一个时期的发展。但是，就是上述地区，在商品货币势力的冲击下，人们最后也逃不出土地兼并的命运，只是为时较迟而已。如四川省，在雍正年间，小土地所有制还在发展。至乾嘉之际，便出现集中趋势了。嘉庆年间，泸州、蓬溪、隆昌等县，都有自耕农将田抵债，或典卖仍行佃回耕种的记载。⑥ 道光初年，梁山"富庶为忠、夔冠，其患不在贫，在不均"⑦。

由此可见，在当时社会条件下，伴随土地买卖而来的土地兼并，乃是必然的趋势，不以人们意志为转移的经济原则。

以上所论，是指这一时期土地买卖关系的发展趋势而言，并不

---

① 康熙《单县志》卷一。
② 康熙《栖霞县志》序，第4—7页。
③ 《光绪会典事例》卷二八八，第11页。
④ 光绪《霍山县志》卷二，第6页。
⑤ 嘉庆《广东通志》卷九三。
⑥ 中国科学院经济研究所藏：清代刑部档案抄件。
⑦ 刘衡：《庸吏庸言》卷下，第6页，《严除蠹弊告示》。

是说，这时的土地买卖已获得了绝对自由。封建社会的土地买卖，总会带有不同程度的强制因素；不可能像资本主义社会那样，完全受价值法则所支配。也不是说，在土地兼并过程中，暴力因素不再发生作用。就是经济的买卖，有时也会存在欺诈和劫夺。尤其是清初对旗地的圈占，三藩在云南、广东等省所建立的"藩庄"，都是使用暴力侵犯人民财产的事例。就是私人地主也有倚势夺田的。清初沈寓说过："天下之兼之并之者，恃吾之富。崇（明）则不独恃富，尤视人力之强弱。"① 就是说，地权转移主要通过经济的买卖，至于豪右倚势强占行为，在某些地区仍然保存下来。但和明代那种一考中进士或进入官场，就通过接受"投献"和"投靠"以及其他暴力手段兼并土地的情形，已显然不同。

随着土地买卖频率的增加，某些有关土地买卖的法令，民间流行的土地买卖传统习惯，它对土地买卖自由的发展趋势所发生的阻碍作用，越来越显得严重。对这种法令和习惯如何加以变革，开始被提到日程上来。

如在土地剧烈兼并激荡下，庄田旗地制禁止买卖法令的破坏。明清两代的封建统治，都用法律保护庄田贵族所有制，② 严格禁止买卖。在明代，庄田买卖的事例不但很少，而且随着暴力掠夺的加剧，庄田面积在迅速扩张。有如《明史·食货志》作者所做的论断："中叶以后，庄田侵夺民业，与国相始终。"③ 清代庄田旗地制，其发展趋势则截然不同，这个制度成立不久，这类土地就纷纷通过买卖关系向汉人地主和农民手中转移，停止买卖的法令变成一纸空文。

---

① 沈寓：《治崇》，参见《清朝经世文编》卷二三，第22页。
② 在清代，除内务府庄田及八旗宗室庄田外，有八旗官兵旗地，其性质和前者不完全相同。尤其是八旗士兵，领种旗地须服兵役，和庄田贵族地主不同。但是士兵旗地被优免赋税，并使用"壮丁"生产，与一般民田不同。本文为行文方便计，一并论述。
③ 《明史》卷七七，《食货志》。

据雍正七、八两年上谕，旗地典卖"相沿已久""已沿习多年。"① 乾隆二年，御史舒赫德奏："昔时所谓近京五百里者，已半属于人民。"②"近京五百里"指清初圈占庄田旗地范围而言。乾隆四年，民典旗地至数百万亩，典地民人至数十万户。③ 乾隆十年，御史舒泰奏："旗地之典卖与民者已十之五六。"④ 由以上记载，可以想见旗地买卖的频繁。过去清朝贵族通过暴力掠夺来的土地财产，现在却又通过经济的买卖而改变了占有形式。

清政府为了维护庄田旗地制，还曾经采行过其他种种措施，如禁止"长租"，强迫"回赎"，以及划为"公产旗地"由国家直接掌握，等等。但所有这种种措施，都禁止不住旗地地权的转移。

既成事实，逼着清政府不得不改变对旗地买卖的处理办法，对民典旗地不是采取依法没收，而是由政府发款回赎；对出典旗地的旗人，则"宽其违禁典卖之罪"。这种办法从雍正年间就开始了，乾隆年间继续实行。⑤ 清政府还适当地放宽了关于典卖旗地的禁令，在康熙、乾隆两朝，由准许在旗内买卖，扩大到"不拘旗分"，以及投充地的自由买卖。⑥ 到清代后期，并且完全废除了禁止买卖的禁令，准许"旗民交产"，承认旗地买卖合法。

其允许买卖的民田，则要求在买卖方面获得更大的自由，开始提出打破"亲邻优先购买权"和土地买卖"加找""回赎"的习

---

① 嘉庆《会典本例》卷一八五，第15页。据《乾隆实录》卷五二六，第9页，旗产于康熙年间开始买卖。

② 舒赫德：《八旗开垦屯田疏》，见《清朝经世文编》卷三五。

③ 嘉庆《会典事例》卷一三五，第22页。

④ 舒泰：《复原产筹新垦疏》，见《清朝经世文编》卷三五。

⑤ 据《乾隆实录》卷四五六；乾隆十九年二月，三次回赎旗地98万余亩。又据王庆云《石渠余记》卷四，乾隆二十六年回赎旗地200万余亩。又清政府一度将回赎旗地入官为"公产旗地"，嘉庆十七年，这项土地达373万多亩。

⑥ 据《雍正会典》卷二八：康熙九年，准许旗人在本旗之内买卖土地。据光绪《畿辅通志》卷九五：乾隆三年，令原由旗人向汉人购买并在州县纳粮地亩，典卖之后，又由政府发款回赎的，嗣后不论旗人汉人，都得照原估买价买卖。据《乾隆实录》卷五五七：乾隆二十三年定：关于旗地买卖，"嗣后照八旗买公产例，不拘旗分买卖"。据《嘉庆会典事例》卷一三六：乾隆五十五年定，旗人所收带地报充各户地亩，本主可以买卖。

惯的限制。

亲族、地邻、典当主、原卖主等人对土地的优先购买权，是中国封建社会一个极为古老的习惯传统。尤其是卖主的同族近支，享有最优先的购买权利，在这里，表明了土地买卖的宗法血缘关系（有的地区甚至流行"同宗不绝产"的习惯）。在所有优先权者不买的场合下，才允许第三者购买。这种习惯法，在一定的程度上，阻止了土地财产向外姓转移，妨碍着土地买卖的自由。

由于这种传统习惯的存在，到了土地买卖日趋频繁的清代，招致了更多的土地纠纷。

康熙年间，山东济宁州知州吴柽说："济之俗例，凡欲典卖田宅，必先让原业本家，次则地邻。皆让过不要，然后售与他人。尤可笑者，原业本家有历年久远，事隔两朝，实经数主者，犹称原业。而本主人之外，不特兄弟叔侄同产之亲，即疏离一族之人，亦称本家，皆得援例混争。夫弃产者，必有迫不能待之势，必要到处让过，已属难堪。乃有本心欲得而故称不要，或抑勒贱价不照时值，或本无力量姑且应承，及至卖主不能久待，另售他人，非托名阻挠，即挺身告理。弃产之人，率不免此。"[1] 可见优先购买权习惯，其对土地买卖关系发展的束缚，是极其严重的。

随着土地买卖的频繁，促使人们力图打破土地买卖的限制，开始提出了废除土地优先购买权的要求。

雍正三年，河南巡抚田文镜，在禁止土地优先购买权方面作了如下规定："禁先尽业主。田园房产，为小民性命之依，苟非万不得已，岂肯轻弃？既有急需，应听其觅主典卖，以济燃眉。乃豫省有先尽业主邻亲之说，他姓概不敢买，任其乘机掯勒，以致穷民不得不减价相就。嗣后不论何人许买，有出价者即系售主。如业主之邻亲告争，按律治罪。"[2]

---

① 乾隆《济宁州志》卷三一，第43—47页。按吴柽于康熙三十二年任知州，在任十四年卒。

② 田文镜：《抚豫宣化录》卷四，第51—52页。

从吴柽的论述和田文镜的规定，都反映了这种情况，即人们在利用土地优先购买权习惯，操纵土地的买卖。这意味着对农民出卖土地自由的剥夺。从田文镜所颁文告来看，他推行这一改革措施的主观意图，是为了保障卖地"穷民"获得合理地价。优先权的废除，固然有利于卖主，但更重要的，是保障了地主掠买土地的自由。因为在废除旧的优先购买权的情况下，在土地交易中真正能够买到土地的，首先是有钱有势的地主。

到雍正八年，国家针对民间滥用优先购买权拆散已经成交土地的习惯，补充了一条新例，加以禁止。据规定：土地"倘已绝卖"，仍"执产动归原先尽亲邻之说，借端掯勒希图短价者，俱照不应重律治罪"①。

中央和地方政权的这种措施，不管它代表着谁的意志，毕竟反映了历史发展的客观要求。它一方面表明，土地买卖关系的发展在冲击旧的传统习惯，同时也在为土地买卖的自由开辟道路。

所谓土地买卖"加找""回赎"，即出卖土地的原主，在若干年后仍有权回赎；如无力回赎，可向买主"加找"地价。清代前期，绝大多数省份保存着这种习惯。随着土地买卖频繁，"加找""回赎"案件遂层出不穷。江苏、浙江、江西、湖南、广东等省某些州县都有这类记载，或云民间词讼以买卖土地"加找""回赎"案件最多，或谓土地已经卖了二三十年，地价已由银二三两上涨至七八两，仍在加找不已。② 由"加找""回赎"习惯，表现了土地所有权的顽固性，它和其他商品买卖不同，卖者不能一次卖净，买者不能一次买到全部所有权。案件的频繁，正表明了土地购买人对这种传统习惯的抗议。到这个时候，各级地方政权，不得不考虑采行限制以及革除的措施了。

康熙二十年，两江总督于成龙发布了《禁房田找价檄》，对土

---

① 光绪《会典事例》卷七五五，第 3 页。

② 乾隆《嘉定县志》卷四；《乾隆实录》卷四三六，第 12 页；《守禾日记》卷三，第 16—17 页；乾隆《湘潭县志》卷一三，第 6 页；光绪《清远县志》卷首，第 18 页。

地买卖作了如下规定，"嗣后如有奸民将已卖田房告找告增，并地方官擅行准理，以及势豪讼棍伙同吓诈者，许被害之人赴辕控禀，以凭参拿究处。"① 康熙后期，湖广总督喻成龙，檄谕所属各县，令严格执行"买卖田产三年不加补，五年不回赎"的制度。② 浙江天台知县戴兆佳，令民间所有从前田产买卖交关，凡有应找者，秉公找价，以斩葛藤。经此次清找之后，"敢有再起风波，定照违禁律治罪"③。雍正三年，云南巡抚杨名时，奏请政府下令禁止土地买卖告找回赎。④ 雍正十二年，广东清远县发布严禁卖产索赎的告示，禁止卖方借口"补充""洗业""断根"，向买主勒索找价和回赎。⑤ 可见禁止土地买卖"加找""回赎"，已成为普遍的客观要求。

对于土地买卖"加找""回赎"问题，清政府也开始注意了。雍正八年，下令禁止对绝卖土地"告找告赎"，违者"照不应重律治罪"⑥。乾隆九年，政府并作了一个硬性规定："民间田房，如系卖契，又经年远，即无杜绝等项字样，概不准赎"。乾隆十八年，又制定一个补充条例："嗣后民间买卖产业，如系典契，务于契注明回赎字样；如系卖契，亦于契内注明永不回赎字样。其自乾隆十八年定例以前典卖契载不明之产，如在三十年以内，契无绝卖字样者，听其照例分别找赎；若远在三十年以外，契内虽无绝卖字样，但未注明回赎者，即以绝产论，概不许找赎。"⑦ 就是说，乾隆十八年以后，所卖田产概不准回赎。

以上清中央及各级地方政权所采行的这种措施，尽管代表着土

---

① 于成龙：《于清端公政书》卷七，第82—83页。
② 同治《长沙县志》卷一九，第36页。按喻成龙于康熙四十二年至四十四年任湖广总督。
③ 《天台治略》卷六，第7—10页。
④ 《雍正东华录》卷三，第5页。
⑤ 光绪《清远县志》卷首，第18页。
⑥ 光绪《会典事例》卷七五五，第3页。
⑦ 同上。

地购买者——地主的意志，为了预防土地买卖纠纷而发的，但它的历史意义，是和禁止优先购买权相同的。自然，这种传统习惯，绝非一朝一夕所能完全废除。不论是亲邻优先购买权，或是"加找""回赎"，尽管受到官府限制，它在民间却继续拥有实际效力。尤其优先购买权，直到鸦片战争以后很长时期内，各地还或多或少地保留着这种习惯。

总之，以上旗地之突破禁止买卖法令进入买卖领域，促使封建统治者对原有法令作适当变革；民田买卖的频繁，要求突破原来束缚土地买卖的习惯传统，获得更多的自由；所有这种种变化，同样表明地权转移的经济因素的加强。清代前期土地占有关系的变化，土地占有者身份地位的变化，又是和土地买卖关系的发展相互制约相互影响的。

三　地主身份地位及农村阶级关系的变化

在清代前期，随着土地买卖关系的发展，出现了土地占有的高度集中。那么，谁是土地兼并者呢？各种类型地主有什么发展变化？这种变化在农村社会经济方面有什么影响？这就是这里所要探讨的主题。

清代前期，地主身份地位的变化是：庄田旗地地主逐渐衰落；缙绅地主虽仍然占着优势地位，对明代而言已度过它的极盛时代；商人地主逐渐增多；非绅非商的庶民地主有所发展。

在明清两代，这各种不同类型地主，占有多寡不等的土地，采取不同的经营形式，对生产劳动者具有不同形式和不同程度的统治奴役关系，从而对农业生产的发展有着不同的影响。清代前期，随着各种类型地主的发展变化，农业经营形式和农村阶级关系遂也发生了一些变化。

如庄田旗地地主，这是一种世袭特权地主。^① 这种土地占有形式，在清初建制不久即开始发生变化。就分布在直隶的旗地而论，土地面积逐渐缩小。这和明代庄田逐渐扩大，由明代前期的数百万亩，到后期扩展为数千万亩，其发展趋势截然不同。

关于旗地制度，已有不少人作了专题研究。这里要着重论述的，是随旗地制的衰落而出现的阶级关系的变化。清朝之初，在直隶圈占土地达 1666 万余亩，除皇室内务府庄田而外，系按等级分配给八旗宗室、官员和士兵。每户所配田额，随等级差别而多寡悬殊，因而很早出现了分化趋势。占地较少的八旗士兵，很早即行出卖。顺治十六年（1659），士兵以"奴仆逃亡"，而"生业凋零"^②。至康熙年间（1662—1722），士兵已经"无田产者甚多"^③，首先从这里打开破坏旗地制的缺口。接着中下级官员纷纷变卖他们的土地。到乾隆年间（1736—1795），旗地典卖现象已十分严重，这在前面已经谈到。到鸦片战争以后，已经变成这种情形："大抵二百年来，此十五万余顷地，除王公庄田而外，尚未典卖与民者，盖已鲜矣"^④。这就是说，旗人地主，这时已有绝大部分出卖了他们的土地，只有规模巨大的王公庄田被保存下来。^⑤

旗人地主之所以出卖土地，剧烈的阶级斗争的冲击，是一个极其重要的因素。顺治年间（1644—1661），生产奴仆为了反抗封建主的压迫剥削，纷纷逃亡，^⑥ 致土地荒废，使地主失掉了土地上的

---

① 其中八旗士兵和八旗贵族官员所处地位虽然不同，但他使用奴仆生产，他的法律地位和农民不同，他是以征服者的姿态出现的。

② 《顺治实录》卷一二七，第 150 页。

③ 孙嘉淦：《八旗公产疏》，见《清朝经世文编》卷三五。

④ 光绪《畿辅通志》卷九五，第 15 页。

⑤ 在清代初期，也有旗人地主在购买土地。康熙二十年九月户部题："查出康熙十七年以前犯禁鬻地之民应追价银六万四千余两"（《康熙实录》卷九七，第 10 页），即指汉人将土地卖给旗人地主。

⑥ 据《枕余杂记》：顺治三年，"入主以来，（奴仆）逃亡已十之七"（转见杨学琛《清代旗地的性质及其变化》，《历史研究》1963 年第 3 期）。《顺治实录》卷八四，顺治十一年，一年之间，"逃人多至数万，所获不及十一"。此外，奴仆还开展了争取人身自由赎身为民的斗争，以摆脱农奴地位。

经济收益。雍正以后，又不断爆发佃农抗租斗争，使地主收租感到困难。[1] 农民的反抗斗争，加速了旗人地主的阶级分化，触动了旗地制的基础，逼着他们出卖土地。

可见明清两代庄田旗地地主的没落过程是不相同的，明代庄田地主是在农民战争直接打击下急剧衰落下去的，代替庄田地主的土地所有者，主要是自耕农，农民无支付地获得土地。在清代，旗人地主的没落，则是在商品货币经济发展影响和农民的反抗斗争打击下出现的，占有形式的转化是通过买卖。在这种情况下，代替旗人地主的土地所有者，虽然也有部分农民，还有部分原来在旗人地主奴役下的奴仆，[2] 但主要是汉人地主。由这一点，表明了前后两次变化的性质上的差异。

清代庄田旗地制，具有其民族特点，是一种更为落后的占有形式，并非朱明庄田制的再版。在旗地上进行生产劳动的农民，有"壮丁""投充户"和一般佃户之别。生产劳动者如果是"壮丁"和"投充户"，他们是旗人地主的奴仆或农奴，他们对主人的身份义务在法律上有明确规定。地主为了从他们身上榨取更多的剩余劳动，拥有"非刑酷虐"乃至"酷虐致毙"的权力。[3] 统治者为了把他们束缚在土地上，预防他们逃亡，并严"逃人"之令，有逃亡的，逮捕之后严加惩处。这是一种具有严格人身依赖关系的农奴制。其一般佃农，也由于旗人地主的特殊的身份地位，使他们失掉了人身自由。所谓"庄头挟强佩势，大为民患"；所谓"旗人横暴""莫敢谁何"；[4] 首先遭受迫害的就是租种旗地的佃农。

以上这种关系，在清代前期发生了一系列变化，一是在保存庄田旗地制的基础上而产生的阶级关系的变化，即由具有严格人身依

---

[1] 佃农的抗租斗争，乾隆、嘉庆两期最为剧烈，详见杨学琛《清代旗地的性质及其变化》。

[2] 乾隆年间，划归"八旗公产"的，其中"奴典旗地"占589700余亩。

[3] 参见左云鹏《论清代旗地的形式演变及其性质》，《历史研究》1961年第5期。

[4] 光绪《畿辅通志》卷二，第8页；卷一八九，第65页。

赖的农奴制向一般租佃制的过渡。这里要着重指出的，是随着土地占有形式的变化，即在旗人地主丧失土地所有权、庄田旗地制解体的同时，在特权地主压迫奴役下的农民的人身解放。如果按当时平均每人摊地 25 亩计，[①] 则直隶一省在旗人地主奴役下的农民，以男丁计有 66 万余人。如果再把老幼妇女一并计算在内，当为 66 万的几倍。到鸦片战争前夕，庄田旗地中出卖的部分如按 60% 计，获得解放的人口以壮年男子计约有 40 万，连家口合计当在两百万以上。而且当这部分土地转移到汉人手中之时，则突破禁止买卖的圈子进入流通领域，变为具有民田实际内容的土地。如果这部分土地为汉人地主所占有，佃农的身份地位将随地主身份地位的改变而发生变化，超经济强制关系将呈现松弛现象。如果土地落入农民手中，情况就更加不同了。

就旗人地主方面考察，当他失掉土地之时，同时也失掉他因土地关系而统治农民的权力，有的甚至变为生产劳动者，他们原来的特殊身份地位逐渐发生变化。

在庄田旗地地主逐渐没落的同时，另一种特权地主——缙绅地主却延续下来。这类具有官衔或科举功名而不世袭爵位的地主，在清代仍然占着相当大的比重。对明代而言，绅权虽然有所削弱，他们不再像从前那样可以单纯依靠暴力掠夺土地和任意拖欠田赋、规避徭役，但在高额地租的诱惑下，并不放弃对土地的追求。清初所出现的缙绅放弃土地的现象也只是暂时的，最后他们又回到土地上来。

康熙十八年罗人琼上奏疏说："今之督抚司道等官，盖造房屋，置买田园，私蓄优人壮丁，不下数百，所在皆有，不可胜责。"[②] 乾隆四十二年的一次上谕指出："向来汉军习气，多于外任

①　按直隶田额，雍正二年，民、屯、学田合计701714顷，庄田旗地166668顷，共为868382顷。这时人丁为3407千丁。每丁平均25亩有奇。这是一个大致的估计。

②　罗人琼：《敬陈末议疏》，参见光绪《桃源县志》卷一三，第15页。

私置产业，以为后日安详地步"①。以上奏疏和上谕，虽然主要是指旗人地主，而汉人官僚地主也不例外。我们在清朝《乾隆实录》中经常看到巡按御史等官揭发贪官置产的案件，尤其是《乾隆实录》，记录最多。

在这一时期，缙绅地主特点之一，是财富积累快，占地规模大。缙绅地主买地资金主要靠搜刮来的民脂民膏，因而官爵越大，收入越多，土地增殖率越高。一个高级官吏在几十年甚至几年之内，就可买田数千亩乃至数万亩。据康熙二十八年（1689）记载，做过少詹事的高士奇，在浙江平湖买前江苏巡抚慕天颜田千顷；做过刑部尚书的徐乾学，在江苏无锡买田万顷，吴县、长洲、吴江、昆山、太仓、常熟各州县都有他的房屋田地。② 雍正年间（1723—1735），直隶总督李卫在原籍砀山有田四万多亩。③ 嘉庆四年（1799），抄没大学士和珅家产，内有田产80万亩，他的两个家人也有田6万亩。④ 嘉庆十年，广东巡抚百龄有田50余万亩。⑤ 道光二十一年（1841），抄没大学士琦善家产，据说有田250万亩，⑥这个数字的可靠性虽然值得怀疑，但可想见其占地规模的庞大。

我们还可以列举几个发家过程记载得比较具体的事例，借以观察缙绅地主土地积累速度。如山东济宁孙玉庭家，在康熙年间，家产"仅及中人"，玉庭的曾祖父不得不"用自力治生"。乾隆初，"家日贫"。乾隆四十年，玉庭考中进士，做了官，他家一跃为缙绅门第，开始购买土地。嘉庆年间，玉庭官至两江总督，前后在济宁、鱼台、金台、曲阜各州县买田3万多亩。⑦ 又如湖南长沙李象鹍，他兄弟二人，"于嘉庆壬申（1812），奉父命析产为二，各收

① 《乾隆实录》卷一〇三〇，第2页。
② 《康熙东华录》卷四四，第23、25页。
③ 《乾隆实录》卷七三八，第9页。
④ 薛福成：《庸庵笔记》卷三，第11—15页。
⑤ 《嘉庆东华录》卷二〇，第13页。
⑥ 德庇时：《战时与和平后的中国》（英文本）。
⑦ 景甦、罗崙：《清代山东经营地主底社会性质》，第92—97页。

租六百余石"。后来象鹍中举升官，"禄入较丰，积俸所赢，置产倍于前"。象鹍发家之后，在道光十二年（1832），仍同他兄弟"合旧产为二析之，较壬申且六七倍"①。象鹍的最高官阶是云南按察使，由第一次析产到第二次析产，前后二十年，按其租额推算，由原来的1200多石增加到7000多石。

这时的缙绅地主更加注意土地以外的经济活动了。首先是从事高利贷活动。据乾隆《历城县志》作者论述："士大夫挟囊中装而问舍求田，犹其上者；乃放债以权子母之利，刀锥相竞，以鱼肉乡曲"②。掌握财富更多的大官僚，则开设典当和其他商号。如前面所列举的几个大地主，高士奇在各处开设商铺，商业资金及囤积银两至百余万；徐乾学在各处开设商号及典当，资金至数十万；和珅有典当75座，银号42座，其他商号若干处；和珅的两个家人也都开设典当铺和古玩铺；孙玉庭开设了规模巨大的酱园；琦善开设当铺及收储盐票。明代缙绅地主虽然也有的兼事土地以外的经济活动，但毕竟不像清代这样普遍。

缙绅地主和生产劳动者的相互关系，和明代也有所差别。如前所述，明代后期，由缙绅地主所形成的租佃关系，带有极为强烈的奴役性质；还有不少缙绅地主役使着成千上万的奴仆。到清代，经过明清之际的阶级斗争，农民带地投靠现象及缙绅奴役大量奴仆现象，显著减少。

更重要的是，随着地主绅权衰落，农民地位上升，出现了主佃之间超经济强制关系的松弛化。这种变化，有的地区从明清之际就开始了，而且，随着农民反抗斗争的开展，波及地区愈广。实际生活中的这种变化，不能不影响于国家政令。就在这个时期，国家一再颁发了禁止缙绅地主迫害佃农的命令。康熙二十年（1681），经

---

① 李象鹍：《棣怀堂随笔》卷首，《阖郡呈请入祀乡贤祠履历事实》。
② 乾隆《历城县志》卷五，第6页。作者又说：历城缙绅不买田放债，"故名贫"。作者这里显然是对本籍溢美之词，不尽可信。

户部议准："绅衿大户，如将佃户欺压为奴等情，各省该督即行参劾。"[1] 雍正五年（1727）规定，"凡地方乡绅，私置板棍，擅责佃户者，照违制律议处，绅监革去衣顶，杖八十"。[2] 它作为上层建筑，又反转来对实际生活产生影响，起着松弛封建生产关系的作用。

我们一方面要看到，在这一时期内，缙绅地主的社会地位有所变化；另一方面也不可忽视他们不同于庶民地主的特点。他们虽然不像在明代那样，可以肆无忌惮地违法犯禁，但在政治上和经济上仍保留着某些特权，借以勾结地方官吏，操纵地方政治。而且，功名官爵头衔本身就是封建势力的标志。在封建社会里，只要缙绅地主还存在，就必然会保留着他本身所固有的一般特点，较之庶民地主，对农民保留着更为落后的超经济强制权力。上面所列举的禁止"压佃为奴"和"拷打佃户"两条禁令，禁止的对象就是缙绅地主。这正是缙绅地主压迫佃农的实际生活的反映。

因此，缙绅地主和世袭贵族地主相同，在当时的历史条件下，他代表着最腐朽落后的、黑暗反动的社会势力，是专制政治的主要支柱；他的存在，严重地阻碍着农业生产的发展，和农民形成极尖锐的矛盾，成为农民反抗斗争的主要对象。

清代前期，土地占有关系的再一个变化，是商人地主的增加。

商业资本向土地转移，原是中国封建社会古已有之的现象。在明代中叶的文献资料里，我们就看到一些有关这方面的事例。[3] 但是到了清代前期，随着农业生产的发展，土地收益的增长，地权之获得更大的保障，和赋役转嫁现象的革除，商人把资金转移于土地的现象才更加显著起来。乾隆五年（1740）四月，胡定上奏疏说：

① 《定例成案合全集》卷一二，第48页。
② 道光五年《大清律例》卷二七，第26页。
③ 明代初年，在朱元璋打击豪强，抑制兼并的措施下，曾给予"力田"者以发家的机会。明代中叶以前，商人地主也有所发展。不属本文论述范围，从略。参见梁方仲《明代粮长制度》，第四章。

"近日富商巨贾，挟其重资，多买田地，或数十顷，或数百顷。农夫为之赁耕，每岁所入盈千万石，陈陈相因，粟有红朽者矣。"① 这时商人买地已成了普遍现象，而且是大量地买，其目的是榨取地租、囤谷居奇。

如从明代即已发展起来的巨商——"徽商"和"苏商"，到清康熙年间，更加热衷于土地的追求了。这时流寓江北清河的苏徽商人"招贩鱼盐，获利甚厚，多置田宅，以长子孙"②。商人并且把资金运回原籍购买土地。如皖南休宁巴尔常，他兄弟四人，雍正年间析产时分得土地27亩。分家以后，他在外乡开设质押店，从事典当活动。从乾隆十四年开始，把商业赢利投向土地，至乾隆四十六年，前后共买土地171亩。巴尔常其他三弟兄中有两户变卖土地，购买者就是巴尔常自己。③ 又皖南旌德汪承翰，他家于嘉庆年间析产，承翰分到八分田和一间房。分家之后，质田习贾，他先在某布店做管事，继开张布业，继置厂房，囤谷居奇，然后把商业资金转移到土地上。到鸦片战争前，他在这个山多田少的地区买田至800余亩，连质当田共1000多亩，田产之多，在里中"首屈一指"④。

江苏经商致富购买土地的，如乾嘉之际，无锡商人王锡昌买田3000亩；⑤ 无锡薛某以开设当铺及贩运粮食起家，先后买田约4万亩，收租2万—3万石。⑥ 在这一时期，典商和土地的密切联系，特别值得我们注意。道光三年（1823），宝山县发生灾荒，向富户们劝捐，据章谦存记述，富户有两类，一类"典多于田"，这类地主的收入主要是典当利息，他们"凶年虽有亏，息终不大亏"；一

---

①　中国科学院经济研究所藏：清代户部档案抄件。

②　康熙《清河县志》卷一。

③　中国科学院经济研究所藏：《休宁巴氏置产簿》（抄件）。

④　汪声铃：《汪氏家乘》第2册，《皇祖府君事略》。按承翰生于乾隆四十年，卒于咸丰四年。

⑤　齐学裘：《见闻随笔》卷一六，《侠丐》。

⑥　余霖：《江南农村衰落的一个缩影》，《新创造》第2卷第12期，1932年7月。

类是"田多于典"，这类地主的收入更多地依靠地租，他们"虽曰连年之积蓄多，而本年则亏者大"①。

两淮盐场的场商，则以灶户土地作为兼并对象。乾隆年间，角斜盐场的场商兼并灶户的土地，引起官府注意，指出场商兼并土地的危害："场商资本丰厚，即当于借其煎力之穷丁，有无相恤，痛痒相关……岂容广置草场，只管生息，致灶户失业流移，贻日后勾补无凭！"据乾隆十年官厅指示："角斜如是，他场未必绝无。"令场商所买炉户土地，"听本灶回赎复业"②。

北方著名巨商有所谓"晋商"，到清代前期，他们也纷纷把资金投向土地了。乾隆三十八年，山西巡抚觉罗巴延上奏疏说："浑源、榆次二县，向系富商大贾，不事田产，是以丁粮分征。今户籍日稀，且多置田地，请将丁银摊入地粮征收，以归简便。"③ 由奏疏语气可以看出，浑源、榆次二县商人，过去专事商业活动，不注意田产。他们将商业资金转移于土地，是从乾隆年间开始的。

晋商并且远到外省购买土地。乾隆五十一年夏，河南巡抚毕沅上奏疏说："豫省连岁不登，凡有恒产之家，往往变卖糊口。近更有于青黄不接之时，将转瞬成熟麦地，贱价准卖。山西等处富户，闻风赴豫，举放利债，借此准折地亩。"④ 这里所说富户，据乾隆五十一年六月上谕，指的是富商大贾。

又山东章丘强学堂孟家，他的祖先就是靠经商起家的。乾隆初年，他家在外地开设杂货铺数处；嘉庆初年，又增设其他商店。至咸丰四年，历年积累的土地至 960 亩。从分家时所承遗产购入年代考察，主要是在道光、咸丰两朝。商业经营扩大之后，将商业资金

---

① 章谦存：《筹账事略》，《宝山县志》卷三，第 5 页。
② 《两淮盐法志》卷一六，第 16—17 页。
③ 《乾隆实录》卷九四八，第 12 页。
④ 《乾隆实录》卷一二五五，第 23—25 页。就在这年八月，原价回赎土地达 30 多万亩。其无力回赎者当远在 35 万亩之上。

转移于土地的。①

在鸦片战争前后，山东文登县并且出现了专以兼并土地为目的而发放贷款的典当商人。这里的典商原本出现很早，并且相当活跃。但是把兼并土地作为高利贷活动的主要业务，则是从道光年间开始的。他们通过放贷粮食兼并农民的土地，其法："用粗粮二三斗，计值不过七八百，放去则作千文，照例行息。"农民夏麦、秋谷登场，用粮食折还本利，粮价则视市价损值一分。当地把这种借贷方式称之为"套粮"。"每粮一套，质地一亩"。农民如不能按时清偿，当商或"持典券索租"，或"逼索绝卖文契"。在当商盘剥下，有不少农民倾家荡产。作者最后总结"套粮"和土地兼并的关系说："田归富人，家徒四壁。"② 这里的"富人"就是典当商。

在其他各省，我们也见到不少商人发家购买土地的事例，这里不再一一列举。从以上事例不难看出，在这一时期，商业资本转移于土地，乃至商业资本、高利贷和土地的结合，是相当普遍的现象。富商巨贾，每利用农民的灾荒饥馑，压价买地。这就给农村社会带来严重威胁，连封建统治者也不能不予以注意了。乾隆五十年，山东、江苏、安徽、湖北等省发生旱灾，到第二年五月，皇帝颁发了这样的上谕："江苏之扬州，湖北之汉口，安省之徽州等处地方，商贩聚集，盐贾富户颇多，恐有越境买产图利占踞者，不可不实力查禁。"③ 嘉庆十九年以前，直隶南部三十余州县连年灾荒，这年九月，皇帝颁发过类似的上谕，"本处富户及外来商贾，多利其〔土地〕价贱，广为收买。"令商民在麦收以前所买地亩，准农民原价回赎。④ 这两道上谕，是商业资本深入农村与商人地主发展的直接反映。

---

① 《清代山东经营地主底社会性质》，第81—82页。据矜恕堂地亩账历年购买土地文契年代，计康熙为1.620亩，雍正为1.154亩，乾隆为25.69亩，道光为100.692亩。

② 民国《文登县志》卷三，第17页。

③ 《乾隆实录》卷一三五五，第25—26页。

④ 《嘉庆实录》卷二九六，第24页。

又这时在各省普遍发展起来的"寄庄制",是值得我们注意的。据雍正七年上谕,在直隶省,"有人地皆在怀安而寄粮于万全、宣化者";"有现在怀安纳粮,而寄地于顺天府之宝坻"。他如山东、山西、河南、江苏等 13 省,都有这种情形。① 据雍正十二年记载,在山东省内,"以彼邑民人,置买此邑地亩"者,有 61 县之多。② 寄庄制的发展,是和商人在外籍置买土地有联系的。③ 如前述之苏、徽商人,在苏北清河购买土地;山西商人到河南购买土地。又乾嘉两朝,寄居在广西贵县的广东商人林大棩,在这里买了九十万亩的土地。④

商人之所以把资金投向土地,原因很多,最重要的是,土地财产,"不忧水火,不忧盗贼",风险小。⑤ 商业利润地租化,是把封建剥削置放在更牢固的基础上。所谓"以末致富,用本守之"的意义,即在于此。但是,我们也不可忽视这一事实,即在这一时期,由于农业生产的发展,给占有土地者带来更多的经济收益,从而对商人买地起了积极的鼓动作用。

商人地主的财富多寡悬殊,有拥资十万、百万的巨商,也有只有千两、百两银子的中小商人。其掌握大量财富的巨商,完全可依靠他的经济力量抬高他的身价。据乾隆《歙县志》,"拥雄资者,高轩结驷,俨然缙绅。"⑥ 而且有很多商人,实际就变成了缙绅,因为他们不仅大规模购买土地,还通过捐纳购买功名官爵职衔,列身于缙绅门户。但是,其不列身于缙绅门户的中小商人地主,尤其是不在乡的商人地主,他们的发展,将影响租佃关系中超经济强制关系一定程度松弛化。

最值得我们注意的,是非绅、非商的庶民地主的发展。这类地

---

① 光绪《会典事例》卷一七二,第 1 页。
② 雍正《东华录》卷一二,第 17 页。
③ 官僚地主也有设置寄庄的,从略。
④ 广西壮族自治区通志馆编:《太平天国革命在广西调查资料汇编》,第 29—30 页。
⑤ 康熙年间,张英著《恒产琐言》,论之甚详。
⑥ 乾隆《歙县志》卷一,第 24 页。

主的形成过程，不像特权地主和商人地主那么清楚，缺乏充分文献资料供我们进行论断。在庶民地主之中，有所谓"力农致富"类型的地主，其中的一部分是由富裕农民上升起来的。① 这并不否认在他发家过程中，还会有其他凭借，如兼营副业、放高利贷，等等。这类庶民地主，虽然早在明代以前就出现了，但是，它获得进一步发展，并在农村社会经济方面产生显著影响，则是在清朝开始的。

　　应该明确，农民"力农致富"，并不是在任何历史条件下都能出现和发展的。

　　在明代后期，自耕农不仅是封建统治进行压榨掠夺的对象，而且也是缙绅地主转嫁赋役和豪绅恶霸进行侵夺的对象。以上这种种压迫，甚至有时连没有功名官爵身份的中小地主也不能免。这时所谓"赋役繁重""有田为累"，就是指自耕农和部分中小地主；所谓豪右"横行闾里""鱼肉乡民"，被压迫的对象也是他们。因此，农民"力农致富"上升为地主的机会很少，② 庶民地主的发展也遭受到严重的压制。

　　到清代前期，上述情况发生变化，自耕农和庶民地主，他们从特权地主的暴力掠夺和赋役转嫁的压迫下摆脱出来，获得了较多的发展机会。而清初广大自耕农的存在，又是庶民地主发展的前提。

　　如前所述，经过明清之际的阶级斗争，扭转了明中后期土地占有集中的发展趋势，促成小土地所有制的广泛存在。不过自耕农的经济地位是极不稳定的，任何意外事故都在促使着他们破产，逼着他们出售土地。从这个意义上说，自耕农所有制是地主所有制的补充，他本人则是佃雇农的后备军。这就是说，在土地占有集中发展规律的制约下，自耕农经济时刻在产生着地主经济。但是，在农村阶级分化过程中，虽然绝大部分农民丧失了他们的土地，却也有少

---

　　① 古人用语每多含混，有的把缙绅地主描写为"耕读起家"或"力农起家"。本文所要论述的"力农致富"，指由富裕农民发展而成的庶民地主。

　　② 在明代中叶以前，也有"力农致富"一类记载，明代后期就很少了。

数富裕农民在购买土地，譬如我们从清代刑部档案中所搜集到的有关土地买卖的几百件刑事案子，其中有不少案子表明了农民之间的相互买卖关系。不难设想，当农民占有的土地超过他自己的劳动力所能承担的界限之时，必须雇佣农业佣工协同工作，或出租一部分土地。这时，他的阶级成分逐渐发生质的变化，开始向地主阶级过渡。

的确，我们从这时期的文献资料里，经常看到一些"力农发家"的事例。如康熙中叶，移居湖南浏阳的广东客民的发展。当这里的"世家大族"在为了摆脱徭役负担纷纷放弃土地之时，外籍客民却获得了土地。他们"身秉耒以耕，力皆出诸己"；他们种田五七十亩或百亩，"丰歉皆属己有"。① 这里描绘了一批自耕农发家的过程，他们是在绅权受到抑制的情况下成长起来的。就这样，在农村阶级分化的过程中，有少数农民发展为地主。

在四川省，自耕农和庶民地主的发展是比较显著的。经过明末农民大起义，这里的豪绅地主急剧衰落，出现了大片无主荒地，任人占耕。如康熙二十二年至二十三年（1683—1684），乐至县"地旷人稀，多属插占，认垦给照"②。还有些州县有类似记载。就是有主的土地，地价也比较低廉。据康熙末年记载："先年人少田多，一亩之田，其值银不过数钱。今因人多价贵，一亩之值竟至数两不等。"③ 如万源县，乾隆以前"每田能产粮一石者，价值钱数钏而已"。由嘉庆至道光，地价上涨，但"每石地亦仅值钱十余钏"④。地价低廉，也会给予农民较多的获得土地的机会。

因此，在清代前期，各省农民，为了取得土地，纷纷入川。⑤

---

① 龙升：《对知县试策略》，参见同治《浏阳县志》卷一八，第28页。

② 《民国乐至县志》卷三，第7页。

③ 《清朝文献通考》卷二，田赋。

④ 《民国万源县志》卷五，第46—47页。由同治至光绪年间，每石地价则增至50—60钏，以至110—120钏。

⑤ 由康熙至乾隆，陕西、湖北、湖南、江西、广东、福建等省农民纷纷入川。在康熙、雍正年间入川的，大多数人能占有土地。

其中有不少人变成为小土地所有者，还有的发展成为地主。所谓"远人担簦入川，多致殷阜"，① 正反映了这种变化。也有个别地区，在早期，明代遗留下来的缙绅地主仍占优势；到嘉庆年间，却出现了一批新兴起来的"力农致富"的地主，苍溪县就是这种情形。据县志：乾隆以前，地主有王、薛、任、陶诸姓，"均系前代名宦"。嘉庆以后，地主有杨、李、罗、赵等姓，"或起自力田孝弟，或起自勤学科名"②。所谓"力田孝弟"，就是指庶民地主。余如云阳县谢大成，乾隆年间，"父子力农，勤苦成家"，置买田产，逐渐积累到一千多亩。③ 如荣县胡富恒，少年贫无立锥地，道光年间，力农致富，发展为出租地主。④ 如温江县王大成，道光年间，兄弟力农二十余年，增置田产近400亩。⑤ 以上数家，都是靠经营农业起家的。也有力农兼商贾致富的，如云阳县彭自圭，乾隆年间，从事农业兼商贸起家，买田谷至百余石⑥，同县广希贤涂开盛等，乾隆年间，或"兼事农商，渐买田宅为富人"⑦，或披荆斩棘，开辟土地，"农商并用，岁入益饶"⑧。由力农致富的庶民地主，还有的发展为缙绅地主。如汉州黄正义家，清朝初年，他的五世祖由湖南移入，插占土地，"凡五世皆横经秉耒，孝弟力田"。后来扩地至500亩。⑨ 如大竹县江国荣，道光年间，以家贫辍读就耕，熟习稼穑，收获常丰，除自业外，兼佃邻田，二十年间增置田产至600石。⑩ 又铜梁县刘世栋，幼年家贫，"以勤苦兴家"⑪。从他

---

① 《民国云阳县志》卷一三，第3页。
② 《民国苍溪县志》卷十，第2页。
③ 《民国云阳县志》卷二七，第3页。
④ 《道光荣县志》卷三〇，第20页。
⑤ 《民国温江县志》卷八，第28页。
⑥ 《民国云阳县志》卷二六，第1—2页。
⑦ 《民国云阳县志》卷二七，第4—5页。
⑧ 《民国云阳县志》卷二五，第8页。
⑨ 《同治汉州志》卷二二，第7页。
⑩ 《民国大竹县志》卷九，第28页。
⑪ 光绪《铜梁县志》卷九，第8页。

"推沃田百亩养兄"一事考察，他可能已发展成为占田数百亩的地主。以上这三家后来也都转化为缙绅地主。

由以上事例，可以看出，清代初年，特权地主的衰落，无主荒地的出现，及地价低廉，等等，是小土地所有制和庶民地主发展的条件。

清代前期社会经济的发展，是小土地所有制和庶民地主发展的又一条件。

首先，经济作物的发展，促成单位面积产值的增加。① 如棉花的种植，顺治年间，山东郓城县人纷纷植棉，"五谷之利，不及其半"②。乾隆中期，江苏省松江、太仓一带，农民种花，"费少而获利大"③。如蓝靛的种植，康熙中期，江苏靖江县人种之，"取利甚倍"④；乾隆前期，浙江嘉兴府人种之，收获之后并行加工，产值"数倍于谷麦"⑤。如烟草的种植，乾隆年间，江南、山东、直隶等地之人纷纷种之，经营收益之厚，"视百蔬则倍之"⑥，还由于城市的发展，对商品菜属需要增加，于是蔬菜之利"十倍于谷粟"⑦。像这类记载是很多的，在这种情况下，比较富裕的自耕农，由于不受实物地租的制约，有可能首先改种经济作物，以扩大农业经营的经济收益，发家致富。

其次，随着经济作物的发展，农业经营愈趋集约化。如江苏的橘树经营，"培植之工，数倍于田"⑧。如四川内江县蔗田的经营，"壅资工值，十倍于农"⑨。如江西新城县烟草的经营，所用人工数

---

① 按经济作物发展之影响于产值增加，明代中叶后已很显著，至清代进一步发展。

② 《古今图书集成》，《职方典》卷二三〇，《广州府》，《风俗考》。

③ 见高晋《奏请海疆木棉兼种疏》，乾隆四十年。《皇清奏议》卷六〇。

④ 康熙《靖江县志》卷六。

⑤ 光绪《海盐县志》卷八，第17—18页。

⑥ 方苞：《方望溪全集》，《集外文》卷一，《清定经制札子》。

⑦ 陈芳生：《先忧集》第一册，《田制》，第9页。

⑧ 包世臣：《安吴四种》。

⑨ 道光《内江县志》卷一。

倍于种稻。① 如广西烟田的经营，每种烟万株，须用工 7—10 人，须用粪 200—300 担，麸料粪水在外。② 如四川彰明县附子的种植，"每亩用牛十耦，用粪五十斤"，所用功力，"比他田十倍"。③ 种植这类经济作物，经营者可以在原有的土地上增加生产投资，投入更多的劳动，以扩大经营规模。经营者可通过增加劳动强度，延长工作日，进行家工协作，以提高劳动生产率，创造更多的剩余劳动产品。这样，为他发家致富，剥削雇工或佃农向地主过渡提供了条件。"力农致富"类型地主，如果是由农民发家的，总是从这里开始。

在文献资料里，我们虽然没有看到富裕农民通过经济作物的种植发展为地主的具体事例，但是我们可以看到一些种植经济作物的大经营。嘉庆年间，河南西华县赵氏以种植果树蓝靛致富，由占田数十亩累积至一千多亩。④ 四川内江县有种植甘蔗的大经营，据道光年间记载，经营者"平日聚夫力作，家辄数十百人"⑤。这类专种植经济作物的经营主，很可能是庶民地主的一种类型，缙绅地主一般是不直接搞农业生产的。

随着粮食商品化，经济作物的发展，和农产品加工工业相结合的农业经营形式也有所发展，这同样给予了富裕农民和庶民地主发展的机会。康熙年间，广东番禺、增城、东莞等县蔗农兼营榨糖业，"上农一人一寮，中农五之，下农八之十之"⑥。这里所说的"上农"，显然是兼营手工业作坊的经营地主。论者谓榨糖业利润很大，"多以致富"。又四川简州，"沿江之民，植蔗榨糖，州人多

---

① 同治《新城县志》卷一，第 17—18 页。

② 吴英：《拦舆献策案》，见《清代文字狱档》，第五辑。

③ 嘉庆《四川通志》卷七五，第 12 页。

④ 《校经室文集》卷五，第 16 页，《赵吾墓表》。赵后来发展为缙绅地主。

⑤ 道光《内江县志》卷一，第 290 页。

⑥ 屈大均：《广东新语》卷二七，第 8 页。

以致富"①。所谓"致富"，大概就是由农民上升为地主。台湾的糖坊，合股开办的叫"公司廍"，独资经营的叫"头家"，蔗农联合组成的叫"牛犇廍"。② 其中肯定有不少兼营手工业作坊的经营地主。这时，北方农村中出现了不少制酒作坊，黄河流域五省酿酒所耗之谷，每年有一千数百万石。③ 酿酒作坊的经营者，可能有一部分是兼营的庶民地主。在油料作物区则有榨油作坊。乾嘉之际，江苏海州榨豆油业甚盛，据包世臣记述，"产货者农，而运货者商。"④ 这里的"农"，显然是兼营榨油作坊的地主。这是庶民地主的又一个类型，缙绅地主一般是不从事这种经济活动的。

以上所列举的一些事例，虽然不一定都是"力农致富"类型地主，但总有一些联系。

关于"力农致富"，我们还可以列举几个发家过程记载比较具体的事例。据景甦、罗崙等同志对山东地主发家过程所作调查，五户之中有一户是做官发家的官僚地主，有一户是经商发家的商人地主，却有三户是力农致富或力农兼手工业致富的庶民地主。其中一户是章丘县旧军镇孟家，这家从康熙末年起，以经营农业为主，兼营商业起家。一户是章丘县东矾硫村李可式家，他家由乾隆二十六年（1761）开始买地，到乾隆五十七年积累到351.4亩，平均每年买地11亩弱。是年析产，由李可式、李可法两股均分，各得175.7亩。李可式一股从乾隆五十九年（1794）又开始买地，至道光十七年（1837）为止，共买地51.3亩，平均每年买地1.1亩强。与所分遗产合计为227.2亩。一户是淄川县栗家庄毕家。这家在雍正年间原有地30亩，乾隆年间经毕丰涟之手积累至100多亩。这家是由自耕农发展起来的。毕丰涟一方面继承了他父亲的30亩遗产，

① 咸丰《简州志》卷一二，第1页。按该志修于咸丰三年，所记似系鸦片战争以前情形。

② 连横：《台湾通史》卷二七，第442—443页。

③ 方苞：《方望溪全集》，《集外文》卷一，《清定经制札子》，乾隆十六年。

④ 包世臣：《安吴四种》卷二七，第3页，《青口议》。

一方面安置木机织绸出售，由一张机子扩张至数张。就这样，一方面种地，一方面织绸，逐渐发展为地主。嘉庆以后，他家土地积累速度骤增，嘉庆朝二十五年扩充至300多亩，道光二十年后又扩充至900多亩。

以上这类型地主可能早在明代以前就出现了。但是只有到清代前期，在社会经济发展到一定程度时，才有进一步发展的可能。

所谓"力农致富""勤苦起家"，是否说农民完全由于勤俭致富呢？当然不是。他之所以能变成为地主，是由于他在发家过程中榨取了旁人的剩余劳动。任何类型地主的形成过程，不可否认，总是剥削的结果。因此，不是所有农民都能"力农致富"，只有极少数经济条件较好的富裕农民才有这种可能。所谓条件较好，指有余钱剩米，凭体力劳动所得，除自给外，还有剩余的这部分农民。因为这类农民在生产经营上有他的优越性。他比佃农优越，他可占有自己较大部分劳动果实，除交纳赋税之外，所有盈余都归他自己。[1] 他也比只能勉强自给自足的自耕农优越，他经济状况较好，有条件改进他的农业经营。因而这类农民发财观念极重，生产积极性很高。绝大多数自耕农是没有"致富"可能的，能保持住原有的几亩土地已经很幸运。至于贫苦的佃农，勉强生活下去已属不易，只有"存聊以卒岁之想"了。

以上，我们对"力农致富"类型地主作了较多的分析，这是由于他的发展具有较大的历史意义。但这类型地主毕竟占少数。此外，还有一种非"力农致富"类型的庶民地主，它的数量较前者大得多。乾隆年间，桐城方苞说："计一州一县，富绅大贾绰有余资者，不过十数家，或数十家。其次中家，有田二三百亩以上者，尚可挪移措办。其余下户，有田数亩或数十亩者，皆家无数日之粮，兼采樵负贩，仅能糊口。"[2] 这里所说"中家"，即非绅、非商

---

① 自耕农比佃农生产优越，尹文孚曾经指出："小户自耕己地，种少而常得丰收。佃户受地承耕，种多而收成较薄。"见《切问斋文钞》卷一六。

② 方苞：《方望溪全集》，《集外文》卷一，《清定征银两之期札子》。

的庶民地主。绅商地主，每户占田虽多，但户数少；其他庶民地主，每户占田虽少，但户数多，所占耕地面积总和必然占着相当大的比重。遗憾的是，有关这类地主形成过程，前人记载不够具体，使我们的论述受到了限制。但庶民地主的广泛存在，表明了他在这一时期活跃的生命力。

特别值得我们重视的是，这类型地主的发展，促成了中国农村社会经济的某些变化。首先是促成农业经营形式的变化。

明代中叶，有些地区，尤其是缙绅地主聚集的江南，曾经出现过大规模农业经营，同时还看到"僮仆千指""监督僮仆"之类记载。可见这时的大经营，有的是使用奴仆的强制生产。又明代后期，在很多地区，出现过数目庞大的奴仆。经过明清之际的农民起义和阶级斗争，地主蓄奴之风大衰，奴仆的数目减少，除清室在直隶新建庄田旗地一度使用壮丁生产之外，在其他地区很少看到使用奴仆从事农业生产的经营形式了。就是过去奴仆制一度盛行的江南，地主也多采取了土地出租形式。不可否认，这种发展变化的产生，固然是广大奴仆进行人身解放斗争的结果，同时和庶民地主的发展也有一定的联系，因为这类地主的生产经营一般是不使用奴仆的。

在农业经营方面一个更为重要的变化，是租佃形式向直接经营形式的发展。

清代前期经营地主的发展，当时人有过明确的记载，谓"国朝后风气渐异"，汉人"所用皆系雇工。"① 所说虽不免夸张，但指出了这一时期农业经营方面的变化。这种变化，可从某些地区农业雇佣劳动的发展得到说明。如湖北蕲水县，浙江乌程、平湖等县，江西东乡县，山东登州和高唐州，山西寿阳县，贵州遵义县都有有

---

① 《秋审条款附案》卷三，转据刘永成《论清代雇佣劳动》，《历史研究》1962 年第 2 期。

关农业雇佣劳动的记载,[①] 而且从以上记载可以看出，这些地区的雇工经营，已不是个别现象，而是在明代原有的基础上又前进了一步。这种变化，还从我们在清代刑部档案中所搜集到的农业雇工资料得到证明。在 708 件雇工案件中，1723—1735 年有 12 件，1736—1795 年有 259 件，1796—1820 年有达 437 件。[②] 雇工刑事案件数字的这种后来居上的扩大趋势，不是偶然的，表明了随经营地主发展（当然也包括有雇工的富裕农民）而出现的农业雇佣劳动的发展。没有经营地主（及富裕农民）的发展，农业雇佣劳动的发展是不可能的。这里的经营地主主要是庶民地主。因为贵族地主和缙绅地主，他们所考虑的是如何扩大耕地面积，增加地租收入，一向不过问农业生产。所谓"知兼并而不知尽地之利"；"惟知租之入，而不知田之处"，所谓"深居不出，足不及田畴"；"坐资岁入，不知稼穑为何事"；就是指这种类型地主。他们是单纯的寄生性地主，是不从事雇工经营的。庶民地主，尤其是"力农致富"类型地主，和特权地主显然不同，在直接经营比出租更为有利的条件下，他们首先采取了这种经营形式，由传统的地租剥削进而直接榨取农业雇工的剩余劳动。

据景甦、罗崙等在山东调查的五家地主，一家官僚地主和一家商人地主，都采取出租形式；"力农致富"的三家地主，都采取直接经营形式。其中章丘旧军镇孟家，从康熙年间起进行直接经营。淄川栗家庄毕家，由雍正至道光，占田由数十亩扩张至数百亩；章丘东矾硫村李家，由乾隆至道光，占田由一百亩扩张至二百多亩；这两家也都采行直接经营形式。这类型的地主之所以更多地采取直接经营形式，除因直接经营更为有利之外，还由于他们基本是在乡

---

①　顺治《蕲水县志》卷一八；光绪《乌程县志》卷二九，第 2 页；光绪《平湖县志》卷二，第 51 页；同治《东乡县志》卷八，第 3 页；《古今图书集成》，《职方典》卷二七八，登州府，风俗考；徐宗千：《斯未信斋文编》卷一，《劝捐义谷约》；祁寯藻：《马首农言》，第 20 页；《方言》，道光《遵义县志》卷一六，第 3 页。

②　李文治：《中国近代农业史资料》第一辑，生活·读书·新知三联书店 1957 年版，第 111 页。

地主，有接近农事的方便。如果是由农民发家的地主，他们原本就从事农业生产，对农业生产驾轻就熟，这就为他们直接经营提供了更为便利的条件。在条件许可的情况下，由家工经营的农场，扩大为雇工经营的农场，是很自然的。

庶民地主的发展（还有富裕农民的发展），促成的雇工经营的发展，是具有特殊历史意义的。这种经营形式，由于经营者经济状况较好，有比较齐全的农具，有充足的肥料，有足够的人力，耕种及时，因而为农业生产水平的提高创造了可能。[①] 他们无论种植经济作物或粮食作物，其中的一部分乃至绝大部分是为了出售而进行的商品生产，这一点，和土地出租的性质已经不同（和自给自足的小农经济也不同）。又这时经营地主从农业雇工身上所榨取到的剩余劳动，较之土地出租而言，还可能有一个超过地租以上的余额，这和单纯地租收益也不完全相同了。

由于这类型地主的发展，还促成了农村阶级关系的某些变化。

在封建社会里，封建主占有土地，及不完全占有生产劳动者，通过经济外的强制手段，榨取生产劳动者的剩余劳动。这是封建土地所有制的基本内容。这就是说，任何类型地主对农民的关系，都是统治奴役关系，都实行经济外的强制。但是，从明清两代的历史实践，可以看出，地主对农民的奴役强制关系，有程度上的不同。这种现象的产生，在极大的程度上取决于地主的身份地位。因而，由"谁"占有土地，是一个极其重要的问题。如前所述，"功名官爵"头衔，是特权和封建势力的标志，当土地财产和这类头衔相结合之时，则形成"特权地主"，他们对农民具有极为强烈的超经济强制权力。当土地财产和无功名官爵头衔的庶民相结合之时，则形成"庶民地主"。他们虽然也是封建剥削阶级的成员，也依靠经济外的强制手段榨取地租，但其强烈程度和前者有所不同，强

---

① 据《清代山东经营地主底社会性质》，作者对清代后期所做的调查，经营地主的农业生产，单位面积产量，比一般个体小生产者的生产高出一倍左右。

制关系呈现一定程度的松解，在农民方面可以获得较多的人身自由。①

　　清代前期，随着庶民地主的发展，有大量中小地主出现。我们所看到的皖南地区的大量分家书、鱼鳞册等文契资料，有绝大部分地主，每家所占有的土地都在百亩左右，在几百亩以上的很少见。在其他文献资料中反映了相同的趋势。这类中小地主主要是庶民地主，因为这类型地主购买土地的资金，主要依靠田场收入，和官僚富商相比，土地累积速度较慢，在遗产诸子均分制的制约下，难以发展为占田千亩万亩的大地主。因此，占地面积的大小，反映了庶民地主和缙绅地主以及富商地主的区别。

　　中小地主的发展，是值得我们注意的变化。在封建社会里，无论是租佃关系或雇佣关系，地主对生产劳动者的直接的超经济强制程度的强弱，一方面由地主的身份地位所决定，另一方面还取决于地主占地规模的大小。这是由于，地主的经济地位，会影响他的政治社会地位。只要是大封建主，就会以"俨然缙绅"的面貌出现。从这个意义上说，地主占地规模的变化，就其和农民形成的社会关系而言，同样表明超经济强制关系松弛化。

　　此外，在这一时期所出现的缙绅地主的特权的一定程度的削弱，对阶级关系的变化也是有影响的，这在前面业已论及。随着地主身份地位的变化和地主权力的削弱，地主对农民的直接的超经济强制关系呈现松弛化，农民获得了较多的人身自由。清代前期，遍及全国的汹涌澎湃的农民抗租斗争，就是在这种情况之下出现的。从而地租的实现愈有赖于国家法令的保证，地主对农民的直接的超经济强制关系进一步从地权中游离出来更集中地表现为国家职权关

---

　　① 就是庶民地主对生产劳动者的超经济强制关系，也同样受到明清之际阶级斗争的影响而有所削弱。这种关系此处从略。

系，① 地主阶级的强制关系进一步代替地主个人的强制关系。于是，封建统治者，在慑于农民反抗斗争的威力对地主虐佃行为采取某些限制的同时，又不能不采取保证地主阶级地租剥削的措施了。就在这一时期，中央政府制定了一条禁止佃农抗租的新例，② 各级地方政权纷纷发布了禁止佃农抗租的文告。③ 这类政令，它一方面是阶级矛盾激化的反映，同时也是阶级关系发生变化的反映，说明这时地主依靠个人的强制力量榨取地租，已经遭遇到极大困难。

地主身份地位的变化（尤其是富裕农民的发展），还影响雇佣关系的变化。

在明清两代的律例中，雇佣间的相互关系，地主对"雇工人"是以"家长"的身份出现的，"雇工人"是以介于"奴仆"与"庶民"之间的身份出现的，"雇工人"对地主具有严格的身份义务，地主对"雇工人"有任意打骂惩罚之权。这是一种具有"主仆名分"的雇佣关系。④ 清代前期庶民地主的发展，以及因直接经营的发展而促成的雇工队伍的扩大，影响了雇佣关系性质的变化。其新从农民上升起来的中小地主（尤其是富裕农民），有的和雇工一起工作一起饮食，在实际生活中形成比较自由的雇佣关系，突破了尊卑等级界限。这样，和原有的身份等级法律遂不相适应。到这个时候，统治者不能不考虑改变这部分农业雇工的法律地位了。据乾隆五十一年（1786）上谕："若农民佃户，雇请工作之人，并店铺小郎之类，平日共坐同食，彼此平等相称，不为使唤服役者，此

---

① 胡如雷同志在《关于中国封建社会形态的一些特点》一文中曾经指出："我国土地可以买卖转手，地主个人没有被置于固定的等级，这样，行政权、司法权、军事权就不能直接表现为土地所有权的属性。毋宁说，这些权力之从地权上游离出来。"参见《历史研究》1962年第1期。

② 雍正五年制定："至有奸顽佃户，抗欠租课欺慢田主者，杖八十；所欠之租，照数追给田主。"见道光五年《大清律例》卷二七，第26页。

③ 如雍正年间广东清远县，嘉庆年间湖南岳州府，道光年间江苏江阴县，都曾发布过这类文告。参见李文治《中国近代农业史资料》第一辑，第78—80页。

④ 参见经君健《明清两代雇工人的法律身份地位问题》，《新建设》1961年第3期。

等人并无主仆名分，亦无论其有无文契、年限，及是否亲族，俱依凡人科断。"① 这里雇佣农业雇工的雇主——"农民"，显然包括部分庶民地主。这个规定并作为律例列入封建法典之中。从此，继明万历十六年（1588）明确短期雇佣的人身自由，② 至此部分长期农业雇佣又获得了法律上的平等。③

雇工律例的这一变革，它一方面是雇佣关系实际生活发生变化的反映，同时又反过来对实际生活发生作用，促成"无主仆名分"的雇佣关系的进一步发展。据我们所看到的清代前期雇工刑事案件，在乾隆五十一年雇工律例未改变以前的 60 件长期雇佣案件中，注明"无主仆名分"的凡 6 件，占全部案件的 10%。雇工律例改变以后，乾隆五十一年至嘉庆二十五年，无主仆名分的雇工案件和所占比重大为增加，从所见到的 140 件长期雇佣案件，注明"无主仆名分"的 68 件，占全部案件的 48.6%。④ 这种变化，表明由封建雇佣关系向自由雇佣关系的过渡。如果没有"力农致富"类型的中小地主以及富庶农民的发展，雇佣劳动者的法律身份地位能否发生这种变化，是值得怀疑的。就是在乾隆五十一年改定雇工律例之后，长期农业雇工在法律上的身份义务是否解除，仍然依雇工的政治经济地位为转移。如果雇主是不与雇工"共坐同食"的缙绅地主，或者是"足不及田畴"的大地主，在他们奴役下的雇工并

---

① 《乾隆实录》卷一二五三，第 1—2 页。

② 据明《万历实录》卷一九四，第 11—12 页；万历十六年正月庚戌，刑部尚书李世达等申明："官民之家，凡倩工作之人，立有文券议有年限者，以雇工论；只是短受值不多者，以凡人论。"据此，可以看出明清两代"雇工人"法律地位的变化。

③ 经君健：《明清两代农业雇佣劳动者法律身份地位的解放》，《经济研究》1961 年第 6 期。

④ 中国科学院经济研究所藏：清代刑部档案抄件。这里的长期雇佣指年工。140 件长期农业雇工，计注明"平等相称""共坐同食，无主仆名分"者 68 件，注明"未立文约"者 4 件，注明"有主仆名分"者 1 件，注明"立有文约者"1 件。未加注释、情况不明者 66 件。又月工 155 件，其中注明"无主仆名分"者 67 件，注明未立文约者 1 件，未加注释情况不明者 87 件。

没有从法律上获得解放。① 律例本身就表明了由地主所处地位决定生产劳动者身份地位的原则。这种关系，正是当时农业雇佣实际生活的反映。

由此可见，庶民地主的发展，影响于地主对农民的直接的超经济强制关系松弛化，乃至促成直接经营和农业生产发展；不可否认，这是一种进步象征。但是，这种现象的产生和发展，归根结底，取决于劳动人民的阶级斗争和生产实践，没有劳动人民的这种斗争和实践，这种变化是不可能的。

以上是清代前期地主身份地位变化和农村阶级关系变化的发展趋势。但是，我们既要看到庶民地主的发展在社会经济方面所产生的影响，同时也要看到庶民地主和特权地主之间的关系。两者同属封建社会的封建地主，这一点是相同的。正因为如此，彼此遂没有什么不可逾越的鸿沟，而且在互相转化。

最后，让我们对清代前期土地占有关系的变化作一简单概括。

明清之际农民大起义对封建统治及地主阶级的直接打击，及在这一基础上清政权为巩固封建统治所采行的赋役政策，对旧的土地占有关系的变革发生了不同程度的作用和影响，特权大土地所有制有所削弱，小土地所有制有所发展。此后商品货币经济和土地买卖关系的发展，以及农民长期持续的反抗斗争，又促成庄田旗地占有形式的没落，和庶民地主的发展。与以上诸种变化相伴随的是，地主和农民之间的直接的人身依赖及经济外强制关系的松弛化。由于土地占有的再度集中和封建剥削的延续，促成此后广大地区农民运动的继续高涨，也是太平天国提出平分土地的"天朝田亩制度"的根据。

（原载《历史研究》1963 年第 5 期）

---

① 经君健：《明清两代农业雇佣劳动者法律身份地位的解放》，《经济研究》1961 年第6 期。

论清代后期恢复及强化封建
土地关系的政策措施

一

清同治初，黄淮流域白莲教和捻军领导的农民起义，长江流域中下游太平天国领导的农民战争，遭到封建王朝的残酷镇压。农民起义虽然失败，但农民战争的影响是深远的，各个战区的封建土地关系发生不同程度的变化，不少官绅地主没落下去，很多农民取得土地实际所有权。如何剥夺转移到农民手中的土地，恢复地主的土地产权，尤其是没收起义农民的土地，马上被提到日程上来。这时派往原农民军占领区的文武官吏，在京的言官御史，纷纷上疏，从各个角度提出清查土地恢复及强化封建所有制的建议。清政府及各级官吏的主张，具体反映于清穆宗的历次上谕。为了阐明封建统治关于维护封建土地关系政策的形成过程，兹将臣僚们奏议及清廷批示摘录如下：

首先提出清查荒田移民垦荒的，是镇压白莲教起义的亲王僧格林沁。据同治二年七月甲戌上谕："僧格林沁奏，教匪滋扰地方，荒废地亩，请移民认垦等语，所奏甚是。山东白莲池教匪，滋扰有年，经僧格林沁等督军剿办，将该匪盘踞各山寨，一律铲除。所有附近之邹、滕等县各处居民人等，或被匪勾结入伙，或避难他处，田畴多致荒芜，亟宜变通筹画，以冀民间各安生业，其有所原业主者，着各地方官僚查明给领，毋得任听胥吏借端勒掯。其实系逆产及无业之田，着阎敬铭饬属确切履勘，一律入官。至曹州府连年黄水漫滥处所，沿河两岸各州县被灾穷民，无业可归者，人数不少，殊堪怜恻。着阎敬铭即饬该地方官出示晓谕，如愿迁移认垦，即赴各该州县报明，由曹州府移送兖州筹府，发交各县安置，照户丁多寡，拨给田亩，开垦认种。务派廉明守令经理，不准假手吏胥，致生抑勒请弊。并加恩免租三年，俾苏民困"。①

其次御史吕序程奏上清查逆产、清理流田疏。同治二年十一月戊辰，清廷针对吕氏奏疏，特颁如下上谕："叠据江苏、安徽各督抚奏到，新覆州县，哀鸿遍野，满目疮痍。小民以兵燹余生。复困于饥寒，而莫之或恤，为民间牧，良用恻然。见在苏州省城克覆，高淳溧水无锡金匮叠下坚城；皖北苗逆伏诛，下蔡寿州颍上各城次第收抚，皖南旌德太平建平宁国亦均陆续肃清。……因思各省州县被贼盘踞多年，其土著之贼及勾结入伙者，所有逆产，自宜查明入官。至附近贼匪村庄，沦为贼产者，亦应勘明给还原主，以恤流氓。着各该督抚于新覆各处，督饬各该州县，确切查明，实在逆产入官，其荒废地亩，有原业主者即行给领，尚未查得业主者，即着暂行造册登记，将此两项地亩仿照山东招垦章程，分别酌给难民降众，量为耕种，以资农食。俟业主续归，再行给还。所有一切事宜，并着各该督抚妥议章程，慎选廉明守令，妥为经理"②。

在清查过程中，地方官吏和豪绅地主每肆行侵占，营私舞弊，严重影响清查工作的进行。针对此种情形，不断有人进行揭露，也一再反映清廷批示。据同治二年十二月丁酉上谕。"地方官吏，于清查叛逆各产时，则吞人己；于业户归籍认领原产时，则多方需索；或虑捏逃户姓名，倩人代领，据为利数；或地方奸任意侵冒，各种情弊皆所不免"③。又据同治八年三月乙酉上谕："军兴以来，人民流徙，田地荒芜。其现经先覆地方，小民亟宜覆业。乃田畴或

---

① 《同治实录》卷七四，第 31 页。
② 见《东华续录》卷二八，第 23 页。又《同治实录》卷八六，第 32 页。
③ 《同治实录》卷八九，第 32 页。又《东华续录》卷二九，第 39 页。

占于豪强，猝难认领；旧赋或亏于官长，恐迫追呼。种种困苦情形，殊堪拊悯悯。着各直省者督抚，于从前被兵现经收复地方，慎选贤良咀令，责令加意拊循。流亡有归者，为之清还田产，缓其逋租，假以籽种之赀"①。由以上两次上谕，说明官吏和地主乘机对土地的贪婪侵占活动始终没有停止。

关于如何清理农民军占领区的地产问题，御史朱澄澜的《荒产宜设法杜弊疏》最为详尽。同治三年七月，清帝批准了朱氏建议，令有关各省督抚按照朱氏所陈各节议定详细章程妥议具奏。②以下是朱氏原奏的主要内容。

伏读同治二年十一月钦奉上谕，着各该督抚于新覆各处，督饬各该州县确切查明，实在逆产入官，其荒废地亩，有原业考即行给领，尚未查得业主者即着暂行造册登记，俟业主续归再行给还等因……

一、呈报宜宽予岁时也。各省道途梗塞，文报迟延，若期限过严，恐各业主或流落远方，未能赶到，或逗留僻壤，不易即知，必有因逾期而势难给领者，且恐长留难讹诈之风。欲除此弊，似不必预定日期，凡业主续归领田者，俱俟到籍后，限半年内具呈报官，即令里邻亲族或佃户及从前取租人，各取切实保结，并声明呈报有无迟误缘由，再由该管官妥速催勘申详，将田批给各业主存案，不准借端滋扰，以恤流离。

一、认领难尽凭册也。外省田亩较多之业主，半系祖产留贻，或且穷乡窵远，更多有托人照管者，故地段四址，田主每未能尽知，所恃者惟粮户册及买田红契耳。地方遭兵后，粮册田契类已遗亡，尤恐有同姓者窃获顶名捏造者，夺真攫利。欲除此弊，仍不必尽凭册契，惟各取切实保结，并声明现在有无

---

① 《同治实录》卷二五四，第29页。
② 《同治实录》卷一○七，第12页。

册契缘由，再由该管官确查后，即行另立册给契，以绝纷事。

一、逆产与非逆产当严辨也。逆产例应入官，特恐贪劣各员，幸民田入官为易于分肥计，将贼所强据，贼所取租，及与贼稍有毗连交涉或毫无瓜葛各荒田，讹断入官，田主不敢自明，必多失业。欲除此弊，惟于逆产入官时，亦各取切实保结，声明实无诬逆情弊，再由该管官确访得实，方准永远入官，庶荒田不敢概行籍没矣。

一、田主与伪田主必密查也。荒田尚无业主，恐有诡充业主者，租户之侵吞，土豪之兼并，均可虞也。官或误信于前，势必饰非于后。原主续归日，其懦弱者畏见官司，每致鸠据鹊巢，莫由分辨。欲除此弊，凡业主领田时，俱令取切保结，即当时已有原业主者，亦必令声明实无私占与假冒情弊，再由该管官确验给收，如有占冒者从重治罪，庶荒田不致互相窃取矣。

以上四条，除严禁吏胥人等毋庸干预扰民外，均责成里邻亲族及各人证切实作保，再严饬地方官秉公认看真办，倘劣员或奸徒有徇隐侵渔把持婪索者，即饬该管上司官查拿惩办，以儆其余。并先通行示谕军民人等知悉，俾不敢营私霸产，预弭习风。臣愚昧之见，可否请旨饬下各督抚，归入现议章程，一并妥议具奏，伏乞皇太后皇上圣鉴。[1]

朱氏建议的主要内容，计关于没收起义农民土地者一条，即将"逆产"与"非逆产"严加区别；关于维护原主——主要是地主产权者三条，一是放宽原主认领土地的期限，一是保障失弃田产契据的地主的产权，一是防止佃户人等"侵吞"地主土地。

这时暴风骤雨式的农民战争虽已结束，但农民的反抗斗争并没有完全停止，封建秩序还未定下来，逃亡地主迟迟不敢还乡，放宽

---

[1] 朱澄澜：《奏荒产宜设法杜弊疏》，参见《同治中兴京外奏议约编》卷三，第38—40页。

原主认领土地期限是对此而发的。又经过长期农民战争，地主原有田产契据多有丧失，各州县的户口土地册籍也多荡然无存。而在长期战争期间，地主多已丧失收租权，佃农已经变成为土地实际所有者，地主想恢复收租权会遇到一系列困难。而且经过战争破坏，土地荒废，经界混乱，何者是某地主原业，很难辨认。朱奏所说防止佃户"侵吞"，系针对这种现象出发的。朱氏所议三条，把保障地主产权与防止农民占地结合在一起。此后农民军曾经占领的地区，包括同治后期失败的云贵农民起义占领区，各省地方政权对地产的清理，基本是遵照同治上谕和朱澄澜奏疏办理的。只是在执行过程中，各个地区的具体情形不同，有时采行变通办法而已。

二

朱澄澜上疏所说"逆产"又叫"叛产"，指参加起义农民的土地。封建国家把这部分土地主要变成为官田，即由农民所有制改变为封建国家所有制。

在黄淮流域，如山东、河南、直隶、安徽等省白莲教捻军起义的某些地区，地方政权在残酷地以"逆产"名义剥夺农民土地。如咸丰十一年山东西部白莲教黑旗军首领宋景诗领导的农民起义，同治初年失败，地方官府遂开始了清查、没收"逆产"活动。堂邑县的小刘贯庄，夏庄、岳庄、东布集、西部集等村，莘县的延永营、大李王庄、王家庄等村，朝邑县的程村、富家集等村，冠县的白塔集、赵辛庄等村，清平县的岗屯，远到朝城、观城等县的一些村庄，以上七县几百个村庄，各村土地有的全部作为"逆产"没收，有的部分被没收。其中堂邑县的小刘贯庄和清平县的岗屯被诬称为"贼窝"，所有农民土地被官府分别赏给柳林和范寨两村的地主民团。① 另据《山东通志》小刘贯庄、岗屯附近所没"逆产"为

---

① 陈白尘：《宋景诗历史调查记》，第144—207 页。

二十六顷八十亩，堂邑莘、冠馆等县所没逆产为六十二顷有零，官书所载数字显然偏低。地方官吏各地主豪绅乘机侵隐的土地可能为数不少，如果把私人侵占部分也计算在内，实际"逆产"数字要比官书记载高得多。

上述地区所没收的"逆户"，大都作为官田由地方政府经营收租，这个租户交纳的地租叫作"贼产租"，租额为当地田赋的三倍。农民的这种额外负担一直到1920年左右才免除掉。此外还有部分为地主所瓜分，地主又把这部分土地分租给当地农民。如在小刘贯庄没收的八百亩土地赏给柳林村主办团练的杨家。杨家将该地租给当地农民耕种。中华人民共和国成立以后，据当地某庄老人回忆说，"俺庄上租回'贼产地'，其实那都是自己的地，可年年得给人家掌租子"。①

捻军起义的皖北地区，据同治三四年间安徽巡抚乔松年奏报："惟皖省荒田甚多，逆产则甚少，盖匪徒皆无业之民，其匪首之田皆系攘夺得之。"乔氏又说，捻军"既经诛勦，其田产应遵照前奉谕旨，附近贼匪村庄沦为贼产者，应勘明给还原主；其实系本人自置之产乃可入官，现在查办后未竣，其数约计无多。"②

从乔氏奏报可以看出，其一，把"逆产"和一般民产加以区别，逆产实行没收；其二，参加捻军的大多数是无地农民；其三，参加捻军的农民曾经一度剥夺地主的土地归自己所有。

就是这个"逆产"较少的地区，地方官府的清查活动也在雷厉风行地展开。同治五年，曾国藩就任两江总督，据他对安徽布政使何璟的批示，"荒田与逆产不能相提并论，逆产者田已充公而由官招佃也，荒田者田本有主而暂时归局募佃也，务须剖析分明，以免牵混"③。为了严格区分两类不同性质的土地，曾国藩使用了

---

① 陈白尘：《宋景诗历史调查记》，第208页。

② 乔松年：《乔勤恪公奏议》卷七，遵旨覆陈片。

③ 曾国藩：《曾文正公全集》，《批牍》卷五，第24页，"批署安徽何藩司璟等会详议覆荒产续还业主及安置难民由"。

"招佃"和"募佃"两个不同的词。"逆产"实行"招佃",即地方官府以土地所有主的身份招垦,不仅没收起义农民的土地,也不准在该地进行垦荒的农民取得土地产权,使垦荒农民长期沦为官田佃户。荒田实行"募佃",即由官府代不在地主招佃垦荒,一俟地主还乡认田,即由官府拨给执业。

何璟遵照曾国藩的指示,下令各州县:"查明各叛逆之父母祖孙兄弟共有田若干,造册查考"①。"叛逆"者亲属的土地,清查之后如何处理,原文记载不够清楚,但从中国封建社会的宗族株连法制参考,很可能也在没收或部分没收之列,否则没有"造册清查"的必要。

皖北捻军"逆产",的确如乔松年所奏,为数"甚少"。这时以"逆产"名义剥夺的农民土地,我们只找到了一些事例,如宿州没收江、李等姓土地三千八百多亩,②亳州没收府王等姓土地五百四十多亩;寿州没收农民土地一万六千三百五十八亩,又园地二千三百九十五畦,房基四处。③一般农民占地不过数亩至十数亩,以上被没收的土地可能是数千户农民的土地。

原太平天国起义区广西,参加起义农民的土地显然都作为"逆产"没收。太平天国长期占领在江、浙、皖、赣四省某些州县,有关"逆产"记载很少。在江西省,据曾国藩关于南康府的批示:"实系叛逆及无辜胁从者显示区别","至充公田地房屋,除实系叛逆及无人认领者酌量充公外,其余概还原主"。曾氏并令将没收充公田亩抚恤"阵亡勇丁",其法或直接将田地分给阵亡将士家属,或将田地变卖分给银两。④剥夺参加起义农民土地,在其三者当也不例外。

---

①　曾国藩:《曾文正公全集》,《批牍》卷五,第24页,"批署安徽何藩司璟等会详议覆荒产续还业主及安置难民由"。

②　光绪《寿州志》卷八,第30—31页。

③　光绪《寿州志》卷九,第44页。

④　《曾文正公全集》,《批牍》卷六,"南康府知府会禀委派南康充公田产等案拟定章程由"。

　　关于陕甘地方官对回民起义区土地的清理活动，大概在朱澄澜上疏以前就已开始了，但主要在朱氏上疏之后。在这里各州县作为"逆产"没收的土地多寡不等。据石泉县知县陆塈报称："回逆产约计不下数百万亩"①。陕甘两省各州县合计，"叛产"而积数额之庞大不难设想。

　　这时刘蓉任陕西巡抚，下令各州县，"逆产绝产共有若干，分别村庄亩数，详细查明"。并令清查之时，对"逆回叛产"和"逃亡绝户"土地"必须划清"。划清的目的是为了分别处理，逃亡户土地"暂时招种，将来仍可给还"，"叛产概行入公，用资官军口食"②。嗣后刘蓉建议将入官"叛产"办理营田，招民佃种收租，以解决军饷问题。垦种"营田"的农民，"自发给执照之日算起，以六年租粮及额即为永业"③。在最初的六年，国家以土地所有的身份向农民征收地租；到第七年改为纳粮升科，垦民变成为土地所有者。同治四年，陕甘总督杨岳斌曾建议将甘肃秦州一带"叛产"查明变卖，"以充军饷"。刘蓉不同意"变卖"办法，谓当地人民无力购买，将影响土地的垦复。请照陕西"营田"办理。④ 清廷同意刘蓉建议。

　　刘蓉在陕西坚持执行对"叛产"没收政策。据他在同治五年奏报，其经农民开垦成熟的土地，如原业主曾经参加农民起义，即使以后"虔诚归命，亦断不能将客民开垦之田拱手相让"。在刘蓉的主持下，陕西"营田"颇有成效，"各属叛产多经招徕垦种"。⑤但是广大回民都丧失了土地产权。

　　同治十一年，左宗棠任陕甘总督，继续推行剥夺回民产权政

————————

① 刘蓉：《刘中丞奏议》卷二，"筹办营田以资战守疏"，同治二年十一月二十二日。
② 同上。
③ 刘蓉：《刘中丞奏议》卷一三，"陕西各路垦荒事宜疏"，同治四年。
④ 刘蓉：《刘中丞奏议》卷一四，"覆奏陕西叛产碍难变卖疏"，同治四年十二月二十八日。
⑤ 刘蓉：《刘中丞奏议》卷一六，"附陈回逆碍难安插陕境疏"，同治五年四月十八日。

策，对回民采行强迫迁徙分而治之的措施。如把固原回民数千人迁住平凉，把奎积堡回民两万余人迁往化平，把河州回民三千余人迁往平凉、静宁和定西，把西安回民三万余千人迁往秦安、清水等地。其土地肥沃的奎积堡，在回民迁出之后，把回民世代相传的祖产拨给原住陕西瓦窑堡军队的家属。① 迁往甘肃的回民，虽然也由政府拨给土地耕种，就"迁回"事宜实质而言，仍然是对起义农民的剥夺。

云南、贵州农民起义区，关于土地产权的清理工作开展的比较晚。

贵州苗民起义是咸丰四年开始的，战争波及十二个府、四十八个厅州县、四千多不村镇。同治十二年，农民起义失败，地方政权开始清理土地产权。据贵州巡抚陈宝箴制定的清查章程，系按起义农民"先后顺逆"情形分别处理。第一类为妥助清兵的苗民，②"有业者须令复业，无业者拨绝逆田产与之。第二类是曾经参加农民起义而首先投降清朝的，对这类农民则"拨绝逆田使之佃耕"。③这类分给土地佃种的大概指原来没有土地的农民。经过拨地佃耕措施使这部分农民变成国家佃农。其原有土地的自耕农则归还他们原业，如同治光绪之际邓善燮所制定的田业章程："被胁勉从，见已投诚"，"查明有田若干，一概发还。" 第三类是坚持战斗最后被迫放下武器的，对这类农民没收全部土地财产，如陈宝箴所说："其负〔隅〕各苗，破巢擒渠，不得已而乞降免死，如乌鸦坡之类，无论有业者，只令佃种公田，岁纳租谷十分之二"④。对这类农民的亲属则酌留部分土地，据规定："其逆犯业已正法，尚有子弟及

①　林干：《清代回民起义》，第60—61页。
②　陈宝箴："筹办苗疆善后事宜"，转见凌口安：《咸同贵州军事史》，第五编，第14页。
③　邓善燮："条陈苗疆善后事宜十五事"，转见《咸同贵州军事史》第五编，第14页。
④　陈宝箴：《筹办苗疆善后事宜》，参见《咸同贵州军事史》第五编，第14页。

三代以内亲者，原业准给一半"，① 就是有一半土地作为逆产没收。

贵州地方官吏为了扩大官田面积，清查"逆产"的手法相当严厉。如陈宝箴对归降苗民，"令各将本寨绝逆田产自行指出，并与邻寨团首互相出结，承认己业，如有隐讳逆产及匿占者，查出并已业充公"。并规定："如先报明原系百户，今只存三十户，则以三分作良田，七分作逆产"②。采用这种残酷的没收土地的办法胁迫农民陈报地产，无非是防止人们对"逆产"的隐瞒。

贵州各州县作为叛产没收的土地，一是兴办屯田解决兵食问题，也即改变为封建国有制；一是封建国家以土地所有者的身份招佃收租。

关于兴办屯田事，据同治十二年十二月曾纪凤建议，"查收叛绝之产以为屯田"，"募凯撤之勇以充屯丁"③。又据光绪二年九月贵州巡抚黎培敬奏报，在农民起义区建设碉屯，清查"叛绝荒芜之产"，交由碉兵垦种。④ 这类屯田是一种更为落后的土地制度，是把屯丁编制起来，固着在土地上，进行强制性生产劳动。

关于招佃收租事，据陈宝箴《筹办苗疆善后事宜》折："有业者使佃耕公私田亩开垦荒田"。陈所说"公田"指没收的"逆产"及无主绝户。招佃收租的，有的也是为了解决军饷问题。据《贵州清查田业章程》："实系绝逆田土，现在业已有耕种者"，令在县局"出具认垦字据"，他准其暂行承种，照田花分，以充军饷。⑤

关于苗区"逆产"和"绝产"，严格禁止买卖，其有购买"逆产""绝产"的，"即以该户从前所备私价准其作为押租承佃，另立佃约，每年覆计约可收谷多少，以七成归该户，以三成归公。不

---

① 邓善燮：《条陈苗疆善后事宜十五事》。

② 陈宝箴：《筹办苗疆善后事宜》。

③ 曾纪凤：《筹办善后条陈七款》，参见《咸同贵州军事史》第五编，第 2 页。

④ 黎培敬：《黎文肃公遗书》，《奏议》卷六，创设碉屯拨兵驻宁以资捍卫招，光绪二年九月二十六日。

⑤ 贵州《覆定清查田业章程示》，参见《咸同贵州军事史》第五编，第 14 页。

耕之日，将原业由局退还另佃"。即用置产地价改作押租的办法取消买地人的土地产权。但是原买地人也可以通过补价办法向官府购买，如《续定清查田业章程》规定，"愿照田补价以作己业者听"①。

在回民起义的云南省，主要是剥夺参加起义的农民的胜利果实。如曲江地方，土地肥沃，在回民起义占领期间，"逼胁汉夷耕种收租，十数年不纳钱粮"②。所说大概指起义回民将土地占为己有，并拒绝向清政府缴纳田赋。云南回民起义于同治十一年失败，云贵总督岑毓英遂即采行"召集流亡各归己业"的政策措施。③ 即从起义回民手中把土地夺回来交给原业主。云南回民起义是以"就抚"的形式结束的，对起义回民原有土地似乎没有多大触动。

三

朱澄澜奏疏所说"业主"，基本是在乡或逃亡地主，其目的是要恢复他们的土地产权。

对这个问题的处理，各个地区做法不尽相同。原太平天国占领区长江中下游各省，各类地主遭受的冲击较大，地方官府对如何处理原主产权问题尤为重视。如江苏省，早在同治二年太平军开始失利时期，地方官府即开始协助官绅地主进行夺地活动了。是年太仓州嘉定县制定《清粮章程》，令目前无主之田"报局暂归公"，俟日后"原主到案，呈有契据印串遗失而能指定图号、亩分、粮数者，取具董保业户无捏切结，即行给单"④。这里所说显然是指在农民战争期间转移到农民手中的土地。所说"暂归公"，实际是由

---

① 《续定清查田业章程》，参见《咸同贵州军事史》第五编，第14页。
② 岑毓英：《岑襄勤公奏稿》卷六，"调员筹办曲江善后片"，同治十一年十月十二日。
③ 同上。
④ 光绪《嘉定县志》卷三，第28—29页。

地方官府负责替逃亡地主保管土地，这是剥夺农民战争胜利果实的一种形式。苏州府昆山县则采行"着佃征粮"办法，[①] 即令过去租种地主土地的农民向国家缴纳田赋。这种措施也不是承认农民的土地权，而是在太平天国占领期间农民取得土地实际产权的情况下，再一次使他们沦于佃农地位，使用这种手法保留地主的"原主"产权，也就是为恢复旧的主佃关系做好准备，实际是对农民的强制剥夺。大概在同治三四年间，据镇江府金坛县制定的开垦章程，对无主土地原有"令邻佃缴价认垦"之类规定，地方官府因此受到两江总督曾国藩的申斥，谓如令农民交纳地价，"将来业主归来，作何归结，不可不预为议及"。[②] 曾氏的意图很清楚，是要地方官府为逃亡地主保留土地，他生怕采行农民"缴价认垦"将影响逃亡地主的土地产权。

为恢复地主产权，江苏地方当局采行了各种措施，首先是恢复和维护地主收租权。同治四年，江苏巡抚李鸿章制定垦荒章程规定："凡作佃田者，业主未贴开荒使费，田虽成熟，不得向佃户征租"。我们不能因李鸿章这个规定得出扶植自耕农的结论，李氏的意图并不是剥夺地主征租的权利，而是要地主帮贴垦民开荒的费用，然后征租。因为这时农民反抗斗争激烈，不令地主帮贴垦费势将影响垦荒的进行，李氏想通过这种措施广行招徕，鼓舞农民垦荒，以便规复田赋。所以该章程又作了如下规定，对所有荒废土地，到农民开垦的第四年，即同治七年，垦民"仍不交租者，国课攸关，定将佃户以霸占田亩例论"[③]。

从以上曾国藩李鸿章二人在江苏采行的恢复地主产权的措施，可以归纳为两点：其一，所有经农民开垦成熟的土地，都必须留待"原主"认领；其二，所有垦荒农民都必须向"原主"交租。

在同治年间，地主和垦民之间，常为产权问题发生纠纷。因为

---

① 光绪《昆郭两县续补合志》卷一八，第17—18页。
② 《曾文公全集》，《批牍》卷五，《金坛县王今其淦禀现办地方情形》。
③ 《上海新报》，同治四年十二月十六日。

经过长期农民战争，地主本人的田产契据固然大多丧失，即各州县的土地赋税案卷也多散佚无存，有权之家，每假冒"原主"肆行认领，农民则进行坚决抵制，这种现象在太平军长期占领的金坛县尤为突出。同治七年，江苏巡抚丁日昌为此对该县"原主"认田曾经一度采行限制措施，谓"原主弃田不耕已十余年，业已与田义绝，无论是真是假，均不准领"①。这种措施对维护"原主"产权会产生不利影响，也不符合清王朝维护原主产权政策原则，据我们所接触到的文献资料，像金坛县所采行的这种异乎寻常的措施，在当时算是一个例外。江苏其他各州县，在推行维护"原主"产权政策之时，不仅顽固地恢复地主的耕地，即过去经太平天国地方政权改建的房屋也要归还原主。②

同治八年，马新贻任两江总督，再次制定招垦章程，对地主认领土地的期限作了如下规定，"原业"必须在同治九年十二月以前认领，过期不领，"以无主论""听官招垦"，虽有契据亦不准理。③马新贻这个规定，既符合清廷关于维护"原主"产权基本原则，又与曾国藩、李鸿章两人做法不完全相同。马氏是针对地主冒认土地及地方官吏"以熟作荒"侵蚀税银而发的，他想通过杜绝虚冒的措施招徕垦民规复田赋。这时太平天国失败已经五六年，逃亡地主早已还乡，这个规定丝毫不会影响"原主"产权，但马氏这个规定并没能始终贯彻执行。

浙江省恢复"原主"产权的政策、措施也是从同治二年开始实行的。这时杭州知府刘汝璆给浙江巡抚左宗棠上了一个"清粮开荒"的条陈，提出清粮与开荒同时并举。他说，如不清粮而开荒，"则豪强者皆得借开荒之名以为侵占之地"，就是说，"原主"产权没有保证。他建议说，何者系由亲属代为经营，何者其人尚

---

① 丁日昌：《抚吴公牍》卷三七，第9页。
② 丁日昌：《抚吴公牍》卷十，第1页，"饬司行查官封房屋给还房主"。
③ 马新贻：《马端敏公奏议》卷七，"招垦荒田酌议办理章程"，同治八年八月十四日。

存，何者系绝户之产，先把产权搞清楚，然后招垦。土地之有亲属代为经营的，"责成亲族开荒纳税"，确知其人未绝其田又无人经营者，暂存公招佃，俟日后"业主来归"，"向公承领"①。刘氏建议，维护"原主"产权的意图十分清楚。

同治五年，马新贻巡抚浙江，令无主荒田由官招垦。经农民开垦之后，如有业主归来认田，"即照有主田产办理"。这类土地，或由业主酌给垦民"工本"，然后由原主把垦田领回自行处理，或"仍令原垦之人佃种"，向原主交租。② 马氏虽然也谈到，"倘数年后无主归认，准其作为己业，报税过户"。但规定的出发点仍是维护"原主"产权，给逃亡地主保留随时剥夺农民垦用的权利。

仍在同治五年，严州知府戴槃所制定的招垦章程，对逃亡地主认田规定了一定期限，即荒地经农民开垦之后，"原业"在三年之内还乡认领，须酌给垦民部分租息以抵开垦工本。如开垦三年，仍无"业主"归认，"准垦种各户作为永业"。该章程对在乡地主认田作了更严格的限制。即"原业"如并非来自外地，乃系在籍之户，而不即行报明认领，俟荒田经他人开垦成熟再行认领者，"将所种田亩罚半归垦户执业"③。戴槃之所以采行这种比较严厉的政策措施，是和该府地主阶级遭受打击比较严重，荒田较多，而垦荒客民力量较大，等等，有着一定关系。戴氏的意图，一是督促"原业"尽快认领，招佃纳税；二是安抚农民积极从事开垦，规复额赋。招垦章程所反映的维护原产权基本精神并没有改变。

浙江省在贯彻执行恢复"原主"产权过程中，地主之间经常为争夺土地问题发生纠纷，地方政权为此每采行妥协措施。如衢州府龙游县，同治六年六月制定的《清理田地条例》规定：有争议的田业，由有契据者管业，没有契据的不得争论；如均有契据，由

---

① 刘汝璆：《上浙抚论清根开荒书》，参见《皇朝经世文编》卷三九。
② 马新贻：《马端敏公奏议》卷三，《办理垦荒新的比较荒熟清理庶狱折》，同治五年八月二十二日。
③ 戴槃：《定严属垦荒章程并招棚民开垦记》，参见《皇朝经世文续编》卷二三。

先垦者营业，后到者另拨它处田地相抵。① 这里的"先垦者"并非指来这里垦荒的农民，而是指首先招垦收租的地主。

安徽省关于恢复"原主"产权政策的执行，各个地区不尽相同，如捻军占领区皖北和太平军占领区皖中、皖南，有很大差别。皖北地区，同治二年，安徽巡抚唐方训曾经倡议就暂时无主之地办理军屯和民屯，从事垦荒。民屯所占耕地，如嗣后"原主"还乡认田，或有印契为凭，或在邻右可白，"将附近荒田如数拨给"。军屯地亩，如原主尚在，"俟秋后将田交地方官归还原主"②。唐任安徽巡抚为时甚暂，所拟定屯田方案是否曾经付诸实践，无从考察。但他采行这种措施的意图是很清楚的，是想利用农民劳动进行垦荒解决地方上的财政问题，同时也为日后逃亡地主还乡认田做好准备。以后颍川知府李文森所拟定的《淮北善后章程》，规定"占人田措不退还者，仍照甘心从逆论"。在皖北出现的农民"占人田产"现象，是在农民军占领期间，地主逃亡，土地抛荒的情况下发生的。李氏这条恢复原主产权的严酷规定，特别赢得两江总督曾国藩的赏识。③

皖中尤其是皖南和皖北不同，这里太平军占领时期较长，维护"原主"产权的政策措施曾经遇到极大阻力。

先是同治三年十二月，曾国藩曾经刊发过《皖南垦荒章程》。该章程规定："其无业主有佃户者，应由佃户具结暂垦，声明原系何人之业"；"业主佃户并无人者，由局查明报县立案，一面募人佃种，声明业主何人，倘日后还乡，仍将原田归还"④。在开始招佃垦荒之时，就为地主日后夺田做好准备。

同治四年，安徽布政使朱璟拟定垦荒章程八条。这个章程实行

① 民国《龙游县志》卷二七，第4—5页。
② 唐方训：《唐中丞造集》，《教条》，"兴办屯田告示"。
③ 《曾文正公全集》，《批牍》卷五，第17页。
④ 《曾文正公全集》，《批牍》卷五，第23—25页；同治《黟县三志》卷一一，第24—25页。

范围，泛指安徽全省，皖南当也不例外。据朱氏章程，除无主荒田"归官"外，对逃亡地主还乡认田，规定在农民开垦三年之内，"分别有契无契，准其领田执业"①。据这个规定，还乡业主无论有无田产契都可认领。对这个章程，曾国藩作了如下批示：荒田"总有业主，断不可注明入官字样"。曾氏所担心的是，一经"注明入官"，怕影响原主产权。曾氏又接着批示："其业主领田之限期，自同治四年起，予以两年正限，一年余限，分别有契无契，准其领回执业，所议原属妥协。惟三年以后，[业主] 始归本籍，实有印契呈验者，仍应准其领回。"② 曾氏不同意朱璟所定业主三年认领的期限，地主只要有土地印契，何时都可以还乡认领。

　　为了阐明封建统治者对维护"原主"产权政策的意图，以下我们再列举曾国藩几个关于安徽各州县清理土地产权的批示。如关于皖中桐城县的批示，令业主及垦民限期呈报，业主认领土地，或凭田产契据，或由田邻户族保结，发给田凭；其暂无原业而由农民垦种的，发给"借种小单"。③ 对垦民所以只发"借种小单"，是不承认农民对垦田的产权，而等候逃亡地主还乡认领。如关于皖南广德州的批示，曾国藩先指示知府杨玉辉，"及时清光客民已垦之田，除将来主客相争之患"。曾氏的意图在于预防垦民占据地主土地，是十分清楚的。当时杨的做法着重于对荒田"变价充公"，因而所拟招垦章程中在维护"原主"产权方面规定的不够明确。曾氏为此对杨痛加申斥，指责他对查田"漫不经心"。据曾的批示，"而客民一聚千百一连数里，窃恐原业已归，方谋生种，而客民于 [业主] 将耕未之际争先夺之；或原业人住东乡，而田在西乡，客民初以为无主，已垦而不复相让。土著之势方孤，客民之势方众，强取强求，皆事情所必有，前批所以饬该牧先查荒地也……所属之地清查一遍，有主各业自然水落石出"。曾氏为了保证地主产权不

---

① 《曾文正公全集》，《批牍》卷五，第23—25 页。
② 同上书，第23—25 页。
③ 同上书，第9—10 页。

被垦民占有，特指示杨玉辉不必"俟有主各业领照投税之后"再行"检查"，而要先查荒地原系何人之业。① 由曾国藩的批示，反映出他维护原主产权意图之强烈。在一个相当长的时期内，安徽各级政权关于这个问题的处理，就是按照曾国藩的意图办理的。如此后光绪四年，皖南地方官府下令客民，"垦有主之田照章认租"；② 至光绪九年，桂某主持宣城县务，令"凡有土民指认之田，如查系原主五服以内者，无论有无契据，皆准其承认"③。所有这类措施，都是在贯彻曾国藩维护地主产权既定规章。

特别值得注意的是皖南地区。在太平天国占领时期，对豪绅地主进行了猛烈冲击。太平天国失败以后，绅权一时难以恢复，而垦民力量比较强大，不肯向地主交租，维护原主产权政策的推行受到很大阻力。在这种形势下，有的地方政权采行了变通措施，即农民垦田不再交还原主，而是变价购买，如当时人所指出的："屡次因令客民认主交租，势难实行，始有土客买卖之议"④。

垦民对土地的购买权的取得，有一个形成过程。在一开始，由官府规定较低的租额和地价，农民或交纳地租，或变价购买地权，两者掺杂进行。这种办法先由广德州属试行。据同治九年知州李孟荃所定《招垦章程》：民垦无主之田，每亩交制钱六百文买为永业，民垦有主之田，每亩交租谷八十斤。⑤ 如原主出卖土地，垦民得优先购买，规定熟田每亩六百文，荒田每亩三百文。政府规定的地价虽然较低，但没有改变维护原主产权的政策性质。

光绪年间，由于垦民对"原主"认田追租进行坚决抵制，地

---

① 《曾文正公全集》，《批牍》卷五，第32—33页。

② 《光绪实录》卷六五，第5页，光绪四年正月丁巳。

③ 《沪报》，光绪九年二月二十八日。

④ 裕禄：《办理皖省垦务片》，光绪九年，见《皇朝经世文续编》卷三三，按这时令土客互相买卖的土地，只限于由客民开垦而发生纠纷的土地。其已经田主认明垦产立过田约者，不在此买卖之列。

⑤ 光绪：《广德州志》卷五六，"杂著"，《张光藻荃上州尊书》。按李孟荃先以知府衔办理广德州垦务，继任广德州知州。

主征租更加困难，原业与垦民间的土地买卖遂进一步发展。光绪九年，安徽巡抚裕禄详细论述了土、客即地主和垦民相互交产的必要性，他说，"农民不远千里，扶老携幼而来，费数年胼胝之勤，始获辟成沃壤，让肯俯首听命让归诸无据冒认之田主"！如必令垦民向地主交租，"必致懦弱者弃田转徙，强梁者构衅忿争，纵或在官勉强承顺，亦必仍前抗欠，土民但有认田之名，而无收租之实。租既无收，粮亦无着。终必课赋虚垦；逋欠催征，官民交受其累。此令客民识主交租势有难行之情形也，衡量时势，揣度人情，计惟土客买卖一层，尚可两得其手。客民买用以承粮，与土民葛藤永断，其业可安。当官立据，编册启征，课赋亦无由隐匿。而土民卖田得价，别营妥实之田，可免客民刁难延久之累。如此处置，土客均有裨益"。在裕禄的主持下，由官府规定统一的地价，每亩熟田一元四角，熟地七角，荒田三角，原主尚存者价给原主，其无主者田价归公。由裕禄奏疏可以看出垦民斗争的剧烈情形，也反映出私人地主在垦民斗争面前无能为力；只有在官府的压制之下，农民才暂时勉强承认地主产权，但随后农民之抗欠如故。土客交产的规定是在这种形势之下产生的。

关于江西省各州县，恢复原主产权问题，曾国藩有过几个批示。如关于临川县的批示，"确有田产器物可指者追还原主"；[1] 如关于南康府的批示，除"逆产"及无人认领者外，"其余概还原主"等。[2] 但由于太平军在江西占领时期较短，关于恢复"原主"产权的记载较少。

西北回民起义区，维护原主产权政策的推行也比较早。据同治二年陕西巡抚刘蓉奏疏：对逃亡地主土地"暂时招种，将来仍可

---

[1] 《曾文正公全集》，《批牍》卷六，《临川傅偶恩控李控诸臣为伪职逞凶逼勒继串书役请饬讯--案由》。

[2] 《曾文正公全集》，《批牍》卷六，《苗京熙知府令禀办南康充公田产等案议定章程由》。

给还"①。同治三年，刘蓉建议招募四川农民到陕南垦荒，"量力授用，薄其租税"。对这类"授田""或值田主回籍，即将原业给还"②。就是说垦民不一定能取得土地产权。同治四年，刘蓉续奏："其业主之流徙来归者，自该地方被扰之日起算，定以三年，［地主］流离不返，即行截止"③。虽然对"业主"还乡认田的期限作了限制，维护地主所有制的基本精神并没有改变。

贵州苗民起义区，有些地主逃往湖南沅州、常德、洪江一带，据贵州巡抚陈宝箴所上"筹办苗疆善后事宜"折，招集流亡还乡，并规定"有田业者归业，无业者使佃耕公私田亩开垦荒田"。说明"流亡"之中既有地主，也有农民。关于原主领田手续，有契者呈验契据，无契者取具保结，然后发给土地执照。如业主死亡，又无嫡派子孙，有三代以内亲友亦准还给。为了确保"原主"产权，又规定"承领执照后，必限管三年，并无别人告发，方准私自出类"。如承领不满三年即行出卖，一经查出，"田价田业概行充公，并照授同科之例一并治罪"④。

云南回民起义区，同治十一年，巡抚岑毓英对曲江地区的土地进行了一次清查。据他奏报："招集流亡，各归业主"。⑤ 这里的"业主可能主要是地主。当时在回民起义时期，在革命风暴的冲击下，各地区的汉人地主纷纷廉价变卖土地。同治十三年，岑毓英下令各州县，凡自咸丰六年以后民间买卖的产业，都退回原主。据岑氏奏报，"有契纸者准原主照当时接过银数取赎；或无契纸，或有契而未接过银价者，均追还原主。其地本良民，为贼匪霸占起盖房

①　刘蓉：《刘中丞奏议》卷二，"筹办营田以资战守疏"。
②　刘蓉：《刘中丞奏议》卷三，"陈汉南被贼州县困苦情形疏"。
③　刘蓉：《刘中丞奏议》卷一三，"陕西各路垦荒事宜疏"。
④　陈宝箴：《核定清查田业章程》，转见《咸同贵州军事史》，第五编，第 10 页。
⑤　岑毓英：《岑襄勤公奏稿》卷六，"调员筹办曲江善后片"。同治十一年十月十三日。

屋，业已充公拆修书陈官廨者，仍以基地还原主"[1]。可见岑氏也在顽固地贯彻执行清廷恢复地主产权政策。

以上是农民起义及农民军占领区各级地方政权贯彻执行没收"逆产"及恢复"原主"产权政策的大致情形。就地区间差别而言，有的地区以没收"逆产"为主，如西北回民起义区及西南苗民起义区；有的地区以恢复地主产权为主，如江浙皖太平天国占领区；有的地区没收逆产及恢复原主产权参半，黄淮流域白莲教捻军起义区，就是这种情形。就各地方政权制定的章程内容而言，尽管有一些区别，其维护乃至强化封建所有制的基本原则是一致的。在封建政权的支持下，各地区的地主都展开了猖狂夺地收租活动。就各区对政策执行情况而言，有些地区，在农民阶级反抗斗争的压力下，地方政权采行了变通措施，部分农民通过垦荒和价买取得土地产权。就是这类地区也有不少地主恢复了他们在农民战争期间丧失的土地，使广大农民又陷入被压迫、被奴役的地位。

（原载《中国社会经济史研究》1984 年第 1 期）

---

[1]　岑毓英：《岑襄勤公奏稿》卷十，"清查省城汉回霸占房产片"，同治十三年四月二十二日。

明清时代的地租

明清时代是中国封建社会后期。在这一时期，作为封建剥削主要形式的地租发生了重要变化，一方面是地租形态的变化，另一方面是地租剥削的增加。与此相适应，则为租佃间封建依附关系的松解，经济的强制逐渐代替超经济强制。本文拟围绕这些问题进行一些分析。

一　地租形态的变化

明清时代，实物地租占据统治形式，同时存在着落后的劳役附加租形式的残余，先进的货币形态地租也初步发展。这种现象有如列宁所指出的："把任何一个社会现象看做处于发展过程中的现象时，在它中间随时都可看见过去的遗迹、现在的基础和将来的萌芽。"① 封建社会后期的明清时代，在土地关系中，先进的和落后的混合在一起，先进的东西日益发展，落后的东西趋向削弱，这种变化在地租形态方面表现得尤为突出。

宋元时代，在各类官田中，实物分成租（简称分成租）制与实物定额租（简称定额租）制并行，民田则行分成租制。北宋庐陵欧阳修说："及其成也，除种与税而后分之。"② 眉山苏洵说：收获之后，业主"已得其半，耕者得其半"③。南宋鄱阳洪迈说：业

---

①　《列宁全集》第1卷，人民出版社1955年版，第159页。

②　欧阳修：《欧阳文忠公文集》卷五九，《原弊》。

③　苏洵：《嘉祐集》卷五，《田制》。

户"募人耕田，十取其五"①。元代近百年间，民田地租形态基本未变，据《元典章》，江南农民"多佃种富室田土，分收籽粒以为岁计"②。宋元两代，民田虽然也出现过定额租，但只有个别事例，尚未普遍发展。

明清时代，伴随农业生产的发展，地租形态开始发生显著变化。

明代两百多年间，民田之中，分成租制与定额租制两者并行。关于分成租制，据洪武六年（1373）国家所赐公侯及武官公田，"仍依主佃分数收之"③。嘉靖十年（1531）林希元说：富者田连阡陌，"耕其田乃输半租"④。隆庆年间（1567—1572），江苏上元县仍多行分成租制。⑤ 明代后期，安徽庐安一带地主寄庄田，有的采行对分制。⑥ 福建海澄县，地主与佃户"均收一半"⑦。直隶景州，租佃采行对分制。⑧ 这时定额租制，也逐渐普遍化，据保存下来的正统（1436—1449）和万历（1573—1620）租佃契约格式，或规定租额数量，"实供白米若干"，或写明"递年约纳乾圆租谷若干"，此外还有不少关于定额租的具体事例。至于这时定额租制与分成租制所占比重如何，限于文献资料，无法做出确切估计，可能因地区而不同。就全国而言，两者大概不相上下，改变了过去宋元时代分成租占统治地位的状况。

清代鸦片战争以前，伴随农业生产进一步发展，地租形态的变化更加显著。但各个地区发展状况是不平衡的，产量偏低的黄淮流域某些地区主要行分成租制；产量较高的长江、珠江流域主要行定

---

① 洪迈：《容斋随笔》卷四。
② 《元典章》卷一九。
③ 《明太祖实录》卷八五，洪武六年九月九日。
④ 林希元：《林次崖先生文集》卷二，《王政附言疏》。
⑤ 万历《上元县志》卷一二，姚汝循：《寄庄议》。
⑥ 顾炎武：《天下郡国利病书》卷三三。
⑦ 同上。
⑧ 万历《景州志》卷一，《风俗》。

额租制。乾隆年间孙嘉淦奏称，江南与直隶地区租佃不同，"江南业主自有租额，其牛具籽种皆佃户自备"。这里所说"自有租额"乃指实物定额。直隶租佃系由地主提供耕牛种子，"收成之后，视其所收而均分之"①。如沧州租佃，地主土地"率皆佃户分种"②。献县租佃，所产粮食，农民"与主中分"③。黄淮流域其他各省大致亦同。如山东单县租佃，农民"与业主分收籽粒"④。河南汲县租佃，基本行分成租制。⑤ 固始县租佃，主佃"各半分收"乃"乡间俗例"。江北地区，地主坐拥土地，地租"分其什伍"⑥。如淮安府之盐城、清河、桃源、安东、山阳、阜宁六县，扬州府高邮、仪征、兴化、东台四州县，徐州府铜山、沛县、萧县、砀山、丰县、邳州、宿迁、睢宁八州县，海州府赣榆县，佃种土地多系地主与农民"各半均分"⑦。安徽北部各州县也多行分成租⑧。上述地区也有一些关于定额租的记载，如山东招远、栖霞等县，"土人分耕或倩租"⑨，即分成租制与定额租制并行。但这时黄淮流域以分成租制为主，是可以肯定的。

　　长江流域各省也有关于分成租制的记载。江苏南部如上元、句容、溧阳、高淳等县，间行分成租制。⑩ 浙江汤溪县，有的地主出租土地"私其租之半"⑪。湖南浏阳县，租佃兼行分成租⑫。湖北随州，有的地主与佃户"四六均分"，四川泸州，有的地主与佃户"均分"稻谷。至于广西、贵州等省经济落后地区，分成租制所占

① 孙嘉淦：《孙文定公奏疏》卷八。
② 乾隆《沧州志》卷四。
③ 乾隆《献县志》卷四。
④ 康熙《单县志》卷一。
⑤ 乾隆《汲县志》卷六。
⑥ 盛枫：《江北均丁说》，《切问斋文钞》卷一五。
⑦ 《江苏山阳县收租全案》，道光七年刊。
⑧ 李兆洛：《养一斋文集》卷二；《凤台县志·食货志》。
⑨ 顺治《招远县志》卷四；乾隆《栖霞县志》卷一。
⑩ 《江苏山阳县收租全案》。
⑪ 康熙《汤溪县志》卷一。
⑫ 同治《浏阳县志》卷六，转自嘉庆志。

比重会更大一些。

　　清代前期，我们一方面要看到分成租制仍然占一定比重，同时更要看到分成租制向定额租制的过渡。康熙以后，伴随农业生产发展，定额租制所占比重在迅速增长，就全国范围而言已逐渐占据统治形式。

　　下面列举几个由分成租制向定额租制过渡的事例。安徽休宁县吴苏园祀产十九处，康熙十九年至三十年，分成租田七处，定额租田十二处；康熙三十一年至雍正二年，租田面积未变，定额租田增为十八处，分成租田只剩下一处。① 皖南某县孙氏祭产的地租形态发生类似变化。乾隆二十二年，该祭产共有稻田三十三处，其中行分成租和议租田七处，行定额租田二十六处；乾隆三十八年，定额租田增为三十处，分成租田只剩下三处。② 下面再列举台湾几个事例，林姓农户佃种某地主田若干亩，原行分成租，道光二十八年，"立结定额租约"。又陈某佃种郭姓土地若干亩，也行分成租，咸丰元年改行定额租，每年额租三十六石。③

　　至于清代前期分成租制和定额租制所占比重如何，刑科题本中保存下来大量租佃案件资料，可据以做出大致估计。据刘永成同志辑录的乾隆朝六十年间实物形态地租案件资料 628 件，其中计分成租 97 件，占 15.45%；定额租 531 件，占 84.55%。④ 我们辑录了嘉庆朝二十五年间实物形态地租案件资料 226 件，其中计分成租 52 件，占 23.01%；定额租 174 件，占 76.99%。以上统计数字，无论是乾隆朝还是嘉庆朝，定额租制都占据极大比重。当然，对清代刑档资料所反映的数字还要进行具体分析。分成租制，主佃间只是按产品分成，完纳时手续简单。若定额租制则不然，诸如大斗小斗之争，斛面平挡之争，质量好坏之争，因水旱歉收拖欠租谷之争

---

　　①　安徽休宁县《吴苏园祀产簿》。
　　②　安徽某县《孙氏祭祀簿》。
　　③　《台湾私法附参考书》卷一上，第 276—277 页。
　　④　刘永成：《清代前期的农业租佃关系》，参见《清史论丛》第 2 辑。

等，比较容易发生纠纷，这就提高了定额租案件所占比重，因而对定额租案件所占百分比要打一个折扣。即使如此，也不能改变定额租的统治地位。

明清时代货币形态地租也初步发展。

定额租制向货币租制过渡，首先是从学田、书院田等地方官田开始的，接着发展到民田中的族田尝产。明代中叶以后，伴随着经济作物的发展，货币租在一般民田中已经稍有发展。广东惠来县的园田，江苏松江府和太仓州属的棉田，明代都已出现货币租。① 天启年间，福建莆田县一般水稻田也有改收货币租的。② 这种变化在明人小说中也有所反映。如明代后期人所写《海公案》描述杭州某富户下乡收苗租银百余两，《贪欢报》描述某地主下乡收租银十余两等。③ 清代前期，货币形态地租又有进一步发展。福建仙游县，在顺治年间，有的农民由交实物租改交折租，而且历年折租的数额逐渐固定化，实际已变成货币租。④ 广东新会县，康熙年间有地主征收银租的记载。⑤ 江苏常熟县，雍正以前，农民将所租稻田改种棉花，用豆麦交租，以后改交折租。⑥ 折租实际是定额租向货币租过渡的形式。

货币形态地租所占比重，据刘永成同志所辑录的乾隆朝六十年间全国各省区 881 件刑档租佃资料，其中货币租案件 253 件，占全部案件的 28.72%。⑦ 又据我们辑录的嘉庆朝二十五年间 322 件刑档租佃资料，其中货币租案件 96 件，占全部案件的 29.81%。二者货币租制所占比重很为相近，说明具有一定代表性。就刑档中有关货币租资料内容考察，以嘉庆朝为例，其中有关族田祀产案件较

① 崇祯《仓州志》卷四。
② 祁彪佳：《莆阳谳牍》。
③ 《海刚峰居官公案》第五四回，《贪欢报》第二〇回。
④ 民国《仙游县志》卷二二，《学校》。
⑤ 屈大均：《广东新语》卷二六，《器语》。
⑥ 《一斑录》杂述二。该书记至道光年为止。
⑦ 刘永成：《清代前期的农业租佃关系》。

多，直隶旗租案件尤多。可能这时族田旗地一般征收货币租，因此提高了货币形态地租案件所占比重。

明清时代还普遍存在劳役附加租，偶尔也发现单纯劳役形态地租。

明清之际，浙江桐乡县张履祥发表过这样一段议论："一夫一妇授田三亩，地二亩，以给农食。"即由农民在这五亩土地上实现他的必要劳动，以维持全家肉体生存。又由该农"代主人耕田二亩，地一亩"。即在这三亩土地上为地主提供剩余劳动。① 这种情形有如马克思所指出的："直接生产者为自己做的劳动，和为地主做的劳动，在空间和时间上，都还是分开的。"② 张履祥又说："特就吾乡之产而斟酌其数如此，若乡土不同，未可以例论"。看来，这时纯粹劳役形态地租在其他地区也存在过。在清代刑档中，也有个别劳役形态地租案件事例。③ 但在地主经济体制下，劳役形态地租毕竟是一种例外。清代有的地区存在以做工抵偿地租的租佃制。安徽霍山县，江苏宝山县，山西左云县，浙江临海、江山等县，都有过这类事例。④ 明代当也不例外。这类"议定做工抵租"，实际是以工钱折抵租谷，也可以说是变相的货币形态地租。

明清时代，广泛存在的是劳役附加租，即在交纳正租之外还须给地主做各种服役性劳役。如万历二十年吕坤论述山西地主役使佃农情况时说："夜警资其救护，兴修赖其筋力，杂忙赖其使命。"⑤ 不只是山西，其他各省也有类似情形。据《大明律例集解附例》："若富豪之人，役使佃客抬轿，虽势有相关，而分非所宜。"这条规定，就是地主任意役使佃农暴行广泛存在的有力证据。清代前期，这类劳役附加租在一些地区曾经一度延续，直隶沧州，山东菏

---

① 张履祥：《杨园先生全集》卷一九，第 28 页。

② 《资本论》第 3 卷，人民出版社 1953 年版，第 1033 页。

③ 据乾隆三十年三月二十日贵州巡抚方世儁题：贵州修文县，有农民租种地主土地，"庄主遇有修造婚葬等事，始许派工"，不另交地租。

④ 均据清代刑档。

⑤ 吕坤：《实政录》卷二，《小民生计》。

泽、高密等县，河南汝宁府，江西会昌县，广东香山、普宁等县，都有关于劳役附加租的事例。① 这种劳役附加租和落后的分成租联系在一起。在清代前期，伴随着定额租制的发展和分成租制的没落，劳役附加租制也逐渐衰落下去（皖南佃仆制租佃，劳役形态地租及劳役附加租比较流行，延续的年代较久。但即使在皖南地区，也是一般租佃制较为普遍，佃仆制所占比重极小。这是一种特殊情形，这里从略）。

总之，明清时代地租形态的变化，处于由分成租向定额租又由定额租向货币租过渡的时期。这种过渡在明清时代尤其是清代前期已具备了一定的历史条件，它是伴随农业生产发展而发展的，是符合历史发展规律的。只是由于受地主经济的制约，这一发展过程比较缓慢。

二　地租额和地租率的增长

明清时代，地租形态发生变化，分成租制向定额租制过渡，是在农业生产发展的条件下出现的。地租剥削的增加更不例外。如果没有农业生产发展这个历史前提，如果劳动生产率过低，自然条件又差，剩余劳动很少，地主想漫无止境地增加地租以满足其奢靡生活需要，也是比较困难的。这是由于"地租的量，完全不由地租得受人的行为来决定，而是由他完全没有参加，完全和他的行为无关的社会劳动的发展来决定"②。只有农业生产发展，劳动生产率提高，单位面积产量增加，地主增租才有可能。关于明清两代农业生产发展状况，诸如灌溉事业的发展，耕作技术的改进，农业集约化程度的提高，玉米及红薯等高产作物的传播，经济作物的推广，等等，这些方面已有不少人专文论证。而单位面积产量和产值的增

---

① 事例均见清代刑档，参见中国第一历史档案馆、中国社会科学院历史研究所编，《清代地租剥削形态》。

② 《资本论》第 3 卷，人民出版社 1953 年版，第 831 页。

加则是农业生产发展的集中体现。地租量和地租率正是在这种基础上不断增长的。

分成租制，在分成比例不变的条件下，单位面积产量的增长反映于同一土地历年地租额的增加。兹以皖南休宁县吴荪园祀产为例。该祀产有四处分成租田，有自康熙十九年至四十四年（1680—1705）二十五年间的收租记录，为了论述方便，试分为前后两期，将康熙十九年至三十二年作为前期，康熙三十三年至四十四年作为后期，将四处分租田前后两期历年平均租额进行对比如表1：

表1　　　　　　　　休宁县吴荪园祀产分成制地租额增长统计①

田块及产量面积	1680—1693 年历年平均租额（谷、斤）	1694—1705 年历年平均租额（谷、斤）	后期较前期增加	
			谷（斤）	比例（%）
楼角下田十二秤	207.00	227.20	20.20	9.76
白鹤塘田十二秤	129.63	135.00	5.37	4.14
塘口源田九秤	96.37	118.00	21.63	22.44
长圻田八秤	132.00	150.00	18.00	13.64
共计	565.00	630.20	65.20	11.54

注：皖南土地以产量定面积，如"长圻田八秤"，即能生产稻谷八秤（240 斤）的土地面积，我们称之为产量面积。在以下行文时，为了便于和地租对比，有时称为面积产量。

资料来源：安徽休宁县吴荪园祀产簿。

以上四处分成租田的平均地租额，后期比前期都有增长，增长率低者为 4.14%，高者达 22.44%，平均为 11.54%。因为分成租是按历年收成多寡分配的，其增长率也就是单位面积产量的增长率。

---

① 为保持著者行文原貌，文中涉及的表格样式、数据除有考证外，均不作修改。下同。

下面再列举皖南某县金姓祀产分成租田历年租额增长事例作为辅助说明。该祀产有两处行分成租,一处由时通租佃,另一处由金双龄租佃,有自嘉庆十年(1805)至道光十七年(1837)前后三十年的收租记录,兹分成三个时期考察。由时通耕种的一处租田,产量面积为二十五砠,历年分成平均租额:嘉庆十年至十九年为323.5斤,嘉庆二十年至道光四年增为336.5斤,道光五年至十七年又增为370.6斤,递年增长趋势十分显著。由金双龄耕种的一处租田,产量面积为十五砠,历年分成平均租额有下降趋势,但差距不大。如把两处分成租田的地租加在一起估算,最后十年较第一个十年平均增加租谷44斤。这还是作为地租归地主所得份额,即增产的一半。与佃农所得份额合计为88斤。两处四十砠田三十年间平均增产88斤,产量约增加7%①。

单位面积产量不断提高,地主企图把增产部分攫为己有,于是促成分成租制向定额租制的过渡。仍以前引休宁县吴苏园祀产为例,由分成租改为定额租后地租增加情况如表2:

表2　　休宁吴苏园祀产分成租改行定额租后地租增加百分比

田名及面积产量	分成租平均租额		定额租租额		定额租对分成租增加(%)
	时间	租额(斤)	时间	租额(斤)	
瑶堨白鹤塘田十二秤	1681—1695	146	1696	180	23.29
塘口源田九秤	1681—1705	116	1721	135	16.38
长圻田八秤	1681—1705	146	1724	170	16.44
菁阳墩坟田三秤	1681—1705	45.5	1724	60	31.87

资料来源:休宁县吴苏园祀产簿。

由上表可知,伴随农业生产发展,地主将分成租改变为定额

① 据《皖南金氏祀产祀规收支总簿》。道光十三年后,租额逐渐固定化。

租，剥削率少者增加 16.38% ，多者增加 31.87% 。

　　前面所介绍的皖南由时通和金双龄向金氏租佃的两份祀产，至道光十三年租额固定化，变成为定额租，时通所租佃的二十五砠田，实行分成租的二十五年间年平均租额为 335.44 斤，现在固定为 400 斤，增加了 19.25% 。金双龄所租佃的十五砠田，实行分成租的二十五年间每年平均租额为 265.2 斤，改行定额后租额增加为 300 斤，增加了 13.16% 。①

　　下面再就皖南某县孙氏祀产地租增加情况进行分析，兹先从分成租和定额租地租剥削的差距进行考察。该祀产共有田产三十二处，有十七年有租额记载。其中行分成租者四处，土地面积产量共计 720 斤，历年平均收租 180.28 斤，租额为面积产量的 28.6% ；行议租的三处，土地面积产量共计 355 斤，历年平均收租 176.88 斤，租额为面积产量的 49.83% ；行定额租的二十五处，土地面积产量共计 3631 斤，历年平均收租 1925 斤，租额为面积产量的 52.7% 。② 其中议租是由分成租向定额租的过渡形态。由三种类型地租可以看出，相对租地面积产量而言，定额租超过议租，议租超过分成租，而定额租的剥削率超过分成租制 20% 。由分成租向定额租过渡意味着地租剥削率的增长，是十分清楚的。四处分成租田以后也相继改行定额租。如其中的猫儿桥田，在乾隆三十四年以前行分成租，有十二年有收租记载，历年所收地租平均占面积产量的 28.37% 。乾隆三十五年至三十六年改行定额租，两年所收地租平均占面积产量的 50% ③，增加了 21.63 个百分点。④ 其他三处改为定额租后，增加幅度如何没有记载下来。

　　伴随着农业生产发展，单位面积产量提高，在实行分成租制而

---

　　① 前面为了论证方便，将时通和金双龄道光十三年后租额划入分成租一并估算。这里将道光十三年至十七年租额固定化以后的五年单独计算，以便和道光十四年以前的分成租进行对比。

　　② 《皖南孙氏祭祀簿》。

　　③ 同上。

　　④ 同上。

分成比例不变的情况下，佃农也分得较过去为多的产品。贪婪的地主千方百计地想把全部的增产攫为己有，在当时条件下，最有效的办法是改为定额租，提高租额。封建社会时期的租佃惯例是，采用哪种剥削形式的权力归地主，所谓"其租或分或纳听田主自便"①。前述休宁县吴苏园祀产主人就是使用这种惯例改行定额租制以实现增租的目的。吴氏祀产共有十九处，有康熙十九年（1680）至雍正二年（1724）的收租记录。行货币租的四处不计外，其中行分成租的七处，历年平均租额占面积产量的44.26%；行定额租的八处，历年平均租额占面积产量的67.07%。定额租的地租率比分成租高出22.81个百分点。其七处分成租田，由康熙三十一年到雍正二年间有六处相继改行定额租。吴氏所采用的手法是变更佃户，也就是通常所说的"增租夺佃"。该祀产簿不仅记有历年所收租额，还写有更换佃户的批注，如长坁田八秤，康熙六十年，佃户由吴丙改为徐姓租佃，租约写明："递年不论干旱，硬交干谷四砠半，不致短少。"如白溪塘田十秤，雍正二年，佃户由金柏改为叶友德承佃，账内注明："今时友德种，已议七折硬租，递年交五砠二十斤为例矣"。如楼角下田十二秤，"壬申（康熙三十一年）换田"，改为定额租。如白鹤塘田十二秤，"丙子（康熙三十五年）换遇时种，立批硬交六砠"。如桑林田十秤，雍正十年改由李佛寿承种，改行定额租。也有仍由原佃续种由分成租改为定额租的，如塘口源田九秤，账内注明："监割旱谷不满砠，立有硬批在账内"。批注只有更改租额字样，没有提到更易佃户问题。从批注内容考察，乃是由于分成租所收租额少而改行定额租的。以上六处租田由分成租改行定额租，地租率都有所增长。

其他各省区也有一些由分成租改行定额租的事例，唯地租增长情况如何，缺乏详细记载，但可由皖南事例进行大致估计。更从明清时代尤其是清代前期定额租发展速度考察，我们有理由作出如下

① 嘉庆《邵阳县志》卷四七，《风俗》。

推断：在改行定额租的过程中，提高地租剥削率是当时普遍现象。在清代刑档租佃案件中，也有一些关于地主把分成租改行定额租以实现增租目的的事例。

由分成租改行定额租虽然是当时地主增租的主要手法，但地主并不就此止步。在改行定额租之后，农民生产积极性有所提高，单位面积产量的增长比在行分成租制时还要快一些，这又刺激了地主的贪婪本性，他们这时又采用改变定额租既定租额的手法以实现增租的目的。明代初期，苏松一带每亩租额约一石有零。如洪熙元年（1425），苏州吴江、昆山等县，"亩出私租一石"①。明代中叶，地租逐渐增加，隆庆、万历之际，华亭县西乡每亩收租五六斗至七八斗，南乡有的每亩收租二三石。② 另据顾炎武记述，明清之际苏州私租，每亩少者八九斗，多者一石二三斗。③

为了论证方便，试和学田租额进行对照考察。以太仓州学田租为例，由嘉靖至万历，每亩租额长期保持在九斗的水平上。学田租额是比照民田租额制定的，这时一般民田租额大概也在九斗左右。至崇祯年间（1628—1644）学田和民田地租出现了差异，学田租额每亩仍保持九斗旧制，而民田则"亩科租米一石，最腴加至一石二三斗"④。显然，学田租额未动而地主私租增加。再以湖南宁乡县书院田为例，乾隆四十年（1775）书院总田额为476亩，每年共收租440石；嘉庆年间（1796—1820）田额未变，每年租额增为698.3石，较乾隆额增多258.3石，增加了58.7%。此后不久，又增加地租折价，由过去每石折银五钱增为六钱五分，租额又增加了30%。⑤ 我们可从书院田租额的增长率考察当地民田租额的增长情况。

---

① 《明宣宗实录》卷六，洪熙元年七月。
② 董含：《董乡赘笔》卷中。
③ 顾炎武：《日知录》卷一〇，《苏松二府田赋之重》。
④ 崇祯：《太仓州志》卷四。
⑤ 乾隆《宁乡县志》卷二二，《知县王余英详书院田亩酌加折租案》。

地主改变既定租额，一般也是采行夺田易佃手法。乾隆十年，湖南地主对农民交过押租的田亩，"更思渔利"，一旦有人前来争佃，多出地租，"辄将先佃之人勒逐出庄"①，改易新佃。如湖南浏阳县地主，经常要为增加地租而"违约易佃"。每至春秋季节，地主和佃户辄为租田事"告讦纷然"②，说明租佃农民对地主增租活动进行了反抗。

关于地主改变既定租额增加地租的活动，在由康熙至道光百多年间的清代刑档有关租佃案件中，有过不少事例。或因经过农民辛勤经营改进土地生产条件而地主勒令增租。如湖南益阳县，郭应昌租佃刘焕若田若干亩，每年交定额租谷 34 石。乾隆二十六年，该地经郭应昌开垦成熟，产量增加，刘焕若遂提出增租。③ 或因雨水及时、收成较好而地主提出增租。如广西柳城县，某农民租地若干亩，议定每年交租谷 4 石。地主见"秋收丰稔"，要农民将地租增为 6 石。④ 也有无故而任意提出增租的，如河南卢氏县钟和租佃高及武土地，原定夏、秋两季交租 8 斗，并言明"永不加课"。乾隆四十年，高及武先欲加租，加租不成又欲夺佃。⑤

由以上事例可以看出，明清时代地主增租手法，一般是先由分成租改行定额租，再改变定额租既定租额。此外，也有不改变分成租制的剥削形式而只改变分成比例的，如由对分制改变为"主六佃四"分配。也有的在改变为定额租后，由于单位面积产量提高，地主又改行分成租以增加租额的，但这毕竟是少数。

关于定额租，每亩租额多寡则因地区而不同。据我们从康熙至嘉庆百多年间刑档中所辑录的 159 件定额租资料，其中黄河流域

① 《湖南省例成案》卷七，《户律·田宅》。
② 雍正《浏阳县志》卷一，《风俗》。
③ 湖南巡抚冯钤题，乾隆三十年九月二十八日。
④ 刑部尚书王鼎等题，道光十五年四月二十七日。
⑤ 管理刑部事务英廉题，乾隆四十二年五月初三日。另据刘永成《清代前期佃农抗租斗争的新发展》（《清史论丛》第一辑），乾隆六十年 65 件地主增租夺佃案件，以广东、四川、直隶、福建、江西、湖南六省最多，凡 43 件。

23 件，这些资料中大多数每亩租额不满 5 斗，1 石以上者只有 1 件。长江流域各省 83 件，其中每亩租额 1 石至 2 石以上者 59 件，占该区案件的 71%，租额不到 1 石者占 29%。福建、广东、广西三省共 53 件，每亩租额在 1 石以上乃至 3 石以上者 46 件，占该区案件的 87%，租额不到 1 石者只占 13%。这个数字虽然不一定十分确切，但很可供研究清代定额租剥削程度的参考。

这时新发展起来的货币形态地租的租额也在不断增加。关于明代民田货币租增加情况如何，目前还没找到具体事例。在学田方面反映得比较具体。如江苏如皋县分布在八里庄的学田 80 亩，天顺八年（1464）原定租银 1.8 两，崇祯十年（1637）增为 2.7 两，增加了 50%。分布在夏家园的学田 230 亩，嘉靖二十九年（1550）原定租银 5.06 两，崇祯十年增为 7.5 两，增加了 48.22%。分布在官庄的学田 101.61 亩，原定租银 4 两，崇祯十年增为 5.91 两，增加了 47.75%。分布在久安为的学田 41.9 亩，原定租银 1.25 两，崇祯十年增为 2 两，增加了 60%。[1] 我们可以据学田货币租增长率考察民田货币租的增长情况。

关于清代货币租的增长，下面先列举清代刑档中几个租佃案件事例。浙江缙云县杜老简兄弟伙租杜明友山地开垦，议定每年租钱 1600 文。嘉庆二年，杜明友见地垦熟，欲行增租，杜老简拒绝，最后杜明友用夺田另佃手法，以每亩年租钱 3000 文转租他人。[2] 广东陆丰县，有农民佃地种柑，原议定每年租银四元。乾隆四十一年，地主见柑子"利息甚好"，意图将租银增加至六元，遭佃农拒绝，地主乃图"召人另佃"[3]。福建顺昌县黄凤彩租佃张汝纹茶山，乾隆三十四年，张见"山茶茂盛"，意图增租，致酿成命案。[4]

下面再列举一个地主连续四次增租的事例。乾隆二十一年，陕

---

① 康熙《如皋县志·学田》。
② 浙江巡抚阮元题，嘉庆五年（原档缺月、日）。
③ 刑部尚书舒赫德等题，乾隆四十一年十二月初四日。
④ 福建巡抚钟音题，乾隆三十五年十一月三十日。

西凤翔县谭中奎等租种军户易海得等土地若干亩，纳租承粮，原定每年租钱 1300 文；乾隆二十九年增为 2900 文；乾隆五十六年增为 4000 文；嘉庆十年增为 5000 文。道光十二年，易家以收地自种为借口，欲行增租，经府判将地租增为 6000 文。①

货币租的增长，在经济作物区反映得比较突出。广东新会县植葵区，葵田集约程度高，康熙年间，每亩租金增加到 14—15 两银子。② 湖南郴县种苎麻获利较厚，农民争相佃田种麻，地租增加了一倍。③ 四川郫县农民多佃田种烟，烟田投入工本大，单位面积产值增加较多，地主遂乘机提高租额，"烟田一亩佃课十金"④。经济作物的发展，为地主增租提供了有利条件，这类土地地租增加幅度远超过一般粮田实物租。

此外，也有无地少地农民为了维持全家生存，自己提出增加租钱、租银以保佃权的；也有农民向地主增加租钱、租银顶种旁人租地的。这类事例这里从略。

关于货币租每亩租额，以钱租计者，据已收集的乾、嘉两朝66 件资料，计黄河流域各省 35 件，其中每亩租钱在 1000 文以下者29 件，占该区案件的 82.86%，而且其中很多在 500 文以下，共有十多件。在 1000 文以上者只有 6 件。长江流域以南 31 件，其中每亩不满 1000 文者 10 件，占该区案件的 32.26%。每亩 1000 文以上者 21 件，占 67.74%，而且其中很多在 2000 文以上，地租额远较黄河流域为高。

明清时代，尤其是清代前期，发展起来一种押租制。福建、浙江、江苏、江西、安徽、广东、广西等省都相继出现，尤其是湖南、四川两省更加普遍。开始地主索要押租的目的是为了保证地租的实现，如农民拖欠地租，地主即从所交押租扣抵。嗣后加押成为

---

① 邱煌：《府判录存》卷三，第 7—8 页。
② 屈大均：《广东新语》卷一六，《器语》。
③ 嘉庆《郴县志》卷终，兴宁廪生郭启梪：《田麻议》。
④ 嘉庆《四川通志》卷二五，第 18 页。

地主增租的一种手段。有关押租记载屡见于各方志书，这里列举清代刑档中几个有关租佃案件具体事例，借以考察押租的苛重。浙江常山县一例，租田 27 亩，地租 27 石，押租钱 27000 文①；宣平县一例，租田 1.8 亩，地租 1.8 石，押租钱 4500 文②；四川郫县一例，租田 38 亩，地租 40 石，押租银 60 两，又押租钱 170 千文。③以上数例，均系当时正常租额。广西信宜县一例，租田 3.2 亩，租谷 5 石，押租钱 2000 文④；江西万载县一例，租田 4.8 亩，正租 12石，押租钱 4000 文⑤；广丰县一例，租田 4.5 亩，正租 12 石，顶钱 5200 文⑥；广东揭阳县一例，租田 4 亩，正租 8 石，顶银 8.6两⑦；连平县一例，租田 2 亩，正租 4.8 石，批头钱 5000 文⑧；湖南茶陵县一例，租田 8.25 亩，正租 12.5 石，进庄银 6.6 两。⑨ 以上数例，均系正常而偏高的租额。计算地租剥削时应把押租折息计入，这样，地租剥削率将大为提高。

明清时代，经过农民的辛勤劳动，农业生产不断发展，地主千方百计地将增产部分攫为己有，这无疑将会压缩农民在生产上的投资，从而影响农业生产的发展。

关于明清时代地租剥削率，就以分成租而言，和过去相比变化不大，一般采行对分制；其次是四六分，或主六佃四，或主四佃六。间也有行三七分的，是例外。从我们接触到的清代刑档资料看，分成租地租率在 50% 及以上者，雍正、乾隆两朝占全部案件的 70% 以上，嘉庆朝占全部案件的 68%。但分成租地租率因地区而不同。以嘉庆朝而论，长江流域以南各省分成租一般皆占产量的

①　兼管刑部事务英廉等题，乾隆四十五年十一月十一日。
②　浙江巡抚阮元题，嘉庆八年五月初四日。
③　四川总督勒保题，嘉庆九年五月二十五日。
④　两广总督李侍尧题，乾隆二十四年六月二十五日。
⑤　江西巡抚秦承恩题，嘉庆十年十二月十一日。
⑥　刑部尚书崇禄等题，嘉庆二十年八月二十八日。
⑦　广东巡抚王謩题，乾隆二年九月初八日。
⑧　广东巡抚图萨布题，乾隆五十二年八月初七日。
⑨　署理湖南巡抚蒋博题，乾隆八年七月初三日。

一半，浙江、江西两省有的占产量的60%。黄河流域较低，以直隶为最，分成租地租率在50%以下者占全部案件的75%。这项资料虽然不十分确切，但很可供研究参考。定额租的剥削率较高。前面业已论及，由分成租制过渡为定额租制，地租率都有所增长，就亩产而言，定额租的地租率一般都在50%以上，乃至百分之六七十。江苏松江府娄邑、华亭两县，据明代中叶何良俊记述，西乡田较低平，容易旱灌，土地肥沃，每亩产米2.5—3石，"故取租有一石六七斗者"，地租占产量的53%—56%。东乡"田高岸陡"，灌溉困难，丰岁每亩产米1.5石，"故取租多者八斗，少者只黄豆四五斗耳"。按每亩产米1.5石，取租0.8石计，地租占产量的53%。① 前面列举顾炎武记述苏、松两府情形，每亩产米一至三石，每亩租额八斗至一石三斗。如上田按产米三石、租米按一石三斗计，地租占产量的43%；下田按产米一石、租米按八斗计，地租占产量的80%。② 康熙年间，松江府华亭、娄邑、清浦等县，每亩产米1.5—2石，每亩租米1—1.6石。据此，地租率上田为66.67%，下田为80%。③ 大约同一时期，福建海澄县一田三主的租地地租剥削率也很高。农民佃种寺僧田，每亩产谷七八石，租户"与佃户均收一半，得谷四石"，这里的"佃户"指二地主。实际种田的租户除向二地主交纳四石租外，又须向寺僧交纳一石七斗租。据此估算，每亩产谷八石，交租五石七斗，留给农民自己的只有二石三斗。地租率高达71.25%。④

　　由以上数例可知，第一，定额租地租率比分成租要高得多，这是地主增租的结果，也是农业生产发展的反映。第二，就地租额而言，肥沃的土地地租量高，贫瘠的土地地租量低，这多少反映了地租的级差性。但就剥削率而言，常是越是劣等地地租率越高。而租

---

①　何良俊：《四友斋丛说摘抄》卷三。

②　顾炎武：《日知录》卷一〇，《苏松二府田赋之重》。

③　叶梦珠：《阅世编》卷一，《田产》。

④　顾炎武：《天下郡国利病书》卷九三，康熙《海澄县志·寺租议》。

种劣等地的农民可能就是经济条件更差的农户。在地主看来，农民贫困乃是加重地租剥削的条件。劣等地地租剥削率超过上等地，反映了地租剥削的封建强制性，也是地主榨取农民的残酷记录。偶尔也有下等田的地租率低于上等田，但租种下等田的农民实际所遭受的封建剥削仍然超过租种上等田的农民，因为农民投入了相等乃至更多的劳动和成本。第三，定额租的租额是固定的，而且租额多系根据丰年的产量制定。在租约中多有年景"不论丰歉"、租额"不得短欠"之类规定，每遇水旱歉收，所有损失基本由佃方负担，因此实物定额的发展大大提高了地租剥削率。① 定额租剥夺了农民大部剩余劳动，也有的侵占到农民部分必要劳动，这也是明清时代农业生产既能发展又不能顺利发展的原因之一。

　　再一种考察地租剥削程度的标志是地租购买年。关于这个问题的研究目前受到现有资料的限制，很难找到同一块土地既有地价又有货币租租额可以进行直接对比的记载。虽然保存下来一些明清时代地租的资料，有关地价的记载则过少，关于地租资料又多是实物形态地租，由于度量衡以及粮价的限制，很难确切地计算成货币，因而对购买年的研究造成一定困难。表3所列是我们目前所能收集到的仅有的能计算地租购买年的几个事例。

　　下面谈一谈对地租购买年的看法。我们一方面承认地租和地价对比在研究地租剥削程度方面的意义，同时又要看到它具有一定局限性。这是由于，在中国地主经济制约下，地价变动幅度较大，战争、灾荒及赋役转嫁等因素都会导致地价跌落，在明清数百年间可以找到不少具体事例。封建秩序稳定、农业生产发展、人口增长、土地兼并剧烈等因素又会促成地价上涨。关于地价暴涨暴跌情形，江苏无锡县钱泳有过这样一段论述："前明中叶，田价甚昂，每亩值五十余两以至百两"。"崇祯季年，年谷屡荒，人咸以无田为幸，每亩只售一二两"。康熙年间，每亩价银"长至四五两不等"。至

---

① 也有因灾减租的。在一般情况下，地主在账上记一笔挂欠，以后追补。

表3　　　　　　　　各省州、县地租购买年示例

省州县		年份	土地面积（亩）	地价	地租	购买年
江苏	宜兴县	乾隆二十七年	2.0	银两 10.00	银两 2.40	4.17①
	丹阳县	乾隆四十三年	4.4	银两 50.00 *	银两 5.59	8.94②
浙江	汤溪县	乾隆四十五年	1.7	钱文 29200	钱文 3600	8.11③
	诸暨县	嘉庆二十二年	1.0	钱文 77000	钱文 438	17.58④
江西	万安县	乾隆十七年	3.6（石）	银两 58.00	银两 9.00	6.44⑤
	宁州	乾隆二十九年	30.0	银两 420.00	银两 25.80	16.28⑥
湖南	邵阳县	乾隆四十六年	3.0	钱文 57760	钱文 2500	23.10⑦
	桃源县	乾隆五十一年	—	银两 51.00	银两 6.00	8.50⑧
福建	归化县	乾隆十六年	—	银两 23.00	银两 5.47	4.20⑨
广东	清远县	乾隆十四年	—	银两 183.00	银两 33.13	5.52⑩

注：①江苏巡抚彰宝题，乾隆三十三年十二月十九日。

②江苏巡抚杨魁题，乾隆四十四年十二月十二日。地租原为制钱 2000 文。据钱泳《履园丛话》："余少时，每白银一两亦不过换大钱八九百文"。按钱泳（江苏无锡县人）所说指乾隆四十年左右银钱比价。如按 850 文折银一两，2000 文可折银 2.35 两。又此田交有顶首银 16.2 两，按年利二分折息银 3.24 两并入地租内，共为银 5.59 两。

③浙江巡抚福崧题，乾隆五十年。地价项内，先交买价钱 12000 文，后加找价钱 17200 文，共计 29200 文。地租 3600 文，系租谷折价。

④此据刑档。原为租地 1.6 亩，租钱 700 文。亩租钱 428 文。购买年较长，可能另有顶价，原资料缺载。

⑤署理刑部事务阿里衮等题，乾隆二十一年三月初五日。租谷按每石折银五钱计。

⑥此据刑档。地租原为租谷 60 石，按时价每石折银 0.43 两，共折银 25.8 两。

⑦湖北巡抚李世杰题，乾隆四十七年二月初五日。原档，价银 76 两，每两作钱 760 文，共计 57760 文。每年租谷 5 石，值钱 2500 文。因系欠租折价，谷价偏低，致购买年过长。

⑧管理刑部事务董诰等题，嘉庆十五年五月初四日。

⑨署刑部尚书阿克敦等题，乾隆十七年六月十七日。地租系为租米 0.99 石。按每石折银 0.58 两计，共该银 0.57 两。又顶耕银 24.5 两，折息银 4.9 两计入地租，共该租银 5.47 两。

⑩广东巡抚苏昌题，乾隆十六年五月二十二日。地租原为租谷 50 石，按每石价钱 550 文计，共折钱 27500 文。又按银每两易钱 830 文，折银 33.13 两。

乾隆初"田价渐长"。乾隆三十年左右，每亩价银七八两至十两不等。至嘉庆二十年，每亩价银增至五六十两。① 据此，嘉庆朝地价，比康熙朝约增 12 倍，比乾隆中期约增 6 倍。如常熟县，每亩价银，明中叶高至五十两乃至一百两。崇祯末跌至一二两，顺治初稍增至二三两，康熙初增至四五两。乾隆以后田价渐昂，嘉庆二十年后，高乡易旱之田每亩十千文，低乡易溉之田每亩至二十余千文，塘地每亩高至三四十千文。② 这时银钱比价，银每两约折制钱1500 文，如好田每亩按 25000 文计，约折银十七两有余。其他各省州县，地价涨落情形大致相同。如湖南省，据乾隆十三年巡抚杨锡绂奏报："国初地余于人，则地价贱；承平以后地足养人，则地价平；承平既久，人余于地，则地贵。"③ 如甘肃省个别地区，乾隆初以承平日久，"丁口愈盛，食指愈繁，田地贵少，寸土为金"④。

封建秩序稳定、农村经济繁盛的年代，人们追求土地的欲望特别强烈。农民为了实现自己的劳动以维持生存，也为了避免地主苛重的地租剥削，急于购买少量土地，他们买地亩不计成本。对地主而言，他们虽然有时也考虑地价和地租的相互关系，如顾炎武所说，田连阡陌的地主，他们购置田产"不过本其锱铢之直"⑤。但由于受社会分工不够发达的制约，地主们更多考虑的是"有田则有租"⑥。同时和投资工商业相比，土地财产更有保证，"无水火盗贼之虑"，如康熙年间安徽桐城县张英所说："田之一物百年千年常新"⑦。因此，只要有地可买，只要能收到占产量 50% 的地租，他们总是把掌握的大量财富投向土地。在地主经济制约下，地价上

① 钱泳：《履园丛话》卷二。关于乾隆三十年及嘉庆二十年地价，系据钱泳记述推算。
② 光绪《常昭合志稿》卷二二。
③ 杨锡绂：《陈明米贵之由疏》，《皇朝经世文编》卷三九。
④ 《清高宗实录》卷一七五，乾隆七年九月。
⑤ 顾炎武：《日知录》卷一〇，《苏松二府田赋之重》。
⑥ 蔡虚斋：《西园闻见录·治生》。
⑦ 张英：《恒产琐言》。

涨遂变成为不以人们意志为转移的客观规律。

地租的增长则不然。农民对地租的负荷能力有一个极限，地主想超过这个极限漫无止境地增租是不可能的。只有在农业生产进一步发展的条件下，农民能创造出更多的剩余劳动，地主提出增租才能实现①。

相对地价而言，地租增长缓慢，地价增长速度远超过地租增长速度。这种地价与地租互相背离的现象，正反映了封建经济关系的特点。在资本主义社会，地价是资本化的地租，土地的购买价格，是凭土地所能提供的地租而决定的，地价因地租的增长而增长。封建社会时期地价虽也会因地租的增长而增长，但毕竟不是资本主义地租，两者增长比例很不相称。还有时出现这类现象：地价连续下跌，而占产量50%的地租率长期不变；或地价激增而地租增长甚少。总之，不是地租决定地价，地价每和地租脱节。因此在封建社会时期，地租购买年只能做供研究地租剥削率的参考。

三　租佃间封建依附关系的松解

明清时代伴随地租形态的变化，封建依附及超经济强制关系趋向松解；又伴随地租剥削率的不断增长，地租的实现愈有赖于封建政权的保证。

在宋元时期，佃农和地主之间的相互关系，在实际生活方面带有主奴关系的严重残余。北宋眉山苏洵说：富户"招募佃客，分耕其中，鞭笞驱使，视以奴仆"②。有的地区佃客被剥夺了迁徙自由，还有的地区地主干预佃客的婚事。在法权关系方面也不是对等

---

①　我们并不否认，有时地租会侵蚀到农民部分必要劳动，如马克思所指出的，实物地租可以达到这样程度："以致劳动条件的再生产，生产资料的再生产，都严厉地受到威胁，以致生产的扩大或多或少成为不可能的，并压迫直接生产者，使他们只能得到维持肉体生存的最小限量的生活资料。"（《资本论》第3卷，人民出版社1953年版，第1039页。）

②　苏洵：《嘉祐集》卷五，《田制》。

关系，宋代律例，地主打死佃客减等治罪；佃客打死地主加等判刑。元朝建国，租佃关系虽稍有改变，但地主打死佃客仍免除死刑，只罚交烧埋银若干两。在明初所制定的律例中，关于一般租佃的法权关系如何没有明确规定，实际是用不成文形式确定了佃农的"凡人"法律地位，这是一次具有历史意义的变革。虽然在"乡饮酒礼"中曾规定佃农要对地主行"以少事长"之礼，但乡俗礼节只是一般性约束，毕竟不同于国家法令硬性规定。清承明制，地主和佃农基本是对等关系。从我们所接触到的有关清代大量主佃刑事案件资料看，也是把佃农和地主作为对等关系处理的。地主打死佃户，佃户打死地主，都是杀人者偿命，虽生监地主也不例外。在这方面，地主的部分豁免权起码在形式上是被取消了。当然，双方在实际生活中还是不平等的。

　　历史的发展总不是一帆风顺。明中叶以后，尤其是明代后期，伴随官绅地主权势嚣张，租佃关系一度呈现逆转，又有部分佃农沦为佃仆。有的自耕农民为了逃避重赋负担，带地向官绅地主投靠。据当时人王士性记述，河南"光山一荐乡书，则奴仆十百辈，皆带田而来，止听调遣，不费农食"①。又据山东《文登县志》载，晚明时期，自耕农"投身著姓，甘为奴仆"，以逃避重赋②。这类投靠户的身份地位虽然和皖南的佃仆有所不同，但农民一经投靠，即须听主人役使。一直到清朝初年，在长江流域有些地区，佃仆制仍在延续。据康熙《崇明县志》云，江南各地"佃户例称佃仆"。苏州府和太仓州属，佃户"与仆无异"③。江西吉安、赣州等府，"俗以佃为仆"④。但长江以北经过明末大规模农民战争的严重冲击，长江以南经过轰轰烈烈的奴仆反抗斗争，逐渐扭转了明代中叶后出现的租佃关系的逆转趋势，身份性租佃逐渐向一般租佃转化。

---

① 王士性：《广志绎》卷一三。
② 民国《文登县志》卷一下。
③ 康熙《崇明县志》卷六，《风俗》；卷一八，《赋役》。
④ 李桓辑：《国朝耆献类征初编》卷二〇八，监司四。

就是与宗法势力牢固结合而具有长久历史的皖南佃仆制，在清代前期也在不断发生变化，部分佃仆摆脱了人身依附关系，取得"凡人"身份地位。

下面着重论述一般租佃制的发展趋势——封建依附关系的松解过程。

这时租佃关系变化是多种因素造成的。如农民阶级的反抗斗争，商品货币经济关系的发展，以及国家维护佃农的"凡人"法律地位的政策措施等。这里要着重指出的是，由于地租形态和租佃制度的变化所产生的巨大作用。

前面曾经指出，在宋元时代，租佃分成制占据统治形式。明代则因地区而不同，就全国而言，分成租制和定额租制所占比例大致相等。清代前期，定额租制逐渐占据统治地位。明清两代是由分成租制向定额租制过渡时期。主佃间的封建依附及超经济强制关系，伴随着这种过渡逐渐趋向松解。

在中国历史上，分成制持续了一千多年。这种分成制，收成好坏直接关系到地主所分租额多寡，因而地主对农业生产事宜每进行直接干预，从种植、灌溉、中耕一直到收获，都加过问。北宋苏洵所说"鞭笞驱使，视以奴仆"，就是指的分成租制。明代朱国祯所说地主"下乡督农"[1]，也是指分成租制下对农民生产劳动的监督。前面所谈安徽休宁县吴苏园祀产事例，在地租中糯米记载较多，这显然是为了地主特殊需要而生产的。直隶鸡泽县，有地主为了多分地租，勒令农民种植烟草。在分成租制下，农民种植什么，地主有部分决定权。

关于分成租制下地主干预佃农的耕锄收获问题，在清代刑档中有不少事例。山西河曲县，某地主以佃农不按时耕锄而进行斥骂；陕西三水县，某地主认为佃农收割禾谷过早而横加斥责，山东汶上县，某地主以佃农懒于耘锄而勒令退佃；安徽天长县，地主以佃农

---

[1] 朱国祯：《涌幢小品》卷一七。

所布禾苗稀少而任意斥责；贵州遵义县，地主某以佃农耕锄不力，所分租谷较少，强迫退耕。这里举的是个别事例，对分成租而言却是一种普遍现象。

在分成租制下，分配产品之时，由地主本人或派遣管家临场监分。河南永城县，地主某每当禾谷成熟，公同佃农"收割监分"，江苏甘泉县，地主某于田禾收割之后，令管租之人"看稻分租"；浙江萧山县，地主某于每年稻禾成熟，与佃户同割均分；安徽定远县，地主某于秋收之时，临田与佃户监割均分；广西藤县，地主某于收谷之时，到田与佃农分割。这种分配方式每和超经济强制紧密联系在一起。如贵州遵义县某佃，不等地主到场即行收割，地主以其违反惯例，横加责难。贵州威宁州阿得租佃安兴仁地亩，阿得在收割稻谷时来不及通知安兴仁，因遭受安兴仁指责，发生纠纷。河南永成县，杨赐枚租佃杨世经地亩，杨赐枚不等地主到场，先把麦子收割一半，遭受地主责难，酿成命案。永成县洪万仓租佃温某土地，洪万仓也是先收割一半，地主责其"不该私自收割"。广东清远县，熊奇毓租佃朱朝相田地，熊收谷打场之后，将朱应分租稻堆放自己村场，朱斥责熊"想要隐瞒"稻谷，要熊立即将租稻挑送自己村内堆放。在这里，地主在继续施行超经济强制权①。

明清时代，一般租佃制，主佃间在法权关系方面是对等的，彼此间已无主仆名分，即佃农摆脱了对地主的人身依附关系。但在分成租制的制约下，地主不但对农民仍然施行强烈的超经济强制，并且保持着不同程度的劳役附加租，如乾隆年间两江总督那苏图所指出的："北方佃户，居住业主之庄屋，其牛犁谷种亦仰资于业主，故一经退佃，不特无田可耕，并亦无屋可住，故佃户畏惧业主，而业主得怒视而役使之。"② 那氏所说即指北方由通行分成租制所构成的生产及奴役关系。

① 以上地主干预佃农的耕种、收获及分配事例，均见清代刑档。
② 《朱批奏折》，转见《北京师范大学学报》1978 年第 1 期，《红楼梦历史背景资料》之二。

由分成租制过渡到定额租制，情形发生较大变化。这时农民一般都有自己的生产工具，生产独立性有所加强。农民随着经济上的独立而获得了更多的人身自由，这是一个方面。从地主方面来说，由于租额是固定不变的，无论年景丰歉地主都能照额收租，即所谓"丰年不增，歉年不减"。收成好坏和地主地租收入的联系已不像在分成租制下那么密切。这时地主所关心的只是农民是否能按定额交租，如明人蔡虚斋所说：地主"唯知有田则有租"。蔡氏又说："天下之生纷纷董董，上之人（指地主——引者注）大概都不甚照管他。"① 在这种情况下，地主对农民的超经济强制遂相对削弱，有如那苏图所指出的："南方佃户自居己屋，自备牛种，不过借业主之块土而耕之，交租之外两不相问，即或退佃尽可别图，故其视业主也轻，而业主亦不能甚加凌虐。"② 据那氏所说：在定额租制下，一是佃农在农业生产上独立性较强；二是地主对农业生产不闻不问；三是农民由于经济上的独立而加强了反抗斗争精神，地主对之再不能任意欺凌。这时的租佃已开始处于由封建依附关系向单纯纳租义务过渡的阶段。

在定额租制下，农民在各方面虽然获得较多的独立和自由，但和货币形态地租所形成的租佃关系相比，仍然有很大差距。在定额租制下，地主对农民生产事宜有时仍进行干预。以江苏棉产区为例，太仓州农民多把稻田改为棉田，在租约上写的仍然是稻米租，农民交租则以豆麦棉或银钱折抵。崇祯年间米价上涨，地主为坐收贵米之利，对地租作了硬性规定，上等田必须交纳七成稻米③。就是说在定额租制下，农民生产仍要受地租品种的限制，在种植方面仍没有绝对自由，不是想种什么就种什么。

过渡为货币形态地租就不同了，租佃关系发生更大变化。在定额租制下，地主仍控制着征收过程，在当时租约中还常保留着米谷

① 蔡虚斋：《西园闻见录·治生》。
② 《朱批谕旨》，见《红楼梦历史背景资料》之二。
③ 崇祯《太仓州志》，《凡例》第2页；卷四，第8页。

"干圆""干净""白米""好米"之类规定，地主对农民所交租米租谷每横加挑剔，或借口米质不好拒绝收受，或勒令佃户"置酒赎罪"①。改行货币租后，地主不但不再干预农民生产事宜，在交租方面也再没有质量问题。货币租多是预交租，在订立租约或在播种之前即行交纳，对地主而言已无拖欠地租问题，超经济强制几乎没有什么必要了。这时农民和地主的关系已经完全变成单纯纳租义务关系。交纳货币租，一部分产品必须当作商品来生产，这对生产方式会或多或少产生一些影响，如马克思所指出的，在货币形态地租下，"虽然直接生产者仍然要继续亲自生产至少是他的生活资料的绝大部分，但是现在他的一部分产品必须转化为商品，当作商品来生产。因此，整个生产方式的性质就或多或少发生了变化"②。这里所说"生产方式的性质"的变化，其中包括农民和地主相互关系的变化，尤其是封建依附及超经济强制关系的松解，也包括农业资本主义萌芽。究竟发生什么变化，要看具体情况。

伴随地租形态变化，封建依附关系趋向松解；伴随着地租剥削加重，农民抗租斗争剧烈。这时地租已不能全靠地主个人的超经济强制关系来实现，从而不能不借助其他因素和力量了，这就是：其一，加强经济强制以弥补超经济强制之不足；其二，国家的政治强制代替地主个人的超经济强制。在定额租制下，以上两者起着极为重要的作用。

所谓经济的强制指的是押租的保证，这在前面已经提到了。早在明代，押租制就已在个别地区出现。到清代前期，押租制在全国范围内普遍发展，即在租约成立之初，地主先向农民索取一笔相当于一年租额的银钱作为抵押，如果农民抗欠地租，即从农民所交押租银钱内扣除。押租制的出现和盛行，对地主地租的实现起着一定保证作用。

---

① 李渔：《资治新书》卷九，《张梅庵急究人命事》。又保存下来的一些租约，多有关于米谷质量的规定。

② 《资本论》第3卷，人民出版社1975年版，第898页。

所谓国家政治强制指国家法令对地主私租的保证。在宋元以前地主地租的实现也需要国家法令的保证。但到明清时代，在封建依附关系趋向松解、农民抗租斗争日益剧烈的条件下，国家政权的保证作用更加重要，这是一个重要的变化。这种现象即在明代地主绅权嚣张时期也不例外。明代中叶以后所爆发的农民抗租运动，就是靠国家军事力量镇压下去的。我们还可以列举几个地方政权保证地主私租的事例：天启年间，福建莆田县有农民抗欠地租，靠地方官代为追交，并对欠租农民进行惩治和罚谷。① 崇祯年间，德化县有佃农用退佃办法抵制地主大斗收租，地主则"呈控粮馆，票提监禁"②。清代前期，封建政权在保证地主私租方面所起的作用更为重要。据雍正五年增订律例，一方面禁止地主任意虐使佃户，同时也是更重要的乃是防止佃农抗欠地租。新律规定："至有奸顽佃户抗欠租课欺慢田主者杖八十，所欠之租照数追给田主"。③ 清代前期，清廷以"粮从租出"的名义，一再发布代地主追租的上谕④，各级地方政权也一再发布禁止农民抗租的告示。⑤ 这种情形，正像马克思在分析进入实物地租阶段时所指出的，这时农民的剩余劳动不复在地主或他的代表直接监督和强制下来实现，而是由农民自己负责来进行，不是用鞭子来驱使，而是靠"法律的规定"⑥。这个"法律的规定"，就是国家政权的强制。明清两代的历史实践完全证实了马克思的科学论断。这时关于封建地租的实现，国家政权的强制逐渐代替了地主私人的直接强制。我们认为这是划分中国封建社会后期的基本标志之一。

---

① 祁彪佳：《莆阳谳牍》。

② 民国《德化县志》卷七。

③ 道光《大清律例》卷二七，第26页。

④ 乾隆六年、十年、十一年、二十三年、三十五年、四十一年，都颁发过令农民向地主交租及镇压农民抗租的上谕，见《高宗实录》。

⑤ 雍正十二年广东清远县，嘉庆年间湖南岳州府，道光年间苏北山阴县，都发布过禁农民抗租的告示。见《中国近代农业史资料》第1辑。

⑥ 《资本论》第3卷，人民出版社1975年版，第895页。

最后作一简短概括。明清时代地租形态的变化和地租剥削的增加，是同封建依附关系的发展变化紧密联系在一起的。它的发展变化又为农业生产发展状况所制约。农业生产发展，为地主增租创造了条件，也为分成租制向定额租制过渡创造了条件。租佃间封建依附关系的松解，和农民阶级的反抗斗争固然有一定联系，归根结底，则为农业生产发展水平所制约。结合农业生产发展水平研究明清时代地租形态的变化和地租剥削增加以及封建依附关系的松解等问题，更有助于我们对问题的深入理解。

（原载《历史研究》1986 年第 1 期）

论明代封建土地关系

——从产品分配和集团关系考察明代封建所有制中的两个问题

一　从产品分配关系看明代土地所有制的性质

在 20 世纪五六十年代，中国史学界曾围绕封建所有制问题开展热烈讨论。从此后发表的论文反映出来，封建社会时期的土地国有或私有问题并未获得真正解决。本文拟就租佃关系中的产品分配问题提出自己的看法。

值得商榷的有三种意见，一种是把所有耕地都论证为国有制，一种是把地主土地论证为私有制而把农民土地论证为国有制，一种是承认地主和农民占有土地为私有制而把贵族庄田论证为国有制。上述种种看法都有欠妥之处，因为作者所遵循的原则或从国家主权角度出发，把国家对土地财产的支配控制权作为论证土地所有制的依据；或单纯从上层建筑角度出发而离开经济关系的分析；或虽注意到经济关系问题而混淆了田赋和地租的界线。如果坚持历史唯物主义基本原则进行分析研究，可以得出另一种结论。

遵照历史唯物主义，所有制形式决定社会的性质，生产关系是所有制的内核，剥削关系又是生产关系的内核，它最后又体现为产品分配关系和社会集团关系，因此论证某种土地属国有制还是私有制，首先应着重于生产关系的分析。马克思在论证封建所有制时就是从分配关系和集团关系着手的。他先分析分配关系，从这方面论证封建所有制具备的特征，即封建主占有生产劳动者全部剩余劳动产品。他从剩余劳动归谁所有论证国有制或私有制问题。在封建土地和私有制的场合下，全部剩余劳动归地主私人所占有；在土地国有制的场合下，全部剩余劳动归国家所占有。他接着进入集团关系的分析，即人身依附及超经济强制关系，在封建土地私有的场合下，人身依附及超经济强制是生产劳动者和封建地主私人之间的关系；在土地国有的场合下，是生产劳动者对国家发生直接臣属关系。[①] 在这里，马克思完全没有涉及土地所有权的法权关系。总之，论述封建社会时期土地国有或私有问题，首先应从产品分配问题着手，它最反映问题的实质。本文即拟遵循这个基本原则进行论述。

明代由地权所体现的所有制，有民田、勋贵庄田和各类官田。从民田而论，又分别为农民和地主所占有。地主所有部分主要采行土地出租制，佃农向地主交纳地租，主佃之间无论从产品分配或封建依附及超经济强制关系方面分析，地主私有制的性质十分清楚，无须再加论证。发生问题的主要是农民小土地所有制，有的作者把农民向国家完纳的田赋和对国家承担的徭役论证为实物地租和劳役地租，认为农民是土地"占有者"[②] 而非所有者，从而把这类土地引申为国有制。

当然，农民和地主不同，作为一个阶级来说，地主是统治阶级，农民是被统治阶级，这一点自耕农和佃农相同。但自耕农因占有土地而向国家完纳田赋，又和地主相同。佃农向地主交纳的地租一般占产量的50%，在这里，地主占有佃农的全部剩余劳动；自耕农向国家完纳的田赋一般占产量的10%，只占农民剩余产品的一部分，远低于佃农向地主交纳的地租。占地较多的自耕农，所创

---

① 《资本论》第3卷，人民出版社1953年版，第1032页。

② 按马克思在论述中古欧洲领主制，谓农奴对份地享有"占有权"，是正确的，因为领主对农奴份地不能随意剥夺。中国学者在论证中国自耕农的土地时，用来相比，把自耕农说成是土地的"占有"而非所有者，把中国自耕农和西欧农奴等同起来，显然是错误的。

造的产品,在完纳田赋、扣除农业生产费和全家生活费之外,一般还有些盈余,这部分剩余劳动产品并不全部上交国家,而主要归农民自己所有。在这里,土地私有权是农民得以私有其剩余劳动产品的条件。既然农民占有自己的剩余劳动产品,当然也就无须乎任何形式的经济外强制。由此可见,自耕农占有的土地,是以个体劳动为基础的小土地私有制。

发生问题最多的是朱明勋贵庄田,有更多作者把它论证为国有制。① 无疑,从形式上看,勋贵庄田具有国有制的某些特点,诸如地权的取得通过国家赏赐土地,禁止买卖,并且有退田制等。② 但从产品分配及封建依附关系方面考察,仍属于私有制。

明代勋贵庄田从太祖洪武年间(1368—1398)开始建置,中叶后逐渐扩大,神宗万历(1573—1619)、熹宗天启(1621—1627)两朝增加尤速,到明代后期估计达 30 多万顷。庄田均以出租形式剥削农民,关于产品分配,据洪武六年赏赐各公侯及武臣的公田,令"仍依主佃分数收之"③。即按民间分成租制原定比例征收实物租。宪宗成化十六年(1480),山东德王分布在兖州和临清的庄田,每亩每年征租谷 2 斗。④ 2 斗谷相当于当地一般定额租。也有由地方政府代为征收的,多采行定额货币租制,每亩租银 2—3 分,按当时粮价约相当几斗粮食的价格。⑤

勋戚贵族自行管业的庄田,实际所收租额远比规定的租额为高。关于皇庄,如分布在北直隶东光县的庄田,成化十六年,"管

---

① 《明史·食货志》把皇庄及诸王勋戚大臣内监等乞赐庄田都列入"官田",有作者或据此立论。

② 各级贵族庄田有定额。其承袭及退田制,据《明穆宗实录》卷二十七,隆庆二年定:"勋臣五世,限田二百顷,戚畹七百顷至七十顷有差"。据《明神宗实录》卷二○一,万历十六年定:"皇后之亲传派五世,准留一百顷为业;其驸马派五世,准留七顷供主祀;其诸妃家传三世即尽数还官。"但这并不反映生产关系。

③ 《明太祖实录》卷八十五。

④ 《明弘治实录》卷二十七。

⑤ 正统年间,苏松重额官田每纳金花钱一两准米四石,每石合银 0.25 两。按官定折价银一般比市价为高,当时米每石市价当在银 0.25 两以下。

庄人征粮无度，令补二石。"① 武宗正德元年（1506），南直管庄内官依势逼租，"其所科索必逾常额"②。关于王公勋贵庄田，世宗嘉靖元年（1522），长沙吉王府派人下乡收租，照原额加倍征收。③万历年间，洛阳福王派人下乡收租，每租银一钱加收五分。④ 云南黔国公沐庄田"正征之外有杂派，杂派之外有亡名，虐焰所加，不至骨见髓不止"⑤。明代庄田租，皇庄归皇帝私室占有，专供皇室开支；各级勋贵庄田租归各级贵族所占有，专供他们家族挥霍。劳动产品的这种分配形式，是生产资料所有制的直接反映，即各级贵族对庄田分别享有所有权。

　　庄田私有制的性质，还从由以所形成的封建依附及超经济强制关系得到说明。有的庄田附有"钦赐佃户"，如洪武四年十月明太祖拨赐6公28侯佃户38194户，洪武二十六年六月拨赐勋戚郭英佃户若干户等，⑥ 这类"钦拨佃户"子孙世袭，永世不得改变户籍，庄田主人对佃户人身占有合法化，具有强烈的人身支配权。更多庄田采行一般租佃制，由于庄田主人是当时特权勋贵，由以所形成的人身迫害也比较严重。嘉靖年间，长沙吉王府收庄田租时，对农民不如期交租的，没收其子女为奴婢。⑦ 万历年间，分封在洛阳的福王，庄田跨河南山东湖广数省，派遣的丈田收租官校，对农民"使尽凶威"，农民"受尽荼毒"；派赴河南汝州的阎时殴打佃农周化、鲁国臣等致死。⑧ 勋贵们所派遣的征租官校是他们的代理人，这些官校是在执行庄田主人的意志。以上庄田制所体现的人身依附及超经济强制关系，是由特殊的生产资料所有制形式所决定的，表

---

① 《明宪宗实录》卷二〇三。后经科道上疏力争得减。
② 《明武宗实录》卷十。
③ 《元和县志》卷二十三，《张勉学传》。
④ 《明神宗实录》卷五十八。
⑤ 顾炎武：《天下郡国利病书》，第32册，周嘉谟：《庄田册疏》，万历十六年。
⑥ 《明太祖实录》卷六十八，又卷二二八。
⑦ 《元和县志》卷二十三，《张勉学传》。
⑧ 《明神宗实录》卷五二八，又卷五二九。

明各级勋贵就是土地所有者，这是一种具有官田形式的贵族私有制。

明代屯田制和勋贵庄田有着本质的差别。屯田耕作者是卫所军兵，其编制一卫有 5 个千户所，一个千户所有 10 个百户所，每个百户所有 112 人，一卫共有 5600 人。卫所兵额，成祖永乐（1403—1424）以后渐增至 280 万左右。① 按明初规制，"边军卫所什三守城，什七屯种；内地卫所什二守城，什八屯种，或一分屯守，或俱下屯。"② 据此从事农业生产的屯军当在 200 万左右。现役正军按规制每兵授田 50 亩，实际授田多不足额，一般在 20—30 亩。军人家属所受田额与正军同，或稍减于正军。据此全国屯田在 8000 万—9000 万亩。宣宗宣德（1426—1435）之后，屯田制逐渐破坏，田额锐减。孝宗弘治元年（1488）减为 2894 万余亩，正德五年（1510）又减为 1613 万余亩。

屯田严禁典卖，有典卖者按律治罪，典卖官田 50 亩以上者，卖主买主如系军户，发边外充军；如系民户，发口外为民。国家对屯田的控制超过一般民田。国家创建屯田的目的是解决驻防军粮饷问题，思宗崇祯年间（1628—1644）王洽说过："祖宗养兵百万，不费朝廷一钱，屯田是也。"③

国家通过屯田占有屯军的全部剩余劳动。据惠帝建文四年（1402）制定的屯田科则，每兵每年交粮 24 石，其中 12 石作为"正粮"，"收贮屯仓，听本军支用"，相当于屯军的必要劳动产品；其余 12 石称作"余粮"，这部分食粮上交"给本卫官军奉粮"，相当于向国家交纳的剩余劳动产品，也就是地租，这个租额相当于对分制。关于屯田地租率，根据明清之际所保存下来的资料估计，一个壮劳动力常年劳动生产率，在生产最发达的江浙，以米计为 20 石左右，在黄河流域以粟计约为 15 石。国家给屯军规定的租额显

---

① 吴晗：《明代的军兵》，《中国社会经济史集刊》1937 年第 5 卷第 2 期。

② 《明宪宗法录》卷十五。

③ 《明史》卷二五七，《王洽传》。

然偏高，使屯军无力负担，以后国家不得不把"余粮"的标准降低，由 12 石减为 6 石。① 屯军所交租额各地并不完全一致，如成祖永乐十九年（1421）令交州等卫每兵每年交谷 35 石，演州、南靖、新乐等千户所每兵每年交稻谷 18 石等，② 租额都偏高。

关于屯田租的苛重，由漕运卫所屯田反映得尤为清楚。有漕各省卫所军承运漕粮，是一种繁重徭役，把分配屯田作为运粮报酬，挽运漕粮徭役等同劳役地租，其不承担运粮的屯军，则计亩出津济运等同货币租。就运军因种屯田而向国家承担徭役租而言，国家才是屯田所有主，而且运军所交付的徭役租极为繁重，弘治年间，运军在运粮徭役压迫下，至于"富者日贫，贫者终至于绝"③。到明朝末年，有的运军连父母妻子都无力养活，啼饥号寒，至冻馁而死。④ 屯田制的实物地租和劳役地租，不只榨取了屯军的全部剩余劳动，乃至侵蚀到部分必要劳动。从产品分配关系可以看出，国家对屯军是以主权者兼所有者双重身份出现的。

与屯田酷苛剥削相伴随的，是更为强烈的人身依附及超经济强制关系。首先是国家对屯军的严格控制。屯军专有军籍，子孙承袭，永世不得摆脱。明律规定，"军户子孙畏惧军役，另开户籍，或于别府州县入赘寄籍等项，及至原卫发册清勾买嘱原籍官吏里书人等捏作丁尽户绝回申者，俱问罪，正犯发烟瘴地面，里书人等发附近卫所，俱充军，官吏参究治罪。"⑤ 就这样把士兵及其家属牢牢地束缚在土地上，变成了土地附属物，完全丧失了人身自由。在这里，国家对屯田又是以主权者兼所有者的身份出现的，屯军对国家是以臣属关系出现的。

过去有的作者把庄田和屯田混同起来，关键是由于没从产品分

① 《皇朝世志录》卷三十，《屯政》，永乐二年将"余粮"减为二石。
② 《明太宗实录》卷二十八。
③ 刘大夏：《刘忠宣公集》卷一。
④ 《明朝经世文编》卷一〇八，陈子龙《论漕运积弊之害》。
⑤ 《大明律例·户律》。

配及封建依附关系两方面进行区分。在贵族庄田上进行生产的劳动者，他们全部剩余产品归庄田主人所占有，他们和庄田主人发生直接的封建依附及超经济强制关系。在屯田上进行生产的卫所军，他们全部剩余产品归国家所占有，从而地租的实现不再通过封建地主个人的暴力强制，而是靠国家法令的规定和国家对生产劳动者屯军的直接强制，此外屯军再不因土地关系对任何私人发生人身依附关系，这一点和贵族占有的庄田有着质的差别。

二　从集团关系看明代封建土地关系的变化

明代二百多年间，由封建所有制所制约的产品分配形式虽然发生了一些变化，诸如分成租向定额租过渡，货币租的初步发展等，但地租剥削率没有发生质的变化，地主仍通过地租占有租佃农民的全部剩余劳动。这时集团关系则发生了较大变化，封建依附关系呈现剥削松解趋势。关于封建依附关系问题，在前面论证封建所有制性质时业已涉及，下面着重于发展变化方面的论述，它具有更为重要的时代意义。

人们每把人身依附和超经济强制二者混用混称，其实它们是两个不同的概念。人身依附指生产劳动者和土地所有主之间的贵贱等级及人身隶属关系，这种关系是被封建法权所固定下来的，超经济强制是封建地主为实现经济剥削所采行的暴力手段，诸如对生产劳动者审判、体罚和囚禁等，如马克思所说，在农民占有份地进行独立生产的条件下，要能为名义上的地主从农民身上榨取剩余劳动，就只有通过超经济的强制，而不管这种强制是采取什么形式。马克思所说"所以这里必须有人身依附关系"，等等，就是紧接在"就只有通过超经济的强制"之后说的。总观马克思的论述，可作如下概括：因为实现地租需依靠超经济强制，所以必须有人身依附关系；人身依附关系是实现超经济强制的前提条件，在有人身依附的条件下，超经济强制可以更加酷暴。但超经济强制可以脱离人身依附关系而独立存在。地主为实现地租，对农民施行超经济强制是不可避免的，在没有人身依附关系的条件下，超经济强制可以单独成为实现地租的凭借，不管这种超经济强制采取什么形式。明代就是这种情形，这时一般租佃制的人身依附关系在趋向削弱松解，超经济强制关系却仍在延续。

为了说明我们的看法，下面从两方面进行论述，一是影响封建依附关系松解的地权形式的变化，① 一是封建依附关系本身的松解过程。

关于地权形式的变化，如农民小土地所有制的广泛存在，庶民地主的发展，国家屯田向民田转化等，具体体现则为生产劳动者——自耕农、租佃农和雇佃农社会地位的变化。

明代中叶以前，农民小土地所有制一度广泛发展。明初建国，太祖朱元璋迁徙某些地区官绅地主，没收他们的地产，如在苏州、松江、湖州、嘉兴四府籍没勋贵官绅土地 1663840 亩，约占 1/4。这部分土地先由原租佃农民耕种交租，洪武七年，将租额减半征收，实际变成农民所有制。明太祖并一再下令：农民开垦荒田"永为世业"；同时对地主占田作了一些限制，对还乡地主之人少地多者不许"依前占护"。从而在明代前期，在相当广大地区，农民小土地所有制广泛存在，有的地区并占据统治地位。明王朝正是在这种条件下，推行其具有特殊意义的里甲赋役制度的。自耕农的广泛存在具体反映于当时人的议论。正统年间兵科给事中刘斌说："田多者不过十余亩，少者或五六亩或二三亩"。② 刘斌所说系江南地区情形。明代中叶吴宽说："为上农者不知其几千万人"。③ 吴宽所说"上农"指占地稍多者或较多者，其间包括部分庶民地主，

---

① 当时影响封建依附关系松解有很多因素，如农业生产及商品经济的发展，如赋役制度的变革等。此处从略。

② 《明英宗实录》卷一八六。

③ 吴宽：《匏翁家藏集》卷三十六，《心耕记》。

但主要指自耕农。雷璋也说过："田少者或十亩或数十亩。"① 雷氏所说也是自耕农广泛存在的反映。也有地区地权分配悬殊，地主所占耕地较多，但涉及这方面的记载过于笼统。②

在有些地区，即在明代中叶后，农民小土地所有制仍广泛存在，如皖南地区，万历年间，休宁县第 11 都 3 图和 12 都 1 图，两图民户共 694 户，耕地共 866.8 亩，除无地农户不计外，以占地 25 亩作为自耕农和地主分界线，占地 25 亩以下的农户共 286 户，占总户数的 70%，占总耕地的 50% 有零。如果把占地 50 亩作为自耕农与地主的分界线，农民户数及所占耕地比重将更大。③ 关于江南地区有清康熙十五年长州县第 8 图和第 24 图两图事例，第 8 图占地 50 亩以下的农户占总耕地的 60.38%，第 24 图占地 50 亩以下的农户占总耕地的 78.4%。④ 这时相距前明虽已数十年，但这个事例仍可供作研究明代这个地区地权分配的参考。

农民所有制不属于封建所有制，农民所有制的发展意味着封建所有制的缩小与削弱。在明代中叶以前，农民所有制的发展只持续了百余年，到万历年间，伴随绅权嚣张与剧烈兼并，农民所有制又趋向萎缩。

地权形式的再一个变化是庶民地主的发展。

元代地权趋向集中，土地兼并者主要是贵族官僚权势之家。史鉴说过，元代地主"占田多者数千顷，皆隶役齐民，僭侈不道"；朱明建国，"其徒犹蹈前辙"，明太祖"戮其孥，籍其家"以示惩戒。⑤ 惠帝建文时期（1399—1402）方孝孺说：太祖"疾兼并之

<hr />

① 康熙《吴江县志》卷十六，《均田均役序》。

② 江苏江阴县，据嘉靖《江阴县志·风俗记》，"农之家什九，农无田者什有七。"苏州府属，据顾炎武《日知录·苏松二府田赋之重》，"有田者什一，为人佃作者什九。"皖中怀宁县，据《古今图书集成·草木典》卷二十八，农民之"绝无一亩十之七八"。

③ 皖南档案：万历《休宁县十一都鱼鳞草册》、《十二都鱼鳞经册》。

④ 转据鹤见尚弘《关于苏州府鱼鳞图册的土地统计考察》一文改制（打印稿）。

⑤ 史鉴《西村集》卷五，《侍御刘公悠灾序》。

俗，在位三十年，大家富室多以逾制失道亡其家"。① 明代中叶吴宽说：元代地主，"服食宫室，僭拟逾制"；"皇祖受命，政令一新，豪民巨族，划削殆尽。"② 以上这类"僭拟逾制""隶役齐民"的"大家""巨族"，主要指元朝勋贵官绅地主。在明代初期，这类地主的生存受到一定程度的抑制；同时在国家的扶持下，农民小土地所有制有所发展。这种发展变化也为庶民地主的发展创造了条件。虽然缺乏论据，我们有充分理由作出这种论断。前引吴宽语"为上农者不知其几千万人"，其中即包括部分庶民地主。此外还有一些商人将部分商业资本和利息转向地产变成商人庶民地主，皖南徽商就有这类事例。由于庶民地主的发展，地主阶级的阶层构成发生变化，即前述占地"千余顷""数千顷"的贵族官绅大地主阶层及所占土地相对缩小，占地百余亩数百亩的中小地主相应增多。

在封建社会时期，庶民地主和贵族官绅地主是两个不同的等级，他们的法权关系和社会地位不同，即抑制特权地主的朱元璋对这种关系也予以肯定，他说"食禄之家与庶民贵贱有等"，他要庶民对乡官"以礼相见"，"凌辱者论如律"。③ 更值得注意的是，由于庶民地主的发展所导致一系列变化，影响封建依附关系的松解，如陷入奴仆身份的农民逐渐减少。明太祖一再下令禁止庶民役使奴仆，洪武三十年并把这一条写进明律："若庶民之家存养奴婢者，即放为良。"④ 这里的"庶民之家"主要指庶民地主。和元代相比，明代前期陷于奴仆身份等级的农民大为减少。同时由庶民地主和佃农、雇工之间所形成的封建依附及超经济强制关系也趋向松解，这种变化以后还要论及。

庶民地主的发展并非一帆风顺，明代中叶后主要是明代后期，伴随政治腐败和绅权嚣张，贵族官绅地主迅速滋长，他们变成为土

---

① 方孝孺：《逊志斋集》卷二二，《故中顺大夫福建布政司左参议郑公墓表》。
② 吴宽：《匏翁家藏集》卷五八，《莫处士僧》。
③ 《明史》卷五六，《礼志》。
④ 《大明律例》卷四，《户律》。

地主要兼并者，庶民地主的发展受到严重挫折，封建土地关系又趋逆转。

　　地权形式第三个变化是国家屯田向民田转化。明代中叶，屯政废弛，田额骤减。屯田减少原因，或军官侵隐，或盗买盗卖，或逃兵地荒，因之缺额严重。① 弘治年间左都御史马文升奏：原有屯田"十去其五六"，屯政"有名无实"②。或谓屯田存者"多不过三分"③。嘉靖以后情形尤为严重，如嘉靖年间魏焕说："今之屯田十无一存。"④ 隆庆六年户部尚书马森奏：屯田"十亏七八"⑤。

　　在屯田盗卖荒废严重缺额的情况下，明王朝逐渐采行变通政策，承认屯田买卖合法化。嘉靖前期，直隶巡按御史方日乾奏请将军逃抛荒屯田，"不拘军民僧道之家，听其各择所便开垦""计亩定税。给贴承种"。方日乾又说：南京和阳镇南等卫查出荒屯 300 余顷，俟其开垦成熟后，"并无补役之军"，拨给垦民，"永远为业"⑥。于是明政府决定，南京镇南等卫荒芜屯田任人开垦，"待成熟后照旧纳粮，仍令永远管业，不许补役复业者告争"⑦。隆庆四年清查延绥屯田，据庞尚鹏奏：被侵夺屯田，如有人告发，该田即与告发人"永为己业"，其余军自愿开垦荒屯者，也"给为永业"⑧。万历年间大学士李廷机建议：有能开垦荒芜屯者，"悉与为业"⑨。就这样，主要在嘉靖、隆庆、万历朝，国家屯田逐渐向民田转化了，正式进入地主制经济体系。通过这种转化，说明这种落后的地权形式已经受不起社会经济发展的冲击，不得不退出历史

---

　　① 据《明孝宗实录》卷七五，弘治六年五月臣僚奏："屯地多为势家侵占，或被军士盗卖。"

　　② 《明朝经世文编》卷六三，马文升《请屯田以复旧制疏》。

　　③ 《明孝宗实录》卷七五，弘治六年五月壬申。

　　④ 《明朝经世文编》卷二五，魏焕《边墙论》。

　　⑤ 《明穆宗实录》卷一五，隆庆六年十二月戊戌。

　　⑥ 《明朝经世文编》卷二一〇，方日乾《抚恤屯田官军疏》。

　　⑦ 《万历会典》卷四二，《南京户部·屯田》。

　　⑧ 《明朝经世文编》卷三五九，庞尚鹏《清理延绥屯田疏》。

　　⑨ 《明朝经世文编》卷四六〇，李廷几《九边屯政考》。

舞台。

　　屯田向民田转化具有一定的历史意义。如前所述，首先，在屯田上进行生产劳动者的屯军完全丧失了人身自由，屯田制是一种把生产劳动者牢固地束缚在土地上的土地制度；屯田民田化，使生产劳动者获得较多的自由。其次，屯田禁止典卖，是一种僵化的土地制，屯田变为民田，开始进入流通领域，这对商品经济的发展是有利的。最后，是对农业生产发展的作用，屯田这种封建剥削极其苛重而僵化的土地制，对农业生产的发展形成严重束缚；转化为民田之后，封建剥削减轻了，农民生产积极性提高了。由这种发展变化也充分说明中国地主制经济的生命力，民田的扩大意味着地主制经济体制的发展。

　　以上明代前期农民小土地所有制及庶民地主的发展，明代中叶屯田向民田转化，地权形式的这种变化对当时封建依附关系起着一定松解作用。这种发展变化有的虽非一帆风顺，如明代后期官绅地主的发展，但它的历史意义仍不容低估。①

　　关于封建依附关系松解的具体情况，主要表现在租佃、奴仆及雇佣三种关系的变化方面。关于租佃封建依附关系的松解有一个发展过程。宋元时代，佃农和地主在法权关系方面是尊卑贵贱等级关系。以宋代而论，北宋哲宗元祐年间（1086—1093）规定：地主打死佃客减罪一等，发配邻州。南宋高宗绍兴元年（1131）定，地主打死佃客再减罪一等，发配本州。关于佃客迁徙，先规定由地主给予"田凭"，即须经地主同意，由这条规定说明佃农没有迁徙自由。北宋仁宗天圣五年（1027），改为收割完毕后双方可"商量去往"，各取"稳便"。② 但这条规定只是一纸空文，佃农在迁徙方面并未获得实际自由，如南宋初期，淮北诸路经过战争地区，有些佃农乘机摆脱原来地主；平定之后，旧地主卷土重来，他们投牒州

─────────────

　　①　明代中叶后，勋贵地主庄田扩大，是封建土地关系的逆转，是同当时社会经济的发展趋势背道而驰的。此处从略。

　　②　《宋会要·食货一》。

县，争相攘夺，力图把已脱籍的佃农仍置于自己奴役之下。① 又如夔州归万忠等路，孝宗淳熙十一年（1184）定：如佃客逃徙已过三年，承认既成事实；其不到三年的，"一并归追旧主"。元朝建国，宋代身份性佃农基本延续下来，与佃客人身不自由相联系的则是地主对佃农的酷暴奴役，如成宗大德六年（1302），这时元朝平定江南已经四十年，仍有富室"蔽占王民役奴使之者"，而且"动辄数千百家，有多至万家者"②。元代地主打死佃农，只判罚烧埋银若干两。上述现象到明代才发生重大变化。

　　朱明建国，如前所述，一方面抑制官绅地主，扶植农民小土地所有制，另一方面制定新律例，在主佃关系方面一改宋元体制，适当提高佃农社会地位，在律例上再没有关于佃农迁徙的规定，佃农有了实际退佃迁徙的自由；也没有关于佃农与地主相互关系的规定，一般租佃制，双方在法权关系上的地位是对等的，地主干预佃户婚嫁以及实行鞭笞等暴行是非法的，从此中国开始进入自由租佃关系阶段。这时的租佃契约有关于佃农"不愿耕作"得将田"退还原业"之类事例，佃户有随时退佃的自由。万历年间，王锡爵也说过："佃户之租，若今年无取，明年可弃而不种。"③ 清朝沿袭明律，地主打死佃农须依法偿命，即使具有功名的地主也不例外，在清代刑档中有过不少事例，可作为论证明代佃农法律地位的补充说明。明代虽在"乡饮酒礼"中载明佃农对地主行"以少事长"之礼，但礼节的制约总不同于宋元时代主佃间法律条例的硬性规定。总之，明代初期，主佃间等级性法权体制的废除，对等性"凡人"关系法律的制定，是租佃封建依附关系趋向松解的一个基本标志。这时在实际生活中虽仍有关于地主虐待佃农的事例，但非基于法权关系，乃属官绅地主的违法行为，这在当时也是触犯刑律的。

---

①　王之道：《王相山文集》卷二一，《乞止取佃客札子》。

②　《元史·武宗纪》。

③　张萱：《西园闻见录》卷四〇，《蠲赈》，引王锡爵语。

明代某些地区，还从宋元延续下来一种佃仆制，但在明代前期也相对衰落。明代后期，伴随绅权嚣张，封建土地关系逆转，佃仆制又行滋长。如湖北麻城县"梅刘田李强宗右姓家僮不下三四千人"，[①] 江苏常熟县钱海山"僮奴数千指"，[②] 河南光山县人们"一荐书生则奴仆十百倍皆带田而来"等，[③] 此种情形清人吴骞曾作如下概括，"明末乡官家僮至以千计，谓之靠势"[④]。所谓"靠势"，即带田投靠权势之家做佃仆。上述现象发生在明代中叶后主要是明代后期，不能据以论证明代中叶以前的租佃关系。只有徽州府佃仆制历史比较悠久，到清代才逐渐发生变化。

租佃制的封建性，剥削率才最反映问题的本质，即地主通过地租占有农民的全部剩余劳动。明代一般租佃制，人身依附关系虽然趋向松解，地租侵占农民全部剩余劳动的性质并没有发生根本变革。封建依附关系和封建地租剥削率这种脱节现象，表明中国封建社会后期地主制经济的进一步发展。

伴随地权形式的变化，奴仆及雇佣关系也在发生变化，这是封建土地关系松解的又一个方面。

这里的雇仆指生产奴仆，即地主在大田场上所奴役的奴仆。这类奴仆和佃仆不同，佃仆指租佃地主土地进行独立生产，奴仆指在地主田庄上进行生产劳动。在元代，地主使用大量奴仆，进行生产劳动，一度转盛。朱元璋即位后，对蓄奴事深恶痛绝，一再下令严禁。先是洪武五年下诏，令庶民因贫沦为奴者，"诏书到日即放为良"，违者依律治罪。[⑤] 洪武三十年并把这条写入律例。太祖掌政时期，在雷厉风行的政治形势下，这类禁令是会产生积极效果的，相对元朝而言，地主使用奴仆进行生产的事例大为减少。至于明代

---

① 王葆心：《蕲黄四十八寨纪事》。
② 徐复祚：《花当阁丛话》。
③ 王士性：《广志绎》卷三。
④ 吴骞：《愚谷文存》卷三。
⑤ 《皇明诏令》卷二，《正礼仪风情诏》，洪武五年五月。

后期生产奴仆的滋长，是另一个问题。

这里的雇佣也指生产雇佣。明初，解除了压在佃农身上的等级法，部分奴仆也获得解放，以庶人的身份出现，而雇工的卑贱社会地位仍未得到改善。在明代中叶，伴随农业生产的发展，农业雇工人数却在迅速增长，这种现象并大量反映于地方志书，如弘治年间江苏吴江县的"长工""短工"，正德年间苏州、松江等府的"长工""短工"，嘉靖年间扬州、湖州、嘉兴等府的"长工""短工"和"雇工"等。① 这时在各种文献中经常出现的"僮奴""佣奴"之类称呼，很多即指当时的农业雇工。在万历十六年以前，雇主是以家长身份出现的，雇主和雇工在法律上是尊卑贵贱等级关系，双方发生刑事案件，雇主得减轻刑罚，雇工要加等治罪，从而影响于雇工的称谓，是可以理解的。

这时的雇工在律例上特称为"雇工人"。据当时人解释，"雇工人是官民家暂雇役者"②。下面列举几个事例。一个是农业雇工事例，嘉靖八年，江南无锡县钱让雇佣倪泰从事农作，言明四月开始，六月期满，在此期间，倪泰偷窃钱让船后，事发后将倪泰以雇工人盗窃家长财物论。③ 一个是手工业雇工事例，正德十年十二月，面粉制作商张滕雇张泽、江旺二人佣工，张江二人口角争吵，张滕上前劝解，张泽愤骂张滕，张泽按雇工人骂家长律杖八十徒二年。④ 一个是商业雇工事例，成化十五年正月，浙江台州临海县赵、钱二人合伙经商，周、吴二人佣工，周吴诬赵、钱贩卖私盐，地方官府根据律例将周吴二人按雇工人诬告家长罪判处绞刑。⑤ 由以上事例，说明雇主和雇工的卑贱等级关系，双方发生纠纷按律例加等减等判刑，在农工商各界都不例外。

---

① 均见明代地方志书。
② 胡琼：《大明律附例·亲属相盗》。
③ 应槚：《谳狱稿》卷三。
④ 龚大器：《比部招拟》卷四。按比部系刑部代称。
⑤ 熊鸣岐：《昭代王章》卷首。

雇工的社会地位，到万历时期开始发生变化。先是万历十五年，都察院左都御史吴时来奏：有关雇工事宜"合令法司酌议，无论官民之家，有立券用值工作有年限者，皆以雇工人论；有受值微少工作止计月日者，仍以凡人论"①。万历十六年即制定律例，规定雇工之"立有文券，议有年限者以雇工人论"。从此短工明确划入凡人范畴，变成自由雇工，发生刑事案件得按凡人例判处。其未书立文券的长工如何判处，律文不甚明确，大概在两可之间，这可能是由封建雇佣向自由雇佣过渡时期出现的特殊情形。但据此后天启年间冯梦龙所编《醒世恒言》，在描写地方官吏处理地主举人卢楠打死长工钮成一案时，特别重视有无文券问题，如果未曾书立雇约文券，卢楠就不能按打死"雇工人"条例判处，而要按打死"平人"即法律上所谓"凡人"判处。据此，未写立雇约文券的长工也得进入自由雇佣之列了。②

总之，农业雇佣关系，在万历年间开始发生变化。这种变化的进一步发展则在清乾隆、嘉庆朝。

当然这并不是说农业雇工已完全摆脱地主的超经济强制关系，即在清朝雇工完全获得法律上的"凡人"地位以后，仍有不少关于地主虐待雇工的事例。其实这并不难理解，农业雇工向自由劳动的过渡是个长期历史过程，封建因素长期延续是不可避免的。封建残余尽管仍在延续，但不能否定雇佣的质变。

关于农民小土地所有制的消长及庶民地主的兴衰，在中国历史上一再反复。但租佃及雇佣关系的变化，却由明至清一直在持续，这种变化更能反映问题的实质，乃是中国封建社会后期具有划时代意义的变化。

综上所述，明代封建土地关系的松解，其一体现为地权形式的变化，其二体现于生产劳动者农民对地主阶级封建依附关系的松

---

① 《明神宗实录》卷一九一，万历十五年。
② 冯梦龙：《醒世恒言》，第55回。

解。两者相辅相成。这种发展变化是中国地主制经济高度发展的具体表现，它体现出中国封建社会后期土地关系的某些特点。

（此系 1975 年旧作，现加以压缩，作为《明史研究》创刊纪念。文治，1990 年 10 月。）

（原载《明史研究》1991 年第 1 期）

西周封建论

——从助法考察西周的社会性质

一　经济关系是论证古代社会性质的基本标志

西周时期，在已发现的铜器铭文中确实有不少关于奴隶的记录，在《尚书》《周书》《左传》中也偶有反映。过去西周奴隶制论者立论依据之一，即这时有关奴隶记录较多，诸如墓葬中殉人、古书中仆隶等。但单纯从奴隶的存在尚难断定一个历史时期的社会性质，更重要的是主要生产劳动者农民的经济状况，尤其是它所反映的生产关系，因为它最能突出社会性质的实质。奴隶制论者也从农民的农业生产及经济状况方面进行论证，但在铭文和《尚书》《周书》中所反映的多不具体，很难据以做出令人信服的结论。西周文献较能完整地反映农民经济生活的首推《诗经》，其中相当大部分篇章完成于西周，材料比较可靠。因此本文取材以《诗经》为主。

西周奴隶制论者，有的扩大了当时奴隶等级队伍。如西周早期由上级赐给各级贵族的臣、鬲，其中并不完全是奴隶，很多属于依附民，类似此后出现的私、徒、属等，主要是贵族属下的依附民，

＊　谨以此文缅怀叔父捷三公百周年诞辰。

而不是奴隶。西周的众、众人虽可用作赔偿，但也不一定是奴隶。对以上各类民户，何兹全教授都作了周详考订。有的作者忽略经济关系，专对语言词汇下功夫，甚至把属于自由人或依附民的庶民、庶人论证为奴隶，更是一种误解。以反映农民经济生活较多的《诗经》而论，很多是庶民、庶人类型农民，可列入奴隶等级事例的极为少见，这是当时实际生活的反映。关于庶民庶人类型农民身份地位问题，我基本同意何兹全教授的分析。①

有的作者倾向从生产力发展水平论证西周的奴隶制。我们也不否认生产力发展水平对生产关系发展变化所起的制约作用，诚如陈振中教授所论，西周时期，青铜器的普遍使用为个体劳动创造了物质条件的基础，使人的劳动能生产出超过劳动力所需要的产品。②但有的作者用中西对比法，把青铜时代同奴隶制画个等号，认为青铜时代必然是奴隶制。其实古罗马奴隶制已进入铁器时代，西欧伴随铁器的出现和使用产生了典型奴隶制；中国西周则在青铜时代已进入较先进的生产关系。这种关系杨生民教授已经论及。③ 这就有力地说明，中国古代和古代罗马的发展历程各有自己的特点，既不能把西欧古史中国化，也不能把中国古史欧洲化。中西之间这种差异的产生是由于各个国家自然条件不同，社会经济发展状况不同，政治体制遂也不同，总之是多种因素造成的。其间生产力发展状况虽有一定影响，但不是起决定性作用的因素。

我们认为，论证一个历史时期的社会性质，既要准确鉴定当时农业战线生产劳动者的身份和社会地位，又不能过分强调生产力发展水平的制约作用，要从经济关系整体出发进行考察，尤其是其间的生产关系。只有这样，所作出的结论才能比较接近历史实际。

如何从经济关系整体出发呢？研究古代社会，首先要考察由土地关系制约的生产关系。

---

① 何兹全：《中国古代社会》。
② 陈振中：《青铜生产工具与中国奴隶制社会经济》。
③ 杨生民：《汉代社会性质研究》。

关于西周时期的土地制度，孟子向滕文公所论可供参考。他说："周人百亩而彻，其实皆什一也。"他接着谈到助法："助者藉也。诗云：'雨我公田，遂及我私。'惟助为有公田。由此观之，虽周亦助也。"孟子把《诗经》所说公田、私田同助法联系起来。据孟子所论，公田和私田是对立统一体，助法是在这种田制下出现的租税制。孟子所论基本符合西周历史实际。孟子为了恢复这种土地租税制，向滕文公建议："请野九一而助，国中什一使自赋。"①

根据孟子所论，并参酌众说，试对西周土地制度作进一步说明。西周时期，各诸侯国都分成国和野两类地区。国是国人居住区。国人主要是农民，也要按耕地产量向所属诸侯国承担贡赋。他们的社会地位高于庶民。关于国人的身份问题人们很少争议。野是其中的主要组成部分，如古史所说"三其国而伍其鄙"。其实这时鄙野的耕地面积和人口所占比重远不止于占5/8，西周的社会性质主要决定于鄙野所广泛出现的生产关系。这时在鄙野通行助法制，由助法制形成的生产关系是：每个农户都是一个独立的经济实体，每个农户都要助耕公田即承担劳役地租，从而每个农户农民都要对土地所有者发生人身依附关系。以上三要素是紧密联系在一起的，西周属于什么社会性质，对三者进行整体考察更有利于揭示问题的本质。

人们在谈论中国古代社会性质时，每把商、周联系在一起。商代奴隶众多系历史事实。但属于什么性质的社会，是奴隶制还是其他社会，就目前所接触到的资料尚难准确判断。关于西周社会性质记载比较明确，如把鄙野构成部分作为主体，从前面所提三要素所反映的生产关系考察，我倾向于封建制说。

本文是我们正在进行中的"中国地主制经济论"研究课题的前奏。我们认为东周是中国地主制经济萌生期，到底是由什么社会向地主制经济过渡的，对西周社会性质有进行探索的必要。为此笔

---

① 《孟子·滕文公上》。

者复习了幼年家叔捷三公所讲授《诗经》，同时查看了国内学者关于西周社会性质的论著，提出了自己初步看法。

关于西周社会性质，过去由封建论到奴隶制论，在国内史学界有过一个认识过程。早在 1950 年以前，封建说一度成为史学界的共识，后来范文澜先生从理论上加以阐扬，国内学者多赞同他的观点。主张西周奴隶制说最早的是郭沫若先生。他在 1950 年撰写《读了"记殷周殉人之史实"》一文，提出"殷周都是奴隶社会"①。从此西周封建制、奴隶制两说并存。影响较大的是郭先生于 1972 年在《红旗》杂志发表的《中国古代历史的分期》一文。②此后国内史学界多信服他的观点。从此西周封建论和奴隶制论虽同时并存，但奴隶制说占了主导地位。

为了阐明西周封建论，拟以各家所公认的助法，及其所制约的三要素——农民独立的个体经济、劳役地租及人身依附关系，作为中心线索进行考察。

二　封建性在农民独立个体经济方面的反映

我们并不否认，奴隶制社会的农民也可以有独立的个体经济，但像西周时期存在的那种男耕女织自负盈亏如此完整的个体经济，同封建经济联系起来更容易理解。

为了论证农民独立个体经济问题，下面先简略介绍一下西周的土地所有制。

据《诗经》之《小雅·北山》："溥天之下，莫非王土；率土之滨，莫非王臣。"对此数语需要正确理解。所说"王土"指所有土地都在周朝统辖之下，并非实际占有。所说"王臣"，指所有人民都在王室统治之下，这里的臣包括各种人诸如国人、庶民和奴隶。

---

①　参见 1950 年 3 月 21 日《光明日报》。是年 7 月 5 日，郭沫若又在《光明日报》发表《申述一下关于殷代殉人的问题》一文。

②　《红旗》1972 年第 7 期。

这时西周进行分封制。周天子对所辖王畿，实行直接统治，在王畿内并分封卿大夫，封土曰采邑。王畿之外广大地区则分封众多诸侯国。① 在分封之时，将某些土地并附带该地上的劳动农民一同授与，如当时周公分封于鲁时，据《诗·鲁颂·閟宫》所记："王曰叔父，建尔元子，俾侯于鲁，大启尔宇，为国室辅。乃命鲁公，俾侯于东，锡之山川，土田附庸。"所说"土田"指耕地，"附庸"主要指以庶民为主的农民。

各诸侯国，在封国内也分封卿大夫，封土也叫采邑。各诸侯和卿大夫对所封授土地，实际长期占有，子孙世袭。就这样，如《礼记·礼运》所记："天子有田以处其子孙，诸侯有国以处其子孙，士大夫有采以处其子孙"，形成以血缘关系为核心的世袭制。

各级贵族对所辖土地，除自留部分作为"公田"外，其余大部分分授所辖农民作为农民"私田"。贵族公田由所辖农民代为耕种，谓之助耕，产品归各级贵族所占有，是农民所创造的剩余劳动产品。划归农民的"私田"，由农民耕种自给。这种关系如《国语·晋语》所记："大夫食邑，士食田，庶人食力。"所说"庶人食力"，即指农民从事各种生产劳动；其中包括为贵族提供的剩余劳动和维持自家生计的必要劳动。就这样，在助法制制约下，由公田和私田形成贵族经济和农民经济两种对抗性经济构成的经济统一体，每个贵族庄园是一个独立的经济单位，每户农民都是一个独立的经济实体。

关于公田和私田的紧密联系，在《诗经》中屡有反映。如《小雅·大田》所记："有渰萋萋，行雨祁祁，雨我公田，遂及我私。"② 在农民看来，无论"公田"或"私田"都由他们耕种，因

---

① 据《国语·周语》记周襄王语："昔我先王之有天下也，规方千里以为甸服……其余均分公侯伯子男。"

② 关于"雨我公田，遂及我私"，据齐思和教授解释，谓公田之公"乃地主之尊称"。私田之私乃"其禾为耕者所私有"。齐教授引《国风·豳风·七月》"言私其豵，献豜于公"句，谓指农民将狩猎所获，小者农民自有，大者献之于地主，很可供参考。

而冠以"我"字。据《大雅·韩奕》，描写宣王分封诸侯于北国时有这样两句："实墉实壑，实亩实籍"。"实亩"指分授农民的私田，"实籍"指各级贵族保留的公田①。在助法制制约下出现的私田，是这时广大农民形成独立个体经济的基本条件。

农民独立的个体经济，首先反映于生产方面。如《小雅·大田》："大田多稼，既种既戒，既备乃事，以我覃耜，俶载南亩，播厥百谷"，又《国风·豳风·七月》："三之日于耜，四之日举趾"；又《周颂·良耜》："畟畟良耜，俶载南亩"；又《周颂·载芟》："有略其耜，俶载南亩"。以上数诗，形容在农忙季节，农民准备、携带农具，到田场进行生产劳动。仍据《国风·豳风·七月》，当农民在田场进行耕锄及收获时，"同我妇子，馌彼南亩"。即农妇亲到田场送饭食。

农家还从事纺织。据《国风·豳风·七月》："遵彼微行，爰求柔桑"；"八月载绩，载玄载黄"。所说即指采桑养蚕纺织。农家还植麻织布。关于麻的种植，《齐风·南山》："艺麻如之何？衡从其亩。"《秦风·东门》有"绩麻"语，《曹风·蜉蝣》有"麻衣"语，说明农民不只种麻，并纺织为布，缝制为衣。尤其值得注意的还有农家"抱布贸丝"之类记载，说明这时农家的丝麻纺织品，除向领主进行贡纳及供自家穿用外，并部分出卖，以所得购置部分生产资料和生活必需品。

农家个体经济更多反映于农民的经济生活。在劳役地租形态下，农民已开始发生分化。有较少农民经济状况较好，如《大雅·民劳》所记："民亦劳止，汔可小康"，"民亦劳止，汔可小安"。即农民经过辛勤劳动，可以过上小康安定生活。但绝大多数农民经济状况十分困难，表现在衣食住三个方面。据《小雅·大东》："小东大东，杼柚其空"。形容东方各诸侯国的农民，所生产的布匹被领主搜刮空了。农民沦于"纠纠葛履，可〔何〕以履

① 有的作者把"实籍"理解为助法，即在公田上进行助耕。

霜?"即穿着单薄的葛鞋如何在布满冰霜的路上行走?又《国风·豳风·七月》:"一之日觱发,二之日栗烈,无衣无褐,何以卒岁"。形容农民缺御寒衣服,过冬困难。关于农民缺食情形,如《小雅·苕之华》所记:"人可以食,鲜可以饱。"农民劳苦终年,饭都吃不饱,因之"心之忧矣,维其伤矣"。关于农民居住情形,据《小雅·鸿雁》:"之子于垣,百堵皆作;虽则劬劳,其究安宅!"前二语指为领主建筑了好住宅。后二语形容农民为领主辛勤建筑,自己却缺乏房子住。

这时农民衣食住条件之所以很差,除沉重的劳役地租之外,还有繁重的徭役,据《小雅·蓼莪》,频繁的徭役打乱了农家的生产,谓"民莫不谷,我独不卒"。由于农田荒废,粮产减少,不能养活父母,而心怀不满:"哀哀父母,生我劬劳"。如《唐风·鸨羽》:"王事靡盬,不能艺稷黍,父母何怙!"各诸侯国的徭役没完没了,致农民无暇从事生产,无法养活父母。又《小雅·鸿雁》有"之子于征,劬劳于野"语,指丈夫从军打仗,妻子下田劳动。因而发出浩叹:"爰及矜人,哀此鳏寡。"由以上事例看出,由于各种剥削苛重影响于农家经济困难,更突出了农民个体经济问题。

由于封建贵族对广大农民的封建剥削过于苛重,而他们自己却过着豪华奢侈生活,招致农民阶级的不满,乃至发出怨言,《诗经》保存下来大量记录。如《魏风·伐檀》诗,谓领主"不稼不穑,胡取禾三百廛兮?不狩不猎,胡瞻尔庭有县〔悬〕貆兮?彼君子兮,不素餐兮"。如《魏风·硕鼠》诗,把贵族比作贪食禾谷的老鼠:"硕鼠硕鼠,无食我黍。三岁贯女〔汝〕,莫我肯顾。逝将去女,适彼乐土;乐土乐土,爰得我所"。这时的农民是贵族的世袭臣民,并没有迁徙的自由,要想自由只有逃亡。西周末年幽王时《大雅·召旻》诗:"旻天疾威,天笃降丧,瘨我饥馑,民卒流亡,我居圉卒荒。"民间饥馑,人民流亡,土地荒废,也从另一方面反映农民的独立个体经济。

以上是西周时期农民独立个体经济在农民的农业生产及农民的

经济生活等方面的反映。农民独立个体经济作为一种普遍的社会形态的发展，是同通行于野的助法制紧密联系在一起的。这一基本特征，与其说同奴隶制相联系，不如说与封建制相联系更具有说服力。

三　封建性在助法——劳役地租方面的反映

助法是助耕公田，公田是农民进行无偿劳役的主要场所。封建贵族制定公田，是用以剥削农民剩余劳动的手段。统治者授与农民一定数量的私田，是为了实现他们的必要劳动，维持他们的生存，也从而保证了公田上的劳动人手。助法和公私田是紧密联系在一起的。西周奴隶制论或封建制论者，双方意见尽管分歧很大，但关于助法问题有关记载则系大家所公认。

关于"公田"，在古籍中屡有反映。其见于《诗经》者，如前引"雨我公田，遂及我私""实埇实壑，实亩实籍"等，其间"公田""实籍"都指各级贵族为自己保留的公田。又《小雅·信南山》："畇畇原隰，曾孙田之；我疆我理，东南其田。"所说"曾孙田之"，指所平整的广大地产为周朝王室孙辈所经理占有，实际也系贵族公田。这类公田都由授有私田的农民代为耕种，即农民所承担的劳役地租，亦即古书中所说的助法。

以后东周时期有不少关于助法的记载，可供研究西周公田助法制的参考。春秋中期，据《国语·鲁语》："季康子欲田赋，使冉有问仲尼，仲尼不对。私于冉有曰：'求来，女〔汝〕不闻乎？先王制土，籍田以力。'"孔子接着说："若子季孙欲其法也，则有周公之籍矣。"孔子所说的"籍"即助法。如孟子所说"助者籍也"，即籍民力助耕公田。在《管子·乘马篇》中也有"正月，令农始作，服于公田"语，均系对西周土地制度的追记。尤其是《诗经》，系当时人记当时事，最有说服力。

关于助法制，以孟子所记最详。如前所述，他根据《诗经》

把助法同公田联系起来，指出"惟助为有公田"。这里为了进一步加以论证，更借助于孟子所道及的井田说。孟子谓"方百里而井，井九百亩，八家皆私百亩，同养公田"①。孟子所说"井田"可能源于当时传闻。② 关于"八家同井"可能出自孟子臆测，这种僵化的豆腐块形的井田不易实行，因此中华人民共和国成立前即有不少人提出怀疑。③ 但井田类型的公私田结构是存在过的，即当中为公田，四周为私田；私田户数不一定是八家，可多可少；私田和公田亩数也不可能是八与一之比，公田面积所占比重会更大一些。总之，周朝前期曾出现过井田类型土地制是毋庸置疑的。

孟子倡井田说乃有所感而发，乃系针对当时土地兼并向滕文公所提建议，谓"夫仁政必自经界始。经界不正，井田不均，谷禄不平，是故暴君污吏必漫其经界。经界既正，分田制禄，可坐而定也"④。孟子针对当时租税过重发表如下意见："君子用其一，缓其二。"如果租税过重，会导致社会紊乱，即所谓"用其二而民有殍，用其三而父子离。"⑤ 由以上事例，孟子恢复井田制的意图十分清楚，是想通过推行井田制解决农民耕地问题。如前述"请野九一而助，国中什一使自赋"是。孟子所谈整齐划一的井田虽属臆测，类似井田的土地结构却是存在过的。

关于前述"请野九一而助，国中什一使自赋"问题的国和野前已论及，此乃西周租税制，即国和野实行两种不同的租税制，构成两种不同的剥削形式⑥，但其间主要是行于野广大地区的助法。按西周定制，在农忙季节，远郊区农民先助耕公田，然后种植自己

① 《孟子·滕文公上》。

② 在殷代已出现过井字，这时的井字主要指灌溉系统中的水渠，与孟子所说西周井田制不同，西周井田制同助法联系在一起，井字已发生质变。

③ 如陈伯瀛1934年所著《中国田制丛考》、齐思和1948年所著《孟子井田说辨》皆论之甚详，齐文见《中国史探微》。

④ 《孟子·滕文公上》。

⑤ 《孟子·尽心下》。

⑥ 这种关系，张广志在所著《"从贡彻助"研究中的几个问题》曾经论及。见《中国古代经济史论丛》。

的私田，即所谓"同养公田，公事毕然后敢治私事"指此。孟子的设想系源于西周的传说，但这一点是可信服的。总之，西周时期，确实存在过公田私田并存的助法制。

关于农民助耕公田事，在《诗经》中屡有反映：其一，公田经营规模较大。据《周颂·载芟》，在农民耕种时，"千耦其耘，徂隰徂畛"。据《周颂·噫嘻》："骏发尔私，终三十里，亦服尔耕，十千维耦。"① 以上皆形容田场面积广大，进行生产劳动者人数众多。《周颂·载芟》还谈到收获情形："载获济济，有实其积，万亿及秭。"形容积谷成堆，多以亿计。又据《小雅·甫田》："曾孙之稼，如茨如梁；曾孙之庾，如坻如京；乃求千斯仓，乃求万斯箱，黍稷稻粱，农夫之庆"。经营规模之大，收获之多，乃至千仓万箱。其二，农民在公田上进行生产劳动情形，以及由田主进行监督等事，在《诗经》中也屡有反映。据《周颂·载芟》"载芟载柞，其耕泽泽"；"千耦其耘，徂隰徂畛"，指农民在公田上进行劳动。据《周颂·臣工》"命我众人，庤乃钱镈，奄观铚艾"，指田主下令农民准备好农具到田场进行生产，在耕种和收获季节，主人携带使从躬临田场实行监督，如《小雅·大田》所说"曾孙来止"。又据《周颂·载芟》："侯主侯伯，侯亚侯旅，侯强侯以"等，都指到田场进行监督的各种人员。他们有的同农民共进饮食，如《小雅·大田》所记，农民"以其妇子，馌彼南亩，田畯至喜"指此。有的不仅吃农家送来的饭食，还同农妇调情，如《周颂·载芟》所记："有嗿其馌，思媚其妇"。其三，如禾苗长势良好，获得丰收，主人与农民皆大欢喜。如《小雅·甫田》所记："禾易长亩，终善且有，曾孙不怒，农夫克敏"；"我田既臧，农夫之庆，琴瑟击鼓，以御田祖"等。

①　此诗第一句是"噫嘻成王"，下面有"率时农夫，播厥百谷"语，指成王下令各级领主贵族督率农民下田播种。然后接着说："骏发尔私，终三十里。"这里"骏发而私"的"私"字显然是令农民在公田上尽力发挥其个人生产功能。有的作者把"私"字理解为私田；从前后文考察，此种理解欠妥。

公田收入，各级贵族则坐享其成，过着不劳而食的奢侈生活。据《小雅·终南山》："疆场翼翼，黍稷彧彧，曾孙之稿，以为酒食。"又《周颂·载芟》载，贵族所收获的粮食，"万亿及秭，为酒为醴"。又《小雅·楚茨》载："我仓既盈，我庾维亿。以为酒食，以享以祀；以妥以侑，以介景福。"总之，各级贵族尽情享受剥削来的剩余劳动产品。也有的封建领主，在农民缺粮的情况下，将多余的食粮分给农民一点，以便他们继续进行生产劳动。如《小雅·甫田》所说："倬彼甫田，岁取十千；我取其陈，食我农人。"

农民助耕公田之外，还向主人提供各种贡纳。如《大雅·韩奕》所记：农夫"献其貔皮，赤豹黄罴"。如《豳风·七月》所记："二之日其同，载缵武功，言私其豵，献豜于公。"农民不只将猎获物贡献主人，还用纺织品和皮毛为他们做冬农。如《豳风·七月》所记："八月载绩，载玄载黄，我朱孔阳，为公子裳"；"一之日于貉，取彼狐狸，为公子裘"。此外还为领主建筑居室。仍据《七月》，"我稼既同，上入执宫功"。即农民先干完私田的农活，然后为领主修建宫室院墙。如《大雅·灵台》诗："经之营之，庶民攻之，不日成之。"又据《小雅·鸿雁》："之子于垣，百堵皆作"等。

遇有战争，农民还要服兵役。服兵役主要是国人，但在助法剥削下的农民有时也被迫参加。据《小雅·何草不黄》："何人不将？经营四方。"即哪个人不参加兵役，奔走四方？"哀我征夫，独为匪民。"可怜我们这些出征的，把我们不当人看待。"哀我征夫，朝夕不暇。"可怜我们这些出征的，成天奔波，没有休停。在《诗经》中，像以上记述甚多，不一一列举。

以上是西周时期劳役地租及各种贡纳的基本情况。这种剥削形式是同助法紧密联系在一起的。在农民具有独立经济的条件下，这种剥削形式是与封建制互相适应的，用劳役租论证封建制较之论证奴隶制更具有说服力。

四　封建性在生产劳动者社会地位方面的反映

论证西周的社会性质，关于农业生产劳动者的身份地位是一个更为重要的问题。从《诗经》所反映的看，这时主要是庶民、庶人类型农民。这类农民不是奴隶，前已论及。庶民、庶人类型农民中有自由人和依附民，属于什么性质的农民，当由该农民在经济关系中所处的地位而定，不能简单地从语言词汇方面进行论证。

我们并不否认西周时期奴隶广泛存在，如前述人鬲、臣、隶等虽不都是奴隶，但其间有的是奴隶。这时各诸侯国的奴隶，有的是过去旧有奴隶的延续；有的是新生的，其间主要来自战俘，如《诗·大雅·常武》记述宣王时事，有"铺敦淮濆，仍执丑虏"语，丑虏指淮水之役所获战俘，这类战俘理所当然地变成奴隶。此后春秋时期，对战俘的处理有的国家仍然如此。如《左传》，僖公二十二年，楚伐宋有"俘馘"之类记载；僖公二十八年，晋有"献楚俘"之类记载；宣公二年郑伐宋，"俘二百五十人，馘百人"等。以上所说俘，据一般情况推测皆沦为奴隶。最典型的是宣公十二年所记楚伐郑胜利后郑伯肉袒牵羊请罪时所说，谓"其俘诸江南以实海滨，亦唯命；其剪以赐诸侯，使臣妾之，亦唯命"。这里的"臣妾"可理解为奴隶。上述情形系西周时期俘虏为奴习俗的延续。《周礼·秋官司寇》有"蛮隶""闽隶""夷隶""貉隶"等，皆指被俘为奴者。这类战俘动辄数百，他们从事何种生产劳动，史籍不详。其因犯罪而沦为奴者，据《周礼·秋官司徒》有"罪隶"条，主要指犯盗窃而判罚为奴者，此类罪犯从事农业生产者史籍也不多见。

关于这时的生产劳动者，在《诗经》中间有身份低下的"百僚"和"臣仆"之类。如《小雅·大东》有："私人之子，百僚是试"语，"百僚"似指各种依附民。《小雅·正月》有"民之无辜，并其臣仆"语，"臣仆"之中包括奴隶，也包括各种依附民。

　　下面主要谈"庶民""庶人"类型民户。这类民户主要是农民，古史已有记载。按《国语·周语上》"凡民七尺以上属诸三官，农攻粟，工攻器，贾攻货"，形成"庶人、工、商各守其业，从共〔供〕其上。"说明"庶人"即农民。以后《左传·昭公二年》记（前530年）"克敌者，上大夫受县，下大夫受郡，士田十万，庶人、工、商遂，人臣隶圉免。"这里把"庶人"与工商并提，也说明"庶人"专指农民。此虽系春秋时期记载，也可供研究西周庶人、庶民问题的参考。

　　关于"庶民""庶人"类型农民在《诗经》中有不少事例。据《小雅·节南山》："事弗躬亲，庶民弗信。"意思是说，封建贵族对应该做的事不竭尽心力，会失去民众的信任。据《小雅·小宛》："中原有菽，庶民采之。"指农民到原野采野豆苗。据《大雅·抑》："惠于朋友，庶民小子；子孙绳绳，万民靡不承。"前两句指成王热爱群臣和庶民子弟；后两句谓领主后世子孙应慎戒自己不要胡作非为，老百姓则无不顺从。据《大雅·灵台》："经始灵台，经之营之，庶民攻之……庶民子来。"形容老百姓纷纷来参加封建领主居室的建设。庶民有时称为"庶人"。如《大雅·卷阿》记述成王时情形，"蔼蔼王多吉人，唯君子命，媚于庶人"。即这时贵族遵从上级旨意，爱护并取悦于百姓。据《大雅·抑》"庶人之愚，亦职维疾"，意思是说庶人的愚笨是他们本身所固有的。庶民、庶人有时简称为民。据《小雅·节南山》："赫赫师尹，民具尔瞻。"目的在提醒执掌兵权的官吏，人民的眼睛注视着你们一举一动，务要循规蹈矩。仍据《小雅·正月》："民之讹言，亦孔之将。"意思是民众谣言怨语，十分厉害。仍据《正月》："民今之无禄，夭夭是椓。"意思是说，人民没有爵禄收入，还要受摧残剥削。据《小雅·天保》："民之质矣，日用饮食。"意思是民众质朴，安居乐业。据《大雅·假乐》："百辟卿士……不解于位，民之攸墍。"即各级领主致力于公事，民众得安居乐业。此外，《诗经》之中谈到"民"之处甚多，不一一列举。

关于庶民庶人，当时还有其他各种称谓。如"农夫"，据《周颂·噫嘻》：康王时下令各级官吏统率农民耕种，"率时农夫，播厥五谷"。如"农人"，如前述《甫田》诗："我取其陈，食我农人。"如"众人"，据《周颂·臣工》：成王时告诫诸侯各农官，"命我众人，庤乃钱镈，奄观铚艾"。如黎民，据《大雅·云汉》：宣王之时，"周余黎民，靡有孑遗"。又据《小雅·天保》："群黎百姓，遍为尔德。"有时称"附庸"，如前述周王关于鲁国的分封有"田土附庸"语。这里庸与"率土之滨，莫非王臣"之臣同，并没有什么特殊含义。和农夫、农人、众人、黎民同，乃是庶民、庶人之别称。

以上这类庶民、庶人类型农民并不完全一样。他们的身份地位由他们所处的经济关系主要是土地关系来决定。如国人，这时文献在谈及庶民、庶人时，有时也把国人包括在内，他们的身份地位前已论及，基本属于自由人。这里要着重指出的是，通过分封，在庶民、庶人类型中形成的依附民。这类民户系由上级贵族连同土地分授下级贵族而形成的，在庶民、庶人类型民户中，它是主要组成部分，也是决定西周社会性质的基本因素。下面拟专就这个问题进行探索。

经过分封，在广大鄙野地区，出现"公田"与"私田"对立统一体。各级贵族对"公田"和"私田"具有实际所有权，通过所有权对农民实行各种剥削。广大农民对所耕种的"私田"可以长期使用，可称之为"占有权"。农民在具有自己独立经济的条件下，土地所有主要使农民承担劳役地租并提供各种实物贡纳，必须通过超经济强制，因而必须有人身依附关系，从而农民被剥夺了部分人身自由。

这时农民丧失人身自由体现在很多方面，首先是不能离开土地自由迁徙。如前所述，在初分封之时，连同农民一同授与，实际是以法令形式把农民固着在土地上，史书所谓"农之子恒为农""农不移"指此。这样，农民被长期束缚在土地上，使封建贵族得以长期保持劳动人手，农民的农奴身份地位永不改变，从而庄园经济得以长期持续。

其次是农民被强制进行劳动。在种植和收获季节，当农民在公田上进行生产劳动之时，贵族领主率同下属亲到田场监督，前述"曾孙来止""侯主侯伯"等指此。其他各种实物贡纳也都是强制性的。领主还对农民任意处罚，如前述《甫田》诗："禾易长亩，终善且有，曾孙不怒，农夫克敏。"所说乃指由于农民辛勤劳动，获得丰收，避免了领主的怒斥。言外之意，如果没有获得好收成，惹领主不满，是会遭受惩处的。

由以上事例可知，在鄙野地区进行生产劳动的农民，社会地位之低下就很清楚了，他们处于依附民地位。但相对奴隶而言他们还是比较自由的，他们虽然丧失了部分人身自由，但仍具有部分人身自由。这种关系，是同具有独立的个体经济而又承担劳役地租互相适应的。

由此可见，关于西周时期的"庶民""庶人"类型农民的身份地位问题的看法不能僵化，其助耕公田的农民和近乎自耕农的国人是不大相同的。

这里要着重论述的是助耕公田的农民。综上所述，这类农民有独立的个体经济，须承担劳役地租，对土地所有主具有人身依附关系，以上三者深刻反映了西周的社会性质——封建领主制。

五　等级政治结构和典型宗法制与封建领主制的直接联系

关于西周政治体制及宗法制问题有关记载甚多，这里只就封建领主制对政治及宗法制发展变化的制约作用问题作一简单论述，其他从略。

西周国土分成两部分，一部分为王畿，即周王所在地，即今陕西户县一带；一部分是王畿之外的各诸侯国，分布在黄河流域广大地区及长江流域部分地区。诸侯国实际数目不详，或谓封四百余，服国八百余。所封之国大多是其宗室亲戚，此外有功臣，殷商后裔也在分封之列。

这些封国虽各具有自己特点，就所形成的等级政治体制及典型宗法制而言，其发展变化皆为封建领主制经济所制约大致相同。这种关系，前引《诗经》及古文献所记各种事例说得已十分清楚，这时以土地臣民为核心，按宗法关系逐级分封；诸侯建国，卿大夫立家，对土地掌握实际所有权，对所辖臣民实行统治，各形成一个独立的政治实体。就这样，政治权、宗法制和封建地权紧密结合在一起。

西周政治体制，是嫡长子孙世袭制。周室王位由嫡长子世袭。诸别子和功臣，分封土地和臣民，建立诸侯国。各诸侯君位由嫡长子世袭，诸侯诸别子和诸姻亲分封采地为卿大夫。卿大夫职位由嫡长子世袭，诸别子分封为士。士职位由嫡长子世袭，诸别子为庶人。就这样，形成为由国王、诸侯、大夫、士依次相隶属的宗法性等级政治体制。

各诸侯国由于对所属土地掌握实际所有权，并统治所属农民，对所辖地区设置一套政治机构，并设置自己的武装，周王不直接干预。诸侯国内的卿大夫由于掌握土地所有权，也形成独立的政治实体。由诸侯至卿大夫，都有自己的政治组织，如设有宗人、家宰、司马、工师、贾正等，分别掌握宗族、教育、财政和军事，各自形成独立的政治实体。就这样，各级统治行世卿、世禄、世业制，每个封建领主都把地权、政权紧密结合在一起。各级贵族领主这种独立的政治实体，封建所有制是它由以形成和持续的经济基础。

又为封建所有制所制约的政治体制，使全国分成很多等级，其间可概括为三个主要等级，一是土地所有主贵族等级，一是包括农奴在内的庶民等级，一是奴隶等级。三个等级子孙世袭固定不变。

和等级性政治体制相同，这时严格的典型宗法制和当时封建所有制也紧密联系在一起。①

宗法制和宗法思想不同。宗法思想是源于血缘关系而形成的意识形态和习惯势力，诸如宗族观念、孝悌伦理等，宗法制乃是一种制度。② 在西周时期，它的发生发展不仅服从于一定政治需要，乃至变成政治结构的一个组成部分。周王位由嫡长子孙即宗子继承，在血缘关系方面称为天下之大宗，是全国所有贵族的最高家长，也是全国名义上的土地所有者，天下所有臣民都归其统治。国王的幼子、庶子分封为诸侯。诸侯对国王而言是小宗，在本国则是大宗，诸侯职位由其嫡长子孙继承，他在政治上是一国的主宰，对直辖土地掌握实际所有权。诸侯幼子庶子分封为卿大夫，卿大夫对诸侯而言是小宗，在本家则为大宗，其职位由嫡长子继承，对所直辖土地也掌握实际所有权。由卿大夫到士，其大亲小宗的继承制与前同。就这样，天子为周室的宗子，诸侯为一国之宗子，卿大夫为一家之宗子。③ 总之，西周典型宗法制，和土地臣民的分封制紧密联系在一起，它是以封建领主制为核心的统治机构的一个重要组成部分。

西周这种遵循宗法关系的分封制，在封爵时，分授土地、臣民与立宗三者同时并举，只有封建贵族才能列入宗法体制之内，宗法制只行之于贵族等级，而不行之于庶民，但庶民是被上级大宗宗子赐给下属贵族的臣民。这样，各级贵族所世袭的土地是具有宗法性的地产，各级贵族是具有宗法性的封建领主，所辖农民则是在宗法制压迫剥削下的生产劳动者。

由此可见，西周时期的基层组织，是宗法制控制之下的村社组

---

① 严格的宗法制肇始于周初。殷人也祀其先王，兄弟同礼，嫡庶不分，叔伯同尊，兄弟等亲，事严父及事嫡兄之观念犹未成立，严格的分封制尚未形成。关键是这时尚不像后来之西周有一套封建领主制。西周兴起的孝悌观念是同宗法制紧密联系在一起的。

② 商代也确立父系氏族制，却未建立父系家族制，这时尚无嫡庶长幼之别。西周时代，氏族制过渡到家族制，对子弟按嫡庶逐级分封，形成严格宗法制。

③ 西周宗法宗族制，周王嫡长子孙为天下的大宗。诸小宗的宗族结构，其间同高祖者以高祖的嫡长子孙为长，同曾祖者以曾祖的嫡长子孙为长，同祖父者以祖父的嫡长子孙为长，同父者则以诸弟而长兄。就这样，构成为宗法制的基本体系。

织，封建统治即通过血缘关系维系，而封建所有制则是典型宗法制得以长期持续的经济基础。

总之，以上西周特殊的政治结构及宗法体制，是同封建所有制紧密联系在一起的，三者是一同形成的，而封建所有制则是它的经济核心。没有封建领主制，这种特殊的政治体制和典型宗法制是不可能长期持续的。上述关系也可作为论证封建领主制的辅助说明。

附记：

关于这个问题的探索早在 1989 年就开始了，当时写过一篇关于西周宗法制度的文稿，我认为西周典型宗法制是同封建领主制相联系着的。[①] 最近一年多来，对西周社会性质作了进一步探索，着重从生产关系的三要素进行分析，关于西周封建论的观念也进一步加强。又今年为家叔捷三公百周年诞辰，幼承讲授先秦诸子及《诗经》，此项课题研究主要依据《诗经》，撰写此文，对我而言，是对先人最好的纪念与缅怀。

（原载《中国经济史研究》1994 年第 4 期）

[①]　《西周宗法释义——论西周典制宗法制从属于封建领主制》，载《谱牒学研究》第 1 辑，1989 年。

关于研究中国封建土地所有制
形式的方法论问题

一

近几年来，我国史学界对中国封建土地所有制形式——私有制和国有制问题展开了热烈讨论，参加讨论的同志们从不同角度提出了自己的看法，在科学研究方面做出了贡献，对读者有不少启发。不过，我觉得有的同志在研究方法上尚有值得商榷的地方。在这里，发表一点个人的不成熟的意见，向同志们请教。

我认为研究方法上的一个核心问题，是论证问题的出发角度。

马克思在分析封建土地所有制时是从经济关系着手的。他从封建剥削关系的角度，即从为所有制所制约所规定的生产劳动者和生产资料所有者的相互关系，及双方对劳动产品的分配关系出发进行分析，揭示了封建社会的阶级关系，阐明了土地私有制和国有制的根本区别。①

但是，在目前的讨论中，有不少同志忽略了经济关系的分析，致力于上层建筑方面的推敲，或离开封建剥削关系而单纯从法权关系的角度出发，或把国家主权和土地所有权等同起来。也有同志在进行经济分析时把田赋和地租、封建徭役和劳役地租混淆起来。以上种种思想分歧，都可归结为处理问题的出发角度问题，其中尤以

---

① 参见《资本论》第 3 卷，人民出版社 1953 年版（下同），第 1031—1032 页。

法权关系的观点表现得最为突出。我认为这就是问题的关键所在。

这种倾向，首先表现在对经典著作的体会和理解上。有些同志，对经典作家关于所有制或所有权所做的同一论断，由于双方从不同的角度出发，而作了不同的理解。还有些同志，根据经典作家在不同场合下对所有制或所有权所做的不同论断，来阐明自己的观点，反对对方的观点。双方对经典著作的体会和理解上的意见分歧，主要是由于寻找理论根据时忽略了经济关系，而偏重于从法权关系或政治权力的角度出发所产生的结果。还有的同志，把经典作家在某些特定历史条件下关于所有制或所有权所做的一些论断作为自己的结论，而不是从经济关系的角度出发结合中国的历史实际进行具体分析。

这种倾向还表现于双方对中国历史实际进行具体分析时所凭借的史实根据。

国有制论者每从国家对土地财产的支配控制方面入手，把下列各点作为论断土地国有的依据：（一）土地买卖受到国家法令的种种限制：如《大明律例》规定官吏不得在任所置买田产，私人买卖土地须向国家办理登记手续。因此这种土地买卖不是真正自由的买卖，土地所有者所出卖的只是土地"占有权"或"使用权"，而不是"所有权"。（二）国家控制私人对土地的"占有"：如汉代禁止强宗豪右"田宅逾制"；如在"占田""均田"制下农民占地由国家限定一定田亩面积。作者根据这类事例证明地主和农民占有的土地在法律观念上缺乏私有性质。（三）国家对土地的处置权：如国家对官荒的处置权；如国家对私人土地的侵占、籍没和逼买以及对勋贵庄田的赏赐，等等。（四）国家对土地利用权的限制，如农业生产须服从国家安排（有的同志列举明初规定要人们按占田面积的一定比例种植桑、麻、棉的事例）；如国家有权禁止土地占有者抛荒不耕。在把以上历史事实作为土地国有依据的同志看来，只要在土地买卖、占有、使用等权利之上还有一个最高的支配权，这种土地就不能算作私有财产。这就是说，把国家对土地的支配控制作为国有制的标志。这种分析问题的方法，归根结底，仍然是从法权关系的角度出发的。

私有制论者则每从土地占有人对土地的支配权利及国家对私人土地所有权的法律上的承认和保护来证明地主乃至自耕农的土地所有权。（一）绝大多数的作者把土地的可以买卖作为私有制的"标志"或"主要标志"。有的同志说：土地买卖是"衡量土地所有权的标志"，"土地不得买卖是土地国有的标志"。有的同志这样论断，"如果民田不能买卖，只证明不是私有制；如果官田可以买卖，只证明不是完全的国有制。"他们还列举秦汉以来土地买卖的历史事实，论证中国的土地私有制早已存在。（二）有的同志把子孙对祖先土地财产的继承权，中国历史上的长子继承制和诸子均分制，作为私有制的依据。（三）有的同志从税契制度，土地文券、文牒，封建法典对私有土地的承认和保障等角度，论证土地私有合法化。（四）还有的同志认为：国家征用土地须给付地价，皇帝滥用暴力掠夺私人土地在历史上被认为不合法因而使皇帝的权力受到限制，证明民田的私有。[①] 由私有制论者所提出的以上史实依据，系由法权关系角度出发，尤为明显。[②]

就这样，由于双方不是从同一的经济关系的角度出发，而是从上层建筑的不同角度出发，因此，同属土地买卖，同属税契文券，同属国家对土地的控制，私有制论者和国有制论者遂做出了不同的结论。

也有些同志企图从经济关系的角度进行分析，承认地租是土地所有权的经济实现，一再引证马克思所说的"地租的占有是土地

---

① 　还有的同志认为：民田可以买卖，得到封建法律公开保护，从这方面说是私有制；但从户籍制、徭役赋税负担、禁止抛荒、强迫种植桑麻等方面观察，又具有国有性质。还有其他的看法，这里不一一论述。

② 　主张私有制的同志所凭借的史实根据——土地买卖，本是一项经济行为，但是如果不探究其经济内容，不考察买卖的实体是什么，而只着眼于这项行为的存在与否，是否合法，那就是从法权观点论证经济行为的性质了。

所有权由以实现的经济形态"①，"地租就是土地所有权在经济上实现自己"②，并且提出要从经济关系、从封建剥削、从地租论证封建土地所有制，这无疑是正确的。但是在处理具体历史问题时又发生了意见分歧。主张国有制的同志认为：地租和田赋的合一是亚洲各国封建社会的共同特点，中国也不例外，土地占有者向国家交纳的田赋就是地租，从而论断国家是最高的土地所有主。主张私有制的同志认为：地租和田赋分离才是中国封建社会的主要的现象，汉代的"官收百一之税，民输太半之赋"，明代的"官田曰租，民田曰赋"就是有力的证据。从而论断地主交纳的田赋不是地租，土地私有制占着支配形式。还有的同志认为：封建地主因占有土地向国家交纳的课税是田赋，但是自耕农向国家交纳的课税则是地租，历代农民向国家承担的封建徭役则是劳役地租。在这些同志看来，农民除向国家交纳赋税承担徭役之外，再没有什么和这个赋役不同的地租，因而这赋役就是地租，从而论断自耕农占有的土地属于国有范畴。有的同志仍以此为根据，则认为自耕农具有不完全的土地所有权，国家是最高的土地所有者。还有的同志认为：自耕农交纳的田赋虽然不等同于地租，但是带有地租性质，从而论断这种土地基本是私有的，而带有国有性质。以上这些同志确实是从经济关系的角度提出了问题，但是其中有些同志又对经典著作作了机械的理解，混淆了田赋和地租的界线。归根结底，仍然是分析问题的出发角度，是由于在进行具体分析时没有严格地遵循从封建的分配关系这一科学原则。

二

对于中国封建土地所有制形式问题的研究方法，我有以下几点

---

① 《资本论》第 3 卷，第 828 页。
② 同上书，第 807 页。

体会：（一）论证问题的角度，必须从封建剥削关系出发，不能单纯从法权关系出发；（二）必须把国家主权和土地所有权加以区别，不能用国家主权代替土地所有权；（三）应该严格区分生产物形态的田赋和地租、一般封建徭役和劳役地租的界线，不可把这两种不同性质的剩余劳动占有形式混淆起来①。只有这样，才能在"中国封建土地所有制形式"的研究方面做出正确的结论。

在讨论中，涉及的历史期限很长，有不少人还列举了明代的土地制度和土地法令，这里拟就上述问题，结合明清时代的事例，提出自己的看法。

为什么要从封建剥削关系的角度出发而反对单纯从法权关系的角度出发呢？因为马克思主义经济科学所要考察的，是所有制的经济内容，而不是它的法律形式。在这里，首先明确封建土地所有制的经济内容和它的法权关系的含义，以及它们之间的相互关系，是十分必要的。

"所有制"和"所有权"，这两个名词在经典著作中经常混用，但是这两个名词的内容不同。关于这两个名词的概念，我认为可以这样加以区别："所有制"指土地财产上的经济关系，"所有权"指土地财产的法权形式。那么，显然，作为社会基础的是"所有制"而不是"所有权"。土地"所有权"的法权关系的基本内容，是将"所有制"的经济关系用法权形式固定下来。

那么，什么是封建土地所有制呢？

马克思和恩格斯把封建土地所有制归结为"地产和束缚于地产上的农奴劳动"②。斯大林把封建土地所有制概括为封建主占有生产资料和不完全占有生产工作者。根据经典作家的概括，封建土地所有制的实质就是封建剥削，经典作家经常把地租和土地所有权联系起来，就是这个道理。马克思还为我们指出封建地租得以实现

---

① 以上这几个问题，有的已经有同志提出来，但没有作充分的论证。

② 《马克思恩格斯全集》第3卷，人民出版社1960年版（下同），第28页。

的特殊形式，他说：由于农民是生产资料的"占有者"，独立进行他的农业生产及与农业结合在一起的家庭手工业生产，在这种情况下，地租的实现"只有用经济以外的强制来榨出"①。按照经典作家的论断，封建土地所有制是这样一种制度：封建主占有土地，又不完全占有生产劳动者，并通过经济外强制的手段榨取生产劳动者的剩余劳动。由此可见，封建土地所有制所要回答的，并不是封建主对土地，即人对物的关系，而是封建主对农民即人和人的关系。封建土地所有制的法权关系不过是上述经济关系在法律形式方面的反映。

土地所有制的法权关系既然是经济关系的反映，法律又是统治阶级意志的集中表现，它起着保护所有制的经济关系的作用，如经典作家所指出的，"在私法中，现存的所有制关系表现为普遍意志的结果"②。那么，不能把所有制的法权关系和所有制对立起来，道理是很清楚的。经典作家还曾经指出："只是由于社会赋予实际占有以法律的规定，实际占有才具有合法占有的性质，才具有私有财产的性质。"③ 经典作家还屡次把土地买卖关系和遗产继承关系与所有权联系起来。对研究封建土地所有制来说，法权关系的探讨无疑是重要的。但是，经典作家更着重对所有制的经济关系进行分析。的确，封建法典对地权的保障，土地买卖是否合法，及遗产继承权，等等，所有这类法权关系虽然也可以表明所有权，但它不能深刻地反映封建剥削关系。④ 其直接反映集团关系和分配关系的法权关系，譬如封建法典中关于人身依赖及农民交租义务的规定，以及类似的地方习惯法等，对前者而言，比较能反映问题的实质。

而且，就是这种反映集团关系及分配关系的法权关系，也毕竟

---

① 《资本论》第 3 卷，第 1032 页，并参见第 1037 页。
② 《马克思恩格斯全集》第 3 卷，第 71 页。
③ 《马克思恩格斯全集》第 1 卷，人民出版社 1956 年版（下同），第 382 页。
④ 很多同志把土地是否可以买卖作为划分私有或国有的标志。土地可以买卖固然可以表明土地所有权；但是，土地不能买卖，土地占有者不一定就没有所有权。把是否可以买卖作为论断土地私有或国有的标志是不妥当的。

不同于经济关系，研究封建土地所有制，如果单纯从事法权关系的分析，就会给人这样一种错觉："如果从法律形式出发，对抗社会的阶级结构就会变成来自阶级以外的法律形式的某种派生的东西。"①

而且法权关系常不能直接反映经济关系。马克思说："仿佛私有制本身仅仅是以个人意志，即以对物的任意支配为基础的。"②实际上，任意支配事物的权利这个概念，"对于所有者具有极为明确的经济界限"。马克思接着说："仅仅从对他的意志的关系来考察的物根本不是物；物只有在交往的过程中并且不以权利（一种关系，哲学家称之为观念）为转移时，才成为物，即成为真正的财产。"③ 马克思反对从纯粹意志关系、法权关系的角度考察人们的财产关系，认为这种方法，"把权利归结为纯粹意志的法律幻想，在所有制关系进一步发展的情况下，必然会造成这样的现象：某人在法律上可以享有对某物的占有权，但实际上并没有占有某物"。④ 所谓所有制的"经济界限"就是指"实际占有"而言。在马克思看来，考察所有制，离开经济上的"实际占有"，而只表现为法律形式上的所有权，是没有什么意义的，这种权利对他毫无用处，这样的所有实际是"一无所有"。

正是这个缘故，马克思反对从所有制的法律表现形式进行考察，主张从生产关系的角度出发揭示所有制的现实的经济本质的。马克思在论述资本主义财产关系时指出：政治经济学不是把这种财产关系就其法权表现作为意志关系总和包括起来的，而是就其现实形态即作为生产关系总和包括起来的。马克思这一论断，作为一般原理，对于封建社会的财产关系也是适用的。

---

① 波尔什涅夫：《封建主义政治经济学概说》，生活·读书·新知三联书店1958年版，第18—19页。

② 《马克思恩格斯全集》第3卷，第71页。

③ 同上书，第72页。

④ 同上。

　　但是，很多同志的分析方法常常是把它们颠倒过来，不是从所有制的经济关系开始，而是从它的法权关系开始。就是在法权关系的具体分析中也还存在着问题，人们常常忽略关于反映封建剥削关系的法权关系的分析。如生产劳动者的剩余劳动归谁所有，他们对谁发生直接的人身依附关系，它在封建法典上或习惯法上有什么规定和反映，人们很少从这方面提供丰富的资料进行论证，而是着重从土地的买卖权利和继承权利，土地的"文券"和"文牒"，封建统治对私人土地的保护和侵夺等方面进行分析。这样分析的结果，很容易导致对自然土地占有的推敲，离开人与人之间的社会关系。有如马克思在批判黑格尔时所指出的："没有什么比黑格尔的关于土地私有权的说明更引人发笑了。……土地的自由私有权——一种极为近代的产物——据黑格尔说，不是一个确定的社会关系，而是当作人格的人对于自然的关系，是人对于一切物的绝对的占有权利。"① 就是说，黑格尔的错误在于他离开了土地财产的社会关系，而单纯地把它理解为人对物的关系。

　　由此可见，研究封建土地所有制，必须抛弃单纯从法权关系的角度进行推敲的分析方法，要从封建剥削关系的角度进行研究，而且要把它放在首位，作为分析问题的起点。

　　为什么反对把国家主权和土地所有权等同起来呢？因为这是两个不同的概念，如果把两者混淆起来，将无法区别土地的国有和私有，当然也无法揭示封建社会的阶级关系。

　　那么，怎样区别这两个不同的概念呢？

　　封建土地所有权表明封建主占有土地和不完全占有生产劳动者，从而占有他们的剩余劳动。这在前面已作了概括。

　　关于国家主权的含义，经典作家一再指出过，所谓"国家"，乃是阶级专政的工具；所谓"主权"，是"构成国家本质的主权"，

---

① 《资本论》第 3 卷，第 803 页。

它"不外是国家主体的客观化的精神"①。据此，国家主权不外是统治阶级的政治权力。马克思在批判黑格尔时曾对"主权"二字一再加以解释，他说："君主拥有主宰一切的权力，即主权"；"主权就是为所欲为"②，马克思这里所说的"君主"，不是指他的肉体个人，而是就他的社会职能而言，即他是阶级的代表。因此所谓"主权"，在封建社会里就是地主阶级通过君主巩固阶级专政、维护阶级利益的权力，是地主阶级依靠国家机器执行阶级意志、发布任何政令的权力。由此可见，国家为维护封建土地所有制和为保证封建赋役的实现而采取的对全国土地财产乃至户口的支配控制政策等，属于国家主权范畴，国有制论者用这类历史事例来论证封建土地所有制，是不十分妥当的。如果把国家主权和土地所有权的概念等同起来，作为论断土地国有的依据，将无往而非国有。

政治国家和土地财产的相互关系又是怎样的呢？如何理解国家对私有财产的支配呢？马克思是这样说的：政治国家对私有财产的支配权，"是私有财产本身的权力，是私有财产的已经得到实现的本质"。政治国家对私有财产的关系，从形式上看，"似乎政治国家是规定者"；论其实质，政治国家则是"被规定者"③。国有制论者所援引的某些史实根据，诸如国家对土地买卖制度的规定，对全国土地的处置权，对私人土地利用权的限制，等等，它不表明国家对生产资料的"所有"关系，它只表明高居于土地所有权之上的对土地的"主权"关系。因为在封建社会里，所有个人都属于一个特定国家的成员，因此个人对于土地的私有权总是以国家对于土地的最高主权为前提，我们不能由于国家对土地的最高主权而否认个人私有权。而且国家对土地财产的这种支配控制权本身就是由封建土地所有制所决定的。

由此可见，研究封建土地所有制，必须对国家主权和土地所有

---

① 《马克思恩格斯全集》第 1 卷，第 273 页。
② 同上书，第 275 页。
③ 同上书，第 369—370 页。

权这两个不同的概念严加区别，不能用国家主权代替土地所有权。按照经典作家的论断，只有在土地国有的场合下，国家主权才和土地所有权合而为一，即"主权就是在全国范围内集中的土地所有权"①。

　　为什么要严格划分生产物形态的田赋和地租、封建徭役和劳役地租的界限呢？因为这是两种不同性质的剩余劳动占有形式，任何形态的地租都是土地所有权的经济实现，任何形式的赋役都是国家主权的经济体现，如果把这两种不同性质的剩余劳动占有形式混淆起来，将无法判别土地的私有和国有。

　　中国封建社会的历史现象是非常复杂的，如果不进行深入分析，田赋和地租有时是很难区别的。正是这个缘故，有不少同志把两者混淆起来，把私有制论断为国有制。②

　　从中国封建社会的历史实际可以看出：有地租和田赋合一的国有制，也有被优免田赋而类似地租与田赋合一的私有制。在这里，我们如果认为凡是地租和赋税合一的地方就是国有制，必然导致错误的论断。在一般情况下，私有土地的地租和赋税是分开的，但在中国的历史实际中也可以看到地租和赋税分离的国有土地，因此也不能根据"土地国有、租税合一"的原理作这样的推论，认为凡是地租和赋税分离的地方就必然是私有制。地租和赋税合一也好，分离也好，判别土地的私有或国有，首先要判别地租和田赋的经济内容，划清地租和田赋的界线，看地租归谁所有。

　　田赋和地租同是封建统治阶级对农民的剩余劳动的掠夺，怎样划分两者的界线呢？

　　首先，是两种剩余劳动实现形式的不同。封建地租基于土地所有权，它的实现依靠人身依赖及经济外强制，这主要是地主直接和生产劳动者的关系。租约的成立和废除，地租的生产物及货币形

---

　　①　《资本论》第3卷，第1032页。
　　②　也有同志先将中国封建土地所有制肯定为国有制、然后把田赋论断为地租的；而不是先划清田赋和地租的界线，然后论断土地的私有或国有。

态，额租、分租的剥削形式，以及地租的数量、租额的增减，由地主自己做主，地主直接和佃农发生关系，国家不加干涉。从形式上看，租约的成立须经过佃方同意，就其实质而论，是由地主单方决定的。① 农民和地主的租佃关系一旦成立，双方则变成一种特殊的关系，地主对农民具有不同程度的人身支配权，农民失掉不同程度的人身自由。地主就是通过这种方式来保证地租的。这种关系，不只在理论上经典作家作过科学论断，在中国封建社会的历史实践中也得到了验证，在明清时代的文献资料中就经常见到有关这方面的记载。②

田赋的产生，基于国家主权；它的实现，不是通过人身占有关系，而是依靠政府法令。这是国家直接和土地所有者的关系，而不是土地所有者和直接生产者的关系。田赋的生产物及货币形态，田赋的数量，乃至各种田赋附加捐，都由国家决定，而以命令形式行之，无须获得田赋承担者的同意。所有以上情况，都表明田赋是土地的国家主权的经济体现。这正如马克思在论述资本主义国家时所说的："捐税体现着表现在经济上的国家存在。"③ 这一原则对封建国家也是适用的。而且，土地无论为地主或农民所有，他们因占有土地而交纳田赋，在这一点上是没有区别的。所不同的是，对农民来说，田赋是他自己创造的剩余劳动；对地主来说，田赋是他从农民身上榨取的全部剩余劳动的一部分。

其次，是两种剩余劳动占有形式的不同，马克思在分析劳动地租的时候说过：直接生产者不是土地的"所有者"，只是土地的"占有者"，因此，"从法理说他的剩余劳动必须全部属于地主"④。

---

① 国家关于私人租额，只有在个别情况下才加以干涉，或制定租额，或命令减租。又地主和农民成立租约，虽具有自由形式，实际多是单方面的。农民被迫接受各种租佃条件。

② 如地主对佃仆家族的人身占有权，贵族庄田主人对"钦拨佃户""壮丁""投充户"的人身支配权，豪绅地主追逼地租时的私设公堂非刑拷打，以及地主对农民的其他种种强制行为，都表明了这种关系。为了避免重复，这里从略。

③ 《马克思恩格斯全集》第4卷，人民出版社1958年版（下同），第342页。

④ 《资本论》第3卷，第1035页。

他在分析生产物地租时又说:"在这个形态上,和在以前的劳动地租形态上一样,地租是剩余价值的从而是剩余劳动的通常形态,即直接生产者无代价地,事实上还是强制地……必须对土地(他的最必要的劳动条件)所有主提供的全部剩余劳动的通常形态。"[1]田赋和地租显然不同,对地主来说,田赋是对地租的分割,是全部剩余劳动的一部分,而且只是其中的一小部分。对自耕农,从法理说,田赋也不能占有他的全部剩余劳动,而只占有他的剩余劳动的一部分[2]。

　　一个是部分剩余劳动,一个是全部剩余劳动,这就是田赋和地租在封建剥削方面的界线,是二者本质上的差异。这种质的差异反映在田赋量和地租量上的差异更加明显。明朝嘉靖年间林希元说:"民耕王田二十而税一",农民耕种地主的土地"乃输半租"[3]。清朝乾隆年间江西新建县的地租每亩 1—2 石,新城县的地租每亩 1.2—2 石,而两县田赋每亩不过数升。[4] 中国的封建地租,一般都吸尽了农民的全部剩余劳动。如果占劳动产品一半的地租是农民的全部剩余劳动,那么,占劳动产品 1/20 的田赋,对农民的全部剩余劳动而言只是 1/10。新建和新城的田赋还不到农民全部剩余劳动产品的 1/10。从这个意义上说,把只占农民全部剩余劳动一部分的田赋论断为地租是不妥当的。

　　田赋量和地租量的差异,还影响自耕农和佃农经济生活上的差异。明朝万历年间,河南的佃农,在秋收以后,他们的稻谷就被债主扣还了高利贷,因此"勤动一年依然冻馁"[5]。明清之际,江苏苏、松两府的佃农,竭一岁之力所得不过数斗,有"今日完租明

---

　　① 《资本论》第 3 卷,第 1039 页。

　　② 在贪官污吏勒索榨取下,自耕农民按亩交纳的田赋,远比豪绅地主为重,这是另一问题,并不因此改变田赋的性质。就是各类地主的田赋负担也不一样,有特权的地主田赋轻,一般中小地主田赋重。

　　③ 林希元:《林次崖先生文集》第 2 卷,《王政附言疏》。

　　④ 陈道:《江西新城田租税》,《清朝经世文编》第 31 卷。

　　⑤ 吕坤:《实政录》第 2 卷,《小民生计》。

日乞贷"的①。清朝嘉庆道光之际，农民"得以暖不号寒丰不啼饥、而可以卒岁者，十室中无二三焉"②。在地租剥削下，农民过着啼饥号寒的生活，地租显然侵蚀了农民的部分必要劳动，当然更谈不上扩大再生产。这正如马克思所说：地租可以大到这样，"以致劳动条件的再生产，生产资料的再生产，都严厉地受到威胁，以致生产的扩大或多或少成为不可能的，并压迫直接生产者，使他们只能得到维持肉体生存的最小限量的生活资料"③。

在国家田赋剥削下的自耕农，由于他们占有自己部分剩余劳动，对佃农而言，他们的经济状况可以好一些，甚至还有这种可能，把部分剩余劳动投到生产中去，扩大他的生产规模。如果国家是土地所有者，则自耕农成为国家佃农，国家由于占有土地必然榨取了他们的全部剩余劳动。从中国历史实际所反映出来的，显然不是这样。

以上是生产物形态（货币形态同）的田赋和地租的区别。如前所述，还有的同志混淆了一般封建徭役和带有劳役地租性质的徭役的差别，把一般封建徭役理解为劳役地租，作为论证封建土地所有制的依据。因此，如何区别这两种不同性质的封建徭役，对研究中国封建土地所有制有同等重要的意义。

那么怎样划分两者的界线呢？我认为一般封建徭役和劳役形态地租的区别，犹之田赋和生产物及货币形态地租的差别，一般封建徭役在本质上和田赋相同，劳役地租在本质上和生产物及货币地租相同，所不同的只是它的表现形式，封建徭役及劳役地租比实物及货币形态的田赋和地租更为原始更为落后罢了。

因此，两种剩余劳动的根本差别，仍然是剩余劳动实现形式及占有形式的不同。在实现形式方面，劳役地租基于土地所有权，依靠人身依赖及经济外强制手段来榨取，这是地主直接和生产劳动者

① 顾炎武：《日知录》第 10 卷，《苏松二府田赋之重》。
② 章谦存：《备荒通论》上，《清朝经世文编》第 39 卷。
③ 《资本论》第 3 卷，第 1039 页。

的关系。在明清时代，例如具有严格隶属意义的佃仆制，佃户租种地主的土地，为地主提供服役性及生产性劳役；例如一般租佃制，佃户租佃地主的土地，地主对他有役使之权；其屯田制下的屯军，向国家领种屯田的同时，被加上军事的或运粮的徭役。以上各种形式的劳役，是土地所有主以地主的身份做主和决定的，并通过经济外的强制手段来实现。所有这些情况，都和生产物形态及货币形态地租的实现形式相同。一般性徭役，主要是和户籍人丁发生直接联系。而且徭役的日数，由国家决定，徭役的实现，不是通过人身占有关系，而是通过政府法令。这就是说，封建徭役的产生和实现，是国家以主权者的资格在公共事业的名义下，实际是在地主阶级的阶级意志的要求下，对全国人民的征发。这是国家直接和人民的关系，无论地主、自耕农和佃农都要承担。如明代的里甲、均徭和杂泛之差，清代各州县对农民的徭役征发，都属于这类性质的徭役。

在剩余劳动占有形式方面，两者的区别，仍然是一个占有农民的全部剩余劳动，一个占有农民的部分剩余劳动。在明清两代，很少有纯粹形态的劳役地租，国家对生产劳动者的榨取常采取实物及徭役相混合的形式。这种榨取是否带有地租的性质，要看所榨取的是否为生产劳动者的全部剩余劳动。如果直接生产者只是土地的"占有者"而不是所有者，国家才是土地所有主，那么，直接生产者向国家所提供的生产物形态和自然形态的剩余劳动必然是剩余劳动的全部。如果直接生产者是土地所有者，那么，他向国家提供的生产物形态和自然形态的剩余劳动只能是他全部剩余劳动的一部分。我们可以用这个标准鉴别一般封建徭役和劳役地租，从而论断自耕民田和屯田的私有或国有性质。历史事实证明，在明清时代，不只屯军交纳的屯田地租比自耕农交纳的田赋大好几倍，屯军所承担的军事徭役和运粮徭役比自耕农所承担的封建徭役繁重得多。残酷的封建剥削迫使屯军及其家属过着极其恶劣的生活，有的甚至被冻死饿死。这两种封建剥削的深度，表明了两种徭役的质的差别，自耕农承担的封建徭役是不带有劳役地租性质的徭役，屯军的军事徭役及运粮徭役是具有劳役地租性质的徭役。

以上就是生产物形态的田赋和地租、一般封建徭役和劳役地租的根本差别。由此可见，一定的剩余劳动实现形式及占有形式，表明一定的封建土地所有制形式。有些同志之所以将民田论断为国有土地，就是由于没有从剩余劳动的实现形式及占有形式的不同划清两种剩余劳动的界线，也就是没有从集团关系及分配关系的角度区别田赋和地租。

在这个问题上，在论断自耕农土地所有制形式时表现得最为突出。不只主张国有制论者，还有部分承认地主所有制的私有制论者，就是由于把田赋和一般封建徭役看成地租从而论断土地国有的。如果像这些同志所说的，只有地主占有的民田才是私有土地，自耕农交纳的田赋是地租，他占有的民田是国有土地，那么，这块土地今天在农民手中是国有地，明天转卖给地主则变成为私有地；土地占有者今年是自耕农，他占有的土地属于国有，如果若干年之后他上升为地主，随着他阶级成分的变化他占有的土地也由国有变为私有。这在逻辑上也是说不通的。如果像这些同志所说的，地主占有的民田是私有土地，自耕农占有的民田是国有土地，他所承担的封建徭役是劳役地租，这是国家拥有土地所有权的经济体现；那么，地主所承担的徭役是怎样产生的呢？同样承担徭役，为什么他承担的徭役就不具有劳役地租的性质？那么，佃农所承担的徭役又是怎样解释呢？但是他所耕种的土地是从私人地主那里租来的，他并不是国家佃农。显然，这在逻辑上又是说不通的。

其实，自耕农向国家交纳田赋，承担国家的封建徭役，在欧洲封建社会里也不例外。马克思说："德意志的农民，须支付直接税，担负徭役，及各种各样的无报酬的服役"[1]。还有其他封建国家的自耕农也是如此。我们不能因自耕农的社会地位不同，他是生产劳动者，而否认他对土地的所有权。

---

[1]　《资本论》第 1 卷，人民出版社 1953 年版，第 926 页。

还有的同志虽然也把自耕农占有的民田论证为私有制，但并不是从产品分配关系进行论证的结果。有的同志认为：自耕农占有的土地之所以是私有制，是由于"自耕农与封建国家之间并不存在土地'分给'的关系"（相对屯田、均田而言）。有的同志认为，自耕农和国家佃农的差别不在于他们向国家交纳的租税的差异（认为没有差别），而在于自耕农对所占有的土地可以出售，具有"独占地""排他地"的权利。这种看法也是从法权关系角度出发的，这里不一一论列了。

三

由以上分析可以看出，研究封建土地所有制，要想作出正确结论，必须从封建剥削关系的角度出发，从地租的实现形式及占有形式进行分析，这是必然的结论。

那么，怎样从剥削关系的角度出发呢？

所谓从剥削关系出发，就是要求从封建土地所有制本身所固有的要素进行分析，也就是从伴随土地占有关系而出现的社会集团关系及劳动产品分配关系出发。在这方面，经典作家已为我们做出了范例。马克思曾从分配关系入手，对封建土地所有制作了精辟的分析。斯大林曾经通过对生产关系基本原理的科学概括，阐明生产资料所有制和集团关系、分配关系的关系。

斯大林指出："（甲）生产资料所有制形式"是起决定性作用的要素。[1] 我体会这里是指人们对生产资料的关系（当然，人们对物的关系同时意味着人对人的关系）。人们对生产资料的关系是划分阶级的依据。列宁指出："阶级差别的基本标志，就是它们在社会生产中所处的地位，因而也就是它们对生产资料的关系。"[2]

---

① 参见《苏联社会主义经济问题》，人民出版社 1953 年版（下同），第 65 页。
② 《列宁全集》第 6 卷，人民出版社 1959 年版，第 233 页。

斯大林还指出："（乙）各种不同社会集团在生产中的地位以及它们的相互关系"，及"（丙）以甲乙二项为转移的产品的分配形式"，以上两要素则为"生产资料所有制形式"这一要素所制约所决定。① 就是说，所有制决定集团关系及分配关系，集团关系及分配关系则反映所有制的具体内容，研究所有制，不能离开（乙）（丙）两要素孤立地进行分析。马克思批判普鲁东时曾经指出："要想把所有权作为一种独立的关系、一种特殊的范畴、一种抽象的和永恒的观念来下定义，这只能是形而上学的或法学的幻想。"他还指出："给资产阶级的所有权下定义不外是把资产阶级生产的全部社会关系描述一番。"② 意思是说，要把集团关系和分配关系联系起来考察资产阶级所有制。作为一般原理，关于封建所有制的考察也不例外。

的确，研究封建土地所有制，离开（乙）要素则看不出生产劳动者对封建主的人身依赖关系，离开（丙）要素则看不出剥削的性质和剩余劳动归谁所有。离开（乙）（丙）两要素则无法正确地鉴别生产资料的私有或国有，所有制的封建性也难以得到全面反映。必须从集团关系及分配关系两方面进行分析，才能做出正确的结论。

集团关系和分配关系既然由所有制形式所决定所制约，在一般情况下，正面入手方法应该是从所有制到集团关系和分配关系。但是为了论证的便利，我们也可以采取从分配关系着手的分析方法。马克思在区别国有制和私有制时，就是从分配关系着手的。

按照马克思所做的科学论断，封建土地所有制在劳动产品分配方面所表现的特征，首先是封建主榨取生产劳动者的全部剩余劳动。在封建地主土地所有制的情况下，全部剩余劳动归地主私人所占有。反过来说，在全部剩余劳动归地主私人所占有的情况下，必

---

① 参见《苏联社会主义经济问题》，第 65 页。
② 《马克思恩格斯全集》第 4 卷，第 180 页。

然是土地私有制，因为这是私有制在分配关系方面的直接反映。这种关系，在前面已经论述过。

接着马克思进入生产劳动者和封建主间集团关系方面的分析。马克思指出：在生产劳动者"占有"生产资料并独立进行农业生产的情况下，地租的占有必然以人身依赖及经济外强制为前提。马克思说："那种为名义上的地主而做的剩余劳动，只有用经济以外的强制来榨出，而不问它是采取怎样的形态。……所以这里必需有人身的依赖关系，有人身的不自由（不管其程度如何），有把人身当作附属物而固定在土地上的制度，有严格意义上的隶属制度。"①这就是封建主对生产劳动者的人身的统治奴役关系。②

以上马克思对封建土地所有制所进行的具体分析，他不从法权关系的角度出发，更不涉及土地的买卖转让，而是从封建剥削关系本身进行论证的。根据马克思论证封建地主土地所有制所做的科学结论，具体内容可概括如下：以生产资料的占有为根据，在封建地主占有土地的前提下，人身依赖关系表现为生产劳动者对地主私人的关系，劳动产品的分配表现为生产劳动者的全部剩余劳动为地主私人所占有。

根据以上集团关系及分配关系的原则，可以看出，明清时代地主和自耕农所占有的民田，封建贵族所有的庄田，都属于私有土地。

明清时代的民田地主，主要采取土地出租形式进行地租剥削，占有农民的全部剩余劳动乃至部分必要劳动。这种情况，在前节分析田赋和地租的区别时业已论及。由这种分配关系所反映的土地所有制是封建地主所有制，而不是国有制。与这种分配关系相伴随

① 《资本论》第 3 卷，第 1032 页。
② 马克思说："在一切形态内，只要在那里直接劳动者仍然是生产他自己的生活资料所必要的生产资料和劳动条件的'占有者'，财产关系同时就必然会当作直接的统治与奴役关系，直接生产者则当作不自由的人而出现，这种不自由，可以由那种有徭役劳动的农奴制度算起，一直算到单纯的进贡义务。"《资本论》第 3 卷，第 1031 页。

的，是农民对地主的人身依赖及地主对农民的经济外强制。如佃农的行为得由地主约束，地主对佃农有任意役使之权。有的地主为了追逼地租，对佃农施行极其酷暴的人身迫害，乃至私设公堂，非刑拷打。像这类事例，在明清文史资料中经常得到反映。尽管因地主的身份地位的差异和农民之间所形成的人身依赖及经济外强制有程度上的不同，但它所表明的封建地主土地所有制的性质却是相同的。

关于自耕农所占有的民田，农民所创造的剩余劳动产品，除将其中一部分以田赋的形式交纳国家之外，其余部分不是以地租的形式归任何私人地主，而是归他自己所有。在这里，土地所有权是农民得以私有其剩余劳动产品的条件。因为是自己占有自己的剩余劳动，当然也就无须任何形式的人身依赖及经济外强制。这是以自己劳动为基础的小土地所有制。它和地主所有制一样，同属于私有制范畴。[1]

以上民田是准许买卖的土地。明清时代封建贵族占有的庄田，系由皇帝所赏赐，依法禁止买卖，这一点和民田不同。在分配关系方面，或实行分租制，或实行额租制，无论采取哪一种分配方式，农民的剩余劳动归庄田主人所占有，这一点和地主民田没有什么差别。与这种分配关系相伴随的集团关系，是生产劳动者对贵族地主的人身依赖，及贵族地主对生产劳动者的经济外强制。在庄田上进行生产劳动的如果是由国家赏赐的佃户，他们须世世代代做贵族地主的佃户，贵族地主对佃农人身合法长期占有，甚至对佃农有开堂审讯及判刑的权利。就是由贵族庄田制所构成的一般租佃制，生产劳动者并非由国家赏赐的世袭佃户，贵族地主对佃户也具有极为强烈的人身支配权，可任意加以迫害，在明清两代都有因追逼地租打死佃农的记载。庄田主人的府第就是实现地租的暴力机构。这是贵

---

[1]　在封建社会，封建地主土地所有制是起主导作用的，小土地所有制的存在和发展，则从属于地主土地所有制。

族土地所有制在集团关系方面的反映，我们不能因这类土地的禁止买卖等法权关系而否认它的私有性质。

马克思还从集团关系和分配关系论证了土地国有制。他首先指出国有制在劳动产品分配方面所表现的特征。马克思说："假设相对出现的，不是私有土地的地主，却像在亚细亚一样，是那种对于他们是地主同时又是主权者的国家，地租和课税就会合并在一起，或不如说，不会再有什么和这个地租形态不同的课税。"① 就是说，在土地国有的场合下，国家只向生产劳动者征收单一的地租。实际这个地租包括地租和课税两个部分，国家一方面以主权者的资格向生产劳动者征收赋税，同时又以土地所有者的身份向生产劳动者征收地租。这样，地租和赋税遂合并在一起，这是直接生产者的全部剩余劳动。

在这里，人身依赖及经济外强制关系，是生产劳动者直接和国家之间的关系。马克思说："在这各种情形下，依赖关系在政治方面和经济方面，除了普通的对于国家的臣属关系，不会在此以外，再需要有什么更加苛刻的形态。"马克思接着说："在这里，国家是最高的地主。在这里，主权就是在全国范围内集中的土地所有权。"②

以上是马克思在论证土地国有制时所做的科学总结。这种所有制的具体内容可概括如下：在国家拥有土地所有权的前提下，人身依赖关系表现为生产劳动者对最高地主国家的关系，劳动产品的分配关系则表现为生产劳动者的全部剩余劳动为国家所占有。

根据以上集团关系及分配关系的科学原则，可以看出明清时代的屯田属于国有土地。

就明清时代的军屯而论，屯军的土地是由国家分配的，依法禁止买卖，这一点和庄田相同。在劳动产品分配方面和庄田制则截然

---

① 《资本论》第 3 卷，第 1032 页。
② 同上。

不同。屯军不但不能占有他人的剩余劳动，并且也不能占有他自己的剩余劳动。明清两代的封建统治都给屯军规定了固定的租额，按劳动力征收实物地租。此外还强迫他们承担变相的劳役地租——军事徭役和运粮徭役。无论是什么形式的地租，都是屯军向国家提供的剩余劳动。屯军除交纳各种形态的地租之外，不再承担任何田赋。但这并不像贵族庄田那样被免除了赋税，而是像马克思在论证"国家是最高的土地所有主"时所指出的，地租和课税合并在一起一并为国家所占有。由这种分配关系所反映的土地所有制是国有制，是十分清楚的。

与这种分配关系相伴随的，是更为原始的人身依赖及酷暴的经济外强制。明清两代都制定了军籍制，军籍是家族的，世袭的，他们自己没有改变军籍的自由。国家通过军籍制和屯田制把屯军束缚在土地上，成了土地的附属物，没有任意迁徙的自由。屯田地租的实现和民田、庄田有所不同，它不是通过封建主个人的暴力强制，而是依靠国家法令的规定和国家对屯军的直接强制，此外屯军不再因土地关系对任何私人发生人身依赖，任何私人也不再因土地关系对屯军施行经济外强制。这也正如马克思在论证"国家是最高的土地所有主"时所指出的，依赖关系是生产劳动者"对国家的臣属关系"。由这种集团关系所反映的土地国有的性质又是十分清楚的。

由此可见，从集团关系及分配关系的分析，不只可以判别私有或国有的属性，而且还可表明各种类型土地的特点，突出通过土地所有制所形成的对抗的阶级关系。如果单纯从土地的法权关系出发，尤其是同志们所争论的把土地的是否可以买卖或自由买卖作为判别私有或国有的标志，将无法充分反映所有制的封建性质及阶级关系，也难以正确地表明土地私有或国有的属性。

因此，研究封建土地所有制，必须从剥削关系出发，从土地所有者和生产劳动者的直接关系进行论证。只有这样分析，才能揭示封建土地所有制的实质；也只有这样分析，才能达到这种目的，如马克思所指出的："为社会的全部结构，君主和臣属的关系的政治形式，简言之，各个时期的特殊的国家形态，找出最内部的秘密，它们的隐藏着的基础。"[①] 这就是必须从剥削关系即集团关系及分配关系的角度论证封建土地所有制的关键所在。

（原载《经济研究》1963 年第 5 期）

[①] 《资本论》第 3 卷，第 1033 页。

论李自成的"均田"纲领口号的时代意义

一 中国封建社会后期等级及阶级关系的变化

下面先阐明两个问题，以正确理解李自成提出的"均田"纲领口号的时代意义，一个是如何坚持马克思历史唯物主义基本观点问题，一个是如何科学地理解中国地主经济封建所有制问题。

众所周知，社会经济发展的阶段性，使人类社会划分为不同的历史时期；又由于不同的历史时期赋予当时农民革命以不同的历史使命。也就是说，历史上的农民起义，始终为当时社会经济发展状况所制约，脱离一定物质条件的阶级斗争是不存在的。在每一历史时期，农民阶级能提出什么样的纲领口号，决定于社会经济发展的实际情况与客观要求。因此研究明末农民起义的"均田"纲领口号的时代意义，首先要分析明代社会经济发展变化的客观进程。而封建所有制是封建社会经济关系的基础，土地问题是农民革命的中心问题，李自成的"均田"纲领口号的提出，正表明农民阶级在土地问题上的认识和实践。这样分析比较符合马克思主义历史唯物主义基本观点。中国封建所有制两个最基本的组成部分，一是封建地权。封建地租是封建地权的体现形式。我们把地权的集中与分散称之为阶级关系的变化。一是封建依附关系，即通常所说的人身依附及超经济强制。这种关系，在中国地主经济下体现为尊卑贵贱（尊卑贵贱原系封建习俗，属上层建筑范畴，当与地权相结合时，则构成封建土地所有制的一个组成部分）及隶属关系。我们把这种关系的消长称之为等级关系的变化。关于封建地权——地主对土地的垄断，可因时期而不同，但只是集中与分散的一再重复，地主经济两千年都不例外。关于封建依附关系——尊卑贵贱等级关系的变化也因时期而不同。在中国地主经济下，尊卑贵贱关系不是地权的固有属性，因而这种变化不是一再重复，而是有一个形成、发展、强化、削弱和松解的发展过程。李自成所处的时代属于中国封建社会后期，这时封建依附关系趋向松解；而由地权所体现的阶级关系——土地兼并与集中却更加突出。正是封建所有制的这种等级及阶级关系的不同的发展变化，在影响农民起义斗争性质的变化，李自成提出了"均田"的纲领口号。

为了便于论证明末农民起义"均田"纲领口号的性质和时代意义，兹从地主经济形成时期的秦汉谈起。这时是地权由分散逐渐集中的开始时期。与此相适应，封建依附关系也处在开始形成期，这时农民起义所反对的主要是封建徭役，人身依附关系问题还没有被提到日程上来。

由东汉后期至魏晋南北朝三四个世纪的情形不同。虽然有的王朝和地区实行均田制，但在世族地主及九品中正制的影响下，尊卑贵贱等级森严，地权趋向僵化，封建依附关系呈现强化趋势。由隋唐至宋元，尤其是中唐以后，伴随庶族地主的出现与土地买卖关系发展，封建依附关系趋向削弱，但佃农对地主仍然具有严格的人身依附关系。以唐代而论，佃农包括在"部曲"之内，被束缚在土地上，丧失了人身自由。佃户逃亡，地方政权有义务协助追捕。自佃农和地主所形成的封建等级关系，在唐律上有明确规定，诸如部曲詈骂旧主者"徒二年"，殴旧主者"流二千里"，"伤者绞"。①反过来，主人殴部曲死者"徒一年"，部曲"其有愆犯决罚致死及过失杀者，各勿论"。② 主佃关系等级森严可以想见。宋元时代，

---

① 《唐律》卷二三。
② 《唐律》卷二二。

主佃间等级关系虽稍有改变，佃农人身自由仍然受到极大限制。仁宗天圣三年（1025）以前"旧例"，"私下分田客，非时不得起移，如主人发遣，给予田凭，方许别往。"这时佃农是否可以迁徙，权在地主。天圣三年开始改变旧例，制定新例，一度取消地主的"凭由"权。此后27年，据皇祐四年（1052）记载，施黔地区佃客逃往外界，"委县司画时差人，计会所属州县追回"。此后的132年，南宋孝宗淳熙十一年（1184），关于夔州路佃户有这类规定：在淳熙八年以前逃移三年以上者承认既成事实，逃移不到三年及以后逃移者，"一并追归旧主"。至宁宗开禧元年（1205）州路转运判官范孙校定新法有这类规定：其一，地主只准役使佃客本人，不得强迫其家属供役；其二，佃客死亡妻子愿改嫁的"听其自便"，佃客之女可以"自行聘嫁"。这类限制规定是租佃实际生活的具体反映，说明这里的地主可以任意役使佃客及其家属，并有权干预佃户的嫁娶。在淮南路（包括长江以北西起庐州东至扬州广大地区）则禁止佃客自由迁徙，有迁移者以"无故逃窜"论，地主得凭契券告官，令"经所属自陈收捕，所在州县不得容隐"。孝宗朝（1163—1189）徽州婺源朱熹建议，凡佃客返回原籍，经地主向所属州县诉理，由官府追捕判罪，仍发落交还原主。南宋时代，荆湖路（湖南湖北）佃客得随田买卖，在地契上写明雇佃姓名，地权转移佃客无权退佃，买主得强迫佃客继续承佃。湖北之峡州尤为落后，对佃客"计其口数立契，或典或卖"，这时浙东、浙西、江东（金陵太平宁国广德）、淮西（淮水上游）、福建等路盛行佃仆制，身份近似为仆。与此相适应，宋代佃户在法律上也是不平等的，北宋哲宗元祐年间（1086—1093）规定：地主打死佃客减罪一等，发配邻州。此前法权关系如何缺载，从以上对佃客迁徙限制规定等方面考察，双方显然也非对等关系。南宋高宗绍兴元年（1131），地主打死佃客减罪二等，发配本州；光宗绍熙元年（1190），禁佃客不得控告地主，佃户的法律地位更加降低。大概就在这个时候，朱熹力图把"主仆名分"加在佃户身上，说什么凡系讼狱，首先

"论其尊卑上下长幼亲疏之分"，然后"听其曲直之词"，如果"以下犯上，以卑凌尊""虽直不佑"①。宋代佃户的实际生活状况和法律地位是一致的，或谓地主"鞭笞驱役，视以为仆"；或谓地主"役属佃客，有同仆隶"，或谓四川佃农累世为佃，地主"使之为奴隶"②。南宋时代，佃农地位并没有改善，佃客"人命轻，富人敢于专杀"。元代建国，前朝主佃间的贵贱等级制基本延续下来。这时江南地区，地主对佃户任意科派，有的地区封建奴役关系有增无已，"若地客生男，便供奴役；若有女子，便为婢使，或为妻妾"。峡州路地主对佃客可任意典卖，对佃客婚姻肆行干预。湖北地区，地主"生杀佃户，视若草芥"。地主打死佃客可不抵命，只判罚烧埋银若干两。宋元以前农民起义为什么把反封建等级制作为主要内容，由以上事例就很清楚了。

我们之所以详细介绍宋元以前尤其是宋元时代主佃间的封建等级关系，是为了论证明代封建依附关系的变化及李自成等人提出"均田"纲领口号的时代意义。

经过元末农民大起义，官绅地主受到一定程度打击，农民小土地所有制有所增长，佃农和地主的关系发生一系列变化。这种变化不仅反映于实际生活，也反映于朱元璋制定的《大明律》。在这部律例上，关于佃农和地主的关系没有明确规定，一无关于佃农迁徙的规定，说明在法权关系方面佃农可以自由离开地主土地了；二无关于佃农詈骂、殴打地主的规定，地主打死佃户要依法判处死刑，佃农殴打地主也无加等治罪之条，说明双方在法律面前至少在形式上是平等的。明律因袭唐律，很多条文类似，唯独在主佃关系方面作了大幅度修改，这是一次划时代的变革。明代只在"乡饮酒礼"上写明佃农对地主要行"以少事长"之礼。礼节的约束毕竟不同于律例的规定。明代雇佣关系也在发生变化，万历十六年（1588）

---

① 关于宋代佃客身份问题参考蔡美彪主编《中国通史》第五册。
② 《宋会要·刑法二》，《宋史》卷三〇四，《刘师道传》。

在法律上明确了短工的"凡人"地位，至于长工，明律只将"立有文契、议有年限"的长工列入"雇工人"范畴，其未书立雇约文契的长工地位如何，律无明文。到天启年间，其未写立雇约文契的长工的刑事案件，已有的按"凡人"判处了。在实际生活方面，地主对佃农不像宋元那样"鞭笞驱役""敢于专杀"及干预佃户的婚姻了。

总之，研究明代农民战争问题，要掌握这一时期封建土地关系的松解趋势，这是社会经济发展的主流，但也看到明代中叶后，在某些地区伴随地主绅权嚣张所形成的租佃关系的逆转，尽管如此，和宋元以前毕竟不同。①

明代封建依附关系的变化更重要的是实际生活方面的变化，如封建习俗的变化。关于封建习俗的变化当时有不少人论述过。万历年间（1573—1620）管志道说："开国以来之纪纲，唯有日摇一日而已。纪纲摇于上，风俗安得不摇于下！于是民间之卑胁尊，少凌长，后生侮前辈，奴婢叛家长之变态百出，盖其所由来渐矣。"这种变化是从明代中叶开始的。或谓成化（1465—1487）、弘治（1488—1505）年间，"民风转厚"，那时"少者习于事长"，"贱者亦习于事贱"。嘉靖（1522—1566）、隆庆（1567—1572）两朝开始发生变化，万历朝更加显著，如管志道所说，少长尊卑及贵贱等级两者，"盖至于今二义俱不讲矣"②。如江苏金坛县，隆庆年间，"以卑凌尊、以奴叛主"之案层出不穷。③ 如福建福宁州，万历年间，"尊卑无别，良贱不分"。如浙江嘉兴府，或谓嘉靖以前农卑主尊，至崇祯年间骄惰成习。④ 以上长幼尊卑贵贱等级关系的

---

① 关于明代后期租佃关系逆转，据王士性《广志绎》卷13记述河南光山情形，人们一考中进士，"则奴仆十百辈，皆带田而来"。据顾炎武《日知录》卷13《奴仆》，每户官绅接受的投靠户有的多至千人，有的一县一乡"挂名僮仆者什有二三"。农民投靠目的是为了逃避赋役，并非真正雇仆或奴仆，他们的社会地位和宋元佃客不同。

② 管志道：《从先维俗议》卷二。

③ 《郁冈斋笔尘》第三册，转录。

④ 《沈氏农书》。

变化，不能单纯地看成为封建习俗的变化，要和土地关系联系起来考察，才能透过现象看到这种变化的本质。在封建社会时期，主佃关系和主雇关系，不仅是以贵贱等级关系出现的，也是以长幼尊卑关系出现的，尊卑贵贱等级关系的变化是封建所有制发展变化的一个组成部分，是封建依附关系趋向松解的具体反映。

土地关系中封建等级关系削弱了，在地权分配方面却没有发生相应变化，因而由以构成的地主与农民的阶级矛盾更加突出。正是在这种条件下，明末农民起义明确提出"均田"纲领口号的。

二 农民起义由反人身压迫到反封建地权

为了论证明代农民起义所提出的反封建地权的划时代意义，这里从宋元以前农民起义反人身压迫谈起。

在中国地主经济体制的制约下，自耕农小土地所有制始终广泛存在，因此农民反对赋役繁重的斗争贯穿于整个封建历史时期，关于这个问题这里不拟进行论述。中国地主经济时代，地主与农民两大阶级的矛盾对立贯穿始终，因而秦汉以后爆发的农民起义都反对封建所有制。如前文所述，封建地权和人身依附是封建所有制的两个主要方面，也是封建所有制最基本的东西，两者的结合及相互关系则因时期而不同，农民起义反对的重点遂显示出阶段性。大致说来，宋元以前农民起义主要反人身压迫，明清时代的农民起义主要反封建地权。

南北朝时期，起义者有利用佛教某些教义作为口号的，如"是法平等，无有高下"[1]。可见这时农民斗争的目的是消灭等级差别，要求众生平等。唐末农民起义领袖王仙芝称"天补平均大将军"，黄巢称"冲天太保均平大将军"，"均平"二字可理解为财产上的平均和人身平等。北宋农民领袖王小波、李顺以"均贫富"

---

[1] 《金刚经》语，转见侯外庐《中国封建社会史论》，第239页。

相号召，① 方腊袭用南北朝起义者"是法平等，无有高下"的口号，② 一个强调平均财富，一个反对贵贱等级关系。南宋农民领袖钟相、杨幺则将"等贵贱"与"均贫富"并提。③ 两宋农民起义的"等贵贱"实际是南北朝以来农民阶级要求人身平等斗争的延续。

宋元以前所有农民起义多提出均分财富的问题。在进行斗争的实际行动上多采行劫富济贫措施，由黄巢到方腊都不例外。李顺并号召乡中富家大姓，各呈献财富和存粮分给农民，这就是"均贫富"口号的实践。钟相、杨幺对所提"均贫富"加以解释，"谓劫财为均平"。④ 宋元以前农民起义所提出的"均平""均贫富"之类口号，从他们对部分地主土地的剥夺，及将一些祠寺之田授与贫者耕种，也可能包括土地问题在内，但在口号中没有明确提出来，而且从他们的斗争实践看主要是分浮财和粮食。这时农民起义以各种形式表达他们反人身压迫争平等的要求特别突出，这是给他们打上的时代思想烙印，农民的斗争活动不可能超越他们所处的时代界限。

明代农民起义就不同了。崇祯十三年李自成进据河南，接受李岩建议，以"均田免粮"相号召。⑤ 崇祯十七年进据山西，更提"贵贱均田"口号。⑥ 李自成这个革命口号在当时产生了一定影响，但没有付诸实践。从农民军的具体实践看，他们曾经没收勋贵庄田进行屯种，如崇祯十六年驻扎河南南阳的农民军，占庄种田。⑦ 山西宗藩土地多为农民军占据，地凡1370余顷。⑧ 当时李自成所派遣的地方官，有的对土地问题进行了一些改革措施。如当时诸城县士

① 《渑水燕谈录》卷八。

② 庄季裕：《鸡肋编》卷上。

③ 同上。

④ 《三朝北盟会编》卷一三七。

⑤ 查继佐：《罪惟录》卷三一，《李自成传》。

⑥ 《罪惟录》卷一七，《帝纪》。

⑦ 李永茂：《枢垣初刻》，《襄阳再陷疏》。

⑧ 顺治启本，55号，《姜瓖为恭报故宫宗遗产并议征课》，转见柳义南《李自成纪年附考》。

绅丁耀亢有这类记载：大概在万启之际，兄弟二人析产时各分地六百亩。崇祯初，"弟举于乡，治有远近庄产十余处"，耀亢亦置产二十余顷。李自成县官莅任，"以割富济贫之说明示通衢，产不论远近，许业主认耕，故有百年之宅，千金之产，忽有一二穷棍认为祖产者"。这时耀亢弟兄皆不在原籍，"巨室膏田，一无主人，任其侵占而谁何，故前此所积不可问矣"。耀亢接着记述土地被占领情形："于是有楼子庄之占，草桥庄之占，草泊庄之占，东潘旺之占，石埠庄之占，解留之占，石桥、石齐沟之占，其不为占据者，惟焚掠后之荒田耳"①。诸城县地方农民发动的夺田活动，是在农民政权地方官支持下自发的斗争，这种斗争是在官绅地主遭受严重打击之下爆发的。地方官这种措施虽然不一定是受李自成的指示，但总和新政府的政策措施有一些联系。

李自成等"均田"纲领口号，是在地权高度集中的情况下提出的。明代中叶后，官绅地主或依势强买"啻不与值"，奸民或投献人田致农民"哭天无路"。地权集中虽然通过买卖，但每和地主阶级的封建权势相联系。地权转移之频繁，嘉靖隆庆之际，湖南湘乡县洪懋德说："今之湘非昔之湘矣，田十年而五六易其主"②。嘉靖年间，浙江长兴县归有光说："豪民侵凌，分田劫假，莫甚于今时。"江苏上元县，正嘉以后，官绅地主兼并农田，农民苦于徭役繁重，"民田减价出鬻者日益多，而差役之并于佃户者日益甚"③。江苏昆山县，嘉靖年间仍"人有恒产"，④ 万历以后，农民"每以贫富不均，眈眈疾视"，"各佃含怨"，"不无穷叹"。⑤ 地权集中程度，或谓丁多有田之家共在一甲，往往占有十甲之田。福建福州府

---

① 丁耀亢：《出劫纪略》，第30—31页。按丁原日照县人，后移居诸城县，所记当系诸城日照一带情形。

② 道光《湘乡县志》卷二，第72—75页。

③ 顾炎武：《天下郡国利病书》卷一四，应天府上元县。

④ 嘉靖《昆山县志》卷一，第4页。

⑤ 康熙《昆山县志》文艺上，王志庆：《赡乡民议》。

属，"郡多士大夫，其士大夫有多田产，民有产者无几耳"①。福建永安县某些村镇，田多系富户之产，"田家所有二三而已"②。江南各郡县，据嘉靖年间记载，"富家豪民兼百室之产"③。明代后期，苏松一带，"有田者什一，为人佃作者什九"④。江北如兴化府，势家大户"多有田盈万亩者，税粮不过十余石；有占买二三千亩者，并无升合税粮"⑤。淮安府属，膏腴之产多系富家之业。⑥ 湖南湘潭县，万历年间，"有田者皆巨室富人"。⑦ 山东历城县，崇祯年间，有恒户之家"百无一二"⑧。以上虽然只是某些地区的几个事例，但反映了这一时期官绅地主兼并土地及地权集中的趋势。就在这一时期，朱明勋贵庄田地主迅速扩大。有诸王庄田，每王由数千顷至数万顷不等。亲王以下郡王、将军、中尉多有庄田，公主驸马有庄田，外戚有庄田，各数十顷数百顷不等。到晚明时期，全国庄田合计，可能多至35万顷。

明代后期，各类地主占有绝大部分土地，广大农民很少土地或没有土地，地主凭借对土地的垄断，对农民进行苛重的地租剥削。正是在这种条件下，李自成等人提出"均田"纲领口号的。不管"均田"主张是否能够实现，它毕竟反映了农民反对封建地权要求土地的革命愿望。相对过去历次农民起义的均贫富、等贵贱等纲领口号而言，"均田"纲领口号的提出标志着农民战争史进入了一个新的历史发展阶段。这时农民起义之所以能出现一次飞跃，乃是社会历史发展的必然结果。在人身依附关系趋向松解之后，地权分配问题变成一个更为突出的问题了。

---

① 《明史》卷二〇三，欧阳铎传，正德。
② 万历《永安百志》卷二〇，第10页。
③ 归有光：《归震川全集》卷一一，第182页。
④ 顾炎武：《日知录》卷二〇，《苏松二府田赋之重》。
⑤ 万历《兴化府志》卷三，第55—56页。
⑥ 天启《淮安府志》，《四民》。
⑦ 乾隆《湘潭县志》卷十，第35页。
⑧ 崇祯《历乘》卷一四，第2页。

三　李自成"均田"纲领口号的历史意义

李自成等人所提出的"均田免粮"纲领口号，在当时曾经得到广大农民的拥护。当时农民苦于"加派"，李自成对"免粮"问题一再宣传。崇祯十六年克黄州，发布檄文，"三年免征"。① 当农民军占领北京之后，明官凌駉还说过，李自成之所以获得农民拥护，"无过假义虚声，假义则预免民粮"②。明官高弘图则建议蠲免江北、河南、山东"田租"，以"勿使贱徒藉口"为言，③ 就是要明政府免粮以对抗李自成的免粮。与此同时，明官僚还有的建议"均田""限田"，时间那么巧合，可能也是为对抗李自成的"均田"而提出来的。

就在李自成提"均田免粮"的崇祯十三年，明工部主事李振声向政府建议限田。据李奏议："一品官十顷，屋百间；二品官九顷，屋九十间；以是为差。逾限者房屋入官变价，田地入官为公田。"④ 同年江南武生李琏建议令江南富户填报自己财产，籍没之而捐输公家。他们的建议在明政府内引起轩然大波。针对李振声建议，吏部侍郎蒋德璟上奏说："三代时有井田，故田可限，至秦而经界废矣……惟王莽、王安石、贾似道力任以为可行，而皆以扰致乱，由是思之，法非不善，而井田既陻，势固不能行也。"蒋德璟列举历史掌故失实可不论，但他歪曲了李振声"限田"原意，李振声根本没有提出解决农民土地问题，而是主张按官阶品级加以限制，品官仍不失为占田数百亩地主。就是这种主张也行不通。李琏的建议远较李振声"限田"为急切。据《明史·钱士升传》，李琏原奏内容，一是地权集中，谓"缙绅豪右之家，大者千百万

① 计六奇《明季北略》卷一九，《李自成屠黄陂》。
② 计六奇：《明季南略》。
③ 《明史》卷二七四，《高弘图传》。
④ 严有僖：《漱华随笔》卷一。

〔亩〕，中者百十万〔亩〕，以万〔亩〕计者不能枚举"；二是"以兵荒归罪于富家朘削"；三是"请括江南富户，报名输官"。李琏的建议招致大学士钱士升反对，他一方面拟旨将李琏下刑部提问，同时上疏驳奏。钱士升驳奏的主要内容：其一，江南富户占田不像李琏所奏那么集中，占田万亩者不过"千百中之一二"，占田千亩者"什三四"，占田百亩者"什六七"；其二，"郡邑有富家"，乃"贫民农食之源"，地方水旱赖"均粜计饥"，地方有"寇警"赖"助城堡守御"；其三，"李琏此议一倡，无赖亡命相率而与富家为难，不驱天下之民胥为流寇不止"。最后钱士升谓李琏不只企图"借端幸行"，"或疑此辈乃流寇心腹，倡横议以摇人心"。① 李琏注意到地权集中问题，意识到地主的苛重剥削是激发农民参加起义的原因，但他只谈到没收地主土地问题，没谈论如何解决农民耕地问题。仍在崇祯十三年，曲阜举人孔尚钺上疏建议行均田。据孔氏原奏：第一，地权集中，"不均之叹处处有之，富者田连阡陌，贫者地鲜立锥，饥寒切身，乱之生也职此之由"；第二，行均田以杜乱源，"均田土，夫民不饥寒则不思乱，人人有土则不饥寒"；第三，解决土地问题办法，令各地方官吏"以理劝谕本地乡官，于地之太多者，或放其赎还，或容其佃种而量收其子粒"。孔氏的设想是，"所谓均无贫，乱萌其少息乎！"②。

以上三人关于解决地权集中问题的建议，李振声所主张的按官阶品级限田没什么意义。值得注意的是李琏和孔尚钺的奏议，他们都认为地权集中是农民参加起义的原因，看法相同。至于解决办法，李琏主张籍没富室土地，而没谈如何解决农民耕地问题。孔尚钺谈到农民土地问题时，解决办法是要地主准农民回赎或令农民佃种纳租，实际是徒托空言而不务实际。针对孔氏建议，崇祯帝曾经下令兵部酌议具奏，兵部研究结果认为："若夫均富之有以予贫，

---

① 《明史》卷二五一，《钱士升传》。
② 《明清史料》第十本，《兵部题曲阜圣裔举人孔尚钺奏行稿》。

彻多之藏以给寡，人情之不安莫此为甚。"他们还引古证今：井田不可行于春秋战国，而欲行于今日，臣有以知其必不能也。

　　和李自成所倡"均田"相比，明代官僚建议限田均田的时代背景没有什么区别，他们建议的动机和目的却大不相同。李自成是作为一个革命纲领口号提出来的，当时虽有宣传目的，为了争取民众参加斗争，但出发点乃是为了解决农民耕地问题，借以改善农民的经济生活，朱明官僚则不然，他们动机在于抵制农民革命，维护封建统治，这种关系从他们建议书中反映得十分清楚。从而如何实现"均田"也会有很大差异。李自成"均田"纲领口号虽然没有付诸实践，他对官绅地主却进行了暴力打击。李自成克洛阳，诛杀贵族，向农民宣传说："王侯贵人，剥穷人视其冻馁，吾故杀之，以为若曹。"如果李自成实践"均田"诸言，很可能也是通过暴力。

　　朱明官僚的"限田""均田"之议，不触及封建所有制，应该说是比较容易办到的，却遭到中央大吏的反对。道理很简单，由于触犯了地主阶级的经济权益，从大学士钱士升对李琎建议的驳奏，兵部关于孔尚钺建议的议复，都表达得很清楚。这种关系如清初人计六奇所论："限田之议，犹有井田遗意，亦终不能行者，以利于贫贱而不便于富贵耳。"① 归根结底，封建国家是地主阶级利益的政治代表，任何违反官僚地主阶级利益的改革主张都是行不通的。至于李自成的"均田"主张，既然在河南在山西一再提出，他们可能议论过如何付诸实施。最后李自成起义以失败而告终，在历史上只留下一个均田纲领口号。其实即使起义成功了，也只能建立另一个封建王朝，由于社会经济条件的限制，"均田"主张不可能实现。

　　最后，关于中国封建社会时期的农民起义问题，试结合李自成所提出的"均田"主张谈一谈笔者自己的看法。

---

　　① 计六奇：《明季北略》卷一六，《李振声请限田》。

第一，在封建社会时期。所有农民起义都涉及土地问题。到晚明时期，李自成等人提出"均田"主张，斗争目标更加明确罢了。秦汉以来，封建地主为榨取地租而垄断土地，又为实现地租而炮制尊卑贵贱等级制，如前所述，这是封建所有制两个最基本的方面。历代农民起义所反对的，虽然也涉及封建赋役问题，但主要是封建所有制。宋元以前的农民起义，所反对的主要是贵贱等级制，因为这时地主和农民两大阶级的矛盾对立集中在由贵贱等级关系所形成的人身压迫问题。明代后期，在贵贱等级关系相对削弱而地权仍然集中的情况下，地权分配问题变成了地主与农民阶级之间的主要矛盾，因而这时农民起义特别提出地权问题。李自成提出的"均田"口号，很清楚地反映了他们的斗争意图，他们反对地主的土地垄断，主张农民对土地平分。

第二，从明末农民起义提出的"均田"口号，说明农民阶级对封建社会有不同程度的认识，有自己的看法，能提出自己的主张。其实这并不难理解，农民基于所处的受压迫的屈辱等级和受剥削的阶级地位，在他们身上必然会产生不自觉的朦胧的阶级意识。农民起义提出的纲领口号，如"法平等""等贵贱"等口号，如"均田免赋""天朝田亩制度"等口号，都是基于自己对封建社会的认识所作出的抽象概括。农民起义的这种认识，是基于当时所处的社会地位及斗争实践提出来的。从所提出的纲领口号可以看出，他们憧憬一个平等平均社会。但是封建社会的农民阶级由于本身的及时代的限制，不可能认识封建制度的本质，不会了解他们所遭受的压迫剥削来源于封建社会制度。

第三，从李自成等人提出的"均田"主张，反对封建所有制的性质十分明确，其实以前的农民起义都不例外。农民与地主两大阶级矛盾对立，在封建社会开始形成期就已存在，这种社会存在决定了农民起义的性质必然反对封建所有制。历史事实也是如此，只是在各个历史时期导致矛盾激化的具体状况不同，农民起义提出的纲领口号遂也不同。后期提出的反地权集中的"均田"，及以前所提出的反人身压迫的"法平等""等贵贱"都应该看作是封建土地关系的不同组成部分。当然，我们一方面承认农民起义的反封建性质，同时也要看到他们所受到的农民阶级本身的及时代的局限性。农民起义所反对的常是与他们本身利害密切相关的封建制度的某一环节或某一部分，而不是反对整个经济体系或整个封建制度；他们不但不能建立自己的政权，也没能力把"等贵贱"及"均田"纲领口号彻底实践。但我们不能因此而否认农民革命实践的反封建性质，这是两个不同的问题。

第四，中国封建社会的农民起义史，从"法平等""等贵贱"到"均田"纲领口号的演变，说明它不是停止不前，而是不断向前发展。在宋元以前，农民起义在反封建所有制的斗争中，平等思想是最革命的思想，它反映出农民阶级反人身压迫及封建依附关系的斗争。在封建社会后期的明清时代，农民起义在反封建所有制的斗争中，均田思想是最革命的思想，它反映出农民阶级争取土地摆脱封建剥削的斗争。"等贵贱"和"均田"纲领口号，都反映了农民群众的历史主动性和革命创造性。农民革命虽然不能根本改变旧的生产关系，建立自己的政权，农民起义失败之后广大农民虽仍处于受压迫受剥削的地位，但他们的政治经济状况毕竟有所改变。就明代农民战争而言，使地主阶级遭受一次严重打击，猖狂一时的官绅权势没落下去，农民小土地所有制有所增长，为封建土地关系的进一步松解和农业生产的进一步发展创造了新的条件，农民战争的历史功绩是永不磨灭的。

（原载《河北师范学院学报》1985 年第 1 期）

再论地主制经济与封建社会长期延续[*]

一 把封建土地制度的发展变化和商品经济的相互联系作为考察问题的出发点

中国封建社会长期延续问题，实质是作为封建经济内核的地主制经济长期延续的问题。过去国内学者关于这个问题的讨论提出过不少看法，诸如耕织结合所形成的自然经济结构的制约，村社中都图里甲宗族制等基层组织对封建统治的维护作用，土地商业资本与高利贷资本的顽强结合，强大的中央集权对全国土地户口的严格控制，国家对工商业所采行的政策措施，等等。我们认为，以上这些方面对封建社会的稳定和持续所起的作用的确都不容忽视。但所有这种种社会经济关系和国家政策措施等，它的发展变化都为当时特殊的封建经济结构所制约，而地主制经济体制则是封建经济结构的基本内核。因此关于这个问题的研究，要把地主制经济作为中心线索，要探讨地主制经济本身为什么能长期延续。又按照一般规律，封建制度的崩溃常同商品经济的发展联系在一起，即商品经济的发展导致资本主义经济的萌生和封建经济的衰落。中国封建社会后期

* 关于这个问题的研究，在 1983 年我曾写过一篇以《地主制经济与封建社会长期延续问题论纲》为题的论文，在《中国史研究》发表。后来感到该文仍需再行发挥，曾多次与严中平同志讨论。1990 年 12 月 31 日，我到严府看望，他还提了不少意见。未满一月，不意中平同志遽然于 1991 年 1 月 24 日病逝，这是我国学术界一重大损失。再论初稿已成，其间凝聚着中平同志的宝贵心血，谨以此作为对他的怀念。

的明清时代，商品经济的发展也在孕育着资本主义萌芽，问题是在地主制经济制约下，积累起来的大量商业资本，主要倾向不是向资本主义经济转移，而是同封建经济互相渗透。因此关于这个问题的研究，要把地主制经济和商品经济的相互关系作为又一个重要问题进行探讨。

在进行论述之前，有一些本文要涉及的术语概念须先加以说明。如关于地主制经济的内涵，狭义的地主制经济指民田地主所有制；广义的地主制经济则泛指以地主所有制为主导而包括其他各种所有制诸如农民小土地所有制及各类官公田地等整个土地制度体系。本文所说地主制经济系指后者。如关于封建社会长期延续的内容，一是中国地主制经济持续的年代特别长久，从春秋战国时期开始逐渐由封建领主制经济向地主制经济过渡，到鸦片战争止，前后持续了两千数百年，西欧领主制经济，一般持续数百年至千年。二是中国资本主义经济发生发展过程过于缓慢，地主制经济形成之后，延续了两千多年，一直到明代中叶才开始产生资本主义萌芽，此后由明中叶到整个清代，经历了三百多年，中国还没有进入资本主义社会。西欧某些国家，由资本主义萌芽到进入资本主义时代，只经历了两百多年。

上述中国和西欧封建社会经济在发展历程上这种差异的产生，原因何在，应如何进行剖析，这里涉及一个重要的方法论问题。我们认为除对地主制经济本身所具特点进行剖析之外，还要从封建土地制度和商品经济发展的相互关系方面进行考察。任何一个国家，封建社会阶段持续年代的长久或短暂，取决于封建土地关系对商品经济发展冲击的承受功能。更确切地说，封建土地关系和商品经济的发展两者是互相对立的，还是互相依存互相渗透的。两者如互相对立，封建土地关系经受不住商品经济发展的冲击，封建社会持续的年代就会短暂；两者如互相依存，封建土地关系能经受住商品经济发展的冲击，封建社会持续的年代就会长久。

上述关系，将中国地主制经济和西欧领主制经济加以对比就十分清楚。西欧领主制，商品经济发展过程和领主制经济是互相对立的，即和封建地产是互相对立的，[①] 如马克思在论述西欧领主制商人资本和封建地权的相互关系时所说："作为货币财产，作为商人资本和高利贷资本，与地产相对立。"[②] 由于两者互相对立，封建地产经受不起商品经济发展的冲击，因而领主制经济持续的时期较短。中国地主制经济则不然，商品经济和封建地产两者是互相依存的，如封建地主兼营商业典当高利贷，商人置产变成封建地主，封建经济不因商品经济发展的冲击而趋于消亡，而是相得益彰，因而中国封建社会持续的年代特别长久。制约这种发展变化的则是中国特殊的地主制经济。因此本文着重于从地主制经济本身发展变化和它与商品经济所形成的相互关系方面着手，尤其着重于地主制经济制约作用的分析。我们的结论是：相对西欧领主制而言，中国封建社会时期，地主制经济能较大限度地适应封建土地关系的变化，能较大限度地适应商品经济的发展；到封建社会后期，地主制经济与商品经济更进一步融合，又导致资本主义经济发展历程特别迟缓。上述诸关系到封建社会后期表现得尤为突出，因此本文着重于明清时代社会经济的分析。

二　地主制经济能较大限度地适应封建土地关系的变化

中国封建社会地主制经济时代，封建土地关系的变化反映在三个方面，一是地权集中与分散的一再反复；二是地主身份地位的变化，即贵族官僚地主的统治地位向庶族地主（庶民地主）的发展；三是封建依附关系由强化、削弱趋向松解。这种发展变化不但不影响地主制经济体制的延续，而且促使地主制经济本身朝着更高层次发展。

---

① 西欧有的国家也经过地主经济阶段。如法国在中世纪即出现由领主经济向地主经济过渡，行分成租制。但在欧洲出现的地主制为时甚暂，本文主要把中国地主制与西欧领主制进行对比。

② 《资本论》第 1 卷，人民出版社 1975 年版，第 167 页。

（一）地主制经济能适应地权集中与分散的变化

中国地主制经济时期的地权分配，和西欧比较僵化的领主制不同，不是固定不变的，而表现出极大灵活性。这个朝代地权比较分散，另一个朝代地权又趋向集中，如秦和西汉地权相对分散，东汉至魏晋南北朝地权比较集中。一般情况是，在一个封建王朝前期，经过大规模农民战争的冲击，和新王朝所采行的某些有利于农民取得土地产权的政策措施，地权比较分散，农民小土地所有制有所发展，在一个封建王朝中后期，伴随官绅地主权势嚣张，土地兼并剧烈，地权比较集中。这种发展变化几乎变成一条规律。以明代而论，前期地权相对分散，中后期地权逐渐集中。清代中叶后和清代前期相比，情形和明代大致相同。其间一个根本问题，是属于统治剥削阶级成员的各类地主可以不断地再生，这一点和欧洲领主制经济有着质的差别。

因此不论地权分配如何变化，作为封建社会农民与地主两大阶级对立的阶级构成始终不变，地主阶级在整个政治结构中的支配和主导地位始终不变。这就有力证明，地主制经济能经得起不断的大规模农民战争冲击，由于农民战争冲击而被打倒的只是部分地主，地主制经济体制却照旧延续。

值得注意的是地权集中的必然发展趋势。在地主制经济二千多年间，地权曾一再分散，但经过几十年乃至百余年的买卖兼并，地权又逐渐集中，这就有力证明，在地主制经济制约下封建所有制有顽强的生命力。这种发展变化，对西欧领主制而言更是难以想象的。

（二）地主制经济能适应地主身份地位的变化

所谓地主身份地位的变化，指贵族官僚身份性地主和一般非身份性庶民地主的互相转化。中国地主制经济的地主阶级构成和中古欧洲那种僵化的世袭贵族等级性很强的领主制不同。在西汉时期，庶民上升为贵官，宦室下降为庶民，已常见于史籍。尤其是隋唐以后，在地主制经济基础上形成一套独特的官僚政治体制，人们入仕主要通过考试选拔，官宦门第更变动无常。如唐人张素贞所说：

"比见朝士，广占良田，及身没后，皆为无赖子弟作酒色之资"，他的结论是，"虽富田庄亦无用也。"① 如宋人袁寀说："士大夫试历数乡曲，三十年前宦族，今能自存者有几家？"② 张、袁所论皆指官僚地主的败落，继官僚地主而起的间有庶民地主。宦室门第与庶民家族的这种变化至明清而愈演愈烈，宦室沦为庶民户，庶民上升为官绅户，屡见不鲜，地主阶级内部等级关系的这种变化并不影响地主制经济的延续。

在封建社会时期，贵族官僚特权地主与庶民地主两者每相互消长，相对说来庶民地主有逐渐扩大趋势。在地主制经济封建早期的秦至西汉，庶民地主即曾广泛存在。据《汉书·食货志》记载，汉代有"富者田连阡陌""庶人之富者累资巨万"之类记载，主要指一般庶民地主。由东汉至魏晋南北朝世族特权地主膨胀，在此基础上形成地主大庄园，有不少事例。此后庶民地主又日益发展。两宋超过唐代，明清又超越两宋。以清代前期而论，庶民地主的户数远超过官僚特权地主，③ 这种关系在有关清代租佃、雇工档案中反映得十分清楚。④

庶民地主在法律上没有封建特权，庶民地主的发展表明土地关系的变化。更值得注意的是，宋元以后尤其是清代前期，地主制经济不但不因庶民地主的发展而有所削弱，反而得到充分发展。这种现象相对中古欧洲僵化的领主制而言是又一个重大区别。

（三）地主制经济能适应封建依附关系的强化与松解

中国地主制经济制约下的封建所有制，包括封建地权和封建依附关系两个组成部分。封建地租是封建地权的体现形式，封建依附关系则是实现封建地租的强制手段。中国封建所有制，占产量

① 《旧唐书》卷九九，《张素贞传》。

② 《袁氏世范》卷一，《子弟贪缪勿使仕官》。

③ 1963 年我曾写《论清代前期的土地占有关系》一文，主要论庶民地主的发展。参见《历史研究》1963 年第 5 期。

④ 在清代有关主佃、主雇刑档中，都注明地主的身份地位，其间有关官僚地主案件极少，主要是庶民地主。

50%左右的封建地租始终不变，封建依附关系则在不断发生变化。这一点和西欧领主制存在着根本差别。

西汉以前是地主制经济前期，也是封建依附关系逐渐形成期，租佃农对封建地主的人身依附还很疏松。东汉至魏晋南北朝是人身依附关系强化期，租佃农的社会地位严重下降，而且出现了大量奴仆。南唐以后，尤其是两宋时代，伴随地权变动无常，门阀特权地主地位削弱，租佃农的地位逐渐上升。明清时代尤其是清代，伴随中小庶民地主的发展，租佃关系发生更大变化，主佃间的封建依附关系基本松解，双方在法权关系方面已处于平等地位，而地租剥削率则照旧不变。

主佃间封建依附关系的松解过程，农业生产和商品经济的发展起着一定促进作用，而地权频繁变动也有直接联系。明嘉靖、隆庆间，湖南湘乡县洪懋德说，"今之湘非昔之湘矣，四十年而五六易其主"①。清乾隆、嘉庆之际钱泳记述江南地权变动情形说："俗语云：百年田地转三家"；现在不同了，"十年之间已易数主"②。北方如山东栖霞县，据康熙年间县志序："土地则屡易其主"。在这种条件下，土地经常变易主人，主佃间是短期性组合，尤其是农民与地主两者每互相转化，不但世袭的人身隶属关系不易形成，即强化的封建依附关系也不可能顽固存在。主佃间双方在法权上的平等关系就是在上述诸条件之下形成的。

总之，中国封建社会中后期，由唐宋至明清，主佃间封建依附关系由削弱到松解，这就有力说明，人身依附关系不是封建地主所有制的固有属性。欧洲领主制则不然，人身依附关系乃是封建地权的固有属性，它是封建所有制的主要内容，如恩格斯所说："土地占有的等级结构以及与之有关的武装扈从制度使贵族掌握了支配农奴的权力。"③ 马克思说得更加清楚："人身依附关系构成该社会的

①　道光《湘乡县志》卷二。
②　钱泳：《履园丛话》卷四。
③　《马克思恩格斯选集》第1卷，人民出版社1972年版，第28页。

基础"①。在中古欧洲，农奴是封建贵族的私有财产，人身依附关系与领主制经济共存亡。中国地主制经济，封建地权完全可以在摆脱人身依附关系的条件下独立存在，明清时代的主佃关系就是这种情形。当然，这时一些官僚恶霸地主也每对佃农实行超经济强制，横暴逼租，但这种超经济强制的出现并非基于人身依附关系。一般中小庶民地主则是另一种情况，有关佃农抗租事件，地主所凭借的是国家政权，这种关系在清代档案中得到大量反映。主佃间封建依附关系松解，农民获得更多的人身自由，中国地主制经济也进一步发展。

再一个影响封建依附关系削弱和松解的是自耕农小土地所有制的发展。由两宋至明清数百年间，在某些时期某些地区都出现过这种现象。农民小土地所有制的发展意味着封建所有制的削弱，也意味着封建依附关系的松解。这属于地主制经济内部的变化，并不影响封建社会的延续。

以上封建土地关系的变化，诸如地权分散与封建所有制削弱，地主身份地位变化与庶民地主发展，封建依附关系由削弱到松解等，在明清时代有进一步发展。这种关系，方行同志曾作过如下论断，这种发展变化并不意味着封建经济关系削弱，而是在向更高层次发展。② 这一论断十分确切。封建土地关系这种发展变化，对农业生产及商品经济发展都在起着直接或间接的促进作用。这里要着重指出的是，地主制经济本身这种自我调节的功能，构成中国封建社会长期延续的一个基本条件。

三　中国地主制经济能较大限度地适应商品经济的发展

再一个值得注意的问题是：由于地主制经济的以上特点，它能

---

① 《马克思恩格斯全集》第 23 卷，人民出版社 1972 年版，第 94 页。
② 方行：《清代前期地主制经济的发展》，《中国史研究》1983 年第 2 期。

较大限度地适应商品经济的发展并承受商品经济发展的冲击。这种现象，在整个地主制经济时代都有所反映，到封建社会后期明清时代资本主义萌芽时期表现得尤为突出。

关于地主制经济与商品经济相互关系问题，经君健同志曾在理论方面进行了深入剖析，指出两者的本质联系，离开商品经济，地主制经济就不可能存在和发展，突出了中国地主制经济在这方面的特点。① 在整个地主制经济时期，商品经济的变化则是建立在农业生产发展基础之上的（反过来，商品经济发展对农业生产发展也具有一定刺激作用）。相对西欧领主制而言，中国地主制经济所构成的土地关系较能适应农业生产的发展，劳动生产率和单位面积产量都远超过西欧领主制。这种关系魏金玉同志根据大量资料作了深入分析。以英国领主制经济粮食产量而论，农业收获量是播种量的4—5 倍；中国明清时代收获量则为播种量的 20—30 倍。以完租后留给农民的余额而论，英国农奴完租后，留给自己的余额相当于播种量的 1—1.5 倍；中国佃农完租后，留给自己的部分相当于播种量的9—14 倍。② 至于自耕农完纳赋税之后留给自己的部分当更多。明清时代，在自耕农广泛存在和租佃农获得更多人身自由的条件下，农民生产积极性有所增大，其间经济条件较好的农户可以有较多农副产品出售，从而为商品经济的发展创造了有利条件。③

商品经济发展反映在很多方面，下面拟从农副业商品生产、商品流通、商业资本积累三个方面进行简短评介。

---

① 经君健：《中国地主制与商品经济的本质联系》，《中国经济史研究》1987 年第 2 期。又西欧领主制经济、农家经济和商品经济也有联系，但这种联系和中国地主制经济有所区别。这种关系，魏金玉同志在《封建经济结构的几个问题》一文中作了详细论述。

② 魏金玉：《对封建经济结构的几点认识》，打印稿。

③ 封建社会时期的生产关系，本身就包含着与生产之间的矛盾，地主垄断土地不劳而食，生产劳动者农民遭受封建压迫剥削，这种对抗性矛盾，对农业生产的发展是不利的。但相对欧洲领主制而言，中国地主制经济较能适应农业生产的发展。这种关系当专题论述，此处从略。

（一）商品经济发展在农业及农家棉纺织业商品生产方面的反映

封建社会时期，农业及与农业相结合的农家纺织业是主要生产部门，本文即从这两方面探讨这一时期的商品生产问题。

关于农家粮食商品生产问题，因限于材料论述比较困难，但仍可从以下几个方面进行考察。一是很多农户需要出售食粮，因而出现"谷贱伤农"之类议论。如广东揭阳县，据康熙十年记载，"揭惟耕农无他业，谷太贱则无可输课"；"谷贱伤农，谓之熟荒"①。又乾隆年间，河南巡抚蒋炳说："豫民终岁之计，凡完粮嫁娶一切费用，俱取于麦，若价值太贱也恐伤农②。"以上这类议论乃是农民出卖食粮普遍化的具体反映。在农民必须出售部分食粮完纳赋税及应付各项货币开支的条件下，在一开始种植时就考虑到出售问题是完全可以理解的。二是农民关于种植作物的选择，如江苏嘉定县农民，"往皆种木棉"。据乾隆某年记载，"近因粮价昂贵，每石有五两外者，始多种稻"③。说明农民将棉田改种稻禾是在价值规律制约之下出现的，其间显然夹杂着考虑出售的因素。三是明确为出售而种植。在黄河流域，农民一般采行粟麦兼种制，种小麦主要为了出售，甚至有的农户出售小麦购买粗粮而食，前列蒋炳所说农家一切货币开支"俱取资于麦"，反映得也很清楚。长江流域以稻为主，如湖南省稻作区，据乾隆十二年巡抚杨锡绂奏："而富户登场之后，非得善价不肯出售，实操粮价低昂之权。"④ 这类富户也包括部分富农，他们在播种时就会把出售部分作了粗略估算；还有的农民吃粗粮而卖稻米，只是出售部分和自家食用部分很难划分清楚。当然，一般农户所售余粮很多不具有商品生产的性质，这是另一个问题。

---

① 乾隆《揭阳县志》卷七。
② 清档，河南巡抚蒋炳奏，乾隆十八年四月十一日。
③ 乾隆《续外冈志》卷一。
④ 杨锡绂：《四知堂文集》卷十，《陈明米贵之由疏》，乾隆十二年。

这时农业商品生产的发展，主要表现为经济作物种植面积的扩大，如茶、棉、烟、蔗、蓝靛以及果树之类都在迅速发展，有不少农民依以为生，这种情形已有不少人论及。这里为了说明所要论证的问题，就茶、棉、烟三者的种植作一简短介绍。

关于茶的种植，福建省崇安县五夷山区居民数百家，又南平县某些村镇民户，皆"以茶为业"①。广东南海、鹤山、河源等县居民"多以茶为业"，"居人生计多赖此"②。浙江於潜县"仰食于茶者十之七"，安徽霍山县产茶区居民多以植茶采茶为业，湖南临湘县山民以植茶为业。③ 以上这类事例，在长江以南地方志书中屡有记载，这类种茶专业户都要出卖茶叶买粮而食。

木棉种植面积远超过植茶，记载甚多，也举数例。如江苏上海县，植棉之田或谓"与粳稻等"，或谓"多于粳稻"，或谓"棉田居其上"④。太仓州属耕地之宜稻者十之六七弃稻种棉。⑤ 浙江省如余姚县，沿海百余里皆植木棉，"邑民资是以生者十之六七"⑥。江西如彭泽县，乾嘉之际，"木棉可抵稻粱之半"⑦。湖北如枣阳、新化两县，农民多种棉，主要为了出售。⑧ 湖南如临湘县，"泽民以取鱼种棉为生"⑨。四川如威远县，民户多种木棉，所产"可抵稻谷之半，而商贩集焉"⑩。山东省登州、莱州两府，"宜木棉，少五

① 《古今图书集成·山川典》卷一八四；嘉庆《南平县志·生业志》。

② 宣统《南海县志》卷四；道光《鹤山县志》卷二下；乾隆《河源县志·农功》。

③ 光绪《杭州府志》引《於潜县志》；顺治《霍山县志·茶考》；同治《临湘县志·风俗志》。

④ 叶梦珠：《阅世编》卷七；同治《上海县志·风俗志》引嘉庆志；黄宗坚：《种棉实验说》。

⑤ 崇祯《太仓州志》卷一四，引张采语。

⑥ 光绪《余姚县志》卷六，所记系乾隆间情形。

⑦ 同治《九江府志》卷八，引旧志。

⑧ 乾隆《襄阳府志》卷六。

⑨ 同治《临湘县志·风俗志》。

⑩ 嘉庆《威远县志》卷一。

谷"①；清平县农家多种木棉，"大约所种之地过于豆麦"②。河南如安阳县之西乡、西南乡、西北乡，"种棉者十之六七，种麦者十之三"；如光山县，"亢爽之地，入夏尽艺木棉"③。直隶"冀、赵、深、定诸州，艺棉者十八九"④；宁津县"种棉者几半县"⑤。以上只列举了几个事例，各省还有不少州县民户靠植棉出售维持生计。

　　明清年间，烟草种植也迅速发展。黄河流域各省，乾隆年间，方苞谓五省酿酒所用之谷为一千数百万石，而种烟所占地亩相当于酿酒所耗"亦十之六七"⑥。据此种烟所占耕地约相当于生产一千万石粮食的土地。方氏所说虽系推测之辞，但仍不失为黄河流域烟草普遍发展的反映。直隶如磁州，由于种烟种蓝者日多，至"稻田渐减"⑦。山西如保德州，"凡河边淤土，不以之种禾黍，而悉种烟草"⑧。河南如鹿邑县民多种烟，据乾隆年间记载，"今则遍地栽之"⑨。陕西如城固县，嘉庆年间，湑水以北广大地区，"沃土腴田尽植烟苗"⑩。甘肃如兰州，附近百里许，"四周尽栽烟叶"⑪，所产烟叶远销四川、江苏、广东等省。⑫山东如济宁州，"大约膏腴尽为烟所占，而五谷反皆瘠也"⑬。长江流域各省，江苏如通州，乾隆年间，州郡附郭原田之近濠河者多种烟草，"利颇不赀"⑭。浙江如杭州府，康熙年间，"土人多种烟为业"⑮。江西有些县是著名

---

① 张瀚：《松窗梦语》。

② 嘉庆《清平县志·户书》，第15—16页。

③ 王凤生：《河北采风录》卷二；乾隆《光山县志·风俗志》。

④ 光绪《赵州志》，引方苞《进呈棉花图疏》。

⑤ 康熙《河间府志》卷四。

⑥ 方苞：《方望溪全集》集外文，卷一，《请定经制札子》。

⑦ 吴邦庆：《畿辅河道水利丛书·水利营田图说》，雍正。

⑧ 陆耀：《烟谱》卷四六。

⑨ 光绪《鹿邑县志·物产志》。

⑩ 岳震川：《安康府食货论》，见《清朝经世文编补》卷三六。

⑪ ［德］福克：《西行琐录》，《小方壶斋丛钞》本，第6帙。

⑫ 褚逢春、顾禄：《烟草录》；光绪《皋兰县志》卷一一。

⑬ 乾隆《济宁直隶州志》卷三之二；臧咸：《种蜀黍记》。

⑭ 乾隆《直隶通州志·物产志》。

⑮ 宣统《杭州府志》卷七九。

烟草发展区，如新城县"栽烟必择腴田"①。如大庾县"种谷之田半为种烟之地"②。瑞金县则"连阡累陌烟占其半"③。安徽如凤台县，近城诸坊多种烟，由于农民争利，禁不能止。④ 湖北如石首县，由于种烟之利"胜五谷"，农民遂"多种烟草"⑤。湖南衡州尤以产烟著称，山、陕大商来此设店收买。⑥ 该省善化县，由道光至光绪种烟者日多，或至"废田与园而为之"⑦。四川如合江县，河坦山谷低峰高原种植殆遍，"浸浸乎与五谷争生死"⑧。福建省种烟亦盛，据乾隆间记述，全省二千余里，"今则烟草之植耗地十之六七"⑨。如永定县"膏田种烟"者"十居其四"⑩。广东如阳春县及新兴县之天堂村，"莳此之利几敌种稻"⑪。广西如平南县，"种烟之家十居其半"⑫。由以上事例，种烟之普遍仅次于种棉。

有关经济作物的发展，在各州县地方志书中有大量记载，这里只列举少数典型事例，已足以说明地主制经济适应农业商品生产发展的特点。尤其是某些经济作物区，商品经济高度发展，有的已经占据统治地位，这种发展变化同样不影响地主制经济的延续和发展。这种情况，对欧洲领主制而言尤难设想。

这种关系还具体反映于与农业生产直接相联系的农家棉纺业商品生产的发展。

中国国土辽阔，各地区间发展极不平衡，有些地区农家不植棉纺织，据郑昌淦同志统计，在所接触到的 1600 部左右州县厅方志

① 同治《新城县志》卷一，《公禁栽烟约》，嘉庆十年。
② 乾隆《大庾县志》卷四。
③ 乾隆《瑞金县志》卷七。
④ 嘉庆《凤台县志》卷二。
⑤ 乾隆《石首县志》卷四。
⑥ 同治《衡阳县志》卷一一。
⑦ 光绪《善化县志》卷一九。
⑧ 嘉庆《四川通志》卷七五。
⑨ 郭起元：《论闽省务丰节用书》，《清朝经世文编》卷三六。所说过于夸张。
⑩ 道光《永定县志》卷一六。
⑪ 光绪《肇庆府志》卷三。
⑫ 《清代文字狱档》第 5 辑，《吴英拦舆献策案》，乾隆。

中，其无棉纺织的在 540 个以上，约占 33.3%。① 又据刘秀生同志统计，在所接触到的 1059 部州县方志中，无棉布生产记载的 376 个，占 35.5%。② 这类地区须买布而衣。北方若东北广大地区，山、陕北部某些州县，直隶偏北某些府厅，西部若青海、西藏及四川某些地区，西南若云南、贵州，或不植棉纺织，或纺织很少，不足供当地居民需求。即江苏、浙江、湖北、湖南、福建、广东、广西等省也有部分州县不植棉纺织，需买布而衣，从而促成另一些地区棉纺织商品生产的发展。③

关于农家棉纺织商品生产情形，兹举数例。江苏松江府和太仓州属，几乎家家纺织，习为恒业，记载甚多。苏州府和常州府记载亦多，如苏属吴江县平望镇，农家从事纺织"十家有八九"。浙江乌程、海盐等县，据明后期记载，农家纺织，"家户习为恒业"④。湖北江陵县，农民"以织为业者十居八九"，汉川县农家兼纺织者"十室而九"⑤。直隶文安县，道光年间，"男妇均以纺织为业"。南宫县农家"妇人皆务纺织，男子无事亦佐之，虽无恒产，而贸布鬻丝皆足自给"⑥。河南孟县，"通邑男妇惟赖纺织营生糊口"⑦。山东恩县"妇女多以纺织为业"，棉布"为本境出产之大宗"⑧。由以上各事例，从"习为恒业""十室而九"说明这类地区从事棉纺织商品生产是当时农家普遍现象。甚至棉田较少的省也有的农户靠纺织收入弥补家庭生计，四川如屏山县，农家植棉纺织，"妇女半

---

① 郑昌淦：《明清农村商品经济》。

② 刘秀生：《清代棉布市场的变迁与江南棉布生产的衰落》，《中国社会经济史研究》1990 年第 2 期。

③ 通常所说耕织结合中的织，按内涵可以分成两大类，一种是个体农户在使用价值形态方面自给自足的结合；一种是农家从事纺织主要是为了出售，进行商品生产。这里主要讨论耕织结合中的商品生产部分。

④ 同治《湖州府志·乌程县风俗志》，引朱国祯：《涌幢小品》；天启《海盐县图经·风土记》。

⑤ 乾隆《江陵县志·物产志》；同治《汉川县志·风俗志》，又《物产志》。

⑥ 民国《文安县志·物产志》；道光《南宫县志·风俗志》。

⑦ 乾隆《孟县志》卷四上。

⑧ 光绪《恩县多土志·商务志》。

以纺织为业"①。在有些地区，有的农户虽然不以纺织为业，而是将余布投向市场，但这种余布和一般余粮不同，对农民来说一开始就是作为商品而生产的。

在农家棉纺织商品生产发展区，对农民经济生活产生了重要影响。也举数例。松江府属，据明正德间记载，"田家收获，输官偿息外，未卒岁室庐已空，其衣食全赖此"②。江苏无锡县，据乾隆间记载，"乡民食于田者惟冬三月"；其他数月"则阖户纺织，以布易米而食"③。浙江乌程县，据明后期记载，"田禾收获，输官偿债外，未卒岁室庐已空，其衣食全赖此"。关于海盐县农家仰赖棉纺织收入完赋及维持生计情形略同。④ 以上所说"未卒岁""冬三月""卒岁"是一个意思，即农家所收食粮只能维持到年底，第二年一开春即靠卖布纱买粮而食。湖南攸县农户，"贫者耕不足恃"，"恒赖此支半载食用"。耒阳县民间纺织收入"为利甚溥，足以济半年食用"⑤。河南孟县农民，"耕作而外，半资纺织"⑥。从"半资纺织""支半载食用"考察，棉纺织收入在农家经济生活中也占据极重要地位。像以上这类地区，农家经济生活虽仍然自给自足，但已非使用价值形态的自给自足，而是交换形态的自给自足。

以上在农业及棉纺织业商品生产发展的某些地区，广大农民经济生活已为商品经济所浸润或渗透，有的已摆脱自然经济状态进入商品经济范畴。但地主制经济体制并不因此发生变化，而仍在照旧持续。

（二）商品经济发展在商品流通方面的反映

讨论商品流通涉及很多问题，诸如基层市场的发展、商业网的

---

① 乾隆《屏山县志》卷一。
② 正德《松江府志·风俗志》。
③ 黄卬：《锡金识小录》卷二四，《力作之利》。
④ 同治《湖州府志·乌程县风俗志》，引朱国祯《涌幢小品》；天启《海盐县图经·风土记》。
⑤ 同治《攸县志·风俗志》；嘉庆《耒阳县志·风俗志》。
⑥ 乾隆《孟县志》卷四上。

扩大、商贾人数的增加等。本文只就商品流通量的增大方面作一简短介绍，作为地主制经济适应商品经济发展的又一个方面。这种关系，从明代中叶到清代中叶约三百年间的文献资料反映得十分清楚。

关于这个问题的论述首先须从农民经济同市场的联系谈起。如前所述，在地主制经济制约下，个体农民的经济生活不能在使用价值形态方面实现完全自给自足，必须通过市场交换。这种关系在文献中屡有记载，到明清时代更有进一步发展。明万历六年（1578）胡宥说："世日降而民日众，风日开而用日繁，必有无相通而民用有所资，匪商能坐致乎？守令固当加意于民商，其可不加之意耶？"① 大约同一时期，张居正说得更加清楚，"商通有无，农力本稼；商不得通有无以利农则农病，农不得力本稼以资商则商病"②。以上所说皆指农民经济生活离不开市场，缺乏市场的调节则民用无"所资"，则"农病"。

这时商品流通的增长，和各级城市的发展，不劳而食人口的增多，需要大量商品粮棉的供应等有着直接联系；而广大农民能提供大量农副产品，同时需要购买大量其他生产和生活必需品，也十分重要。

在市场上流通的商品值最大的是粮食和棉布，以下仅就两者加以简短介绍。关于食粮贩运量的增大，据吴承明同志考订，其长距离贩运，在明代主要在江西、安徽、江苏、浙江、福建五省之间进行，广东产米也部分北上，以上各省运额合计每年在1000万石左右，约值银850万两。清代运额迅速扩大，这时全国发展起来几条主要运粮路线，如东北豆麦南运，四川、湖北、湖南各省产米东运，台湾产米海运福建，广西产米东输广东等，这时各省间所运商品粮每年在3000万石以上，比明代增加了两倍。③ 其在邻县各村之

---

① 光绪《石门县志》卷六，胡宥：《崇邑蔡侯去思亭记》。
② 张居正：《张文忠公全集》卷八，《赠水部周汉浦竣还朝序》。
③ 参见吴承明《中国资本主义与国内市场》。

间的食粮调剂部分尚未计算在内，这部分商品粮数额更大。

　　关于棉布远距离贩运的频繁，如松江府所产布运销冀北岱陇，① 苏州府所产棉布运销淮徐闽浙，② 浙江萧山县所产棉布运闽赣。③ 湖北德安、汉阳、荆州等府所产棉布运销秦晋滇黔蜀粤，④ 直隶某些府县所产棉布运销西北，⑤ 山东各县所产棉布运销东北和京师，⑥ 河南各县所产棉布运销山西、陕西、甘肃等。⑦ 交易数量及商品值之大相当可观，如山东惠民等县所产棉布，据嘉庆间记载，运销东北者"终岁以数十万计"⑧。如松江府属，清代前期，各地富商来此买布者，"白银动以数万计，多者或数十万两，少亦万计"⑨。

　　清代鸦片战争前全国每年商品流通量和商品值，许涤新、吴承明同志在所著《中国资本主义的萌芽》一书中作了宏观估计，除食盐外，主要是农产品及农产制成品，第一位是食粮，共 245 亿斤，约合 16333 万石，值银 16333.3 万两；第二位是棉布，共 31517.7 万匹，值银 9455.3 万两；第三位是茶，共 260.5 万担，值银 3186.1 万两；其余棉花、蚕丝、丝织品各值银 1000 余万两。食盐值银 5852.9 万两。各种商品合计，商品值共为银 38762.4 万两。⑩ 由这个估算，不仅反映出清代中叶商品流通量的巨大，还反映出农副产品在流转商品中的重要地位。

　　以上是对全国不同省间商品流通量和商品值的估计。关于鸦片

---

　　① 钦善：《松向》，参见《清朝经世文编》卷二八。
　　② 乾隆《常昭合志稿·物产志》。
　　③ 钦善：《松向》，参见《清朝经世文编》卷二八。
　　④ 乾隆《常昭合志稿·物产志》。
　　⑤ 民国《萧山县志·物产志》所记系乾隆间事。
　　⑥ 康熙《德安府志·物产志》，乾隆《汉阳县志·物产志》，同治《监利县志·物产志》。
　　⑦ 光绪《寿阳县志·物产志》，宣统《任县志》序，光绪《广平府志》卷一八。
　　⑧ 光绪《寿光县志·商务志》，光绪《恩县乡土志》，光绪《乐陵县志·商务志》。
　　⑨ 嘉庆《正阳县志·物产志》，乾隆《孟县志》卷四。
　　⑩ 许涤新、吴承明：《中国资本主义的萌芽》，第 282 页。

战争前各省各县之内行销商品量和商品值如何，目前尚未见到有关记录。关于清代后期州县行销商品值，在方志中间有记载，山东如潍县，出境商品值计烟叶、绣货、梭布、阑干及铜货等共银780000两。① 其销售本境者无法估计，当也为数不小。销售本境及外境合计至少在100万两以上。四川如铜梁县行销商品值，计布匹、蚕丝、茶、靛、纸张、猪羊等为银1195000两，又煤、陶器等为银153600两，共计1348600两。其中行销本县者为银784000两，行销外县者为银554600两。② 又潍县和铜梁县商品值中均缺食粮部分。即商业资本的最大部分是用于粮食的流通，商盐也占一定比重。如将食粮和食盐的商品值计算在内，数额将大为增加。这时全国一千多个州县，③ 商品销售数额之大相当可观。当然，清代后期行销商品值要比鸦片战争前有所增长，但仍可供研究道光前国内行销商品值的参考。

商品流通量十分巨大，商业网络遍及全国，并不影响地主制经济体制的持续。

（三）商品经济发展在商业资本积累方面的反映

在每个历史时期，商业资本的积累是同当时商品流通量互相适应的。由前述明清时代商品流通量和商品值的增长，商人资本的积累十分可观，这种关系具体反映于当时各地富商。

明清时代的富商有所谓十大商帮，即徽商、晋商、陕西商、洞庭商、宁波商、绍兴商、龙游商、江西商、闽商、粤商；每个商帮又有若干独立的商贾。此外其他各个地区的商贾尤不计其数。就每个商人拥资多寡而论首推盐商，其次为典当商。就各类商人资本合计而言则系粮商、布商和茶商，这三种商贾人数众多，三者商品值

① 光绪《潍县乡土志》第80—81页，其中出境烟叶原书为100万斤，缺商品值，本文参酌其他记载，按每斤折银0.06两计入。

② 光绪《铜梁县乡土志》第3册。原文有记为"二三千两"者，按2500计入；有的银"四千余两"者，按4300计入。又由外地入境商品如食盐值银30余万两，绸缎、桐油、洋纱等值银19万余两，均未计入。

③ 按：顺治时期全国有1300多个州县厅。清代后期州县数增加。

合计每类都超过盐商。又棉花、蚕丝和丝绸商品值也为数不少。

明代商人资本的积累，据明人记载，"正德时内臣富，嘉靖时商贾富"①。看来明代中叶是商人资本积累增殖的转折时期。据嘉靖、万历之际王世贞记述，当时积资银额在 50 万左右者有 17 家，其中山西三姓，徽州二姓，无锡二姓。② 王氏所说主要指富商。

明代北方富商主要是陕晋商人，据当时人记载，"平阳、泽、潞，豪商大贾甲天下，非数十万不称富"③。据清初叶梦珠记载，到松江贩卖布匹的秦晋商人，"白银动以数万计，多或数十万两"④。关于苏商，据明人记载，有毛氏、王氏等富商，其中王氏从事债典和商贩，累资"百万"，由是"至今吴中缙绅大夫多以货殖为急"⑤。徽商资本积累尤速，据叶显恩同志概括，徽商资额，在北宋时期最大者以银十万两计，明万历间资本大者已达百万两。⑥ 如歙县黄、汪、吴三姓"相递而起"，商资金额，皆由数十万以至百万者⑦。明朝末年，徽商汪箕在北京设有典当数十处，"家资数百万"⑧。或谓"新安大贾，渔盐为业，藏镪有至百万者，其他二三十万则中贾耳"⑨。这是明代后期人对当时商人资本积累总的概括。

商人资本积累之巨，清代有所发展。明清之际，山西巨商亢氏"号称数千万两"，曹、乔、渠、常、刘等姓各有银数十万至百万两不等。⑩ 清初山西茶商到福建武夷山收购茶叶，每家资本约二三十万至百万。陕晋商人到衡阳贩运烟草，有九堂十三号，每堂

---

① 孙之禄：《二中野录》卷四。
② 王世贞：《弇州史料·后集》卷三六。
③ 沈孝思：《晋录》。
④ 叶梦珠：《阅世编》卷五，食货五。
⑤ 黄省曾：《吴风录》。
⑥ 叶显恩：《徽商利润的封建化与资本主义萌芽》，《中山大学学报》1983 年第 1 期。
⑦ 万历《歙县志》卷十，货殖。
⑧ 计六奇：《明季北略》卷二三，《富户汪箕》。
⑨ 谢肇淛：《五杂俎》卷四。
⑩ 徐珂：《清稗类钞》第 5 册，《农桑类》。

"出入资本岁十余万金"①。淮海盐商，"办运者百数十家，有挟资千万者，最少亦一二百万"②。或谓淮商"资本之充实者以千万计，其次亦以数百万计"③。淮商有苏商和其他各地富商。如徽商，据乾隆年间记载，所拥资本由过去百万两增至"以千万计"④；闽商资本以百万计，如崇安县茶商邹茂章，乾隆间资本增至二百余万。广东顺德县丝商邓仲豪兄弟积富数十万。由以上事例，清代拥资银数十万两者乃中等商人，大者至数百万以至千万两。商业资本如此高度积累，对地主制经济体制并没有产生重大冲击作用。

在明清时代，有关农业农副业商品生产、商品流通、商业资本积累之类记载甚多，有些问题已有专文论述，以上只是为了论证地主制经济适应商品经济发展而列举的一些事例。其间商品流通和商业资本积累二者本身并不反映封建或资本主义属性，要看其从属于何者，而关键是生产，要看其是从属于资本主义性质的商品生产，还是旧封建性生产的延续。我们并不否认明清时代已出现资本主义萌芽，⑤ 但从进入流通领域的大量商品，诸如粮食布匹之类，主要由个体农民所生产，其他经济作物产品也不例外。生产者农民基本仍停留于交换价值形态的自给自足，乃是封建经济的延续。关于商人所拥有的大量商业资本基本也非建立在资本主义生产基础之上，而是建立在剥削个体小生产基础之上，通过贱买贵卖从中渔利而积累起来的，从而基本也不具备资本主义经济的属性。尤其严重的是很多富商同封建统治发生直接联系。因此明清时代商品经济繁荣主要是在地主制经济高度发展制约下出现的封建性的繁荣。这就充分说明地主制经济对商品经济发展的适应性。商品经济发展不但不曾

①　同治《衡阳县图志》卷一一，《货殖》。
②　王赠芳：《谨陈补救淮盐积弊疏》，《清朝经世文续编》卷五一。
③　李澄：《淮鹾备要》卷七。
④　叶显恩：《徽商利润的封建化与资本主义萌芽》，《中山大学学报》1983 年第 1 期。
⑤　鸦片战争之前，有少数地主富农从事雇工经营，剥削雇工剩余劳动实现价值的增殖；也有商人资本同资本主义工场手工业发生联系，从中谋取利润。以上两者都具有资本主义性质，但所占比重极小。

对封建经济产生重大冲击作用，而且两者相辅相成，构成中国封建社会得以长期延续原因之一。

四 地主制经济制约与商业资本转移倾向

（一）商品经济与封建经济的联系

在地主制经济制约下，商品经济的特点是未能摆脱封建势力干扰而独立发展，商人资本较少向生产领域转移。

商品经济与封建经济的关系，具有统一和对立两个方面。如西欧领主制经济，到封建社会后期，主要是对立的一面，商品经济进一步发展变成对封建经济的冲击力量，领主制经济即由于商品经济发展冲击而迅速趋向削弱衰亡，向资本主义经济过渡。如马克思所说："资本主义社会的经济结构是从封建社会的经济结构中产生的。后者的解体使前者的要素得到解放。"① 马克思所说封建经济解体即指伴随生产发展而出现的商品经济发展对封建经济的冲击作用。中国封建社会后期，如前所述，伴随农业生产发展而出现的商品流通的迅速增长和商业资本的大量积累，已为资本主义经济发展创造了条件；与此同时，伴随封建土地关系的削弱松解，农民和工人有了较多的人身自由，社会上存在大量闲散劳动力，这种种变化对资本主义经济发生发展也是有利的。但中国资本主义萌芽的出现却很迟缓，发展过程十分缓慢，由明代中叶到清代鸦片战争前后约三百年间一直停留于萌芽状态。这种现象的产生，关键是由于地主制经济的制约。

由于地主制经济的制约，削弱了商品经济和封建经济的矛盾对立性，加强了两者的统一性，使商品经济变为封建经济的组成部分。这时商品经济发展所冲击的主要是农村自然经济，而非封建经济体制。总之，由于商品经济未能摆脱封建经济的干扰而独立成

---

① 《马克思恩格斯选集》第 2 卷，人民出版社 1972 年版，第 221 页。

长，致使资本主义经济发生发展十分迟缓，这是导致中国封建社会长期延续的又一个方面。

商品经济与封建经济互相结合的具体体现，如封建地主从事商业高利贷活动，如商人购买地产变成商人地主，在经济上形成地、官、商三者的顽强结合。在政治上也互相融合，或官吏兼事商贾，由官而商。或商人通过捐纳科考进入仕途，由商而官，更加强了商品经济和封建经济的联系，富商在封建社会的社会地位也在发生变化。[①]

由于商品经济与封建经济的统一性，两者互相渗透融合，严重地影响了资本主义经济顺利发展，同欧洲领主制经济大相径庭。这种关系试把中国封建后期商品经济发展趋向同欧洲封建后期资本主义经济发展历程作一简短对比就十分清楚了。

一是在欧洲领主制后期发展起来而具有历史意义的独立工商业城市。西欧领主制，众领主在政治上处于互相割据状态，一个领主只统治他所统辖的乡村领地，领地之外则非他权力所及。在这种情况下，在一些非领主直辖区，独立的工商业城市获得发展机会。这种城与乡的分离形成资本与地产的分离，资本不依赖于土地而独立存在和发展。这类独立工商业城市的发展便利了农奴的逃亡，尤其是掌握手工艺者农奴的逃亡。中国地主制经济情形完全不同，这时虽然也发展起来一些工商业城市，在经济上则城与乡互相融合相辅并存，在政治上城市是各级封建统治的中心，基本不存在封建统治之外的独立工商业城市。在城市中，工商处于从属地位，商品经济的发展从属于封建经济。有些城市工商业并要受封建官府的直接控制，不易任意自由发展。总之，在地主制经济制约下，所形成的工商业格局，限制了独立工商业城市的发展。当然，在明清时代，也出现过少数工商业市镇，但其间的工商业者很难割断同封建经济的

---

① 据嘉靖《冀州志》卷七，《风俗志》："近来人多不论贤贵，虽卑贱暴富，俱并齿衣冠，置之上列。"所说"暴富"系指商贾。如明人张岱《陶庵梦忆》卷五《诸工》说：为商致富，"与缙绅列坐抗礼"。

联系，尤其是对封建政权的控制。这一点和西欧领主制时期出现的独立工商城市有着质的区别。

二是西欧领主制后期，在独立工商业城市发展的条件下，又逐渐发展起独立的市民阶级，形成政治上的一种特殊势力，逐渐取得城市自治权，从政治上冲击封建领主制。① 在中国明清时代，由于欧洲式独立的工商城市根本不存在，从而也不能形成独立于封建权势之外的市民阶级。其兼营农产加工的农户和地主户暂且不论，即这时发展起来的独立工商业者，不仅在经济上同封建经济互相渗透，而且有的商人介入官场，变成封建统治集团的成员。这种关系，明清时代的历史实际反映得十分清楚，可以找到大量事例。总之，在这时发展起来的工商业者，即使具有资本主义经济的性质，在政治上也很难形成独立于封建权势之外的阶级势力。

西欧领主制后期，资本主义工商业日益发展，封建领主为购买他们自己不能生产的工业品，开始向城市工商业者进行借贷，日益陷入对城市的依赖，在商品经济发展冲击下，领主经济状况日趋劣势，最后出卖土地乃至爵位，领主制没落了。恩格斯所说货币是市民"对付封建主义的有力武器"即指此。② 就这样，在 15 世纪时期，农村领主庄园及农奴制逐渐破坏，依附于封建领主的农村手工业也随之瓦解，资本主义经济于此兴起。中国封建社会后期则反是。明清时代商品货币关系虽然相当发达，但在地主制经济制约下，商人资本转向地产，商品经济的发展不但没有变为冲击封建经济的力量，而且两者互相融合，互相转化。还由于地主制经济的制约，商人资本倾向于控制生产进行商业资本剥削，而较少转向生产。这种关系下面还要进行详细论述。这种发展趋势，使过去地主制经济适应商品经济发展优越性的特点，现在走向它的反面。这时也有一些商人资本转向资本主义手工业，但同商品经济发展程度不

---

① 在封建领主互相割据的同时，王权则与城市结成了联盟，实行一系列保护工商业发展的措施，这种关系此处从略。

② 《马克思恩格斯全集》第 21 卷，人民出版社 1965 年版，第 449 页。

相称，就是这时发展起来的手工业也未能割断同封建地权的联系。

总之，明清时代的商品经济尽管十分活跃，却未能摆脱封建权势的干扰独立发展。就富商而言，他们在政治上是封建政权的维护者；在经济上是封建王朝财政的支持者，如政府向富商借贷，富商向国家捐献等。上述情形在明清两朝都不例外。这种关系，李根蟠同志也曾经论及，中国封建地主制下的商品经济，是服务于封建地主经济的，新的生产方式很难在这个基础上获得发展。[①] 由此可见，商品经济与封建政治经济的联系，是导致中国资本主义经济发生发展迟缓的一个重要因素。

（二）商人资本倾向于转向地产进行封建剥削

中国明清时代积累起来的商人资本和他们所获致的商业利润，很少转向工农业生产，相当大的部分向地产转移，促成封建土地关系的重建。商人资本的这种转移倾向对资本主义经济的发展产生更为不利的消极影响。

中国封建社会时期，大量财富转向土地，乃是由中国地主制经济的制约所决定的。首先是土地可以买卖，这一点和欧洲领主制截然不同。又在封建社会，占地多寡代表一个家族的社会地位，官僚地主每以此相夸耀。更重要的是土地财产最为稳妥，如清人所论，"不忧盗贼，不忧水火"之类。而且地租剥削率相当高，一般占产量的50%左右，[②] 商人资本向地产转移乃势所必然。这些转移倾向

---

① 李根蟠：《自然经济、商品经济与中国封建地主制》，《中国经济史研究》1988 年第 3 期。

② 其一，西欧领主制地租剥削相当于对分制，但劳动生产率低下，就绝对量而言，领主制所得较少。中国封建社会时期劳动生产率远比西欧高，在对分制的条件下，地主所得部分比西欧领主所得要高得多。其二，西欧由领主制向资本主义过渡时期，地租剥削率大为降低。这种关系可从地租购买反映出来。英国在 18 世纪末产业革命时期，地租购买年一般为 20—25 年，地租占地价的 4%—5%。中国明清时代地租购买年和地租占地价百分比如何，文献记载不够确切。兹借助于民国时期调查材料，江苏各县地租购买年为 12 年，地租占地价 8%。中国地租剥削率，由宋元历明清至民国时期基本不变以说明中国资本主义萌芽时期和西欧某些国家由封建经济向资本主义过渡时期地租剥削率的差异具有一定参考价值。

已有两千多年的历史，从战国时期即地主制形成期即已经开始，到汉代更出现过不少商人大地主，晋代有人"以货殖为务，有田万顷"之类记载。问题的严重性在于这种现象在明清资本主义萌芽发生发展时期仍在持续，而且有增无已。明代后期虽然出现过商人因田赋过重而不肯置田之类记载，但那只是个别地区暂时出现的现象，商人资本转向地产才是当时的主流。

关于商人资本向地权转移，明代出现过这类议论："治生当以末致财，用本守之。"① 这里还可以补充一个具体事例，明嘉靖间，扬州盐商火某，以经商"虑不足善后，乃置湖田若干顷"②。清代有关这类议论更多，清初学者张履祥说："市井富室，易兴易败。"清前期广东顺德县某商说：经商"一朝失利，富转为贫"③。言外之意，只有地产最为可靠。因此商人纷将财富转向地产，商人地主遂与官僚地主并列，如清人吴嘉宾说："今之有田者，皆富民也，其先固为仕宦商贾以致富，既富然后求田宅以遗子孙。"④ 乾隆年间，方苞在《请定经制札子》中也将"绅衿富商之产"并列。说明商人资本转向地产乃是当时普遍现象。

关于商人追求地产事还屡见于臣僚奏疏和国家政令。乾隆五年胡定奏："近日富商巨贾，挟其重资，多买田地，或数十顷，或数百顷。"⑤ 乾隆三十八年山西巡抚罗巴延奏："浑源、榆次二州县，向系富商大贾，不事田产"；现在不然了，"且多置买田地"⑥。这时晋商并到外省购置地产，数量相当可观。乾隆五十一年清廷颁布谕旨，令农民因灾荒卖地准予回赎，据河南各州县奏报，该省农民回赎地达 30 万余亩。⑦ 嘉庆十九年，直隶中南部 30 余县灾荒，农

---

① 焦竑：《澹园续集》卷一四，《怀泉许隐君墓志》。
② 顾璘：《顾华玉集》卷三四，《乐稼火君国用墓志铭》。
③ 嘉庆《龙山乡志》卷四，物产。
④ 吴嘉宾：《求自得之室文钞》卷五。
⑤ 清档，胡定奏，乾隆五年四月。
⑥ 《清高宗实录》卷九四八，乾隆三十八年十二月。
⑦ 《清高宗实录》卷一二六三，乾隆五十一年八月庚午。

民纷纷出卖土地，当地及外来商贾"多利其价廉，广为收买"①。

关于商人将积累资金转向地产事，下面列举一些具体事例。其涉及一个地区的，明正德年间，河南彰德府商人"弃贾而农"②。同一时期，江西新城县商人"去末就本"③。从以上文献论述语气可知，两地商人放弃经商转向地产乃是当时普遍现象。④ 隆庆万历之际，江西南安府大庾、安康、上犹、崇义四县，"各县之田多为吉安债准"⑤。即土地被吉安商人高利贷者所兼并。明清之际，浙江平湖县，徽商在此购置田产者数十家，"世家巨室半为所占"⑥。徽商之在江北清河者，也"多置田宅，以长子孙"⑦。清人岳震川论及陕西商人时说："吾秦风俗……虽业商贾，累资巨万，必以土田为重"⑧。以上记述反映某些地区商人购置地产之活跃。

关于商人置产涉及一个家族的，事例更多，据目前所能见到的有关这类资料已不下数百例。下面按省别列举数例。直隶怀柔县郝氏，据康熙间记载，以地主而兼商业，土地扩增至 100 万亩。⑨ 陕西省泾阳县，明盐商刘某经商致富后，"罢贾治田"⑩。河南省巩县康应奎，乾隆年间以开设布店杂货店致富，买田 10 万亩。山东章丘县孟氏，由道光至咸丰，开张杂货店，买田 1050 亩。江苏无锡县商人王锡昌，在清代中叶买田 3000 亩。清代后期，浙江龙游县朱世荣流寓常州变成巨富，除在常州府置产外，归里之后在原籍"复大置产"⑪。江西吉水县商人刘某，明代中叶在湖北天门经商致

① 《清仁宗实录》卷二九六，嘉庆十九年九月。
② 乾隆《彰德府志》卷一二，风俗，引旧志崔铣语。
③ 正德《新城县志》卷一，风俗。
④ 这种关系，韩大成在所著《明代社会经济初探》一书曾详为论及。
⑤ 陆稳：《陆百川奏疏·地方灾患补加派钱粮以安人心疏》，《皇明经世文编》卷三一四。
⑥ 康熙《平湖县志》卷四。
⑦ 康熙《清河县志》卷一。
⑧ 岳震川：《赐葛堂文集》卷三，郭翁七十寿序。
⑨ 昭梿：《啸亭杂录》卷二。
⑩ 李维桢：《太泌山房集》卷一〇七，《赠户部主事刘公强安人墓表》。
⑪ 民国《龙游县志》卷二四，引《韦塘朱氏谱》。

富置产，其子刘琪秀"贾之余以治农"①。四川云阳县旷圣明父子，乾隆年间兼事农商，"渐买田为富人"②。安徽歙县江才，正德嘉靖间，从事商贾致富后，"渐治宅第田园为终老之计"③。或谓江氏在歙县置田 4300 亩。④ 广东顺德县龙翠云，嘉靖间以贩棉致富，"以其余蓄分置产业"，歇业之后有田产 8000 余亩。⑤ 福建长汀县邹元景家族以商致富，置良田百千顷，名闻八邑，富甲一乡。

关于商人地主及耕地所占比重，也可据当时人记述作粗略考察。乾隆年间方苞说："约计州县田亩，百姓所自有者不过十之二三，余皆绅衿商贾之产。"⑥ 据此，在全部耕地中商人土地占据一定比重。清代后期，浙江龙游县商人朱氏在江苏常州府买田，或谓"置产亘常州三县之半"⑦。所说三县当指武进、阳湖等县。景甦、罗崙同志关于清后期山东 46 县所作调查更加具体，在 131 家地主中，以商人发家买地者 64 家，占地主总数的 49%，其中占田多者至数千亩，在山东算是大地主了。此例可供作研究鸦片战争前商人资本向地权转化的参考。

明清时代，商业资本转向地产，这种现象对整个社会经济的正常发展是不利的，反映了中国商人资本的落后性。这时商品经济的发展不但不像西欧领主制后期那样变成对封建经济的冲击力量，为资本主义经济发展开辟道路，而是买地出租，向封建经济进一步渗透。

（三）商人资本对某些工农业生产的控制

商人对农民小生产者的剥削，一种是对农产品压价收购，贱买

① 李维祯：《太泌山房集》卷八九，《刘处士墓志铭》。
② 民国《云阳县志》卷二七。
③ 歙县《溪南江氏旗谱·处士佟慕江公诉状》。
④ 汪道昆：《太涵集》卷六七。
⑤ 以上族诸事例转见黄启臣《试论明清时期商业资本流向土地问题》，《中山大学学报》1983 年第 1 期。
⑥ 方苞：《方望溪全集·集外文》卷一，《清定经制札子》。
⑦ 民国《龙游县志》卷二四，引《韦塘朱氏谱》。

贵卖；一种是通过高利贷活动榨取农民血汗，事例甚多，无须列举。与此同时，再一个值得注意的问题是商人资本对农业及手工业生产的控制，而较少直接向生产领域转移，商人这种活动对资本主义经济发展迟缓产生了严重影响。关于这个问题表现在很多方面，本文拟从两方面进行论述，一是对农业及农产加工业生产的控制；二是对农家棉纺织业生产的控制。

　　商人对农业生产及农产加工生产的控制，以茶商为例，在有些地区，若安徽六安州"民惟赖茶为生"①。若云南普洱府某些地区，"小民生生之计，只有此茶"②。这类地区的种茶专业户，生产完全为了出售，经济比较困难的农户，很难摆脱商人高利贷资本的控制。商人在农民生产之时每付款预买。如安徽六安州所产茶叶运销华北各地，各地茶商"每隔千里挟重资而来，投行预质"。即将茶款交牙行代为收购。"牙行负诸贾子母，每刻削农户以偿之"③。实际是茶商通过牙行控制生产，垄断茶市。湖南安化县盛产茶叶，据乾隆二十一年记载，陕甘两省茶商领引到县买茶，"克减戥头银两"。茶农为预防引商克减，每"先卖客贩"④。这类客贩则通过商业资本剥削茶农。关于茶商付款预买，如到云南普洱茶区采购茶叶的茶商，据清代中叶记载，他们每"先价后茶，通融得济"⑤。在"先价后茶"的剥削下农民深受其害。如许延勋赋诗所记："夷民恃此御饥寒，贾客谁教半干没；冬前给本春收茶，利重逋多同攘夺。"⑥"半干没""同攘夺"揭露了茶商剥削的残酷性。这类预买具有高利贷性质。有的商人向茶户放高利贷，如福建崇安县，出产茶等，经营者关于种植加工每使用雇工，产品出售之后"赢余者无几"。这时各种商人前来收购，"携资至者岁数十万"，每向生产

①　乾隆《六安直隶洲志》卷三三。
②　王崧：《云南备征志》卷一七，倪锐：《云南事略》。
③　光绪《霍山县志》卷一二，引乾隆十四年县志。
④　《清高宗实录》卷五一五，乾隆二十一年。
⑤　王崧：《云南备征志》卷一七，倪锐：《云南事略》。
⑥　光绪《普洱府志》卷四八，许廷勋：《普茶吟》。

者贷放金钱，种茶农户"甚者揭商旅之资以供工费，又减其值之二三"；由于商人资本的贷款控制，茶农"不惟无余，且逋累焉"。① 关于茶商残酷剥削对茶农所造成的危害，据乾隆《霍山县志》："每茶市罢后，茶贾以轻价获重货，捆载而归，牙侩亦饱囊橐，而茶户虽终年拮据，不免竭资枵腹，终叹磬悬。"② 又据霍山县陈燕兰词："近城百里尽茶山，估客腰缠到此间。新谷新丝权子母，露芽摘尽泪潸潸。"③ 商人在生产方面的投资只限于买茶加工拣制之类。但这种加工一般种茶户多自己进行，如黄宗羲所说："一灯儿女共团圆，炒青已到更阑后。"所说即指茶农男女老幼从事茶叶加工事。

以烟商为例，湖南湘潭县，"土人种蔫（烟）给值山主，谓之佃山"。这里的"土人"指租佃农户。烟商则"预给值种蔫（烟）之户，谓之定山。秋后成捆发行"④。这里的"预给值"指烟商付款向种烟佃农实行预买。也有烟商向烟农收购之后进行加工，如江西瑞金县是著名产烟区，福建商人来此买烟加工："锉烟厂不下数百处"，所用工人多至数万。如广西"种烟之家，收成鬻于商贾"，商贾再"刨切发卖"⑤。但这类刨切加工手续极为简单。明清时代文献资料中很少关于商人投资种烟兼加工之类记载。

商人对农户农产品加工生产的控制，以制糖业最为突出。蔗农一般皆自己加工制糖，糖商或直接控制蔗农，或控制蔗农制糖生产。如广东糖商，据清初记载，"春以槽本分与种蔗之农，冬而收其糖利"。这里种蔗户系自己制糖，糖商则向他们贷款预买。这种糖商收买糖斤后，又稍为进行加工，故又称"开糖房"。他们通过这种方式剥削农民小生产者，于是"开糖房者多以是致富"⑥。又

---

① 雍正《崇安县志》卷一。
② 乾隆《霍山县志》卷八，陈燕兰：《霍山竹枝词》。
③ 乾隆《霍山县志》卷三，《建置志》。
④ 嘉庆《湘潭县志》卷二九。
⑤ 《清代文字狱档》第5辑，《吴英拦舆献策案》。
⑥ 屈大均：《广东新语》卷一四。

广东澄海县，"邑之富商巨贾，当糖盛熟时……持重金往各乡买糖，或先放账糖寮至期收之"①。这里的"糖寮"指种蔗兼制糖农户，这里糖商也是通过放债控制农民生产。又广东东莞县，商人"春月以糖本散种蔗之农，冬则课收其蔗，复榨为糖"②。所说系糖商控制农民种蔗生产，自己设寮加工制糖。台湾地区，蔗糖生产在民户生计中所占地位尤为重要，"全台仰望资生"。商人即借机控制，糖斤未出，客人先行定买，糖一入手，即便装载。四川糖商控制蔗农也是通过贷款。如富顺县农户，据陈崇哲诗："种得万挺千挺蔗，预贷十万八千钱；始春得钱十胜千，半果饥腹半入田"③。在商人资本剥削下，蔗农过着贫苦生活。

　　以上是商人资本控制制茶切烟制糖生产的一些事例。商人虽也有买烟买蔗自行加工的，但不普遍，主要是收买农民已加工好的茶烟和蔗糖，进行商业资本剥削。而且商人对农民小生产者的控制又每同预买连在一起。由这种现象也反映出明清时代商人资本的落后性。

　　关于商人资本控制生产进行商业资本剥削，在农家棉纺织品买卖方面反映得更加突出。以主要产区江南棉纺织品的交易为例，明清时代，各地客商先是通过当地牙行在农村代为收购，后来布商在各地设立字号自行买卖，由行商转成坐贾，在广大农村中和农民纺织户建立直接联系，更便利了对农民纺织生产的控制。

　　商人对农家棉纺织生产的控制采取两种方式，一种是双方以现货互相交易，商人囤积大批棉花，农民纺织户则将所制成的纱或布向商人兑换棉花。如浙江嘉善县，据明万历间记载，"地产木棉甚少，而纺之为纱、织之为布者，家户习为恒业。往往商贾从旁郡买棉花列肆吾土，小民以纺织所成，或纱或布，侵晨入市，易棉花以

---

① 嘉庆《澄海县志》卷六。
② 宣统《东莞县志》卷一五。
③ 光绪《叙州府志》卷二一，陈崇哲：《富顺蔗榄诗》。

归；仍治而纺织之，明旦复持以易，无顷刻间"①。到清代，这种交换形式在江南仍相当普遍。如平湖县，"妇女燃脂夜作成纱布，侵晨入市，易棉花以归"②。江苏上海、青浦等县，浙江石门、乌程、秀水、嘉兴、海盐等县都有关于民户用纱或布"易棉花以归""易木棉以归"之类记载。③ 这种交易，农民用纱用布，商人用棉花，同时互相交换。交易虽然是对等的，但在农民方面是为了维持生计，在商人方面是为了谋取利润，交换的主动权显然在商人一方。就这样，商人资本对农民纺织户的生产形成一种疏松的控制关系。

　　另一种是商人通过赊欠借贷关系控制农民纺织户的生产，农户在生产时向商人借贷货币或赊欠原料，然后把纺织成的纱或布卖给该商，商人通过这种关系垄断对农民产品的收购权。其借贷货币者，如松江府属，据康熙间记载"吾郡土产惟细白扣布……向年各省大商贾辇重资来购，一时不能齐集，有发锭于各户以徐收其货者"④。其赊欠棉花者，据明清之际张履祥《与徐敬可书》，提到某妇女纺织苦无棉花时说："若牙行有棉花可赊，为其经营数十斤，而待其以纺绩所得偿之，辗转相继，为便亦多也。"⑤ 这里的"牙行"代替了商人，依然是商人资本和农民纺织户的借贷赊欠关系。农民向商人借贷货币也好，赊欠原料棉花也好，农民纺织户都变成了债务人。在这里，商人资本并没有转化为生产资本，农民小生产者也没有变成出卖劳动的雇佣工人，商人资本只是通过借贷关系加强了对农民纺织户生产的控制。通过赊欠借贷关系，商人所得赢利

---

① 乾隆《浙江通志》卷一○二，引万历《嘉善县志》。（明）朱国祯《涌幢小品》所记略同。

② 光绪《平湖县志》卷二。

③ 康熙《上海县志》卷一；乾隆《青浦县志》卷一；道光《石门县志》卷四；光绪《乌程县志》卷二八；道光《新胜琐志》；光绪《嘉兴县志》卷一六；乾隆《海盐县续图经》卷一。

④ 康熙《紫堤村小志》卷前，《风俗》。

⑤ 张履祥：《杨园先生全集》卷八。

要高于他原来的商业利润，高出的这一部分基本属于借贷利息。从而这类农户对商人资本的依赖性进一步加深。

布商和农民纺织户的赊欠借贷关系还可以江南布商兼开典铺质库方面进行考察。如顺治年间，江宁陈君化在盘龙里"启质库，仍兼布商"。康熙时，诸翟镇典当铺代客商收卖布匹等。这类布商是否向农民纺织户发生借贷关系原记载不甚明确，但从布商兼质库典当铺考察，他们一方面在地方上进行高利贷活动，另一方面向农民购买布匹，和农民纺织户发生借贷关系完全是可能的。农户为买棉进行纺织而向他们借贷，又以所织布匹偿还债务，也必然形成商人资本对农民纺织生产的控制关系。

总之，在江南很早发展起来的棉产区，一直到鸦片战争以前数百年间，始终未出现有关商人资本直接投入棉纺织业生产的记载，说明商业资本长期停留于控制农民个体户棉纺织生产的剥削方式。这种现象的产生，理由很简单，是由于控制生产对农民纺织户进行商业资本剥削更为有利。在纺织农户方面，为了维持家庭生计和再生产的持续，每延长劳动日，对纺织生产投入更多劳动；在商人方面，则把棉布收购价格大为压低，[1] 从而农民纺织业的劳动收入日益下降，[2] 商人则从中获取更高的商业利润。

在明清时代，在江南某些地区出现了不少纺织绸绫的个体机织户，商人资本对这类小生产控制情形如何，目前尚未见到具体记载，丝绸商人在这方面进行控制完全是可能的。这种关系，从另一角度考察可以得到有力反证，即这时期的丝绸生产中，商人资本很少在这方面进行直接投资经营，有如许涤新、吴承明同志在《中国资本主义的萌芽》一书中所论：尽管明代商业资本颇为发达，

---

[1] 据道光《江阳县志》卷九，"比年木棉常贵，布值常贱"。据咸丰松江府《紫堤村志》卷2，"今则花米腾贵，布价日落"。投资纺织生产，赢羡过少，也影响商人资本不向生产领域转化。

[2] 据钦善《吉堂文稿》卷一，《松问》，"昔一丈之布羡米五升，而今则二升有奇"。钦善此文似写于嘉庆间。

也并未见商人投资丝织业之事。这时挟资巨万的徽商晋商陕商以及盛产蚕丝的苏州府洞庭商人，都没有投资于丝织生产的迹象。这时的丝绸商人主要是利用经济力量控制小生产者。如苏州有一户纺织人家，"客人将银子定了绸罗若干"①。即预先给值订购。又吴县牙商钦允言，"其业主总商贾资本，散之机杼家而敛其端匹，以归于商，计会盈缩而出入之"②。所说系富商通过钦允言控制机户小生产者。明代商人的这种活动，韩大成同志曾经作过详细论述。即到清代前期，商人资本转向丝织生产的也不多见。这时出现的具有资本主义性质的丝绸手工业主要是由地主兼营或个体农户兼营逐渐发展起来的。

明清时代商人资本之所以倾向控制生产而较少直接转向生产，与当时社会经济条件有着直接联系。这时直接控制大量农产品的地主户和从事农副业生产的农民户，他们直接从事农产加工业，会大大降低农业和工业产品的生产成本。在这种条件下，商人资本如转向生产进行直接经营，必须降低产品价格，减少利润，这就不如直接控制农民的农副产品，贱买贵卖更为有利。这就是说，在资本主义农业经营和独立的资本主义农产加工手工场未普遍出现以前，各种商人通过买卖借贷关系控制生产是很自然的。这种商人不具备资本主义包买主的身份和属性，③ 问题是商人资本这种活动对资本主义经济的发展产生了不利影响。

（四）制约商人资本不易顺利转向农产加工业生产的其他因素

地主制经济体制，个体农户和每户地主都是一个独立的经济单

---

① 《二刻拍案惊奇》卷三九。

② 祝允明：《怀星堂集·承事郎钦君墓志铭》。

③ 资本主义性质的包买主，是把材料直接分配给家庭手工业者，而支付给固定的工资。在鸦片战争前，江南农村家庭棉纺织业尚未发展到这一步。但后来在蚕桑丝织盛行区才出现了具有资本主义性质的商人包买主。如乌程、桐乡两县所辖的乌青镇，据民国《乌青镇志》卷二一，绸商对织户"发给原料，令乡人织成锦匹，给以工资"。这样使乡间织绸户成为场外加工者。包买主把材料直接分配给家庭手工业者，使之为一定的报酬而织作，家庭手工业者变成了雇佣工人。包买主的商业资本转变成为工业资本。

位，每个经济单位在生产上有较大自由，在有利条件下可以兼营各种农产加工业，以发挥其独立经济功能。在封建社会后期明清时代，这种现象更加突出。农民和地主户这种农产加工业的发展，对商人资本向这种类型生产加工领域的转移也起着一定的阻碍或抑制作用。

这时的手工业可以分成几大类，如铁冶、烧瓷、造船等制造业，诸类生产非一般民户所能兼营，商人资本较容易向这类生产领域渗透。若榨油、酿酒、造纸、制糖等则不然①，这类手工业与农业生产直接相联系，所用原料主要是农产品，生产规模可大可小，生产技术也比较容易掌握，一般多由地主户或富裕农民兼营，而且这类产品在当时通行的商品中占着一定比重。又经营者很多使用雇工，少者数人，多者十数人乃至数十人，经营的目的是剥削雇工的剩余劳动实现价值的增殖，具有资本主义萌芽的属性。下面列举一些具体事例。

关于榨油，浙江如桐乡县乌青镇，据明万历间记载，"里中有中人之家，贷钱开油饼坊"，并雇有工人②。如崇德县石门镇，"镇油坊可二十家……坊需数十人，间日而作"③。江苏如吴县，据崇祯间记载，"新郭横塘仙人塘一带，多开油坊榨菜子油"④。以上在当地开设榨油坊的都是些什么人呢？清人包世臣说："盖产货者农，而运货者商。"⑤ 这里所谓"农"当包括一般地主和富裕农民，前面所说"中人之家"当也不例外。一般农村榨油坊，大多附设在地主或富裕农民之家，一直到 1937 年抗日战争以前仍然如此。其间也有商人贩豆榨油，如浙江石门县〔后改崇德县〕，据万历间

----

① 关于耕织结合影响商人资本不易向棉纺织业方面转移，独立的棉纺织手工业发展迟缓，已有多人论及，此处从略。
② 乾隆《乌青镇志》卷一二。
③ 康熙《嘉兴府志》卷一五。
④ 崇祯《吴县志》卷一。
⑤ 包世臣：《安吴四种》卷二七。

记载，"商人从北路夏镇淮扬楚湘等处贩油豆来此作油作饼"①。从文字记述可知，其间可能有商人贩豆兼开榨油坊的，但在一般生产黄豆、油菜地区这种情形较少见，基本由当地地主富农兼营。

关于酿酒，或谓明清时代多系分散生产，如陈兆文所说："造酒则事习而工省，无论资本多寡，皆可随分收息。"② 江苏无锡、金匮两县就是这种情形，据乾隆间记载，该两县县城和乡镇共有酒坊 183 家，均系"自造酿酒零星沽卖"③。这种小规模酿造有的是独立小生产者，但主要由农家兼营。这种情形乾隆间尹会一奏报河南酿造时说得更加清楚：该省盛产酒曲，农家"用以造酒，资其利以济日用之需，而大开烧锅兴贩射利者甚少"④。有些地区大小酒坊并存。乾隆年间方苞说：一座酒坊少者数缸，多者 30—50 缸，每日烧 1—2 缸或 5—6 缸，"每日每缸所烧粮石，自六斗至一石二斗不等。"方氏又谓北方五省烧酒之坊，本大者"每岁耗谷二三千石"，本小者"二三百石"⑤。如山东滕县，酒坊大小不等，据道光间记载，"酿户大者池数十，小者三四，池日一酿，费粟一石二斗"⑥。酒坊经营者基本是地主富户，如乾隆间孙嘉淦所奏"造酒之家类皆富民，而非贫民之生业"⑦。如江南镇江府之京口，康熙某年，以二麦不登，官禁造曲，"而富家违禁造曲也如故"⑧。上述"富民""富家"主要是地主，间有富农。这种情形，方苞在论述酒坊所用食粮来源时说得十分清楚：民户酿酒"所需粮石，出自本家收获，不尽向集市采买"⑨。由方氏所论，酒坊用粮部分出自本家，如地主使用所收租谷，富裕农民则靠田场收获。但大部分购

---

① 道光《石门县志》卷二四，《补遗上》，引万历志。
② 陈兆文：《上鄂相国论酒禁》，见《清朝经世文编》卷五七。
③ 江苏省博物馆《江苏省明清以来碑刻资料选集》，第 532 页。
④ 尹会一：《禁止踩曲疏》见《清朝经世文编》卷五一。
⑤ 方苞：《方望溪全集》集外文卷一。
⑥ 道光《滕县志》卷一二。
⑦ 光绪《畿辅通志》卷一〇七，孙嘉淦：《请开禁疏》。
⑧ 康熙《镇江府志》卷四，《风俗》。
⑨ 方苞：《请定经制札子》。

自市场，如嘉道间包世臣论及江南酿造情形时说："城乡各槽坊普收二麦，陆续呈酒，驴驮肩挑，每日进城以千百计。"[1] 当然，我们并不完全排除商人投资开办酒坊事宜，但目前所见这方面记载甚少。

各省造纸业主要也由地主或农民兼营，由于造纸业技术比较简单，而且所使用原料多系柴禾山竹之类，对地主和农家兼营而言尤为方便，因此造纸场坊一般都设在乡村。湖南如衡山岳后诸山多竹，"农民灰浸为纸，售诸远方"。制造之时，"每一槽辄十余人或数十人"[2]。这里所说农民主要是地主，也包括少数富农。如武冈、洞口、隆回、邵阳等处造纸业，据史学家吕振羽论述："从明到清，都是由地主出资设备纸槽及其他工具，原料系地主自己山里生长的新竹，所用石灰则系自烧或购买。"所雇工人"除有专门技术的纸匠为常年工外，所雇大量工人都系来自他乡他县的季节工"[3]。地主种竹造纸，有的规模相当可观。江西如上饶县造纸业，纸坊主人叫"槽户"，该县共 30 余槽，帮工合计"不下一二千人"[4]。据此每槽户雇工三四十人。如铅山县属，产竹宜于造纸，居民因多"以造纸为业"[5]。如万年县卢聪魁，有竹山一处，在山前建房"种竹造纸"，雇卢文进、李开成等九人帮工。[6] 广东如从化龙门等县民户，"男女终岁营，取给篁菁，绝无外务"[7]。陕西如紫阳县之六道河，"有造火纸数家，每家不过四五人"。陕西砖坪厅，"纸厂二十二处，每处工作人等不过十余人，均系亲丁子侄"[8]。以上诸事例，由一个造纸场坊规模和使用的劳动力考察，一个比较富裕的民

①　包世臣：《安吴四种》卷二六。

②　同治《衡山县志》卷二。

③　吕振翔：《简明中国通史》，人民出版社 1959 年版，第 729 页。

④　乾隆《上饶县志》卷八，万历二十八年二月，陈九韶：《村禁条议》。

⑤　康熙《铅山县志》卷一，《疆域》。

⑥　《刑案成式》卷九，记道光二十五年事。

⑦　屈大均：《广东新语》卷一五；光绪《广州府志》卷一六。

⑧　卢坤：《秦疆治略》。

户是完全可以支撑的。有的农家利用农闲造纸，如陕西洛阳县，据道光间记载，"其民三时务农，而冬则造纸为业焉"①。由以上事例，造纸业由地主或农民户兼营事反映得非常清楚，即以副业的形式出现，而且始终是大量的。②

种蔗制糖以广东、福建、台湾和四川为主。广东、台湾等处产糖并远销江南。关于糖的生产，以台湾糖厂为例，据后人记述可分为三种，一种是"公司廍"，是合股制糖厂，或商人合股，或商人地主合股，或蔗农入股。一种是"头家廍"，这类制糖厂投资有三种情形，或商人独资经营买蔗制糖，或地主种蔗制糖，或地主商人建置糖厂租给蔗农制糖，而以后者为主。一种是"牛犇廍"，这类糖厂系"农家合设"，即由几家种蔗农户集资合建，共同使用③。从以上记述，台湾制糖业虽有商人参与，其直接买蔗制糖者所占比重极小，主要是种蔗户自己进行加工，其间有地主有农民。有的糖廍使用雇工，据康熙年间有人赋诗："蔗田万顷碧萋萋，一望葱笼路欲迷。捆载都来糖廍里，只留蔗叶响群犀。"④ 所描写的可能就是农民合建的"牛犇廍"的生产情形。关于台湾民户种蔗与制糖相结合情形，据清后期丁日昌所记：台湾糖廍，"系各就田园设厂"⑤。又清人徐小阶在所著《小琉球漫志》序文中说："糖之息倍于谷，台地富户每岁货糖吴越，所息不赀。"可将徐丁二人所说互相参酌，丁氏所说指种蔗户在蔗田设厂制糖，徐氏所说"富户"系指地主富农，由于种蔗制糖更为有利才放弃五谷的。广东省罗定州民户种蔗制糖情形与台湾略同，这里的制糖坊叫寮。据李调元记

---

① 道光《略阳县志》卷十四。

② 这时江西广信府，有商人投资于造纸手工业。许涤新、吴承明所著《中国资本主义萌芽》一书曾加以论述。但这类由商人资本独立经营的纸厂，和地主农民兼营的造纸作坊相比要少得多，从略。

③ 连横：《台湾通史》卷二七，《农业志》。

④ 郁永和：《稗海记游》。

⑤ 丁日昌：《清将台属各项杂饷分别豁除疏》，《清朝经世文续编》卷四七。

述："榨时上农一人一寮，中农五之，下农八之十之。"① 这里的"上农"包括地主富农，"中农""下农"系一般农户。由上述记载反映出来，这时种蔗民户多兼制糖手工业。

下面再补充几个种蔗制糖的事例。据明人宋应星记述："种蔗十亩之家，即制车釜一付，以供应用。"② 种蔗十亩显然是富裕农户。四川内江县农家种蔗制糖，据道光时县志，"平日聚夫力作，家辄数十百人"。所说数十百人以包括种蔗及制糖工人。其制糖，"入冬辘轳煎煮，昼夜轮更"。关于种蔗制糖的费用，"其壅资工值十倍乎农"③。从雇工人数考察，经营者主要是地主兼营。还有租地种蔗制糖的，如广西有个农户，租地种蔗兼开糖房，雇工熬糖发卖。④ 总之，明清两代的制糖业，主要是由种蔗户地主和蔗农兼营的。

由地主或农民户兼营的手工业还有丝织业的发展，这种发展只限于少数地区。明代中叶到清代前期，关于江南吴江县农家丝织情形，或谓"禾之丰歉，绫绸价之低昂，即小民有岁无岁之分"⑤，这类织绸户即以织绸为副业的民户。此种情形由另一记载说得更加清楚，谓吴江县之盛泽镇，居民稠广，"俱以蚕桑为业，男女勤织，络纬机杼之声通宵彻夜"⑥。这类织绸户是兼种桑养蚕缫丝的农户。又震泽县之震泽镇，据乾隆间县志，"震泽镇及其近镇各村民乃尽逐绫绸之利。有力者雇人织挽；贫者皆自织，而令其童稚挽花"⑦。参酌前两记载，这类织户虽不排除独立小手工业者，但绝大多数是种桑养蚕农户兼营的副业。

有的民户并通过养蚕缫丝织绸发家。《醒世恒言》描写过这样

---

① 李调元：《南越笔记》卷一四。
② 宋应星：《天工开物》卷上。
③ 道光《内江县志》卷一。
④ 清档，刑部尚书阿克敦题，乾隆十七年三月十八日。
⑤ 乾隆《吴江县志》卷三八，《生业》。
⑥ 冯梦龙：《醒世恒言》卷十八；康熙《吴江县志》有类似记述。
⑦ 乾隆《震泽县志》卷二五。

一个事例：嘉靖间盛泽镇施复夫妇从养蚕络织开始，逐渐增置织机，后来由几张织机扩张到数十张。① 此虽系小说家言，乃系当时实际生活的反映。这里还可以补充一个具体事例，杭州张瀚的祖父大概是一个地主户，后家道中落，乃"购机一张，织诸色纻布"。看来是一个以家内劳动为主的个体机织户，张家是否种桑养蚕，记载阙如，但从当时具体情况考察，当初只有一张机的民户，从事种桑养蚕兼纺织业完全是可能的。后来张氏以织纻发家，织机渐增至二十余张，"自是家业大饶"②。以上是明代中叶的事例。下面再列举清代一个农户兼织绸业发家的具体事例，雍正年间，山东淄川县毕某，有地 30 亩，买木机一张织绸出售，原是一个农家兼手工业者，道光年间，地增至 300 余亩，织机扩至 20 张，到清后期，土地和织机续有增加，变成一个地主兼机织户的经营者。由以上事例可知，其具有资本主义萌芽性质的机织户，或由一般农户养蚕缫丝兼纺织发家，或由地主兼营，皆非由商人资本的转移发展起来的。在蚕桑发达地区，还出现了一些专业机户，如浙江秀水县王江泾镇，据明万历间县志记载，民户"多织绌，收丝缟之利，居者可七千余家，不务耕绩"③。如嘉兴府之濮院镇，据乾隆间记载："吾里机业十室而九。"④ 如江宁府，乾嘉间机以三万余计。如苏州府，乾隆年间，东城"比户习机，专其业者不啻万家"⑤。看来这种织户多系小商品生产者，这类专业户虽多非地主或农家兼营，但也没有关于商人资本向丝织业转移进行直接生产经营的迹象⑥。

　　以上是有关榨油、酿酒、造纸、制糖和丝织业几个事例，经营

---

① 冯梦龙：《醒世恒言》卷一八。
② 张瀚：《松窗梦语》卷六，《异闻记》。
③ 万历《秀水县志》卷一。
④ 胡琢：《濮院纪闻》卷首，《总叙》。
⑤ 乾隆《长洲县志》卷一六。
⑥ 这时也出现了一些使用雇工具有资本主义性质的机织作坊。如苏州府属，据《明神宗实录》卷三六一，万历年间，有"机户出资机工出力"之类记载。据明人蒋以化《西台漫记》，仍在苏州地区，"大户张机为生"，并使用雇工。以上是否有商人资本转化，不详。

者虽有个体专业户，但主要是地主和农民兼营的各种农产加工业。明清时代这类加工业遍布农村市镇，构成地主及农民经济的组成部分，这类农产加工业有的具有资本主义萌芽的性质。这种形式手工业的发展在一定历史时期内虽具有它的历史意义，但相对独立的工场手工业而言，它的发展毕竟具有一定局限性。又这种形式手工业一般多附设在民家住宅，所需原料即在附近农村市场收购，有的还同农业生产直接连在一起，大大压低了生产成品价格，遂具有一定生命力，从而也具有顽强排他性，这对商人资本向这类生产领域转移渗透起了一定抵制作用。最后则导致这类部门独立的资本主义工场手工业发展的迟缓。

由以上事例可知，由于地主制经济制约而影响于商业资本转移倾向十分清楚，一是商业资本和封建经济互相联系而不易独立发展，二是商人将资本大量转向地产向封建地主转化，三是商人资本倾向于控制生产而较少转向生产，从而影响于资本主义经济不易顺利发展。上述现象，在明清时代反映得十分突出，对商人资本向这类生产领域的转移也起着一定抑制作用。正是以上种种在影响资本主义经济发展迟缓，这是导致中国封建社会长期延续的又一个方面。上述现象的长期持续，归根结底是由于地主制经济的制约。

五　结束语

其一，中国封建社会长期延续，实质是地主制经济长期延续，因此本文关于这个问题的研究把地主制经济作为中心线索进行探讨。又封建经济关系的突破，还取决于商品货币关系发展的冲击力量，因此本文着重于地主制经济与商品经济相互关系的分析。

其二，中国自秦汉以后的封建社会，涉及社会经济而贯彻始终的两个重要因素：一是地主制经济能较大限度地适应封建土地关系的变化，一是地主制经济能较大限度地适应商品经济的发展。地主制经济不但不因上述发展变化的冲击趋于削弱，而是继续向前发展，中国封建社会体制遂由于地主制经济的持续而长期延续。又由于地主制经济能适应上述变化和发展，在整个封建社会时期，工农业尤其是农业生产遂不断向前发展，从而构成具有中国特色的封建主义经济。与此同时，并在此基础上，经过人们的辛勤劳动，发扬智慧，创造出卓越的精神文明。总之，在宋元以前，无论在物质文明和精神文明方面，在一个相当长的历史时期，中国在世界各国中居于前列，为人类社会做出了巨大贡献。

其三，明清时代，在相当广大地区商品经济进一步发展，商业资本积累相当可观，从这方面说已为资本主义经济发展提供了前提。但商业资本本身不能产生新的生产方式，只有产业资本才能决定生产方式的资本主义性质。当商人将所积累的资本或在营运方面从属于资本主义生产，或直接投向工农业生产转化为产业资本，才能改变商业资本的性质。西欧领主制后期发展起来的商业资本，或从属于资本进行营运，或直接转向生产进行资本主义经营。中国明清时代，商人资本发展趋向则走了相反的道路，或从事封建性的盐业典当高利贷活动，或继续停留于其他流通领域，或购置地产进行土地出租，或用于控制生产继续进行商行资本剥削，很少转向工农业生产。这时商品经济发展所冲击的主要是农村的自然经济，广大农民的经济生活为商品经济所浸润和渗透。这时虽然也有部分商人资本向生产领域转移，不但为数甚少，而且进展十分慢。

其四，与前者相适应，在政治方面，官僚地主依恃权势从事商贾，富商大贾步入官场，商官一体，更加强了商品经济对封建势力的依附性，不能产生独立的市民阶级，从而商品货币关系对封建经济和封建政治的冲击力十分薄弱。地主制经济又从适应生产及商品经济发展变成社会经济发展的桎梏，资本主义经济发展异常缓慢，中国遂由先进变成落后。

其五，由此可见，导致中国封建社会长期延续及资本主义经济发生发展迟缓的最终根源是由于地主制经济的制约。当然，地主制经济的长期持续又是同历代封建政权的维护作用分不开的。也就是这个缘故，中国封建社会时期的农民战争常把进攻的矛头指向封建土地关系及封建政权。封建王朝一个个垮台，地主所有制也暂时削弱，但以地主制经济为主导的整个封建体制仍在持续。经过一个时期的发展变化，地权又逐渐集中，削弱的地主所有权又行恢复。由这种发展变化更体现了地主制经济体制的顽强性。

其六，鸦片战争后，中国变成半殖民地半封建社会。伴随外国经济入侵及商品经济发展，工农业生产中的资本主义经济有所发展，但地主制经济也仍在延续。这时的中国经济逐渐变成带有殖民地性质的半封建半资本主义经济。有关这个问题此处从略。

由此可见，中国封建社会的长期延续，封建经济向资本主义经济过渡的异常缓慢，在鸦片战争前关键是由于地主制经济的制约；在鸦片战争以后，资本主义国家进行经济侵略，它的消极作用尤不容忽视。这时要把中国社会经济向前推进一步，既要反对封建主义经济体制，又要反对帝国主义侵略者。中国共产党领导的新民主主义革命完成了这一艰巨而伟大的历史任务。这时所要建设的已不是资本主义经济，而是更高一层的社会主义经济，从而彻底改变了中国历史面貌，开辟了中国历史新纪元。

（原载《中国经济史研究》1992 年第 2 期）

明清时代的封建土地所有制

一 前言

关于中国封建土地所有制问题的讨论，到目前为止，还没有得出大家一致同意的意见。有些同志，或者由于离开经济关系而从上层建筑的角度出发，或者从经济关系的角度出发而混淆了田赋和地租的界线，因而在土地国有和私有方面作出了不同的论断，我认为这就是问题的关键所在。

譬如主张国有制的同志们，有的把国有制实行期限局限于秦汉两朝，有的断至隋唐，有的下推至明清之际。这些同志之所以在时间断限上出现意见分歧，主要是由于从国家主权的角度出发，把国家对土地财产的支配控制作为土地所有权的主要依据。我们如果据此论断国家是最高土地所有主，那么，不只是秦、汉、隋、唐如此，明清也不例外，很难在某一朝代把国有制和私有制截然分开。

主张封建地主所有制的同志们，主要是在贵族庄田和自耕民田两类土地看法上的分歧。有的同志在承认民田地主私有制的前提下，把贵族庄田划入国有范畴。他们的根据是：贵族庄田由国家授受，庄田禁止买卖，贵族对庄田所有权没有获得国家法律的承认，等等。的确，我们如果把这种法权关系作为论断土地国有的依据，那么，不只是宋元以前的贵族庄田如此，明清时代也没有什么不同。还有的同志，在承认民田地主私有制的前提下，把自耕农占有的民田划入国有范畴，他们的根据是：自耕农不但收不到地租，他们还要承担国家的田赋和徭役，这种田赋和徭役就是实物及劳役地租。的确，我们如果把田赋、徭役和地租等同起来，把它看作实现土地所有权的经济形态，并作为论断土地国有的依据，那么，不只是宋元以前自耕农的民田如此，明清时代也不例外。

我认为，以上分析问题的出发点和角度，以及据以所做出的论断，都是值得商榷的。

本文拟针对上述封建土地所有制形式，即各种类型的土地属于私有还是属于国有问题，加以探讨。明清时代，土地种类名目繁多，这里只就其中比较重要而具有代表性的民田、庄田和屯田进行分析。这不只是因为这三种类型的土地占着极大的比重，是当时封建土地所有制的基本形式，而且其他各种类型的土地，就其性质而言，也可分别划入这三种类型土地中的一类，从而判别它属于私有或国有。①

关于这项研究，是否能做出正确的论断，我认为在很大的程度上取决于处理问题的方法。在这方面，在我写的《关于研究中国封建土地所有制形式的方法论问题》② 一文中，提出了个人的初步看法，即主张从封建剥削关系即集团关系和分配关系的角度出发，把它作为进行分析研究的线索。

我们之所以要把封建剥削关系作为进行分析研究的线索，这首先是由于剥削关系是生产资料所有制的最基本的核心。根据经典作家的分析和概括，生产资料所有制形式，对于生产关系的性质起着决定性的作用。集团关系和分配关系则为它所制约、所规定，因此，论证所有制，不能离开集团关系及分配关系孤立地进行分析，必须把它们联系起来考察，才能正确地揭示所有制的封建实质。其次，还由于封建土地所有制的研究所要回答的，不是封建主对自然的关系，而是一种社会关系。研究中国封建土地所有制的主要任

---

① 明清时代的封建土地所有制，在鸦片战争的四百多年间有所发展变化，这属于另一个专题的范围，本文从略。

② 载《经济研究》1963 年第 5 期。

务，就在于阐明封建主通过对土地的占有，对生产劳动者的经济掠夺及统治奴役关系，揭示中国封建社会的阶级矛盾。如果从土地买卖是否自由与合法以及国家对土地的干涉和控制等法权关系的角度出发，把它作为分析问题的起点，那么，在揭示封建社会的阶级关系方面将表现出极大的缺欠，而且也无法正确地论断土地是属于私有还是属于国有。

马克思在论断封建土地所有制时就是从集团关系和分配关系两方面着手的。他首先分析分配关系，从这方面论证封建土地所有制所表现的特点，即封建主占有直接生产者的全部剩余劳动。他还从剩余劳动归谁所有论证了私有制和国有制的区别，在封建地主土地所有制的场合下，全部剩余劳动归地主私人所占有；在土地国有的场合下，全部剩余劳动归国家所占有。他接着进入集团关系的分析，他从这方面论证了封建土地所有制的特征，即生产劳动者和封建主间的人身依赖及超经济强制关系。他还从这方面论证了私有制和国有制的区别，在封建土地私有制的场合下，人身依赖和超经济强制关系是生产劳动者和封建地主私人之间的关系；在土地国有的场合下，依赖关系是直接生产者对国家的臣属关系。在这里，他完全没有涉及土地所有权的法权关系。这种关系，在我写的《关于研究中国封建土地所有制形式的方法论问题》一文里作了论述。

总之，马克思首先从分配关系入手，然后从集团关系进行分析，他从这两方面指出了封建土地所有制的特征和私有制与国有制的根本区别。我认为，马克思的这种论证方法，对我们研究中国封建土地所有制有极大的指导意义。以下，本文拟遵照这种分析方法，作为研究明清时代封建土地所有制形式的尝试。

二　地主和农民占有的升科纳税的民田

所谓民田，是掌握在地主和自耕农手里升科纳税的土地。明清两代，这类土地占着统治形式，占全国耕地面积百分之七八十以上。

　　这类民田，在立法上是可以买卖的，土地所有主有出卖土地的自由，旁人不得干涉；但是人们转让土地必须向政府登记，经过税契手续，否则便认为违法。又农民因自然灾害廉价出售的土地，政府也有权勒令买主许农民原价回赎。土地所有主的子孙对祖先遗产具有继承权，但是这种权利有时受到一定限制，在法律上也都有明文规定。明清两代，在立法上都保障个人土地所有权，不准旁人侵占和盗卖，有犯者按律治罪；但是明清两代封建统治者都会使用暴力掠夺农民的土地，以赏赐皇戚勋贵。地主出租土地，租额由地主自己决定，国家一般不加干涉；但在特殊情况下，明清两代统治者都会勒令地主减低租额。明清对农业生产一般都采行放任政策，种植什么作物由经营者自己做主，但统治者有时也采行干涉限制政策，对某种作物施行强迫种植或禁止种植。总之，一方面土地所有者有处理土地的自由，另一方面国家又通过各种政令对土地施行严格控制，由这些方面反映了中国封建土地所有制的一些特点。

　　以上这些特点，在中国封建时期的社会经济方面曾经发生过重大影响。例如，关于国家对土地的控制，它一方面对私人的土地财产起了保障作用，另一方面又对私人的暴力兼并起了一定的约束限制作用；它一方面表达了地主阶级意志，保证了地租剥削，另一方面国家又通过对土地的控制，保证了田赋征收及徭役征发，稳固了封建统治和中央集权。又如，土地所有主对土地财产的自由处理权——主要表现为土地买卖权利，它对中国土地制度的发展变化及封建的社会经济关系同样有着重大影响。它是地权不稳固的经济根源，它使官僚和商人积累的财富随时可以投向土地，从而促成土地占有的不断集中和农村剧烈的阶级分化。土地买卖的结果，自耕农固然经常沦为佃农和雇农，佃农、雇农有时也能通过购买土地转化为自耕农，还有个别农民有机会变成地主。

　　当然，国家对土地的严格控制，土地所有主对土地的买卖处置权，其在中国封建社会经济上的影响还不止于此。尽管如此，它本身并不能深刻地表明地主对农民的剥削关系，而且这种控制和买卖也是由封建地主土地所有制所决定的，因而不能单纯根据它来论断中国历代封建土地所有制形式和性质。如前所述，表明封建土地所有制实质的，是由封建土地所有制所制约的集团关系和分配关系。

　　民田的绝大部分为地主所垄断，他们主要采取土地出租的形式进行地租剥削（也有部分地主进行直接经营剥削雇佣劳动者，就其从集团关系及分配关系所表明的所有制性质，与租佃关系大致相同，这里从略）。这个时期的租佃大致可以分作两种类型，一是在少数地区存在着的佃仆制度；一是在全国范围内普遍存在着的一般租佃制。无论哪种租佃制，农业生产的进行全由农民自己负责，农民有自己独立的家庭经济，但须向地主提供地租。

　　关于佃仆制，就地区而言，根据文献资料的反映，在浙江、江西、福建、湖南、河南都曾经存在过，皖南徽州、宁国、池州三府并且相当普遍。就时期而言，明代后期记载较多，清代康熙雍正之后有逐渐衰落的趋势。这类租佃在封建剥削方面所表现的特点，是保存着较多的比较原始的劳役榨取形式。有一种情况，具有佃仆身份的农民除向地主交纳实物地租外，并兼为地主提供服役性劳役，他们和地主订立的文契多有"使役""应役""服役""供役"一类词句。有关这方面的记载，在皖南地区保存下来明清时代相当大量的实物文契资料可供我们参考。显然，这种服役是因农民人身被占有而对地主提供的额外负担。论其实质虽然也是地租，但对地主而言还不是在生产领域中的地租的经济实现。此外，也有的规定了每年为地主提供劳役的日数，似乎是从事生产劳动。① 这类佃仆制，地租剥削无论采取什么形式，农民的剩余劳动为地主私人所占

---

　　① 据皖南屯溪资料，农民或因卖身为仆，或因招赘为仆，或因借贷无力偿还沦为奴仆，或因住地主之房、葬地主之山沦为奴仆，统谓之"世仆"。有的世仆兼为地主佃户，就是这里所说的"佃仆"。佃仆除按年交纳地租外，遇主人家有嫁、娶、丧、祭，及子弟入学纳监、科贡等事，并须到主人家供役，听从使唤。还有规定按丁男人数提供一定日数的劳役，如"应付工夫两个"之类。大概指生产劳动。

有，是无须说明的。

与这种剥削形式相伴随的人身依赖，首先是地主对农民的人身支配权。如皖南各县，地主有迫令佃户充当吹鼓手不准改业的权利（在当时被视为贱业），有干涉、限制佃仆嫁娶的权利，乃至剥夺佃仆的一切自由。① 这是人身支配的一种形式。又据江西安福县王、邹、赵三姓在崇祯十六年（1643）订立的合同及顺治十八年（1661）周、康、彭、王、邹、赵六姓订立的合同，载明：如佃仆挖煤致伤各姓"阴阳二宅龙脉"，有"捉获打死"或"捕获殴伤致毙"情事，各姓"不得以人命论"②。这是人身支配的又一种形式。

佃仆是世袭的，农民一经沦为佃仆，子子孙孙都不能摆脱。③当地主转让房屋土地时，有的农民并且被随同地产一同转让。万历年间（1573—1619），皖南地主洪宗周将所分得的庄屋、塘山卖给洪兆先，他的佃仆吴记富兄弟也随着庄屋土地为洪兆先所占有，向洪兆先重新书立"本身兄弟子孙照旧永远应付〔应役〕，不得抗拒，遇喜庆事应付毋词"的文契。④ 在同一时期，江西安福县王邹两家订立的房地买卖文契，也写明由买主"理业收租，唤佃使役"⑤，即佃户随同房地一同转让给买主。

佃仆和地主之间的人身依赖关系，在法律上表现为封建等级关系。佃仆和"奴婢"的地位相等，地主和"家长"的地位相等。依照律例，"家长"殴杀"奴婢"，得减轻处罚，乃至免罪。"奴婢"冒犯"家长"，由骂詈、殴伤以至打死，都加等治罪。⑥ 这种律例在实际生活中也得到了印证。据清顺治年间（1644—1661）

---

① 事例均见皖南屯溪资料。
② 邹鼎：《澉源邹氏族谱》卷四，第18—22页。
③ 据皖南屯溪资料，有的地主规定：世仆生男须注名在籍，以防隐蔽逃亡；有的规定：世仆所生子孙不得卖与他姓。
④ 皖南屯溪资料。
⑤ 邹鼎：《澉源邹氏族谱》卷四，第38页。
⑥ 据《明律》：主人殴伤及过失杀死奴婢，均无罪；如奴婢有罪而殴杀，杖一百，故杀，杖六十，徒一年。奴婢骂主人处绞刑，斗殴及谋杀主人，不论已伤未伤，均斩首，杀死，凌迟处死。

湖西守宪赵韫退的判案，就曾将击杀不法地主的佃仆福祥坐以"谋杀家长"律凌迟处死①。

由以上佃仆制在实际生活中所反映的人身依赖关系，和在封建法典中所表现的封建等级关系，可以看出这是一种具有严格人身依赖并把人身当作附属物而固定在土地上的制度，有如马克思所指出的：农奴是土地的附属品。这里所反映的是农民对地主私人的人身依赖，农民被固定在地主私人的土地上，表明了封建地主土地所有制。

所谓一般租佃制，是指农民有离开地主土地的权利而具有自由形式的租佃。对佃仆制而言，这类租佃所占比重更大一些，是明清两代在全国范围内普遍盛行的租佃制。明嘉靖年间（1522—1566），江苏华亭徐阶说：在正德（1506—1521）以前，地主对佃农之所以"不敢甚虐者，惧莫为之耕也"②。明清之际，浙江桐乡张履祥说：地主对佃农如不善于"抚御"，使其感到"恩惠"，"今日掉臂而来，异时不难洋洋而他适"③。可见这类租佃和具有严格隶属意义把人身当作附属物而束缚在土地上的佃仆制有所不同。

在一般租佃制下，实物地租占着统治形式。关于土地以外的生产资料如农具、耕畜、肥料、种子等，在大多数的场合下是由农民方面提供的；也有由地主提供的，但所占比重不大。地租剥削深度，从通行的分租制和额租制观察，地租率一般占产量的50%，有的高到70%—80%。据明嘉靖年间林希元记载，富者田连阡陌，"耕其田乃输半租"④。据清康熙年间（1662—1722）陈芳生记载，农民交纳地主的部分，或"计数岁之中以为常"，或"计丰年所收各得其半以为常"⑤。乾隆年间（1736—1795）河南《汲县志》提

---

① 李渔编：《资治新书》卷八，第5—6页。
② 徐阶：《经世堂集》卷二二，"复吕沃洲"。
③ 张履祥：《杨园先生全集》卷八。
④ 林希元：《林次崖先生文集》卷二，《王政附言疏》，嘉靖十年。
⑤ 陈芳生：《先忧集》第16册，第20页，"减私租"。

供了更为具体的资料，如由农民自备牛具车辆，地租率占全部农产量的 50%；如由地主提供牛具车辆，地租率大为提高，夏季麦租占产量的 80%，秋季杂粮租占产量的 70%，而且全部柴草都归地主。① 不管地租剥削深度如何，地租归地主私人所占有，也是无须说明的。

正租之外，地主还向佃农勒索各种附加租。在不同地区，佃农对地主有各种不同的封建贡纳。明正统年间（1436—1449），福建延平府的习惯，佃农须向地主馈送鸡鸭，名曰冬牲。由嘉靖至万历，江苏华亭地主董某，令佃农每交租米一石随交瓜干一斤，成为定例。② 清康熙年间，浙江平湖县，地主每收租米一石，加征鸡只及麦子若干。③ 广州濒海地区，"佃户交租，必以鸭副之"④。

此外，地主还用大斗加成的办法加重地租剥削。明崇祯年间，江西建昌地主专置大斛收租，小斛粜米。⑤ 安徽贵池地主，用特制租秤收租，每石加重至 220 斤，地主卖粮食的秤每石才 90 斤。⑥ 清康熙年间，广东惠州地主所使用的收租斗，"加一加二，至加五六"⑦。

像以上这类记载还有很多。这里我所以不惮其烦地列举这些事例，不仅由于它可以清楚地揭示封建剥削的残酷性质，而且还有力地说明了地主向佃农勒索封建贡纳的权利。这种权利产生的根源，不是别的，正是因为地主掌握着土地所有权。

地主因占有土地而获得榨取农民剩余劳动的权利，在明代无疑是得到封建法令的承认和保护的，各级地方政权使用暴力保证地租的实现就是证明，只是没有明确地被规定在"大明律"上罢了。

---

① 乾隆《汲县志》卷四。
② 曹家驹：《说梦》。
③ 光绪《平湖县志》卷二，第 51 页。
④ 同治《番禺县志》卷五四，第 13 页。
⑤ 同治《建昌府志》卷一。
⑥ 吴次尾：《横山堂集》卷一三，"与田令公论乡中粜谷书"。
⑦ 康熙《惠州府志》卷五。

至迟到清雍正五年（1727），农民向地主交租的义务已被规定在国家法典上。《大清律例》载明："至有奸顽佃户拖欠租课欺慢田主者，杖八十，所欠之租照数追给田主。"① 我们不可把国家对纳租的这种干涉政策作为土地国有的论据，也不可把地主看作国家收租代理人，因为地租系归地主私人所有而非国家。在这里，封建法典只是代表着地主阶级的意志。

　　与这种地租剥削相伴随的，是地主对农民的不同程度的经济外强制关系。

　　明嘉靖年间徐阶说：佃农"仰食"于地主，"其情与势不啻主仆之相资，父子之相养"②。万历年间吕坤在陕晋做地方官，推行由地主对佃农负责制，佃户不入乡约和里甲，交由地主约束，佃农离乡外出，超过一日以上须由地主给假证明。吕坤还记述了河南佃农对地主的封建义务，"夜警资其救护，兴修赖其筋力，杂忙赖其使令"③。清康熙年间，江西新喻地主和农民的关系，"上下相承，贵贱有等"④。乾隆年间，直隶沧州农民会见田主"略如主仆礼仪"⑤。

　　总起来说，佃农的行为得由地主约束，佃农的私事地主有权过问，地主有任意役使佃农之权，彼此具有尊卑等级关系。所有这些关系，表明了统治与被统治关系。张履祥的这一段议论说得尤其清楚："尝读孟子，曰：诸侯之宝三，土地、人民、政事。士庶之家亦如此，家法，政事也；田产，土地也；雇工及佃户，人民也。"⑥

　　农民和地主之间的这种关系，也反映于当时的租佃文契。据张

---

① 《光绪会典事例》卷八〇九。
② 徐阶：《世经堂集》卷二二。
③ 吕坤：《实政录》卷二、卷四、卷五、卷六。
④ 同治《新喻县志》卷二。
⑤ 乾隆《沧州志》卷四。
⑥ 此据《杨园先生全集》卷五〇，"补农书""总论"。又卷三九，"近鑑"云："世业之产，即土地也；奴婢佃户，即人民也；家法，即政事也。"可见张履祥以地主的身份，把佃户作为统治的对象。

履祥所制定的租佃条例：佃户家主死亡，遗下子女由地主收养，佃农老无所归，由地主终养其身；佃农之孝弟忠信者，地主具酒劝劳，有违反封建秩序的，夺田另行招佃。① 这大概就是张履祥所设想的为使佃农感"恩惠"而采行的"抚御"手段。另据光绪前期山东海丰县官僚地主宝箴堂所制定的租佃章程，佃户须"按时上粪耕种，听管事爷们随时查看，如有不上粪及耕锄不力者，革除另行招佃"；"佃户如有偷窃等事，查出加十倍罚，仍行革除"；"众佃须听管事爷们指使，如有不听约束者，即行究治"②。这个租约所反映的，由剥夺佃农的权利，到污蔑佃农的人格。以上张履祥的善于"抚御"也好，宝箴堂的暴力"究治"也好，都表明农民和地主之间的关系。

由以上双方的相互关系所反映的土地所有制，是带有"政治的和社会的装饰品和混合物"式的所有制，是还没有"从统治和服从关系解放出来"③ 了的所有制。双方表现的这各种关系无非表明，地主因握有土地，因而获得统治农民的权力。

但是，到明清时代，地主对农民的那种强烈的经济外强制关系已处在日趋松弛化的过程中，因而在实际生活中表现为极其纷繁复杂的状态，不同类型地主和农民可形成不同程度的超经济强制关系，强制因素的强弱每随地主个人的政治势力和社会地位为转移。官僚缙绅地主，得依恃特权对农民施行极其酷暴的人身迫害，剥夺农民的一切自由，乃至私设公堂，非刑拷打。明天启年间（1621—1627），松江地主谢秉谔，对欠租农民"破其阴囊，剔外肾"④。清康熙年间，浙江天台的豪右，凭借暴力追租，有欠租的，"锁押私家，百般吊打"，乃至拴缚佃农的老婆孩子。⑤ 乾隆年间，湖南安仁监生

① 《杨园先生全集》卷一九，"赁耕末议"。
② 中国科学院经济研究所藏租佃章程原件。
③ 《资本论》第 3 卷，人民出版社 1953 年版，第 805—806 页。
④ 曹梦驹：《说梦》。
⑤ 戴兆佳：《天台治略》卷一六。

段兴邦，诬赖农民周德先欠租，率同族人打手，迫令交田出庄，逼死佃户一家五命。① 像这类案件在清代刑部档案中也屡见不鲜。

还有的地主剥夺农民退佃的权利和迁徙的自由。崇祯年间，福建德化县，地主收租之时，额外诛求，奸淫妇女。农民受不了地主的摧残，"愿退不耕"。地主不但不允许退佃，反"具呈粮馆"，囚禁佃农。乾隆年间，江西省有大姓小姓之别，所谓小姓系人少族小没有衿监功名的佃户；大姓系人多族大之豪绅地主，这些"名门大族，联络一气，欺压小户，不许佃耕农民子弟赴考者比比皆然"②。直到清代晚年，江苏吴江县地主还有强迫农民书立"子孙世世永为佃户"这一类文契的。

从而，我们从文史资料中所经常看到的"缙绅横暴，武断乡曲"这类记载，它的内容就很清楚了，这表明了封建地主对农民的政治特权，这是在封建地主土地所有制的基础上所表现的"土地底权力"。

如果土地出租人是没有政治特权的一般地主，他对农民便没有这么凶恶的统治权。尤其是新从农民阶级中上升起来并亲自参加生产劳动的小地主，他和佃农形成的社会关系，还可以具有比较自由的形式。在农民大起义之后，阶级关系发生变化，农民的社会地位有所改善，地主对农民的直接的超经济强制每呈现暂时的缓和现象。在这种场合下，地租的实现虽然事实上还是强制的，但是直接的暴力强制作用已不那么显著。

这种由地主身份地位的不同所形成的不同程度的封建统治奴役关系，是中国封建土地所有制在等级关系方面所表现的一些特点。这种等级关系虽然不像在中世纪欧洲领主制下那样，不是各级封建主分享土地所有权的等级所有制，同时，地主与农民的等级界限和彼此的阶级界限也不完全吻合，并未确立"阶级即等级"的原则，

---

① 马成邻编：《成案所见集》卷二七。
② 《西江政要》卷一，转见日本东京大学东洋文化研究所编：《土地所有の史的研究》。

有如胡如雷同志所正确指出的①；但也不能因此忽略了在中国封建土地所有制基础上所出现的这种特殊的等级关系。

在同一土地所有制的条件下，因地主的身份地位不同，而通过土地关系和农民形成的社会关系也有所差别，这一现象是特别值得重视的。掌握这一特征，对研究中国封建土地所有制性质具有重大意义。它既然是封建地主所有制在等级关系上的直接反映，它自然也是土地私有制的有力证据。

农民对地主的身份义务，国家是用政令或法典形式规定下来的。据明洪武五年（1372）制定的《乡饮酒礼》，士农工商相会，年长者居上；如佃农会见田主，则"不论齿叙，并行以少事长之礼"②。把"以少事长"作为佃农对地主的伦常关系，实际是尚未列入律例的习惯法。此后二百多年，清顺治三年（1646），就把这种习惯法写到律例上，开始以法律的形式出现。③ 当然，这条律例在生活实践中可能因地主的身份地位不同而有极大的距离，新从农民中上升起来并和农民一起参加生产劳动的小地主，在佃农面前不一定就能享受到这种尊严。尽管如此，这条律例毕竟表明了农民和地主的封建等级关系。而这种立法产生的根源，仍由于封建地主土地所有制，是十分清楚的。

封建统治者用暴力保证地租的实现，较之"以少事长之礼"的规定更为明确而具体。如前述雍正五年制定的农民纳租条例，它一方面表明地主因占有土地而获得收租的权利，同时也可看作是用法律规定下来的经济外强制的一种表现形式。与此相适应，有各级地方政权为保证地租实现而发布的各种政令。如康熙年间江西瑞金

---

① 胡如雷：《关于中国封建社会形态的一些特点》，《历史研究》1962 年第 1 期。

② 王樵：《大明律例》卷一一；又见《明太祖实录》卷七三，第 11 页。按宋元法律，地主殴佃客致死均减等判例。明太祖即位，废除了佃农对地主在法律上的身份义务，却在《乡饮酒礼》中保存了佃农对地主的"以少事长之礼"。

③ 康熙《大清律集解附例》卷一二。但是在律例上只写入这么一条，此外再无明确规定，不像地主和雇工奴婢之间那样，有关刑事案件另有加减等处罚的规定。因此这条律例在实际生活中到底发生多大作用是值得怀疑的。

建立的禁抗租碑，写明如有"刁佃"据田抗租，"许该田主指名呈控，以凭严拿，申解上宪究治"①。如雍正十二年广东清远发布的文告，写明如佃农拖欠地租，"即照律分别治罪，所欠之租及所得花利俱照追给主"②。又道光七年（1827）江苏山阳建立的禁抗租碑，写明如佃户抗租，"一经业户呈控，立即严拿……从重惩办，按律治罪"③。在其他地区也有类似的碑记和文告。农民有拖欠地租的，地方政府更派遣差役，锁拿囚禁，严刑追逼。地方政府的这类政令，是地主对农民直接的超经济强制之外的一种补充形式，这是由于，在中国封建地主所有制的条件下，行政权、司法权、军事权从土地所有权中游离出来，集中于国家，表现为封建法典，国家政令的一个组成部分，起着超经济强制权力的作用。这种关系，胡如雷同志曾正确地指出过④。就是上述地主对农民的直接的超经济强制关系，也是以国家职权作为他的最后依靠的。我们不能把国家的这种权力作为土地国有的论据，它只表明地主土地所有权获得国家的承认和保障。

封建法典和国家政令，当它在租佃实际生活中获得实践之时，成为生产关系的一个构成部分。至于法典本身，则是实际生活在法权关系方面的直接反映。论其实质，也是封建地主土地所有制在法权关系方面的反映。

无论劳动产品的分配形式，还是社会集团关系的分析，都表明了地主是土地所有者。正由于地主占有土地，才使其对生产劳动者施行不同程度的经济外强制，并占有他们的全部剩余劳动。无论是经济关系还是直接反映经济关系的法权关系，所表明的土地私有的性质是相同的。

明清时代的民田，除地主占有的部分之外，还有自耕农占有的

---

① 乾隆《瑞金县志》卷七。
② 光绪《清远县志》卷首。
③ 华东军政委员会土地改革委员会编：《地主罪恶种种》。
④ 胡如雷：《关于中国封建社会形态的一些特点》，《历史研究》1962 年第 1 期。

部分。这类自耕农几乎在各个地区都普遍存在，有的地区甚至还占着相当大的数量。关于自耕农所创造的劳动产品，农民将其中的一部分以田赋的形式交给国家，这一点和地主相同。农民的劳动产品，扣除了田赋、全家生活费、农业生产费之外，如果还有盈余，不是以地租的形式归任何其他地主，而是归他自己所有。在这里，土地所有权是农民得以私有其劳动产品的条件。这正如经典作家所指出的，这样的生产者用不着自己去占有自己的产品；这些产品是自然属于他的。因之，生产品的所有权是以自己的劳动为基础的。

既然是农民自己占有自己的剩余劳动产品，当然也就无须任何形式的经济外强制。

由此可见，明清时代的自耕农，是以个体劳动为基础的小土地所有制，同样属于私有制范畴。

有的同志，从自耕农在封建社会中所处的地位和他们向国家提供田赋和封建徭役，论断他们只是土地"占有者"而非"所有者"，我认为这种看法是值得商榷的。在政治关系上自耕农虽然是被统治者，这一点和地主不同；但是，他们因占有土地而向国家交纳田赋，和地主是没有差别的。

在封建社会里存在有小土地所有制，并不是什么稀罕的事，经典作家早就指出过。恩格斯说："在资本主义生产未出现之前，即在中世纪，到处存在以生产者的生产资料的私有为基础的小生产。"[1] 在中国封建社会里，由于不断地爆发农民大起义，由于土地的买卖和经常改变主人，这种小土地所有制遂更具有其生命力。

三　封建贵族占有的优免田赋的庄田

庄田的性质和民田不完全相同。民田的获得，主要通过买卖和

---

[1] 《反杜林论》，人民出版社 1956 年版，第 280 页。这里的小生产指手工业生产和农业生产。

继承。庄田的获得，则是通过皇帝的赏赐，而这类土地的来源，又主要是通过暴力掠夺来的民田。① 民田占有者，包括缙绅地主、无功名官爵身份的庶民地主、自耕农。庄田占有者，明代为统治阶级上层——皇帝、王公、勋戚和官僚，清代则为皇室、八旗宗室。各个等级成员占有的田额多寡不等，明代以皇帝及诸王最多，正德年间（1506—1521）皇庄达 37595 顷，嗣后诸王有的也多至数万顷，其他各级贵族每人占田数十、数百或千余顷不等。清代皇室内务府庄田 39362 顷；宗室庄田则按爵位分授，以亲王最多，大概在 2 万亩左右，其次为郡王、贝勒、贝子，至于镇国、辅国将军不过百多亩至数百亩（官、兵旗地则按都统、参领、侍卫、尚书、侍郎等职位分授）。庄田总面积，明初数目不大，正德年间大为扩张，正德十六年（1521）达 31 万多顷。万历（1573—1619）、天启（1621—1627）两朝续有增加。清代庄田额较明代为少，按清初规制，庄田 5 万多顷，与八旗官、兵旗地合计约在 20 万顷。

　　明代有退田制度，除亲王庄田由嫡子孙承袭永为世业外，其赏赐皇戚、勋臣庄田都规定了传袭世代。原定世袭者保留原田 3/10，其余 7/10 退还国家。以后隆庆二年（1568），万历十六年（1588），做过一些修改。② 清代贵族庄田则采行子孙承袭制，由国家一次分给，不再收回。据乾隆户部则例：八旗王公，"国初各级分地，附近京师，永昭世守"③。这类土地在明清两代都禁止买卖。

　　由以上庄田规制，的确表明了这类土地制度的一些特点，而且由这些特点给这类土地披上了国有的外衣；或者说，国家成为土地

---

　　① 如明朝统治者对农民新垦地及无粮地的搜刮，清朝统治者对民田的圈占。此外，庄田领受者并通过购买扩大庄田面积。

　　② 隆庆二年定："勋臣五世限田二百顷，威畹七百顷至七十顷有差"（《明穆宗实录》卷二七，第 8 页）。万历十六年定："皇后之亲，传派五世，准留一百顷为世业；其驸马传派五世，准留十顷供主祀；其诸妃家，传三世即尽数还官。"（《明神宗实录》卷二〇一，第 4 页）

　　③ 乾隆五十六年《户部则例》卷五，田赋，第 1 页。子孙承袭之制，不只王公庄田如此，八旗官兵旗地亦然。

的名义所有者。但是，这并没有多大实际意义，因为表明所有制实质的，是它的经济内容。我们论证庄田制占有形式，不能单纯从以上这些方面着手，而是应该从所有制所制约、所规定的集团关系及分配关系方面进行分析，有关这方面的文献记载还是相当清楚的。

明代的贵族庄田，都采取出租方式进行地租剥削。庄田佃户有"钦拨佃户"，有一般佃户。地租征收方式，有庄田主人设置庄头亲自管业的，有由地方政府代为收租的。

地租剥削深度，据洪武六年（1373）赏赐各公侯及武官的公田，令"仍依主佃分数收之"①。即照民间分租制的原定比例征收实物租。成化十六年（1480），山东德王分布在直隶清河的庄田，夏地每亩征银7.4分，秋地每亩征银5分；其分布在临清等地的庄田，每亩征租谷2斗②。这大概相当于当地一般民田定额租。其由地方政府代为征收的，多采行货币定额租制，每亩租额一般为银3分，也有个别情形征银5分的。当时米价每石在2钱银子左右③，杂粮还不到2钱银子，三五分银子大概相当于几斗粮食的价格。

当庄田主人亲自管业之时，地租额远较由地方政府代收为高。不只庄田主人设法增加租额，管庄官校也额外勒索以饱私囊。如皇帝的皇庄，成化十六年，分布在直隶东光的庄田，"管主人征粮无度，（每亩）令补二斗，民情骚然"④。正德元年（1506），南直隶管庄内官倚势逼租，"其所科索必踰常额"⑤。正德十六年（1521），御史范永銮奏，管庄征租之人，正租之外，"多方掊克，苛暴万状"⑥。如王公庄田，嘉靖年间，长沙吉王府派人下乡收租，照原

---

① 《明太祖实录》卷八五，第3页。

② 《明宪宗实录》卷七六，第86页，《弘治实录》卷二七。

③ 正统年间，苏松重额官田纳金花银一两，准米四石，每石合银0.25两。承梁方仲同志函告，官定折价一般比市价为高，当时市价在0.25两以下。

④ 《明宪宗实录》卷二〇三。经过科道官上疏力争，改按开垦荒田例征租，每亩征5.35升。

⑤ 《明武宗实录》卷一〇。

⑥ 《明世宗实录》卷三。

额加倍征收。① 其征收银租地亩，每亩原定征银 4 分，吉王加征至 9.4 分；其征收谷租地亩，则有车扬、淋尖、踢斛等名目。② 万历年间，洛阳福王派人下乡收租，每租银一钱加收 5 分。③ 云南黔国公沐氏庄田，据巡抚周嘉谟奏："镇不得不委之参随，分之大小管庄、火头、佃长，正征之外有杂派，杂征之外有亡名，虐焰所加，不至骨见髓于不止"④。可见庄田地主征收附加租，和民田相同。庄田主人为了增加地租收入，力图获得自行管业收租的权利。万历年间，山西晋王请援山东德王、湖北楚王二府成例自行管业，福王的庄田也是通过申请经过皇帝批准自行管业的。

经皇帝赏赐给各级贵族的"钦拨佃户"，并且被免除了对国家的差徭负担，专向庄田地主私人提供劳役。洪武五年六月申诫公侯贵族的铁榜载明："凡公侯之家，除赐定仪仗户及佃田人户已有名额报籍在官，敢有私托门下影蔽差徭者斩。"⑤ 就是说除"钦拨佃户"免除国家差徭外，其他的人不得投托公侯门下逃避差徭。这类佃户之所以被免除国家差徭，就是由于他们已经负担了公侯私室的差役。这种制度，可以从曲阜衍圣公孔家的"钦拨佃户"得到说明。孔家原由国家拨给庄田 1980 顷，拨给佃户 624 户。正统四年（1439），地方政府要抽调他部分佃户附籍当差，袭封公爵的孔彦缙提出反对，理由是原有佃户已"耕种不敷，差役重"，请求保留佃户"以备供给修祀"⑥。这种制度还可从清初的文献资料得到说明，当时地方政府为推行保甲制，要统一民佃两籍，孔家提出抗议，谓如将佃户编入民牌，农民将一身而应两徭。⑦ 佃户对地主提

---

① 《元和县志》卷二三，张勉学传。

② 《议处吉府田租》，北京图书馆藏抄本。

③ 《明神宗实录》卷五二八。

④ 周嘉谟：《庄田册疏》，万历十六年。顾炎武：《天下郡国利病书》第 32 册。

⑤ 《明太祖实录》卷七四。

⑥ 《明英宗实录》卷六一。经户部议定，"请存五百全户，共丁二千耕种，余仍令应办粮役"。

⑦ 据杨向奎同志的《明清两代曲阜孔家——贵族地主研究小结》，《光明日报》1962 年 9 月 5 日。

供的差役，实际是变相的劳役地租。

在庄田制度下，皇庄地租归皇帝私人所占有，专供皇室开支；各级贵族庄田田租分别归各级贵族所占有，专供他们家族挥霍。它和民田不同的，是庄田被免除了田赋负担。① 劳动产品的这种分配形式，是生产资料所有制的直接反映，即皇帝及各级贵族分别掌握着土地所有权。

明代庄田的私有性质，还从生产劳动者和封建主的相互关系得到说明。

洪武四年十月，朱元璋拨赐 6 公 28 侯佃户 38194 户。洪武二十六年六月，加封勋戚郭英为武定侯，拨赐佃户若干户。② 这类"钦拨佃户"和庄田主人的关系，从佃户"报籍在官"的制度考察，很可能是庄田主人对佃农人身的合法长期占有，农民被规定作庄田主人的世代佃户。这种佃农实际是变相的佃仆。由这种租佃制所构成的集团关系，庄田主人对农民具有更为强烈的人身支配权，施行更为酷暴的经济外强制，是可以想见的。这种情况，仍可从曲阜孔氏庄田租佃制得到说明。在这方面，杨向奎同志作了详细的调查研究。孔家的"钦拨佃户"世世代代做孔家的佃户，不能自由摆脱世佃身份。孔家对这种佃户具有人身支配权，对他们可以开堂审讯，乃至判刑。明代各公侯奴役下的"钦拨佃户"所处的地位，大概与此相类似。这是一种比一般租佃具有更为严格隶属关系的租佃制度。

从以后列朝皇帝赏赐庄田的记载考察，在大多数的场合下只赏赐庄田而不拨赐佃户，由此而形成的租佃可能是类似民田形式的一般租佃制。但是由于庄田主人是当时的特权阶级，就是这种租佃制，也比一般民田租佃制具有更为强烈的封建强制性。

由庄田制所形成的人身迫害情形，如直隶皇庄，据弘治二年

---

① 诸王勋贵自买土地，依法仍应承担粮差。但也有经过请准免除租赋的。
② 《明太祖实录》卷六八、卷二二八。

（1489）户部尚书李敏奏："比来管庄官校人等，往往招聚无赖群人，称为庄头、伴当、佃户、家人名目，占人土地，敛民财物，夺民孳畜，甚者污人妇女，诬人性命。"① 正德元年（1506）直隶皇庄官校，"赍驾逮捕民鲁堂等二百余人"。据当时大学士刘健等奏："管庄内官，假托威势，逼勒小民"；内官"所领官校，如饿豺狼，甚为民扰"②。以上二人所奏，被迫害者主要指的是庄田佃农。如诸王庄田，据弘治十二年户科给事中卢亨等奏：诸王管庄之人，"攫取民财，势如虎狼"。这年岐王所赐庄田请准自行管业收租，这样，将对农民造成严重威胁。卢亨等请改由地方政府代为收租，否则"秋收在迩，民必惊扰，挈家逃匿，场圃尽空"③。嘉靖年间（1522—1566），长沙吉王府收租之时，农民有不能如期完纳的，没收他的子女为奴婢。④ 万历（1573—1619）后期，分封在洛阳的福王，庄田跨河南、山东、湖广数省，他所派丈田征租官校，对农民"使尽凶威"，农民"受尽荼毒"。如派往河南汝州丈田征租的伴读阎时，"偶因勒索不遂，将佃户周化、鲁国臣毒打，化与国臣遂毙"⑤。

　　管理庄田经征地租的官校、庄头就是庄田主人的代理人。他们为了榨取剩余劳动的目的，对农民施行的酷暴的人身迫害，完全是代表着庄田主人的意志。通过庄田制而体现的这种超经济强制权力，归根结底是由生产资料所有制所决定的，表明庄田占有者就是土地所有者。

　　清代庄田的体制虽与明代不完全相同，由集团关系及分配关系所体现的私有性质却是相同的。

------

　　① 《明孝宗实录》卷二八，第15—16页。李敏请求改由地方政府收租，使"佃户之人免剥害之苦"。被皇帝拒绝。

　　② 《明武宗实录》卷一〇，第2—4页。此据大学士刘健奏。

　　③ 《明孝宗实录》卷一五三，第8页。

　　④ 《元和县志》卷二三，张勉学传。

　　⑤ 《明神宗实录》卷五二八，第8页；卷五二九，第2—5页。

　　清代贵族庄田也采取土地出租的形式①，有按庄设置庄头、配置"壮丁"耕种的②，有由汉人"投充户"耕种纳租的③，也有采行接近民田形式的一般租佃制。

　　地租则有实物及货币两种形式。如皇帝内务府庄田，有专收粮租的"纳粮庄"，有专收货租的"纳银庄"，佃户中还专有蜜户、苇户、棉靛户等。④

　　关于双方对劳动产品的分配，以内务府纳粮庄为例，其编制以十丁为单位，给田780亩，分为四级，康熙五十一年，头等庄征租322仓石，二等庄征租292仓石，三等庄征租262仓石，四等庄征租192仓石。⑤ 按此计算，每亩租额为2.5—4.1斗，每一丁应交租额为19.2—32.2石。是一种既按劳动力又按耕地面积征收的定额租，剩下的部分才为农民所有。这是一种极为落后的封建剥削形式。农民交纳粮租之外还带交附加租。乾隆四十二年（1778），令头二等庄每庄每年交猪6头，三四等庄交猪4头，并规定每头折银13两。⑥

　　庄田租额并且有逐渐增加的趋势。顺治年间（1644—1661）开始圈地之时，每亩征收租银三五分至一二钱不等。嗣后经过农民的辛勤经营，把瘠田变为沃壤，这时庄田主人遂来增租夺佃。⑦ 到乾隆（1736—1795）后期，每亩租银有的增加到五六钱乃至七八钱。⑧

　　壮丁和投充户，还须为庄田主人服应差役。有的壮丁要按年向各王公交纳差银。如顺治年间东北王公所辖壮丁，每名每年交差银二两至七八两不等。可能是由于壮丁不堪压迫而逃亡的缘故，经常

---

　　① 清朝初年，庄田主人有使用奴仆直接经营的。后渐改变为租田形式。
　　② 《大清律例增修统纂集成》卷四，第40页，"庄头，系王府之家奴种地者"，"壮丁，系雇与庄头种地者"。以后，壮丁逐渐变成为独立进行经营的佃户。
　　③ 汉人投充旗下为奴仆，种地纳租者。
　　④ 《嘉庆会典》卷六七；《八旗通志》卷六八。
　　⑤ 《雍正会典》卷二二八。
　　⑥ 《光绪会典事例》卷一一九六。
　　⑦ 《清朝经世文编》卷三五，孙嘉淦《八旗公产疏》。
　　⑧ 《八旗通志》卷六五，第39页。

出现"丢丁瞎户"现象。各府办事包衣，恐因此亏累，因有"加丁续户"之举，由康熙年间至乾隆年间都有过这类事例。王公贵族对这类壮丁随意勒索银两。"有不允银者，索群到府，匪刑虐罚，增几倍而后已"①。可见这类壮丁类似明代王公贵族的"钦拨佃户"，他们专应王公私人之差，不再承担国家的差徭。

内务府庄田租归皇帝私人所占有，各级贵族庄田田租由各级贵族分别所占有；又所有庄田、旗地都奉令"永停输纳"②，被免除了对国家的赋税负担。劳动产品的这种分配形式，它的意义和明代相同，是生产资料私有制的直接反映，皇帝和各级贵族是土地所有者。

清代庄田的私有性质，同样也体现在生产劳动者和封建主所构成的集团关系方面。

在庄田上进行生产的劳动者如果是"壮丁"，他们被称为"屯居旗下家奴"③，也就是庄田地主的奴仆④，庄田地主对他们有着强烈的人身支配权，所谓"各王府虽无生杀之权，而暗有瓮扣之黑刑，历数二百余年，扣死者几许多矣"⑤。大概就是指的这类"壮丁"。这种落后的经营形式，给农民带来严重的灾难。如奉天各王公贵族对壮丁的迫害，当嘉庆道光年间，壮丁所交租跟差银偶有拖欠不齐的，立即锁拿到府，任意虐待。据后人追述："当其冰天雪地之寒，以冷水灌顶之惨，夜间铁锁加头，缧绁床沿，便溺不与，辗转尤难"⑥。由此可见壮丁所处的屈辱地位。与庄田制相结合的这种具有严格隶属意义的人身依赖及经济外强制关系，是封建贵族

① 奉天省公署档案，关于清朝庄头差丁事项档案。此资料承孔经纬同志提供。
② 《清世祖实录》卷二五，顺治三年三月乙卯条；《康熙会典》卷二一。
③ 《清高宗实录》卷一三八一，乾隆五十六年六月乙丑条。
④ 《大清律例增修统纂集成》卷二八，第4页，引乾隆十三年刑案："庄头与壮丁，同为一主家奴，并无尊卑名分，应同凡论"。
⑤ 《关于清朝庄头差丁事项档案》，转据李普国《清代东北的封禁与开发》，参见《吉林大学社会科学学报》1962年第1期。
⑥ 同上。

土地所有制在集团关系方面的反映。

其经过投靠而被编入农奴行列的"投充户"，他们的法律地位接近于奴仆，对庄田主人身份义务同壮丁相似。[①] 庄田主人对他们有买卖之权，顺治五年定："投充人即系奴仆，愿卖者听。"就是承主人念其世代出力，准其开户，允许他有自己独立的经济和户籍，有时也"不准为民"[②]，不能断绝对庄田主人的人身依赖关系。

其接近民田形式的一般租佃制和前两者有所不同。这类租佃制的产生过程大概有两种情形，一种是开始圈占土地时沿袭汉人原有租佃制，所罚"直隶族圈地亩，族人止收地租，民人村庄在圈内者，自居祖遗屋，租种旗地，两不相涉"[③]；所谓"将民田圈给旗人，但仍系民人输租自种，民人自耕其田，旗人坐收其租"[④]；就指这类租佃。另一种情形，是由于"壮丁"和"投充户"不堪主人的压迫虐待，纷纷逃亡，而改行一般租佃制的。这种转化，主要是在康熙中叶以后开始的。这类租佃制，农民和封建主之间的关系与上面所说的情况有所不同。但是由于土地占有者是旗人身份地主，遂也改变了原来民田租佃的性质，保存着较为浓厚的超经济强制关系。如昌平、密云两县，大部分耕地被圈为王公庄田，康熙年间，经管庄田的庄头，"挟强佩势，大为民患"[⑤]。宝坻县坐有圈给镶白旗的庄田，雍正十三年（1735），庄田主人"关大老爷"强迫众佃诬指他人收租："关大老爷"以众佃不从，私刑拷打。嘉庆二十年（1815），礼亲王昭梿将催租庄头"押进府内，非刑酷虐"[⑥]。

---

① 参见左云鹏《论清代旗地的形成演变及其性质》，《历史研究》1961 年第 5 期。

② 《光绪会典事例》卷一五五，卷一五六。

③ 光绪《畿辅通志》卷一八九，孙嘉淦传。

④ 孙嘉淦：《八旗公产疏》，见《清朝经世文编》卷三五。另据《户部地亩档册》所载平南王尚可喜所占旗地，在雍、乾之际，其分布东北地区部分，系由壮丁及家人佃种，其分布直隶部分，则由一般佃户佃种。

⑤ 光绪《畿辅通志》卷一八九，戴圣聪传。

⑥ 《嘉庆东华录》卷一三。

直到鸦片战争以后，王府收租人员仍称"管家大人"①。农民乃至
被迫向王府收租人"屈膝称爷"②。

明清两代对钦拨佃户、壮丁和投充户的社会地位作了严格规
定，使庄田主人对农民的人身占有合法化。庄田地主对农民剩余劳
动的榨取，也获得国家法令的承认和保障，有的还由国家规定了固
定的租额，使庄田地主的地租掠夺合法化。在这里，封建法典和国
家政令的意义，和有关民田的法典政令的规定相同，完全代表着庄
田地主私人的意志。

根据以上分析，明清时代庄田土地所有制的性质可概括如下：
各级封建主，或者是随着他们等级的差别占有多少不等的庄田，从
而决定了他们占有并供他们奴役的农奴数量的多寡，或者是因等级
的差别占有多少不等的农奴，从而决定了他们占有庄田的大小。无
论采取哪种租佃制，庄田主人都通过经济外强制手段榨取了直接生
产者的全部剩余劳动，庄田占有者的王公府第本身就是实现地租的
暴力机构。由这种集团关系和分配关系表明了等级所有制的某些特
点。经典作家指出："土地占有的等级结构以及与之有关的武装扈
从制度使贵族掌握了支配农奴的权力。"③ 这段文字对我们研究明
清时代庄田制具有巨大的指导意义。中国的庄田制，乃是在封建地
主土地所有制占统治形式的基础上出现的中国式的领主制，这是土
地私有制的一种形式。④

---

① 《清朝经世文续编》卷三八，朱以增：《请将顺直王庄遇灾酌减分数并田租归官征
解疏》。
② 民国《昌黎县志》卷八，第45页。
③ 《马克思恩格斯全集》第3卷，人民出版社1960年版，第27页。
④ 清代八旗官兵旗地，从形式上看，近乎职田，披上了国有制的外衣。但从通过土地
所构成的封建剥削关系考察，和八旗宗室庄田并没有什么实质上的差别，仍然属私有范畴。
这里为了节省篇幅，不另作分析。

四　屯军耕种的地租和田赋合一的屯田

明清两代的屯田，有军屯和民屯。民屯所占比重不大，主要是军屯。如果从军屯的生产组织和参加生产的劳动者来考察，可分为以现役军人为生产单位的屯田，和以军人家属户为生产单位的屯田。如果从屯军所承担的封建徭役来考察，又可分为驻防军的军事屯田和运粮军的漕运屯田。①

屯田的耕种者是卫所军兵。其编制：一卫为 5600 人；一卫有 5 个千户所，每千户所 1120 人；一个千户所有 10 个百户所，每百户所 112 人。明代卫所兵额，洪武年间（1368—1398）为 120 万—180 万，永乐（1403—1424）以后渐增至 280 万左右。② 按明初规制："边军卫所什三守城，什七屯种；内地卫所什二守城，什八屯种；或分一九屯守，或俱下屯。"③ 据此，当时专事农业生产的屯军当在 200 万左右。其屯田部分，现役的正军，按规制每军授田五十亩④，并供给牛具种子⑤，军人家属所受田额或与正军相同，或稍减于正军。⑥ 据此，全国屯田当在八九千万亩。但宣德之后，屯制逐渐破坏，屯田额锐减，弘治元年为 2894 万余亩，正德五年（1510）为 1613 万余亩。清代稍加恢复，乾隆年间边疆、内地、漕

①　《明史》卷一四五，朱能传。宣德年间，定南北卫所军分工之制，北军专事防边，南军专运漕粮。

②　参见吴晗《明代的军兵》，《中国社会经济史集刊》1937 年第 5 卷第 2 期。

③　《明宪宗实录》卷一一〇，第 15 页。此制至宣德年间逐渐破坏。

④　按实际授田多不足额，一般皆在 20—30 亩。但亦有多至 100 亩者，亦有少至十余亩者。

⑤　洪武四年，令广东耕牛送临濠给屯军。永乐元年，令陕西布政司铸造耕具给屯军。嘉靖七年，杨一清奏请凡屯军之贫者，给牝牡牛各一只，犁铧各一具，种子五石。清朝边屯亦照给牛具种子。

⑥　孙承泽：《春明梦余录》卷四二："每军约受田三十六亩……余丁〔军属〕所受所纳以差次降"。又董斯张：《吴兴备志》卷一六："每正军一名，受田一十二亩，纳粮六石，余军所受所纳比正军则杀之"。又顾炎武：《天下郡国利病书》第 26 册，福建："国初屯制，一军一余（军属），各受三十亩而耕"。

运各项屯田合计达 3900 多万亩。

屯田亦谓之"官田"，依法禁止买卖，有买卖的按律治罪。据明律，典卖官田至 50 亩以上，卖主买主如系军户，发边卫充军；如系民人，发口外为民。① 据清律，买卖屯田，买方卖方均比照盗卖民田加二等治罪。② 明清两代经常清理屯田，屯政被视为国家的要政之一。屯军逃亡或死亡绝户，所遗屯田另佥军丁耕种；其屯军逃亡由农民耕种的，或令署名补伍改入军籍，或即向农民征收屯租以济漕运。清代乾隆年间，屯军典卖屯田的现象特别严重。国家为了维持屯田制，经常采取强迫回赎的政策。③ 可见国家对屯田控制的严格远超过民田。值得注意的是两种控制性质的不同，国家对民田的控制是以土地的主权者的身份出现的，目的是保证国家税收；国家对屯田的控制则是以土地的主权者和所有者的双重身份出现的，目的是保障地租剥削。

军屯制是一种在军事编制下的农业生产体制，从土地的管理、农业生产的进行，到收租全部过程，都采行严格的军事管制。国家创立屯田的目的，是要在士兵身上榨取剩余劳动，解决驻防军的粮饷问题。明代崇祯年间王洽说过，明初国家"养兵百万，不费朝廷一钱"④，便是很好的说明。

屯军交纳剩余劳动产品的数量，据建文四年（1402）制定的屯田科则，每兵每年交粮 24 石，其中 12 石作为"正粮"，"收贮屯仓，听本军支用"，相当于生产劳动者的必要劳动产品。其余 12 石称为"余粮"，这部分粮食"给本卫官军俸粮"，相当于剩余劳

---

① 《明律条例》，《问刑条例》户律 2，"田宅"。

② 顺治《大清律附》，户律，盗卖田宅。《图书集成》本，祥刑典，卷四四。

③ 据《光绪会典事例》卷二〇六：乾隆十年，令山东各卫所回赎典卖屯田，使"归输运之军"。乾隆十二年，令各省卫所回赎典屯田，令"照例备价回赎，由卫所移归州县，饬令民人收价退田"。乾隆三十三年，规定回赎办法，"原在百两以上者，令其分作三年交价，价足田即归船"。

④ 《明史》卷二五七，王洽传。崇祯年间，王洽官兵部尚书，谓："祖宗养兵百万，不费朝廷一钱，屯田是也。"

动产品。可见屯田租基本是按劳动力为掠夺单位的定额租。① 据明清之际所保存下来的资料估计，一个壮劳动力的常年劳动生产率，在生产力最高的江浙，以米计在 20 石左右；在黄河流域，以粟麦计不过 15 石左右。国家给屯军规定的生产定额，显然超过了当时一般生产水平，从而大大提高了地租剥削率。后来，由于屯军无力负担，国家不得不把"余粮"的标准降低，由 12 石减为 6 石。②

屯军所交租额，各地并不完全一致。如永乐十九年（1421）令交州等卫每兵每年交稻谷 35 石，演州、南靖、新乐等千户所每兵每年交稻谷 18 石。③ 但是榨取剩余劳动的方式，不是按耕地面积或产量，而是把劳动力作为掠夺单位，这一点却没有改变。④

在明代，屯军除交纳"余粮"之外，不再因土地关系承担其他田赋。

以上屯军作为剩余劳动交纳的"余粮"或屯粮，或供作官军俸粮，或提供国家作其他开支，它不归于任何掌握土地所有权的私人，而是为国家所占有。对屯军而言，是因种屯田而交纳的实物地租。

屯军向国家承租的封建徭役，则是一种变相的劳役地租。

边防军承担军事徭役。永乐十九年九月，在京操练的士兵甚至到皇宫击登闻鼓，谓"逾年在京操练，至秋始还，而本卫责征籽粒〔地租〕，实以公事妨耕，告诉不许"⑤。正统元年（1436），藩

---

① 据顾炎武《天下郡国利病书》第 26 册，福建，第 66 页，泉州屯军，每军配田 20 多亩，也征 12 石余粮。

② 据《皇朝世法录》卷三〇，屯政：永乐二年，将"余粮"减为 6 石。另据顾炎武《天下郡国利病书》第 26 册，第 66 页，泉州屯军于正统三年将"余粮"减为 6 石，并停征正粮，听屯军自给。

③ 《明太宗实录》卷二八，第 10 页。

④ 屯军家属所交屯租，因时期因地区而不同。永乐二年，曾令免征，非常制。一般按田额比照正军租。据《明英宗实录》卷一二〇：浙江屯田，"旧例屯田授之军者，每亩输粟五斗。田有余授之军余及民者，输亦然"。据《春明梦余录》卷四二："每军约受田三十六亩，岁收子粒十有八石，入月粮岁十有二石，闰加一石，余六石上仓。余丁所受所纳以差次降。"

⑤ 《明太宗实录》卷二八，第 10 页。

阳中屯卫士兵以操练日期过久，生活困难，"乞于农时暂放耕作，以资养赡，俟秋成赴操"①。这种军事徭役，是对士兵劳动力的剥夺，而剥夺者仍然是国家。

有漕粮各省屯军，则承担运粮徭役。对屯军而言，屯田成了他们运粮的报酬。对国家而言，运粮徭役，是对屯田土地所有权的经济实现。屯军的运粮徭役相当沉重，弘治年间（1488—1505），运军在运粮徭役压迫下，至于"富者日贫，贫者终至于绝"②。明朝末年，运军连他们的父母妻子都养活不了，啼饥号寒，致被冻饿而死。③ 可见运军在领种屯田的同时，被国家以运粮徭役的形式榨取了他们的全部剩余劳动乃至部分必要劳动。

封建贵族经过申请，私人也可获得役使屯军的权利。宣德元年（1426），丰王孟烷请准令屯军营建房屋。宣德九年，唐王琼坦请准屯军1500余人营建家庙和居室。正统十一年（1446），山东诸王占用屯军修造房屋、烧运柴炭。这时则免除屯军的租粮。④ 对屯军的这类兴建徭役，剥夺者虽然是诸王私人，但须经过皇帝批准，表明了国家对屯军劳动力的支配权。

屯军除了承担国家的军事徭役、运粮徭役和经皇帝批准的私人的兴建徭役之外，他们不再承担一般封建徭役如里甲、均徭和杂泛之差。

清代封建统治者对屯军的剩余劳动的榨取形式，基本上承袭了明代规制。如新疆赤金卫柳沟所屯田，规定每兵每年交米、麦、青稞3石⑤；伊犁屯田，规定每兵每年交粮13石；乌鲁木齐屯田，规定每兵每年交粮10石。⑥ 既不按耕地面积征租，也不按产量分成，

---

① 《明英宗实录》卷六七，第4页。
② 刘大夏：《刘忠宣公集》卷一。
③ 《明朝经世文编》卷一〇八，陈子龙：《论漕运积弊之害》。
④ 分见《明宣宗实录》卷二三，第7页；卷一三三，第14页；《明英宗实录》卷一四一，第12页。
⑤ 《嘉庆会典事例》卷一五一，第12—13页。系雍正元年定。
⑥ 《嘉庆会典事例》卷一五〇，第17—18页。系乾隆四十年定。

而是把劳动力作为掠夺单位，这一点和明代相同。贵州八寨、清江等九卫屯田，行按户配田、计亩征租制，屯军每户授田 24 亩，每年征粮 1.8 石。从形式上看虽然是计亩征租，论其实质仍然是以军户即劳动力作为掠夺单位的。对剩余劳动的榨取无论采取什么形式，其归国家所占有也一如明代。

关于清代的漕运屯田制，保存下来更多的资料可供我们参考。卫所军或按运船分配屯田，或按军户分配屯田。① 其直接承担运粮徭役的，把粮食从南方运到通州和北京；其不承担运粮徭役的，则按领种屯田计亩出银津贴出运的运丁。如山东济南、临清、平山三卫，行屯军轮流承运制，"什军一体领地，一军驾运，九军津贴"。如江南新安、宣州二卫，其屯田"不论军屯管佃执业，每亩征津银八分"②。这种"津贴"或"津银"，对屯丁来说，是因种屯田而交纳的地租；对运丁来说，是为国家运粮而得到的报酬；对国家来说，则是土地所有权的经济实现。

如果屯田转移到农民手里，照例征租济运。如江南徐州卫屯田，"除运丁自行执业外，民人典买及闲丁领种并卫田，每亩征津银八分"。如温州卫屯田，一度抛荒，经农民开垦成熟，令照"上田一亩收谷三石，中田二石，下田一石六斗，各半平分之数输津济运"③。这时农民只向国家交纳定额租，不再承担运粮徭役。农民变成了国家的单纯佃户，屯田租的劳役形态发生变化。佃农因耕种屯田，其剩余劳动归国家所占有，却没有任何改变。

清代卫所军领种屯田，向国家交纳实物及货币地租和提供劳役之外，不再负担田赋和一般封建徭役，也和明代相同。但亦有例外，如泗州卫屯田制，屯丁一方面按亩完纳田赋，同时又按田赋每银一钱另出津运银 3.4 钱津贴出运的运丁。在这里，地租和田赋是

---

① 如江南各卫，每船配田数百亩至千余亩；山东各卫，每军配田 20 亩至 70—80 亩不等。

② 《光绪会典事例》卷二〇六，第 1—3 页。

③ 同上。

分开的，但都是屯军向国家提供的剩余劳动。

从明清两代对屯军的剩余劳动榨取形式本身看，无论是以劳动力为计算单位的生产物定额租，还是劳动的自然形态的徭役征发，都充分暴露了封建剥削的强制性。而与这种剥削形式相伴随的，则是更为强烈的人身依赖及残暴的经济外强制。

明代制定了军籍制，国家专设机构管理军兵户籍，对士兵及其家族施行严格控制。军籍是家族的，世袭的。其现任充军的叫正军，正军的子弟曰余丁或余军，正军死亡由余军继承。如该军住在卫所的家族无男子可以继承，则到该军原籍勾摄他的同族近支来接替。士兵自己没有改变军籍的自由。①

这种军籍制是和屯田制密切地联系在一起的。国家一方面通过军籍制强迫士兵承担国家军事徭役，又通过屯田制以维系军籍制，就这样，把士兵及其家属牢牢地束缚在土地上，成了土地的附属物。事情很明白，如果国家不采取军籍制和屯田制相结合的强制办法，这种世袭徭役制就很难维持下去。

军籍制和屯田制都是依靠国家法令来维持的。士兵如擅离卫所企图摆脱军籍，一切有干人犯都将受到封建法律的制裁。据《大明律例》："军户子孙畏惧军役另开户籍，或于别府州县入赘寄籍等项，及至原卫发册清勾买嘱原籍官吏里书人等捏作丁尽户绝回申者，俱问罪，正犯发烟瘴地面。里书人等发附近卫所，俱充军，官吏参究治罪"②。据宣德三年（1428）旨令，士兵逃亡至第三次，逮解京师"处斩如律"。并行连坐法，里老邻佑容隐不报，罚放附近卫所充军。③

尽管封建统治者想尽了各种办法维系这种封建剥削和奴役制度，屯军仍然在设法逃亡。屯军的逃亡，和一般农民逃亡的意义是

① 就是农民因罪被判处充军的，他的子孙也难以摆脱军籍。据万历《兴化县志》卷三，第82页，论者谓："重辟之坐，罪正一身；永军之充，祸延累世。"

② 《大明律例》户律，《图书集成》本，祥刑典，卷三五。

③ 《明宣宗实录》卷三六。

不同的，农民的逃亡为了逃避国家的赋役，是对专制政府的反抗；屯军的逃亡是为了从国家对他的人身支配中摆脱出来，从屯田制中解放出来，既是人民对封建国家的反抗，又是生产劳动者对封建土地所有者的斗争。文献资料中史不绝书的"逃亡"，正是士兵对国家封建主发出的抵抗，是阶级斗争的一种形式。他们逃亡的归宿，或隐瞒丁口在外县别立民籍，或更名充当官府的吏卒、贴书，乃至到寺院做僧人道士，在大多数的场合下是投靠缙绅地主，做他们的"家人""佃户"①，成了他们的依附农民。这就是说，士兵摆脱了国家的压迫奴役，又被束缚在缙绅地主的土地上。这正如恩格斯所指出的："在中世纪，封建剥削的根源不是由于人民从土地上解放出来，相反地，而是由于他们被束缚在土地上。"② 丧失土地的农民，总是要被这种或那种形式束缚在地主的土地上。

　　国家为了把逃亡的士兵清理出来编入农奴的行列，采行了严厉的勾军政策。宣德年间，清军御史李立在松江勾军，"勾及〔逃军〕亲戚同姓，稍辩则酷刑榜掠"③。勾军的酷刻，有因一名逃兵勾摄数十年株累数十家的。④ 对勾还的逃兵，一方面迫令继续承担军事徭役，一方面迫令屯田，继续从事农业生产。⑤ 就是被调遣的征戍军和扈从军，他们回卫所之后，也须继续屯田。⑥

　　由士兵的逃亡和勾军政策，充分说明，由屯田制所形成的这种变相的徭役经济，更加有赖于严格的人身依赖，屯军所提供的实物地租及徭役劳动是靠人身支配权来维持的，也就是用鞭子来维持

---

① 《续文献通考》卷一三，户口二，宣德三年二月上论："军逃还乡，有诈为死者，有更名充吏卒贴书倚官害民者，有为僧道生员者，有投势豪官民为家人、佃户、行财生理者，有隐其丁口寄于别户并于外境立民籍者。"

② 《马克思恩格斯论国家和法》，法律出版社 1958 年版，第 270 页。

③ 《明史》卷二八一，赵豫传。

④ 《明史》卷九二，兵志四，系嘉靖年间事。

⑤ 《明神宗实录》卷二四三，第 6 页。万历十九年，令延绥镇勾还的逃兵，"拨与原产，官给牛种"，继续屯田。

⑥ 《明宣宗实录》卷七九，第 10 页。洪熙元年，应天、和阳等三卫原分调扈从军的一部分，令回原籍屯田。

的。这正如列宁在论徭役经济时所说的："农民对地主的人身依附是这种经济制度的条件。"① 如果屯军对国家没有强烈的人身依赖关系，如果国家不以土地所有主的身份对生产劳动者施行酷暴的超经济强制，如此沉重的封建剥削，它的实现是难以设想的。

清代沿袭了明代的军籍制和关于禁止军户子孙逃避徭役的律例。但这时对军籍的清理工作更加严密。如关于运军的清理，雍正八年（1730）令将江淮、兴武二卫军丁按户勾考，"每户子孙兄弟及兄弟之子若干，并居住州、县、都、图、乡、镇，逐一开注，五年一次造册，送部稽查。如有隐匿查出，将该军按律惩究，该管官照例参处"②。对于士兵企图脱籍的惩罚也极为严酷。乾隆五十四年（1789）定："各省编造军丁，倘有故纵殷富及窜入民籍等弊，将营谋之本丁发往黑龙江给兵为奴，该丁之兄弟子孙仍编为军籍，仝派办运。"③

清代和明代相同，在军籍制的规定下，把士兵束缚在固定的土地上。所谓"运军以屯为伍，按伍当差，给田赡运"④，就是通过军籍制和屯田制把运军的家族编制起来，使他们和土地密切地结合在一起。此外，如屯田的禁止买卖，已典卖屯田的强迫回赎，这种力图使屯田和运粮徭役连接在一起的政策，都是为了同一个目的。

由明清两代的军籍制可以看出，国家对军籍户控制的严格，远超过对民籍户的控制，这是由于国家对军籍户的控制，是以国家主权者兼土地所有主的身份出现的；国家对屯军的关系是人身占有关系，屯军对国家的关系是臣属关系。

根据上述史实，明清时代屯田土地所有制的性质可概括如下：国家是土地所有主。国家首先是通过军籍制占有生产劳动者及其家族成员的人身，并把他们束缚在土地上。这有如马克思所指出的：

---

① 《列宁全集》第 3 卷，人民出版社 1959 年版，第 158 页。
② 《光绪会典事例》卷二〇五，第 2 页。
③ 同上书，第 3 页。
④ 《光绪会典事例》卷二〇六，第 4 页。

土地所有权"也可以只是某些人对直接生产者人身的所有权的附属品"①。国家为了通过屯田制榨取屯军的剩余劳动，保证封建徭役的征发，而使屯军成了变相的农奴。这又如马克思在论断欧洲多瑙河诸公国的徭役劳动时所指出的："在事情像这样的地方，与其说徭役劳动从农奴制度发生，无宁反过来说农奴制度大多数是从徭役劳动发生"②。又屯军除向国家交纳地租及承担徭役之外，不再因土地关系承担其他课税，但这并不像贵族庄田那样被免除了赋税，而是像马克思在论证"国家是最高的土地所有主"时所指出的，地租和课税合并在一起一并为国家所占有。屯田租的实现也和民田、庄田有所不同，它不再通过封建地主个人的暴力强制，而是依靠国家法令的规定和国家对屯军的直接强制，此外屯军不再因土地关系对任何私人发生人身依赖关系，任何私人也不再因土地关系对屯军施行经济外强制。这也正如马克思在论证"国家是最高的地主"时所指出的："在这各种情况下，依赖关系在政治方面和经济方面"是生产劳动者"对国家的臣属关系"③。

　　在土地国有的场合下，依赖关系和交租义务都用法令的形式规定下来。国家一方面是法令的制定者，同时又是地租的占有者，经济的榨取和政治的统治关系更加紧密地结合在一起。在这里，土地财产的经济关系和反映经济关系的法权关系遂很难加以严格区分。

　　由国有制所形成的统治与被统治、剥削与被剥削关系，表明了对抗的阶级关系。所谓土地"国有"的实质，是地主阶级的国家机器所有，归根结底，也就是地主阶级集体所有。这正如列宁所指出的，它是地主阶级手中的工具。尽管如此，国有毕竟不是私有，它是作为代表地主阶级利益的国家政权的物质基础而出现的，在封建社会里，它和地主私有制所起的作用不同，我们必须将国有和私

---

① 《资本论》第 3 卷，人民出版社 1953 年版，第 828 页。
② 《资本论》第 1 卷，人民出版社 1953 年版，第 268 页。
③ 《资本论》第 3 卷，人民出版社 1953 年版，第 1032 页。

有严加区别①。

以上只是就民田、庄田、屯田三种类型的土地加以考察，此外还有各种不同类型的土地。就是我们所论述的这三种类型的土地也还存在着一些特殊情况，这里都没有涉及。但是，这对我们所做的分析影响不大，不会影响我们所做出的结论。

从以上三种类型的土地的分析中可以看出，就生产劳动者和土地所有者通过土地而形成的社会关系而言，无论哪种类型土地的所有主，都对生产劳动者具有不同程度的经济外强制权力，这是封建土地所有制所共有的特征。就双方对劳动产品的分配而言，也无论哪种类型土地的所有主，都榨取了生产劳动者的全部剩余劳动，所有剩余劳动都表现为地租，地租是剩余劳动的通常形态，这也是封建土地所有制所共有的特征。但是由民田制和庄田制所形成的人身依赖及统治奴役关系是生产劳动者和封建主私人之间的关系，由此所产生的剩余劳动归土地所有者私人所有。由屯田制所形成的人身依赖及统治奴役关系是生产劳动者和国家之间的关系，由此所产生的剩余劳动则归国家所有。以上这种区别，就是区分封建地主所有制和国有制的标志。

五　结束语

通过以上的分析，可以看出：在明清时代，私有制与国有制两者并存，而且私有制占着统治形式。由以上分析还可以看出：以封建土地所有制为根据，在生产中所形成的矛盾，是生产的个体性质和大封建主土地所有制之间的矛盾，是剥削者和被剥削者之间的矛盾，是在诸矛盾的基础上所形成的地主和农民的阶级对抗。

研究封建土地所有制，必须从阶级对抗的角度进行考察。马克

---

① 明清两代，在豪绅地主倚势侵占及人们违禁买卖的情况下，国有土地不断地向私有转化。针对这种现象，历朝统治者虽一再严禁，但私有化的趋势始终没有停止。土地国有制原是在地主私有制的制约和规定下存在的，它却又在私有制发展的趋势下走向没落。

思曾经指出："为了正确地判断封建的生产，必须把它当做以对抗为基础的生产方式来考察。"① 我体会这段话的精神实质，就是要进行阶级分析，揭示阶级关系。

在这方面，毛主席对中国历史所做的科学分析，对我们有极重要的启示。毛主席指示我们：宗法封建性的土豪劣绅，不法地主阶级，是几千年专制政治的基础。这种劣绅地主，历来凭借势力称霸，践踏农民。必须用极大的力量推翻几千年根深蒂固的地主权力。② 不言而喻，"地主权力"的根源，不是别的，而是封建土地所有制。

毛主席还指示我们：中国历代农民，在这种封建的经济剥削和封建的政治压迫之下，过着贫穷困苦的奴隶式的生活。农民被束缚于封建制度之下，没有人身的自由。地主对农民有随意打骂甚至处死之权，农民是没有任何政治权利的。地主压迫剥削农民的社会基础，农民丧失人身自由和贫穷困苦的根源，归根结底，仍然基于封建土地所有制。

封建土地所有制既然是阶级压迫的根源，研究封建土地所有制的主要任务，就在于揭示这个根源，突出封建主和农民对抗的阶级关系。如果在进行论证时违反了从封建剥削关系角度出发的分析方法，或者对所有制形式作了不完全正确的论断，在这方面势将产生极大的缺欠，难以正确地揭示中国封建社会的阶级关系。

历史事实证明，明清时代的民田地主和庄田地主，他们是土地"所有者"，在地主土地上进行生产劳动的佃农是土地的"占有者"③。由这种所有制决定了双方的相互关系，即所有佃农分别对所属地主表现了不同程度的人身依赖，所有地主对所属农民具有不

---

① 《马克思恩格斯全集》第 4 卷，人民出版社 1958 年版，第 154 页。

② 《湖南农民运动考察报告》，参见《毛泽东选集》第 1 卷，人民出版社 1952 年版（下同），第 17—19 页。

③ 马克思在《资本论》第 3 卷，第 1030—1036 页"劳动地租"一节，对使用生产资料的直接生产者，用"占有者"（Possessor）这个词，以区别于生产资料"所有者"（Owner）。

同程度的经济外强制权力，农民在地主的压迫下丧失了不同程度的人身自由。这正如马克思所指出的：直接生产者只要是生产资料和劳动条件的"占有者"（不是"所有者"），"财产关系同时就必然会当作直接的统治与奴役关系，直接生产者则当作不自由的人而出现"①。如果民田、庄田两类地主不是土地"所有者"，而只是"占有者"，他们和农民就不能构成这种统治奴役关系，他们对农民的超经济强制关系就无法根据土地所有制给予科学的解释。

这种所有制还决定了劳动产品的分配形式，即民田地主和庄田地主以地租的形式榨取了农民的全部剩余劳动。这也正如马克思所指出的：直接生产者不是土地的"所有者"，只是"占有者"，"从法理说他的剩余劳动必须全部属于地主"②。如果民田、庄田两类地主不是土地"所有者"，而只是"占有者"，依照法理，他们就无法占有农民的全部剩余劳动。这样，也就无法根据封建土地所有制划分地主阶级和农民阶级。③

明清时代，广大农民由于丧失了土地，遭受封建地主的残酷压迫和剥削，过着极端穷苦的生活，从而影响了农业生产的发展，使封建的中国在经济上和社会生活上长期停滞不前。为了改变这种现状，在中国历史上爆发了多次反抗封建统治的农民战争、抗租运动乃至争夺土地的斗争，如果国家是全国土地所有主，地主和佃农一样没有土地所有权，不止将冲淡乃至抹杀地主和农民之间的阶级矛盾，而且也无法说明中国历史上为反对封建地主而进行的农民革命。这样，农民所反对的将只是国家政权，而不是地主阶级。

可见将民田地主和庄田地主所占有的土地与屯田无区别地划入国有制范畴，不仅不符合中国历史实际，而且也无法突出中国封建社会的阶级关系。

历史事实证明，明清时代自耕农所占有的民田，也属于私有范

---

① 《资本论》第 3 卷，人民出版社 1953 年版，第 1031 页。
② 同上书，第 1035 页。
③ 这种关系曾为谢本书同志指出过，参见《光明日报》1960 年 5 月 26 日。

畴。由于自耕农拥有土地所有权，才摆脱了因土地关系而遭受的人身压迫，他们既不像屯军那样遭受国家的奴役，也不像一般佃农那样遭受地主的迫害。如果他们不是土地"所有者"而只是"占有者"，以上这类现象就无法根据封建土地所有制给予科学说明。由于自耕农拥有土地所有权，才得以私有其绝大部分劳动产品，包括部分剩余劳动产品在内。如果他不是土地"所有者"，而只是"占有者"，那么，依照法理，他的全部剩余劳动必须属于土地所有主——国有制论者所说的国家。历史事实证明并非如此。明清时代的佃农，一般把租佃地全部产品的一半以地租的形式交纳给地主，地主剥夺了他们的剩余劳动产品全部。自耕农则不然，他们向国家交纳的田赋按规定占产量的比例一般不到10%①，这显然不是他们的全部剩余劳动产品。如果自耕农不是土地"所有者"，而只是"占有者"，依照法理，他就无法占有自己大部分剩余劳动；那么，作为地主身份出现的国家也不可能只占有农民剩余劳动的一小部分，而是要占有他的剩余劳动的全部。由此可见，如果把自耕农承租的田赋论断为地租，和"地租是剩余价值的"从而"是剩余劳动的通常形态"这个基本原理是相违背的。

把自耕农占有的民田论断为国有制，更为严重的缺欠还在于这种结论无法说明中国封建社会的阶级关系，并在很大的程度上混淆了自耕农和佃农的差别。

在同一地区，自耕农的经济状况总要比佃农好一些。自耕农不仅有土地，并且有农具耕畜，经济上大体可以自给，有的还有些盈余。佃农一般是贫困的，他们须出卖劳动力弥补田场收入的不足，并且常年陷入高利贷陷阱。在明清时代，这类事例多得很。自耕农和佃农的社会地位也不相同。如前所述，自耕农不像佃农那样和地

---

① 据《明宣宗实录》洪熙元年七月记载，明朝初年，吴江、昆山等县民田每亩收税五升，农民佃种富室土地，亩出私租一石。据嘉靖间林希元《林次崖先生文集》卷二，"王政附言疏"："民耕王田二十而税一"，农民耕种地主土地"乃输半租"。缪朝荃：《陈安道年谱》卷上，第22页，谓顺治年间，田赋每亩不过三升，而私租则至一石。

主发生不同程度的人身依赖关系，不因土地关系而遭受地主的暴力强制。佃农则不然，他在地主直接压迫奴役下，失掉不同程度的人身自由，这种情况，从明清两代土地所有制的论述中看得十分清楚。

由于两者的经济地位和社会地位不同，决定了他们在农业经营及生产上的差异。自耕农是在自己的土地上进行生产劳动，劳动果实归自己所得，生产积极性较高；同时由于生产条件较好，对佃农而言，在生产经营方面具有一定的优越性。因此，自耕农乃成为我国封建社会里一个发展农业生产最活跃的阶层。在明清两代前期，农业生产之所以能获得比较迅速的发展，在一定程度上与那时期自耕农的广泛存在是有关系的。佃农的情形则与此不同。他们随时有被夺佃的可能，而且增产的结果每招致增租，劳动果实为地主所攫夺，因而大大挫伤了他们的农业生产的积极性，况且在高额地租压迫下，使他们经常处于极端贫困的境况，甚至连简单再生产都难以维持。因此，在封建社会里，农民越是失掉土地，佃农所占比重越大，农业生产就越衰落。明清两代中叶以后，随着土地兼并集中，广大自耕农沦为佃农，农业生产随之衰落。

由于自耕农和佃农的经济地位和社会地位不同，还决定了他们对革命态度的不同。佃农遭受地主的残酷的地租剥削和人身迫害，他们成了历史上反对大地主占有制、要求变革土地占有关系的最积极的阶层。自耕农对大地主占有制的态度是和佃农不完全相同的。在反抗封建剥削方面，自耕农主要是抗捐税，反对的对象主要是官府；佃农主要是抗租，是直接对地主本身进行的斗争。抗租和抗税是两种不同性质的斗争，这种区别，在明清两代农民运动中也表现得十分清楚。

因此，在阶级关系上必须把佃农和自耕农区分开来，对中国封建社会经济的发展和阶级斗争的性质才能给予科学的说明。如果把自耕农占有的土地划入国有范畴，把自耕农论断为国家佃农，这样，不只抹杀了自耕农和官田佃农的差别①，也抹杀了他和一般佃农的差别。

此外，在明清时代，皇室贵族和豪绅地主都依靠暴力掠夺自耕农的土地，如果自耕农的土地属于国有范畴，各级封建主对自耕农的土地掠夺则成了对国家土地的掠夺，这样，便把地主和农民的阶级矛盾变成了地主和国家的矛盾，把两个基本阶级的对抗变成统治阶级内部的矛盾。在这几百年间，农民经济地位的变化是十分剧烈的，在每次农民大起义之后即出现大量自耕农；在封建统治相对稳定之后又呈现剧烈的阶级分化现象，广大自耕农沦为佃农。如果把自耕农和佃农无差别地都划为佃农，则看不出这种阶级关系的变化。

由此可见，如果只承认土地国有制，势将模糊乃至掩盖中国封建社会的阶级关系，无法说明中国的历史实际，最后也将无法阐明把反封建作为民主主义革命的重要任务之一的近代中国的革命实践。如果只承认封建地主所有制而把贵族庄田及自耕农占有的土地划入国有范畴，将无法正确地论证中国封建社会的阶级关系，无助于阐明中国近代民主主义革命的阶级路线。这不能不是这种论点的一个严重缺欠。

（原载《经济研究》1963 年第 8—9 期）

---

① 明清两代均有官田，农民耕种官田向国家交纳地租，所谓"官田曰租"是也。这类农民系国家佃农。

从地权形式的变化看明清时代
地主制经济的发展

明清时代，商品经济伴随土地关系的变化有着进一步发展。这时土地关系的变化主要体现在以下三个方面，一是国家屯田，贵族庄田向民田转化，地主制经济不断扩大；二是官绅特权地主向一般地主过渡，庶民地主有所发展；三是地主经济本身的变化，封建依附关系趋向松解。

一　国家屯田、贵族庄田和官兵旗地向民田转化

明清两代屯田主要是军屯，即卫所屯田。腹里一部分卫所军承担转运漕粮的任务。这部分屯田也叫漕运屯田。

历朝屯田额多寡不等，以明代而论，万历三十年（1602）为635343 项有奇；以清代而论，乾隆三十一年（1766）为344795 项有奇。全国民田额，明万历时为 11618948 项有奇，清乾隆为7414495 项有奇，两朝屯田都占着一定比重，其中漕运屯田所占比重较小，以清代而论，各省直漕运屯田共 70234 项有奇，约占全部军屯的 20%。

明代屯田制，每个军兵配田一分，明代军户共约 200 万户，户出一丁，共有兵约 200 万众，其中一般三分守城，七分屯田。每军配田，因地区而不同，一般为 30—40 亩，多者超过 100 亩。

这种屯田制，明清两代在不断向民田转化。转化过程，或由于军官依势侵占，或由于私相买卖，而屯军为逃避苛重的剥削而逃亡

是一个更为重要的原因。这种转化具体表现为屯额累减，明弘治年间（1488—1505），据左都御史马文升奏报，原有屯田"十去五六""有名无实"①。或谓弘治年间，"屯地多为势家侵占，或被军士盗卖，多不过三分"②。嘉靖年间（1522—1566），魏焕论谓"今之屯田，十无一存"③。隆庆六年（1572）户部尚书马森奏：国家屯田，"十亏七八"④。万历末年，大学士叶向高谓屯田"大约损故额十之六七"⑤。

在屯田严重盗卖缺额的条件下，明王朝后来采行了变通措施，承认屯田买卖合法化。嘉靖初期，直隶巡按御史方日乾奏请将军逃抛荒屯田，"不拘军民僧道之家，听其各择所便开耕"，"计亩定税，给帖承耕"。方日乾还说，南京、和阳、镇南等卫查出荒田300多顷，俟开垦成熟后，"并无补役复业之军"，则拨给垦民"永为己业"⑥。嘉靖九年，明廷做出决定，南京、镇南等卫荒芜屯田，任人开垦，"待成熟之后，照旧纳粮，仍令永远管业，不许补役复业者告争"⑦。隆庆四年，清查延绥屯田，据庞尚鹏奏：被侵夺屯田，如有人告发，与告发人"给为永业"。管屯千户百户之能追出被占屯田者，以十分之四划归该本官"永为己业"；其军余自愿出力开垦荒屯者，也"给为己业"⑧。万历年间（1573—1620），大学士李廷机建议，有能整种屯田者，"悉与为业"⑨。

明朝对于屯田，先由禁止典卖到放松禁令，由国家所有制变成为人民私有制，正式进入地主制经济体系，这是一个具有历史意义的重大变革。这对农业生产的发展是起着一定促进作用的。从此明

① 马文升：《清屯田以复旧制疏》，参见《明朝经世文编》卷六三。
② 《孝宗实录》卷七五，弘治六年五月壬申。
③ 魏焕：《边墙论》，参见《明朝经世文编》卷二五。
④ 《穆宗实录》卷一五，隆庆六年十二月戊戌。
⑤ 叶向高：《屯政考》，参见《明朝经世文编》卷四六一。
⑥ 方日乾：《抚恤屯田官军疏》，参见《明朝经世文编》卷二一〇。
⑦ 《万历会典》卷四二，《南京户部·屯田》。
⑧ 庞尚鹏：《清理延绥屯田疏》，参见《明朝经世文编》卷三五九。
⑨ 李廷机：《九边屯政考》，参见《明朝经世文编》卷四六〇。

代保留下来的屯田，除漕运屯田外，只是与国防密切相关部分边防军屯田。清朝建国，对明代遗留下来的屯田作了进一步改革，下令将屯田改隶所在州县，升科纳粮，屯田正式民田化。

在清代，由明代继承下来分布在内地各省直的漕运屯田也逐渐向民田转化。这种转化有一个发展过程。先是明代成化七年（1471），漕粮改行"兑运法"，运军承担运粮任务，所在屯田改为漕运屯田，这部分屯田因涉及补贴运粮问题，故得一直保持。清初建国，沿袭明代漕粮长运法。为了维持漕运制，就必须维持漕运屯田，故漕运屯田持续的时间较长。但到清代中叶，在商品经济发展的冲击下，土地买卖关系进一步发展，漕运屯田也开始通过买卖关系向民田转化了。

关于由乾隆（1736—1795）至嘉庆（1796—1820）数十年间漕运屯田典卖情形，兹举数例：扬州卫头帮原额漕屯 37740 亩，典卖 29844 亩，占 79%；镇江卫金山帮原额漕屯 35944 亩，典卖 29322 亩，占 81%；庐州卫头、二三帮原额漕屯 208700 亩，典卖 151100 亩，占 72%；和州含山原额漕屯 499473 亩，几乎陆续典卖殆尽。[①] 其他各处漕屯典卖情形大致相同。针对漕屯典卖现象，国家一再下令清理整顿，但收效不大。在既成事实面前，清廷采取了变通措施，即承认购买者的土地产权，但须增加税额帮贴运船，名曰"加津"。如乾隆二十四年，令凡漕屯典卖为民田的，另出津银贴补运船。[②]

太平天国革命以后，漕运屯田发生更大变化，有些地区漕屯已有名无实，如浙江嘉善县，"屯田之存益寥寥无几矣"[③]。江苏上元江宁等县，"实皆民屯杂错，莫可辨认"[④]。在这种情形下，同治年间（1863—1874）正式裁汰卫帮，将屯田租赋改归所在州县征收，

---

① 光绪《漕运全书》卷三八—三九。
② 光绪《漕运全书》卷二七。
③ 光绪《嘉善县志》卷一〇，第 22 页。
④ 光绪《句容县志》卷五，第 20 页。

渐与民田无异。① 至光绪二十八年（1902），清廷下令正式废止漕运屯田制，屯田改为民田，升科纳粮。②

　　明清两代屯田制，无论边防屯田或漕运屯田，就所构成的生产关系而言，都是把屯军束缚在土地上进行强制性生产劳动的一种封建剥削制度。军有军籍，耕种屯田，对国家提供实物地租或提供运粮徭役，封建剥削远较一般民田为重。军籍是固定不变的，父死子代，永世不得脱籍。军兵虽非贱民，但他们的社会地位低于一般庶民。有企图逃脱军籍者，到各州县进行追捕，谓之"勾军"，明清两代都不例外。这种屯田制，国家作为土地所有者，同时又是作为主权者而同直接生产者——屯军相对立。在这种情形下，屯军在政治方面和经济方面是同国家发生封建依附关系，封建国家为了实现实物及劳役地租，对生产劳动者——屯军实行更为强烈的超经济强制，剥夺了他们的人身自由。屯田向民田转化，屯军改为农民，意味着地主制经济的扩大。由此被僵化的土地进入流通领域，屯军获得了较多的人身自由，封建剥削也因之减轻，这对农业生产的发展是有利的。

　　明清时代地主制经济再一个发展是贵族庄田制和八旗地向民田的转化。这种变化也有一个发展过程。

　　明代贵族庄田在不断扩大。明初建国，明太祖赏赐诸王公侯勋贵庄田，庄田额不过千余顷。此后庄田额续有增加，到明代后期发展到高峰。明代末年实存 28 王庄田分布在山东、山西、河南、陕西、湖广、四川、江西等省。诸王田额之多，如分封在太原的晋王有庄田 720 多顷，分封在安陆州的兴王有庄田 1400—2000 顷，分封在卫辉府的潞王有庄田 4000 顷，分封在洛阳的福王有庄田 20000 顷，等等。③ 这时全国 28 王庄田合计约为 20 万顷。此外，藩王长子袭封，其余诸子分封郡王，到明代后期，全国凡 398 郡王，郡王

---

① 光绪《漕运全书》卷三九。
② 《东华续录》卷一七一，光绪二十八年一月戊寅。
③ 诸王田额，分见《武宗实录》、《神宗实录》、《明史·食货志》等书。

亦多据有庄田，如晋王下的宁化郡王府。万历十年有庄田 575 顷。郡王长子袭封，其余诸支子授将军衔，四世孙以下为中尉衔，也由国家授田。洪武九年定，"郡王诸子年及十五，每位拨给赐田六十顷，以为己业，并除租税"①。朱系将军人数不详，估计至少在千人以上。朱氏郡王将军占地合计可能近十万顷。皇室另有皇庄，正德九年（1514）皇庄增至 31 处，占地 37595 顷有零。② 此外，公主驸马有庄田，天启年间（1621—1627），遂平、宁德二公主庄田"动以万计"③。以上朱氏宗室庄田及诸勋戚勋臣庄田合计，粗略估算，在 30 万顷以上。这部分庄田，经过明末农民战争的冲击，部分归农民所有；清初建国，为了整顿税收，把存余前明庄田改为"更名田"，给予原种之人，使纳粮升科，从此前明贵族庄田民田化，进一步完善了地主制经济体系，这也是一个不容忽视的变化。

更值得注意的是清代中叶后清室贵族庄田和旗地的变化。最多者是内务府庄田，才 39262 顷。宗室庄田系按爵位分授，以亲王最多，每人在 200 顷左右。其次为郡王、贝勒、贝子。至于镇国、辅国将军每人不过百多亩至数百亩。清代贵族庄田比明代勋贵庄田要少得多。八旗官兵旗地，除士兵外，各官按职分授。按清朝规制，各类庄田共有 5 万多顷，八旗官兵地 14 万多顷，两者合计约 20 万顷。到清代中叶后，这类庄田旗地也逐渐向民田转化。

这里要指出的是，清代庄田族地向民田转化过程和明代勋贵庄田不同。如前所述，明代勋贵庄田制是在明末农民大起义冲击及在清初改制的情况下没落并转化为民田的；清代庄田旗地制是在商品经济发展冲击及农民阶级分化的条件下，通过买卖关系转化为民田的。到乾隆年间，除少数王公及内务府几万顷庄田尚能持续外，旗地大部分典卖。旗地所有主"或指地借钱，或支使长租"，进行变相典卖。旗地买卖情事既然不能禁止，到咸丰二年（1852），经户

---

① 《明太祖实录》卷一〇四，洪武九年二月丙戌。
② 夏言：《勘报皇庄疏》，参见《明朝经世文编》卷二〇二。
③ 《明史》卷七七，《食货一》。

部奏准，得到国家承认，"俱准互相买卖，照例税契升科"①。

　　明清两代的贵族庄田及八旗旗地属于私有制，由庄田旗地主人征收地租，生产劳动者对土地所有主具有比较严格的人身隶属关系。如明朝赏赐诸勋贵的"钦赐佃户"，王府对佃农享有人身支配权，佃农子孙世代沦为该王府的佃户，而不得脱籍。或谓庄田官校"假托威势逼勒小民"，"征粮过于秋粮"②。王府官吏为追租打死佃农，可以逃避国家法律制裁。③ 清代勋贵庄田制所形成的土地关系尤为落后，其中在庄田上从事劳动的"壮丁"实际是生产奴仆，"壮丁"本人及其子孙永世不能摆脱奴仆的身份地位。有拖欠租银的，庄田主人可任意锁拿虐待。当初圈占旗地时如由原来种地农民继续耕种，所由以形成的租佃关系和一般租佃也有所区别，所谓庄头"挟强佩势大为民患"④，即指这种租佃关系。由以形成的封建剥削极为苛重，严重地束缚着农业生产的发展。如直隶滦州，其"上上田而隶旗圈者十之八九，民人既不得典当长租，复有压租借租等项"，因此产量大为降低，"计丰岁所收每亩不过四五市斗"。耕作民户，"除租息外仅可赡生；一遇歉收，佃租如故，而室家如悬磬矣。"其余沙碛低窪地亩，"亦复旗民参半，故终岁皆为下农，丰年且无余积"⑤。直隶所有旗地集中若干州县，所造成的生产落后情形大致相同。由此可见，在明清时代，由勋贵庄田所形成的租佃，是一种封建依附较强而剥削极重的租佃关系。由庄田旗地向民田转化，一方面意味着地主制经济在外延上的扩大，同时也意味着地主制经济的发展。这种发展变化对农业生产的发展是有利的。

---

① 《户部井田科奏咨辑要》上卷，《遵议旗民交产章程折》。
② 《明世宗实录》卷一三〇，嘉靖十九年九月己卯。
③ 《明神宗实录》卷五二八，万历四十三年正月戊辰条，福王官吏往汝州丈田勒增地租，曾打死佃农二人。
④ 光绪《畿辅通志》卷一八九，《戴圣聪传》。
⑤ 嘉庆《滦州志·物产志》。

二 官绅地主与庶民地主的相互消长

明清时代，地主阶级构成也逐渐发生变化，相对官绅地主而言庶民地主有所发展。

中国封建社会时期，官绅地主和庶民地主是两个不同等级，这种区别在封建社会早期地主制形成时期就已出现了，而且庶民地主在每个特定的历史时期，常出现由发展到萎缩，又由萎缩到发展的过程。在明代前期，庶民地主曾一度繁荣，但官绅地主一直占据统治地位。明代中叶后，尤其是明代后期，伴随政治腐败，官绅地主队伍迅速扩大，土地兼并剧烈。这时官绅地主的发展，是和他们享有政治特权分不开的，他们享有实际免除刑罚的特权，就是不在官绅之列的生员、监生之流触犯了法纪，地方官也不敢轻易动刑。这时官绅地主权势之大，有如赵南星所说：乡官之权，"大于守令，莫敢谁何"①。在当时文献中经常出现这类事例，即州县官吏的行政措施，由于触犯了缙绅勋贵的经济利益而被诬控不得升迁，乃至被革职逮问。

在经济方面，官绅地主享有赋役优免权。嘉靖二十四年制定，一品官免粮 30 石，人丁 30 丁，至九品免粮 6 石，人丁 6 丁；其不入流的教官举人、监生、生员各免粮 2 石，人丁 2 丁②。各州县官为买好地方缙绅，所规定优免额远比国家规定为高。此外地方缙绅还依势拖欠，如崇祯年间陈启新上疏说：人们一考中进士，便可"产无赋，身无徭，田无粮，廛无税"③。天启年间，或谓吏部尚书顾秉谦历年拖欠田赋银至 1400 多两；大学士董其昌"膏腴万顷，输税不过三分"。关于逃避徭役问题也很严重，如官僚地主聚集的

---

① 《明鉴》卷二〇，吏部员外郎赵南星疏。
② 《万历会典》卷二〇，《赋役》。
③ 眉史氏：《复社纪略》卷二。

江南，由于"缙绅蔚起"，优免日多，"应役者什仅四五"①。如陕西西安府，由于贵族缙绅进行兼并，地权集中，应役之田仅十之六。② 官绅地主优免逃避的差徭则转嫁到一般民户身上，如顾炎武所说："如一县之地有十万顷，而生员之地五万，则民以五万而当十万之差矣……而生员之地九万，则民以一万而当十万之差矣"，于是"杂泛之差乃尽归于小民"③。在一州一长之中，官绅地主人数越多，占地越广，农民的赋役负担也越重，如江西安福县，因绅户众而"田赋不均"④。如江苏常州府，因"科第显官甲天下"而农民赋役繁重⑤。

明代后期，就在地主绅权滋长及对赋役优免侵蚀的条件下，促成地权高度集中，而且地权转移中暴力因素加强强买强卖，依势侵夺。当时有所谓"投献"，即地方流氓恶霸将农民土地以捏造各种借口投献仕宦之家，如清人赵翼所说："有田产者，为奸民籍而献诸势要，则悉为豪家所有。"⑥ 在晚明时期，现任官吏、在籍乡官及新科进士，都在接受投献。⑦ 同时有所谓"投靠"，即农民在各种威胁之下，自动带地投靠官绅地主。晚明投靠之盛，或谓一户官绅地主接受的农民投靠户有的多至千人⑧，或谓一乡一邑之地，因投靠"挂名僮仆者什有二三"⑨。庶民地主就在特权地主发展排挤下迅速衰落下去。

由于官绅地主的滋长，导致土地关系的逆转，一是封建剥削加重，二是租佃间封建依附及超经济强制关系强化，如赵翼所论，官

① 《复社纪略》卷二。
② 雍正《陕西通志》卷五二。
③ 《顾亭林诗文集》卷一，《生员论中》。
④ 计六奇：《明季南略》卷一一。
⑤ 《南海通志》卷三八，《潘清传》。
⑥ 赵翼：《廿二史札记》卷三四，《明乡官虐民之害》。
⑦ 肖良干：《拙斋十议》第7页，《功臣土田议》，记述显官接受投献；抄本《崇祯长编》卷三七，记地方生员、监生及州县史丞接受投献。
⑧ 顾炎武：《日知录》卷一三，《奴仆》。
⑨ 顾公燮：《消夏间记摘抄》上卷，《明季缙绅之横》。

绅地主"挟官爵之余威，劫夺乡民，渔肉佃户"①。其投靠农民则由自由民变成身份性佃农，还有的变成官绅地主户的变相奴仆，在农村阶级关系方面出现严重倒退现象。

清朝建国，在地主阶级构成方面发生了巨大变化，相对官绅地主而言，庶民地主有所发展。这种变化首先反映为官绅地主的衰落。而长期农民战争所造成的阶级力量对比上的变化，在当时是起决定性的因素。在这一基础上，清王朝为巩固政权、保证税收所采行的抑制绅权、改革赋役的各项政策措施，也起着一定促进作用。关于各路农民军对官绅地主的冲击，已有过不少专文论述，此处从略。关于明清之际阶级关系的变化，如山西长治县，"伍伯侵凌于阀阅，奴仆玩弄于主翁，纲常法纪，扫地无余"②。江南如宜兴地区，清朝建国，豪强失势，群众对缙绅地主户乃至"窘辱其子孙"③。如太仓州属，"近者百姓凌辱荐绅"④。其他经过农民军长期占领的地区变化更大。

明清之际，土地占有情况也发生巨大变化，即农民小土地所有制迅速发展。农民取得土地产权的过程，或直接占据逃亡地主土地；或经过垦荒，由国家给以印信执照，"永为世业"⑤；国家或以"更名田"措施把前明贵族庄田授与原耕种之人。国家又对新兴官绅地主的土地兼并及逃避赋役的活动加以限制。关于田赋，康熙十五年曾令官绅户应负担钱粮加征 30% 以助军需，致有"官不如民"之叹。⑥ 关于徭役，康熙八年，行并田立户法，"尽去官僚役户各名色"⑦。即不分绅衿民户，一体均应徭役。明代后期，庶民户由于赋役繁重，每以有田为累；清代前期发生了变化，官绅地主不再

① 《廿二史札记》卷三，《乡官虐民之害》。
② 乾隆《长治县志》卷八。
③ 储方庆：《荒田议》，参见《清朝经世文编》卷三四。
④ 陈瑚：《确庵日记》卷六，第 33 页。
⑤ 《光绪会典事例》卷一六六。
⑥ 叶梦珠：《阅世编》卷八，第 10 页。
⑦ 李复兴：《松郡娄县均役要略》序。

积极于兼并；庶民户不再以田为累，有钱富户并且积极争购土地，如清初松江府叶梦珠所说："有心计之家"，乘机买地，有买田一二万亩乃至四五万亩的。① 叶氏所说"有心计之家"主要指无功名的富户商人，变成了庶民类型地主。像这类占田数万亩的大地主在当时文献记载中很少见，这时发展起来的地主主要是庶民中小地主。在湖南地区，这种变化是在康熙后期发生的，以浏阳县为例，据当时作者论述，在实行清丈后，"有田有赋，宜百姓之乐输"。这句话表达了自耕农和庶民地主的心情，他们对拉平赋税的政策措施表示拥护。官绅地主的态度则显然不同，他们不能再像从前那样可以任意逃避转嫁赋税了，他们不但对兼并土地不再感兴趣，甚至宁愿抛弃已有土地，据当时龙升记述："迩日世家大族，或百石或数十石，愿弃价割与（广东移民）安插矣。"官绅地主之所以要"弃价"抛弃土地，目的是要"苟全身命，以避徭役"②。官绅地主这种弃地活动，会促成自耕农的发展，也为庶民地主的发展创造了条件。

就在这时，土地买卖活动十分频繁，当时有很多记载，如山东栖霞县，康熙年间，"土地则屡易其主，耕种不时"③。福建安溪县李光坡说："人之贫富无定，则田之去来无常。"④ 雍正年间，河东总督王士俊奏："地亩之授受不常。"⑤ 乾隆前期，广东顺德县"有田者多非自耕"，"田时易主"⑥。湖南省"旧时有田之人今俱为佃耕之户"⑦。嘉道之际，江苏金匮县钱泳说："农民日惰而田地日荒，十年之间已易数主。"⑧ 清代中叶前地权转移频繁，土地购买

---

① 叶梦珠：《阅世编》卷一，第12—20页；又卷六，第1—18页。
② 同治《浏阳县志》卷六。
③ 康熙《栖霞县志》序。
④ 李光坡：《答曾邑侯问丁米均派书》，参见《清朝经世文编》卷三〇。
⑤ 雍正《东华录》卷一二，雍正十二年十一月庚寅。
⑥ 乾隆《顺德县志》卷四。
⑦ 杨锡绂：《陈明米贵之由疏》，参见《清朝经世文编》卷三七。
⑧ 钱泳：《履园丛话》卷四。

者是一些什么人呢？当然，官绅地主还会死灰复燃，也有部分经济条件较好的富裕农民购买土地，但特别值得注意的是一批新发展起来的庶民地主。其中可分为两类：一类是商人把商业利润投向地产，变成商人地主；一类是以农业发家的，他们通过多年辛勤劳动，积累财富，继续置产，变成地主。

关于商人地主的发展，如流寓江北清河的苏徽商人，"招贩鱼盐，获利甚厚，多置田宅以长子孙"①，我们在现存的皖南档案中见到不少关于商人发家置产的事例，买田动辄百余亩乃至数百亩。江苏富商置产的，如乾嘉之际无锡商人某买田 3000 亩②，无锡巨商薛某买田约 40000 亩。这时很多典商买田，或谓这时江南富户有两种，一类"典多于田"，一类"田多于典"，都属于商人地主类型。③ 北方如山西浑源、榆次二县富商，在乾隆中期，由过去"不事田产"转而"多置田地"了。④ 山西富商并在外地置产，如在河南利用当地发生灾荒、农民经济困难的条件下大购土地。⑤ 这时山东、陕西等省都有一些关于商人购买土地的事例，他们购买土地又常同借贷连在一起，形成商业资本高利贷与土地的结合。⑥ 乾隆五十年，山东、江苏、安徽、湖北等省发生旱灾，到第二年五月清帝颁发了一道上谕："江苏之扬州，湖北之汉口，安省之徽州等处地方，商贩聚集，盐贾富户颇多，恐有越境买产图利占踞者，不可不实力查禁"⑦。又嘉庆年间，直隶南部三十余州县连年灾荒，嘉庆十九年又颁发类似上谕，谓本地及外来商贾，"多利其价廉，广为收买"，令准农民原价回赎。⑧ 以上两道上谕，是商人资本深入农

---

①　康熙《清河县志》卷一。

②　齐学裘：《见闻随笔》卷一八，《侠丐》。

③　光绪《宝山县志》卷三，附章谦存《筹赈事略》。

④　《乾隆实录》卷九四八，乾隆三十八年山西巡抚觉罗巴延奏。

⑤　《乾隆实录》卷一二五五，乾隆五十一年河南巡抚毕源奏。

⑥　详见李文治《论清代前期土地占有关系》，《历史研究》1963 年第 5 期。

⑦　《乾隆实录》卷一三五五，乾隆五十一年五月。

⑧　《嘉庆实录》卷二九六，嘉庆十九年九月。

村及商人地主发展的直接反映。

更值得注意的是以农业发家的庶民地主。这类地主的形成过程不像商人地主那么清楚，但这时的文献资料中常有"力农致富""勤苦起家"之类记载，这类致富起家的人，其中的一部分显然是富裕农民上升起来的庶民地主。下面列举一些事例。一是四川省地方志书所反映的情况，清代前期，四川官绅地主衰落，地旷人稀，为农民发家提供了有利条件，由乾隆至道光，发展起来不少力农类型庶民地主。如外地迁徙云阳县的农民"多致殷富"，有些变成"父子力农勤苦成家"的地主。如苍溪县和荣县出现了一批"孝弟力田""力农致富"的新兴地主。① 如温江、大竹、铜梁等县，有的农户经营数十年买田数百亩。② 还有一些事例，这里从略。后来有些庶民地主向官绅地主演变，这是另一个问题。一是山东地主事例，景甦、罗崙等同志对清代道光前几户地主发家所做的调查，1户做官起家，1户经商起家，3户以农业或兼营手工业发家，就是说庶民地主在5户中占4户，占地面积都发展到数百亩。他们还调查了光绪朝131家经营地主。除官僚地主8家外，计"种地起家"的59家，"经商起家"的64家，均是庶民类型地主，占全部地主的94%。当然，官僚地主土地一般以出租为主，由经营地主数额进行论证，会影响官绅地主所占比重偏低，但不妨说明清代庶民地主的发展。一是清代刑档有关雇佣及租佃案件中所反映的情况。有关刑事案件，无论是雇主或出租地主都注明本人身份。我们所接触到近200件长工雇佣案件，只有几件注明雇主是官绅户，庶民身份雇主在90%以上。这90%以上雇主，有的是富裕农民，但也有相当一部分是经营地主。所接触到的几百件租佃案件资料，出租主人也主要是庶民地主。

相对明而言，清代庶民地主的发展是可以理解的，一是官绅地

---

① 民国《苍溪县志》卷一〇；道光《荣县志》卷三〇。
② 民国《温州县志》卷八；民国《大竹县志》卷九；光绪《铜梁县志》卷九。

主的特权受到抑制，为庶民地主的发展创造了条件；二是清初自耕农广泛存在，由于经济条件悬殊，逐渐发生分化，有少数发展成为地主，而经济作物的发展更为他们力农致富创造了条件，在文献中就有一些关于农家种植蔗、烟、棉等扩大了经营规模而致富的。在明清时代，尤其是清代前期，庶民地主的发展是封建土地关系的一个巨大变化。

三　生产劳动者佃雇农身份地位的变化

明清时代，屯田向民田转化，使广大佃种国家屯田的屯军摆脱了对国家严格的封建隶属关系。在清代，贵族庄田和旗地向民田转化，使过去在特权地主土地上进行生产劳动的农民解除了人身压迫。庶民地主的发展，使广大租佃农和农业雇工获得更多的人身自由。以上几个方面说明了明清时代尤其是清代地主制经济的进一步发展与完善。当然，由于土地关系所产生的人身依附关系虽然松解，而地主与农民两大阶级对立依然存在，地主对农民的封建剥削仍在继续，经济掠夺性更加突出了。下面专就地主制经济的发展所导致的租佃及雇佣关系的变化问题进行一些分析。

这里应该首先说明，关于租佃及雇佣关系的变化问题，和屯田庄田向民田过渡以及官绅地主向庶民地主发展的性质不同，租佃和雇佣是地主经济内在的一种剥削关系。

关于租佃关系的变化，主要是身份性租佃制向非身份性租佃制过渡。在宋元时代，佃农称为佃客，相对隋唐以前的社会地位虽有所改善，但佃农和地主在法权关系方面仍然不是对等关系，并一度被剥夺了迁徙的自由。佃农的实际生活，如苏洵所说：富民"召募佃客，分耕其中，鞭笞驱使，视以奴仆"①。元代变化不大，地主打死佃客，只罚烧埋银若干两，而不偿命，这时佃农的身份地位

---

① 苏洵：《嘉祐集》卷五，《田制》。

接近于佃仆。朱明建国，在中国历史上第一次废除了压在佃农身上的封建法权，佃农开始在法律上以"凡人"的身份地位出现了。这时虽然仍在"乡饮酒礼"中写明佃户对地主要行"以少事长"之礼，但礼节的约束毕竟不同于法律的硬性规定，"失礼"和"违法"两者的性质是不同的，依照明律，地主打死佃农判处死刑。

　　同时也要看到，佃农和地主在法权关系上虽然是对等的，即摆脱人身依附关系；但在实际生活中，由于一方是剥削者，一方是被剥削者，基于这种经济关系也会形成在社会上的不平等关系。同时在佃农向"凡人"过渡初期，这种过渡并不稳定，明代中叶以后，伴随绅权嚣张，又有部分佃农沦为带有身份性的佃农。如王士性记述河南光山县缙绅地主接受投靠情形时说："光山一荐乡书，则奴仆十百倍，皆带田而来，止听差遣，不费农食。"① 如山东文登县农民，为逃避赋税，"投身著姓，甘为奴仆"②。这里所说"奴仆"实际是变成为地主服役而具有佃仆身份的佃客。

　　这种现象，经过明末农民大起义的冲击稍有改变，但并不彻底。清代前期，其未经农民战争冲击的地区，若江南各地之"佃户例称佃仆"③。若苏州府和太仓州佃户之"与仆无异"④；若广东普宁县之地主视佃户为"佃仆""贱人"，任意驱使等⑤。但这种现象在清代中叶也逐渐发生变化，佃农的社会地位逐渐上升，无论在法权关系上或在实际生活中，佃农都以"凡人"的身份出现了。这种变化有一个发展过程，如顺治十七年江南巡按卫贞元奏请"将佃户为奴请行禁止"⑥。康熙初年，江西提调学政邵延龄对安吉、赣州两府绅衿大户不准佃仆子孙参加童子试的数百年陋习予以

① 王士性：《广志绎》卷一三。
② 民国《文登县志》卷一下，第13页。
③ 康熙《崇明县志》卷六，《习俗》。
④ 康熙《崇明县志》卷五八，《赋役》。
⑤ 清档，乾隆三年一月二十九日，广东巡抚王暮题。
⑥ 张光月：《例案全集》卷六，《户役》。

革除。① 清王朝一再颁布解放身份性佃仆的诏令，如康熙二十年下令禁止绅衿大户将佃户"欺压为奴"及"随田转卖"，有违者令各督抚"即行参劾"②。清王朝的政令是起了一定作用的。

皖南地区存在的身份性佃仆是一种特殊的社会现象，在清代也在逐渐发生变化。或谓徽、宁、池三府，"自前宋、元、明以来，缙绅有力之家，召募贫民佃种田亩，给予工本，遇有婚丧等事，呼之应役……累世相承，称为佃仆，遂不得自齿于齐民"③。其中租佃土地的佃仆，以交纳实物租为主，但有一定分量的劳役地租。这种佃仆被束缚在土地上，不得随意迁徙，具有严格的人身隶属关系。这类僵化的佃仆制后来也逐渐发生变化，这种变化反映于清王朝的几次诏令。如雍正五年（1727）令：年代久远，文契无存，不受主家豢养者，概不得以世仆名之。同年又令将徽州府"伴当"宁国府"世仆"开豁为良。嘉庆十四年（1809）做了更为具体的规定："若年远文契无所考据，并非现在服役豢养者，虽曾葬祖之山，佃田主之田，着一体开豁为良"④。此后道光五年（1825）仍有类似诏令。经过清王朝的改革措施，皖南部分佃仆摆脱人身隶属关系，取得"凡人"地位，使陷于佃仆户的人数缩小。这是清代佃仆制向一般租佃制过渡的又一种形式。

清代地主制经济的发展更反映为由于地租形态的变化所导致封建依附关系的松解。一是分成租制向实物定额租制及货币租制的过渡。据经济研究所所辑存的由康熙至嘉庆朝有关租佃档案资料，在502件案件中，分成租64件，实物定额租291件，货币租147件。货币租也属定额租，与实物定额租合计共达438件，约占全部租佃案件的87%。又据刘永成同志辑录的乾隆朝刑档租佃资料，共计888件，其中实物定额租531件，货币租253件，两者合计为784件，约

---

① 《碑传集》卷八〇，邵长蘅：《提调江西学政按察使司金事加一级邵公延龄墓碑》。
② 张光月：《例案全集》卷六，《户役》。
③ 清档，乾隆三十四年六月二十六日景善奏。
④ 《大清会典事例》卷一五八，《户部·户口》。

占全部租佃案件的 88%。① 按宋代租佃制，据漆侠同志论证，分成制犹占统治地位。② 相对宋代而言，清代发生了巨大变化。

定额租制和分成租制所形成超经济关系不同。在分成租制下，收成的好坏直接与地租额的多寡相联系，地主为了保证地租剥削，对农民的整个生产过程进行严密控制，从而影响了超经济强制的强化。如在生产落后的北方，分成制比较盛行，地主对农民人身的干预比较突出。据乾隆年间两江总督那苏图奏称："北方佃户，居住业户之庄屋，其牛犁谷种间亦仰资于业主，故一经退佃，不特无田可耕，并亦无屋可住；故佃户畏惧业主，而业主得奴视而役使之。"③ 据以上所说显系分成租制。由此可见，这时佃农虽然已在法权关系上获得"凡人"身份，而完纳分成租的佃农，在实际生活中仍处于被"奴视"和"役使"的卑下地位。过渡为定额租制，主佃之间的相互关系才发生了较大变化，仍如那苏图所奏：江南农民"不过借业主之块土而耕之，交租之外，两不相问，即遇退佃尽可别图，故其视业主也轻，而业主亦不能甚加凌虐"。从"交租之外两不相问"考察，所说显系定额租制；又从"其视业主也轻"，"业主亦不能甚加凌虐"考察，反映了彼此间的"凡人"关系。

在行分成租制时，由于增产部分的一半归地主所有，挫伤了农民生产的积极性。在乾隆刑档中常出现农民"耕田不勤力作"、农民"耕作不力以致歉收"、农民"种田不加粪草"、农民"欲先给人工作（出雇）锄地"而"己地暂缓"等记录，即指分成制。④

---

① 刘永成：《清代前期的农业租佃关系》，参见《清代史论丛》第 2 辑，中华书局 1980 年版。

② 漆侠：《宋代地租形态及其演变——兼论地价与地租的关系》，1980 年中美史学交流讨论会论文。

③ 《朱批奏折》，引自《红楼梦历史背景资料之二》，《北京师范大学学报》1978 年第 1 期。

④ 刑档，乾隆三十七年七月三日贵州巡抚良卿题，乾隆四十年三月二十五日管理刑部事务刘统勋题，乾隆三十七年四月十六日管理刑部事务刘统勋题。

过渡为定额租制情形就不同了，亩产除完纳定额之余，全归佃农所有，因而农民生产积极性较高，无须地主驱使，佃农也从而获得了更多的人身自由。由此可见，由分成租制向定额租制的过渡，是具有一定历史意义的变化，表明了地主制经济的发展和完善。

与此同时，永佃制及押租制的发展，对佃农独立性的加强以及农业生产的发展也起着一定作用。关于永佃制，或谓起于宋代，明清时代有进一步发展，到清代前期，福建、台湾、浙江、江苏、江西、广东、直隶、河南、甘肃等省都有关于这方面的记载。农民对永佃土地享有田面权，即长期耕作使用权。如福建龙溪县，佃农对据有永佃权的土地"遂据为己业，（田主）不得召耕"；佃农对佃权"私相受授，田主不得过问"①，如江苏元和县，农民享有田面权的土地，"田主虽易，而佃农不易；佃农或易，而田主亦不与"②。佃农因享有田面权，得对地主剥削活动进行适当抵制和反抗，如广东清远县，农民对永佃田"踞为己业，不容田主改批，亦不容他人承耕"③。如江西省永佃农民，"辄恃不能起耕，遂逋租不清"④。如江苏无锡县永佃农和地主的关系，"异时患业户鱼肉其佃者，今佃民颇无畏惧，莫可谁何"⑤。由此可见，农民享有永佃权的土地，得以摆脱地主的超经济强制。同时，由于地租剥削受到一定限制，农民可以有多余经济力量改善农业经营；更由于地主无权任意夺佃，农民对土地可以长期耕种，因而也情愿致力改良生产条件，在经营方面进行较多投资。

在租佃关系发展变化的条件下，雍正五年（1727），针对地主和佃户关系问题特制定律例加以约束，"凡不法绅衿私置板棍擅责佃户者，乡绅照违制律议处，衿监吏员革去衣顶职衔，杖八十；地

---

① 乾隆《龙溪县志》卷五，《赋役》。
② 陶煦：《租核》第 1 页。
③ 光绪《清远县志》卷首，《严禁卖产索贿暨顽佃踞耕逋租告示》。
④ 凌涛：《西江视臬纪事》卷二。
⑤ 乾隆《无锡县志》卷一一，《风俗》。

方官失察，交部议处。如将佃户妇女占为婢妾者，绞监候；地方官失察徇纵，及该管上司不行揭发者，俱交部分别议处。至有奸顽佃户拖欠租课，欺慢田主者，杖八十，所欠租课照数追给田主"①。这条律例的精神，一方面保证地租的实现，因为"税从租出"，国家保证地主地租也就是间接保证赋税征收；更重要的是摆平绅衿地主和佃户的关系，维护佃农"凡人"的法律地位，从而削弱了地主对佃农的超经济强制权利。清王朝的这种政策措施，是同当时佃农的社会地位变化互相适应的；或者说，这条律例的制定是当时租佃实际生活在法权关系方面的反映。

地主制经济的发展，还反映为伴随雇工经营的发展而导致的雇佣关系的变化。

使用奴仆或雇工进行大经营是地主制经济的又一体现形式。这种经济形式，在古代即已出现，到明清时代，伴随农业生产的发展在不断扩大。这里要着重论述的是具有人身依附的奴仆性"雇工人"向"凡人"身份的自由雇工的过渡。在明代中叶以前，土地所有者进行大经营，主要使用奴仆和"雇工人"；明代中叶后到清代前期，奴仆和"雇工人"逐渐过渡为自由雇工，这是地主制经济的又一变化。

农业经营由使用奴仆、"雇工人"向自由雇工的过渡，具体反映于当时的各类文献资料。明代文献，据我们所接触到记有奴仆雇工的几十种记载中，记为"僮仆""佣奴"之类的有几十种，记为"长工""短工"的不到十种。这时雇工和奴仆虽都是具有人身依附的生产劳动者，但两者仍有所区别，如明弘治年间（1488—1505）处士陆俊进行农业经营，所使用生产劳动者以"有佣无奴"②相夸耀，这里的"佣"指奴仆性"雇工人"，说明"雇工人"和奴仆有所区别。又由于雇工与奴仆地位相接近，当时文献

---

① 《雍正会典》卷一七六，刑部二八。
② 王鏊：《震泽先生集》卷七，《陆处士墓志铭》。

中遂常把雇工混称"佣奴""佣仆"，在所看到的有关江苏松江府、浙江仁和县、湖北芜湖县和直隶陵县等文献中都曾出现过这类事例。

明代中叶后，伴随雇工身份地位的变化，有关雇工的称谓也在发生变化，关于"长工""短工"之类记述渐多，但在嘉靖朝（1522—1572）以前，农业长工在法权关系上还系"雇工人"，即对雇主具有严格的人身隶属关系。这时雇工对雇主的关系即是贵贱等级关系，又是长幼尊卑关系，把封建的和宗法的因素交织在一起。雇工触犯雇主加等治罪，雇主打死雇工可以减轻刑罚。到万历年间（1573—1620），农业雇工的身份地位逐渐发生变化，先是万历十六年，对农业短工的自由身份开始在法权关系上加以明确。到万历十九年长工的地位开始发生变化，据是年都察院讨论雇工律时规定："立有文券、议有年限者以雇工论。"据此，其不书立文券的长工如同雇主发生刑事案件如何判处，律文不清楚，但据此后天启年间（1621—1627）记载，其不书立文券的农业长工和雇主发生刑事案件，可按"凡人"关系判处。可见由万历至天启数十年，是农业雇佣关系开始发生变革的时代。①

雇佣关系的变化主要发生在清代乾隆朝。乾隆五十二年制定新律例，规定主雇间无论是否书立雇约文券，雇工凡与雇主共坐共食、平等相称而无主仆名分者，这类长工都列入"凡人"范围。这时"雇工人"和自由雇工的区别，主要看有无"主仆名分"。从此在法律上把属于"雇工人"的封建雇工缩小到一个很小范围，农业雇工的绝大部分属于自由雇用了，这是地主制经济的又一个新发展。

我们从清代刑档中所辑录的部分有关农业雇工资料，在乾隆五十二年修订雇工律例以前发生的 91 件长工案件中，有 7 件注明有

---

① 李文治、魏金玉、经君健：《明清时代的农业资本主义萌芽问题》，中国社会科学出版社 1980 年版。

"主仆名分"，之所以这样注明以示区别，可能在这一时期"无主仆名分"的长工已按"凡人"即自由雇佣判处了。在乾隆五十二年以后发生的 107 件长工案件，除情况不明者不计外，注有主仆名分的只有 2 件，只占 3%；注明无主仆名分的 61 件，占到 97%，自由雇佣已占绝对统治地位。关于雇佣关系，大概先有实际生活的变化，然后才有雇工律例的修订。这次雇工律例的修订，又促进了自由雇佣的进一步发展。

　　这时导致雇佣关系发生变化的原因，同富裕农民及经营地主的发展促成的农业雇工队伍的扩大有着重要关系，但由官绅地主的统治形式到庶民地主的发展是一个更为重要原因，即地主阶级身份构成的变化在直接影响于雇工身份地位的变化。从此雇工对雇主的人身依附关系趋向松解了。

　　以上明清时代租佃及雇佣关系的变化，具有划时代的意义。研究这种变化，要联系当时地权形式的变化，即国家屯田向私有转化，贵族庄田旗地向民田转化，以及官绅类型地主向庶民地主制的过渡，才能更深入地理解。这时屯田制、贵族庄田制及八旗旗地制之所以向民田过渡，最终根源是由于这种地权形式所构成的生产关系在严重地阻碍着农业生产的发展。官绅地主的统治形式向庶民地主类型的发展对农业生产的发展更为有利，这种发展变化孕育着农业资本主义的萌芽。

（原载《中国经济史研究》1991 年第 1 期）

编选者手记

　　本文集收录了李文治先生的 12 篇论文。其中《论清代前期的土地占有关系》《论明清时代农民经济商品率》《西周封建论：从助法考察西周的社会性质》《论清代后期恢复及强化封建土地关系的政策措施》《论明代封建土地关系：从产品分配和集团关系考察明代封建所有制中的两个问题》《明清时代的地租》和《论李自成的"均田"纲领口号的时代意义》分别是李文治先生相关研究领域的代表之作，并于 1999 年由先生审定后收入其当年出版的文集之中，其重要性自不待言。在《论中国地主经济制与农业资本主义萌芽》中，先生系统阐释了中国地主经济制对农业资本主义萌芽既促进又制约的辩证关系，是其研究资本主义萌芽问题的代表之作。《关于研究中国封建土地所有制形式的方法论问题》一文是先生运用马克思唯物史观讨论封建社会中土地所有制国有或私有问题的代表作。在此文中，先生首次提出要以生产关系作为判断土地所有标志的观点，学术意义重大。《再论地主制经济与封建社会长期延续》是李文治先生关于已收入 1999 年文集的《地主制经济与中国封建社会长期延续问题论纲》一文与严中平先生进行交流后，对自己观点所做的更系统的阐明。《明清时代的封建土地所有制》是先生封建土地所有制问题研究中论证更加系统的经典之作。《从地权形式的变化看明清时代地主制经济的发展》则是先生对自己封建土地所有制、地主阶层划分、资本主义萌芽等问题中研究成果的一次系统串联，是其地主制经济理论构建过程中的里程碑式的代表作。后三篇本已被先生自己审定收入 1999

年文集之中，只是由于篇幅问题最后被删除。今予收入，以偿当
年之憾。

王大任

2018 年 10 月

《经济所人文库》第一辑总目（40 种）

（按作者出生年月排序）

《陶孟和集》	《戴园晨集》
《陈翰笙集》	《董辅礽集》
《巫宝三集》	《吴敬琏集》
《许涤新集》	《孙尚清集》
《梁方仲集》	《黄范章集》
《骆耕漠集》	《乌家培集》
《孙冶方集》	《经君健集》
《严中平集》	《于祖尧集》
《李文治集》	《陈廷煊集》
《狄超白集》	《赵人伟集》
《杨坚白集》	《张卓元集》
《朱绍文集》	《桂世镛集》
《顾　准集》	《冒天启集》
《吴承明集》	《董志凯集》
《汪敬虞集》	《刘树成集》
《聂宝璋集》	《吴太昌集》
《刘国光集》	《朱　玲集》
《宓汝成集》	《樊　纲集》
《项启源集》	《裴长洪集》
《何建章集》	《高培勇集》